AF462444

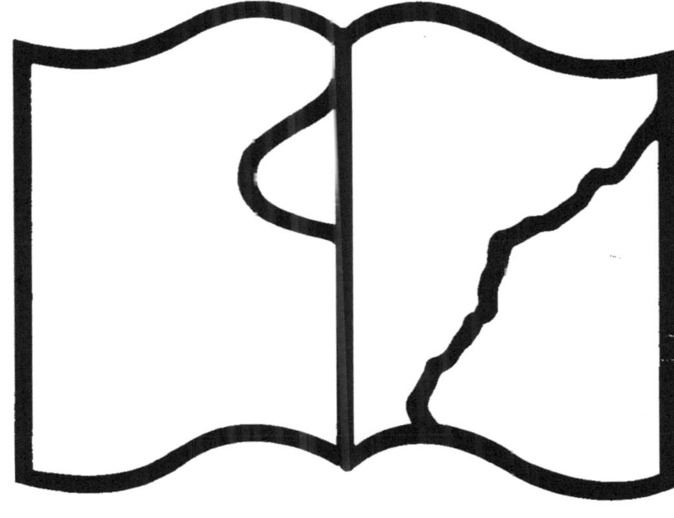

ASAṄGA.

MAHĀYĀNA-SŪTRĀLAṂKĀRA

EXPOSÉ DE LA DOCTRINE DU GRAND VÉHICULE

SELON LE SYSTÈME YOGĀCĀRA

ÉDITÉ ET TRADUIT

D'après un manuscrit rapporté du Népal

PAR

SYLVAIN LÉVI

PROFESSEUR AU COLLÈGE DE FRANCE

DIRECTEUR D'ÉTUDES A L'ÉCOLE DES HAUTES ÉTUDES

TOME II

TRADUCTION. — INTRODUCTION. — INDEX

PARIS

LIBRAIRIE HONORÉ CHAMPION, ÉDITEUR

5, QUAI MALAQUAIS

1911

Cet ouvrage forme le fascicule 190e de la Bibliothèque de l'École des Hautes Études.

Bibliothèque de l'École des Hautes Études (section des sciences historiques et philologiques).

Liste des fascicules parus [de l'origine (1869) à décembre 1909].

1. *La stratification du langage*, par Max Müller, traduit par L. Havet. — La chronologie dans la formation des langues indo-européennes, par G. Curtius, traduit par A. Bergaigne. 4 fr.
2. *Études sur les Pagi de la Gaule*, par Auguste Longnon. 1re partie : l'Astenois, le Boulonnais et le Ternois. Avec 2 cartes (*Épuisé*).
3. *Notes critiques sur Colluthus*, par Édouard Tournier (*Épuisé*). 6 fr.
4. *Nouvel essai sur la formation du pluriel brisé en arabe*, par Stanislas Guyard (*Épuisé*). 5 fr.
5. *Anciens glossaires romans*, corrigés et expliqués par F. Diez. Traduit par A. Bauer. 4 fr. 75
6. *Des formes de la conjugaison en égyptien antique*, en démotique et en copte, par G. Maspero. 12 fr.
7. *La vie de saint Alexis*, textes des xie, xiie, xiiie et xive siècles, publiés avec préfaces, variantes, notes et glossaires par Gaston Paris et L. Pannier. 15 fr.
8. *Études critiques sur les sources de l'histoire mérovingienne*, 1re partie. Introduction. Grégoire de Tours, Marius d'Avenches, par G. Monod et par les membres de la Conférence d'histoire. 6 fr.
9. *Le Bhâminî-Vilâsa*, texte sanscrit publié avec une traduction et des notes par A. Bergaigne. 12 fr.
10. *Exercices critiques de la conférence de philologie grecque*, recueillis et rédigés par E. Tournier. 10 fr.
11. *Études sur les Pagi de la Gaule*, par Auguste Longnon. 2e partie : Les Pagi du diocèse de Reims. Avec 4 cartes. 7 fr. 50
12. *Du genre épistolaire chez les anciens Égyptiens de l'époque pharaonique*, par G. Maspero (*Épuisé*).
13. *La procédure de la Lex Salica*. Étude sur le droit Frank, travaux de R. Sohm, traduits par Marcel Thévenin. 7 fr.
14. *Itinéraire des Dix mille*. Étude topographique, par F. Robiou. Avec 3 cartes (*Épuisé*).
15. *Étude sur Pline le Jeune*, par T. Mommsen, traduit par C. Morel (*Épuisé*).
16. *Du C dans les langues romanes*, par Charles Joret. 12 fr.
17. Cicéron. *Epistolæ ad Familiares*. Notice sur un manuscrit du xiie siècle, par Charles Thurot, membre de l'Institut. 3 fr.
18. *Études sur les Comtes et Vicomtes de Limoges antérieurs à l'an 1000*, par R. de Lasteyrie. 5 fr.
19. *De la formation des mots composés en français*, par A. Darmesteter. Deuxième édition, revue, corrigée et en partie refondue. 12 fr.
20. Quintilien. *Institution oratoire, collation d'un manuscrit du Xe siècle*, par Émile Chatelain et Jules Le Coultre. 4 fr.
21. *Hymne à Ammon-Ra des papyrus égyptiens du musée de Boulaq*, traduit et commenté par Eugène Grébaut. 22 fr.
22. *Pleurs de Philippe le Solitaire*, poème en vers politiques publié dans le texte pour la première fois d'après six mss. de la Bibl. nat., par l'abbé Emmanuel Auvray. 3 fr. 75
23. *Haurvatât et Ameretât. Essai sur la mythologie de l'Avesta*, par J. Darmesteter. 4 fr.
24. *Précis de la déclinaison latine*, par M. F. Bücheler, traduit de l'allemand par L. Havet avec une préface du traducteur (*Épuisé*).
25. *Anîs-el-'Ochchâq*, traité des termes figurés relatifs à la description de la beauté, par Cheref eddin Rami, traduit du persan et annoté par Clément Huart. 5 fr. 50.
26. *Les Tables Eugubines*. Texte, traduction et commentaire, avec une grammaire et une introduction historique, par Michel Bréal. Accompagné d'un album in-fol. de 13 pl. 30 fr.
27. *Questions homériques*, par Félix Robiou. Avec 3 cartes. 6 fr.
28. *Matériaux pour servir à l'histoire de la philosophie de l'Inde*, par P. Regnaud, 1re partie. 9 fr.
29. *Ormazd et Ahriman, leurs origines et leur histoire*, par James Darmesteter (*Épuisé*. Il reste quelques exemplaires sur papier fort). 25 fr.
30. *Les métaux dans les inscriptions égyptiennes*, par C. R. Lepsius, trad. par W. Berend, avec des additions de l'auteur, accompagné de 2 pl. Volume in-4. 12 fr.
31. *Histoire de la ville de Saint-Omer et de ses institutions jusqu'au XIVe siècle*, par A. Giry. 20 fr.
32. *Essai sur le règne de Trajan*, par C. de la Berge. 12 fr.
33. *Études sur l'industrie et la classe industrielle à Paris au XIIIe et au XIVe siècle*, par Gustave Fagniez. 12 fr.
34. *Matériaux pour servir à l'histoire de la philosophie de l'Inde*, par P. Regnaud, 2e partie. 10 fr.
35. *Mélanges publiés par la section historique et philologique de l'École des Hautes Études pour le dixième anniversaire de sa fondation*. Avec 10 planches gravées. 15 fr.
36. *La religion védique d'après les hymnes du Rig-Veda*, par A. Bergaigne. Tome Ier (*Épuisé*).
37. *Histoire critique des règnes de Childérich et Chlodovech*, par M. Junghans, traduit par Gabriel Monod, et augmenté d'une introduction et de notes nouvelles. 6 fr.
38. *Les monuments égyptiens de la Bibliothèque nationale* (cabinet des médailles et antiques), par E. Ledrain, in-4e, 1re liv. 12 fr.
39. *L'inscription de Bavian*, texte, traduction et commentaire philologique, avec trois appendices et un glossaire, par H. Pognon, 1re partie. 6 fr.
40. *Patois de la commune de Vionnaz (Bas-Valais)*, par J. Gilliéron. Avec une carte. 7 fr. 50
41. *Le Querolus*, comédie latine anonyme, publiée par L. Havet. 12 fr.
42. *L'inscription de Bavian*, par H. Pognon, 2e partie. 6 fr.
43. *De Saturnio Latinorum versu*. Scripsit L. Havet. 15 fr.
44. *Études d'archéologie orientale*, par Ch. Clermont-Ganneau, tome Ier en 3 parties in-4e avec planches. 25 fr.
45. *Histoire des institutions municipales de Senlis*, par Jules Flammermont. 8 fr.
46. *Essai sur les origines du fonds grec de l'Escurial*, par C. Graux. 15 fr.
47. *Les monuments égyptiens de la Bibliothèque nationale*, par E. Ledrain, 2e et 3e liv. in-4e (*Presque épuisé*). 25 fr.
48. *Étude critique sur le texte de la vie latine de sainte Geneviève de Paris*, par Ch. Kohler. 3 f.
49. *Deux versions hébraïques du Livre de Kalilâh et Dimnâh*, par J. Derenbourg. 20 fr.
50. *Recherches critiques sur les relations politiques de la France avec l'Allemagne, de 1292 à 1378*, par Alfred Leroux. 7 fr 50

MAHĀYĀNA-SŪTRĀLAṂKĀRA

MACON, PROTAT FRÈRES, IMPRIMEURS

BIBLIOTHÈQUE
DE L'ÉCOLE
DES HAUTES ÉTUDES

PUBLIÉE SOUS LES AUSPICES

DU MINISTÈRE DE L'INSTRUCTION PUBLIQUE

SCIENCES HISTORIQUES ET PHILOLOGIQUES

CENT QUATRE-VINGT-DIXIÈME FASCICULE

MAHĀYĀNA-SŪTRĀLAṂKĀRA

ÉDITÉ ET TRADUIT PAR SYLVAIN LÉVI

TOME II

PARIS
LIBRAIRIE HONORÉ CHAMPION, ÉDITEUR
5, QUAI MALAQUAIS

1911

ASAṄGA.

MAHĀYĀNA-SŪTRĀLAṂKĀRA

EXPOSÉ DE LA DOCTRINE DU GRAND VÉHICULE

SELON LE SYSTÈME YOGĀCĀRA

ÉDITÉ ET TRADUIT

D'après un manuscrit rapporté du Népal

PAR

SYLVAIN LÉVI

PROFESSEUR AU COLLÈGE DE FRANCE
DIRECTEUR D'ÉTUDES A L'ÉCOLE DES HAUTES ÉTUDES

TOME II

TRADUCTION. — INTRODUCTION. — INDEX

PARIS
LIBRAIRIE HONORÉ CHAMPION, ÉDITEUR
5, QUAI MALAQUAIS

1911

Cet ouvrage forme le fascicule 190ᵉ de la Bibliothèque de l'École des Hautes Études.

INTRODUCTION

ASAṄGA

L'auteur du Sûtrâlaṃkâra, Asaṅga [1], souvent désigné comme « le saint Asaṅga » Âryâsaṅga, est une des grandes figures du bouddhisme indien. Pour tracer sa biographie, nous disposons essentiellement de trois sources :

La « Vie de Vasubandhu [2] » écrite au VIe siècle par le moine Paramârtha (499-569). Originaire d'Ujjayinî, le moine Paramârtha arriva en Chine l'an 546 : il y resta jusqu'à sa mort, occupé surtout à traduire les textes sanscrits qu'il y avait apportés. [P.]

La Vie et les Mémoires [3] du pèlerin Hiuan-tsang (599-664) qui visita l'Inde et l'Asie centrale entre 629 et 645. [H.]

L'Histoire du Bouddhisme Indien [3] compilée en 1608 par le lama tibétain Târanâtha. [T.]

La date d'Asaṅga, sans être fixée avec une précision absolue, n'en est pas moins une des données les plus solides de l'histoire littéraire dans l'Inde. Une série de synchronismes bien établis [4]

1. En chinois *wou tcho* « sans attachement » ; en tibétain *thogs* (*pa*) *med* « sans obstruction ».

2. Cette biographie, résumée par Wassilieff, *Buddhismus*, p. 235 sqq., a été traduite intégralement par Takakusu : *The life of Vasubandhu by Paramârtha*, dans le T'oung-pao, 1904. Les questions qu'elle soulève et qu'elle résout en partie ont été discutées par le même savant : *A Study of Paramârtha's Life of Vasubandhu and the date of Vasubandhu*, dans *J. R. A. S.* 1905. Cf. aussi, du même, *La Sâṅkhya-kârikâ*, *etc.* dans B. E. F. E. O. 1904, 1-65.

3. Je cite Hiuan-tsang, d'après la traduction de Stanislas Julien : I = Vie ; II et III = Mémoires ; — et Târanâtha d'après la traduction allemande de Schiefner.

4. M. Wogihara (*Asaṅga*'s *Bodhisattvabhûmi*, ein dogmatischer Text der Nordbuddhisten nach dem Unikum von Cambridge im allgemeinen und lexikalisch untersucht. Inaugural Dissertation ... zu Strassburg. Leipzig. 1908).

permet d'affirmer que son activité couvre toute la première moitié du ve siècle, en débordant de part et d'autre sur les deux extrémités de cette période. Le témoignage de Paramârtha n'est donc postérieur que d'un siècle ; il mérite à ce titre une attention spéciale. Hiuan-tsang atteste l'état de la légende cent ans plus tard, dans l'Inde même. Târanâtha utilise toute la littérature hagiographique d'un millénaire, enrichie encore par les inventions pieuses des Tibétains.

[P.] Asaṅga est originaire du Gândhâra, de la ville de Puruṣapura, la moderne Péchaver. Il naît sur les confins du monde hindou, à la lisière du monde hellénique, iranien et turc, dans ce carrefour des nations où viennent converger toutes les voies d'accès vers l'Inde. Son père est un brahmane du clan Kauçika. Le futur Asaṅga est d'abord connu sous le nom de Vasubandhu; ses deux frères puînés reçoivent aussi ce nom; le cadet était destiné à se l'approprier glorieusement dans la mémoire des hommes. Les trois frères entrent dans les ordres, et adhèrent à l'école bouddhique des Sarvâstivâdins. L'aîné se voue à la méditation et se libère du désir. Mais il scrute en vain la doctrine de la vacuité, il n'arrive pas à la comprendre; il est déjà près de se tuer quand l'arhat Piṇḍola s'aperçoit de son désespoir et accourt du lointain Pûrva-Videha pour le réconforter. Instruit par Piṇḍola, il pénètre la doctrine du Petit Véhicule, mais il n'y trouve pas de satisfaction. Il utilise alors les pouvoirs surnaturels du Petit Véhicule pour s'élever au ciel Tuṣita où réside le Bodhisattva Maitreya; il l'interroge, et reçoit de lui la doctrine de la vacuité selon le Grand Véhicule. Revenu sur la terre, il médite sur cet enseignement ; un sextuple tremblement de la terre signale enfin qu'il a compris le mystère. Désormais il porte le nom d'Asaṅga. Il continue à se rendre auprès de Maitreya pour le consulter, avec l'espoir de propager la doctrine; mais les hommes refusent de se laisser convaincre. Asaṅga supplie alors Maitreya de descendre lui-même sur la terre. Le Bodhisattva descend la nuit, dans des torrents de lumière, fait réunir une

[— Je désignerai dans la suite ce travail par *Wogihara* (1908)] — signale et résume (p. 14) les principaux travaux. Il montre avec raison que certaines œuvres d'Asaṅga, portées dans les catalogues chinois sous le nom de Maitreya (cf. inf. p. VII) ont échappé par là aux critiques les plus récents. Une de ces œuvres a été partiellement traduite en chinois entre 414 et 421.

grande assemblée, et commence à réciter le sûtra des Dix-sept Terres, en donnant le commentaire au fur et à mesure. La récitation se poursuit nuit par nuit, et s'achève en quatre mois. Seul de toute l'assemblée présente, Asaṅga approchait Maitreya; les autres ne faisaient que l'entendre. Après chaque séance, Asaṅga passait la journée à reprendre le texte et à l'interpréter. De plus, Asaṅga apprit de Maitreya la méthode de « l'Union de Splendeur-du-Soleil » (*sûrya-prabhâ samâdhi*), qui lui permit de tout comprendre. Désormais sa mémoire embrassa tous les textes sans défaillance; il saisit le sens des sûtras les plus abstrus du Grand Véhicule, car Maitreya lui en donnait l'explication intégrale dans le ciel Tuṣita. Asaṅga composa alors de nombreux traités d'exposition (*upadeça*) sur ces sûtras.

Cependant le cadet d'Asaṅga, Vasubandhu, s'était classé par son intelligence et par sa science au premier rang des docteurs du Petit Véhicule. Il vivait à Ayodhyâ, où le roi Bâlâditya l'avait comblé d'honneurs. Asaṅga, qui était resté à Puruṣapura, lui envoya un messager pour le presser de revenir, alléguant son état de santé. Vasubandhu s'empressa d'accourir. Asaṅga lui confia les soucis qui l'agitaient par affection fraternelle, et lui montra dans le Grand Véhicule la vraie voie du salut; il lui en donna un exposé concis et substantiel, et réussit à le convaincre. Impatient d'expier les propos malveillants qu'il avait tenus jadis sur le Grand Véhicule, Vasubandhu, dans son zèle de néophyte, voulait se couper la langue. Asaṅga lui demanda de s'employer plutôt à propager la bonne doctrine. Après la mort d'Asaṅga, Vasubandhu écrivit en effet de nombreux commentaires sur les textes du Grand Véhicule, et spécialement sur plusieurs traités d'Asaṅga. Il mourut à Ayodhyâ, à quatre-vingts ans.

[H.] Hiuan-tsang sait bien que le Gândhâra est le berceau d'Asaṅga (I, 83, 117; II, 105, 270); mais c'est au pays d'Ayodhyâ qu'il rattache les souvenirs hagiographiques du maître, classé désormais parmi les Bodhisattvas. « A cinq ou six li au sud-ouest de la ville, au milieu d'un grand bois de manguiers, il y a un ancien couvent. C'est ici la place où le Bodhisattva Asaṅga demanda un complément de leçons et instruisit la foule. La nuit, il montait au palais des dieux (Tuṣita, I, 114), et recevait de Maitreya Bodhisattva des textes sacrés, Yogâcâryabhûmi çâstra, Mahâyâna-Sûtrâlaṃkâra çâstra, Madhyântavibhâga çâstra, etc.;

le jour, il en développait la bonne explication pour la multitude. » Ainsi la légende a, sans se modifier, changé de scène; elle s'est transportée à Ayodhyâ, où l'appelait en quelque sorte par sympathie le souvenir vivace de Vasubandhu. L'entrevue décisive des deux maîtres, qui aboutit à la conversion de Vasubandhu, a subi le même transfert. « A environ quarante li au nord-ouest de la salle où enseignait Asaṅga, on arrive à un ancien couvent qui, au nord, est voisin du Gange (c'est-à-dire de la rivière ; il s'agit de la Sarayû). Dans l'intérieur, il y a un stûpa en briques qui a environ cent pieds de hauteur. Ce fut en cet endroit que dans l'origine Vasubandhu eut pour la première fois le désir d'embrasser la doctrine du Grand Véhicule. » Dans le récit de l'entrevue, l'orientation qu'indiquait Paramârtha est renversée : Vasubandhu arrive de l'Inde du Nord; un disciple d'Asaṅga vient l'accueillir et récite à haute voix pendant la nuit le Daçabhûmi sûtra. C'est au moment où Vasubandhu repentant va se couper la langue qu'Asaṅga paraît. L'épisode se développe ensuite comme chez Paramârtha; l'histoire était manifestement classique.

Pourtant, dans son ensemble, la tradition était en voie de s'altérer, et de s'enrichir. A Ayodhyâ, Vasubandhu ne passe plus pour le frère d'Asaṅga; il n'est que son disciple. Asaṅga n'est plus à l'origine un Sarvâstivâdin; il adhère d'abord à l'école des Mahîçâsakas. Enfin une curieuse légende accentue l'aspect d'Asaṅga comme visionnaire. Asaṅga, Vasubandhu, et un troisième docteur Buddhasiṃha, conviennent entre eux que le premier à mourir viendra instruire les survivants. Buddhasiṃha meurt d'abord, et ne revient pas. Trois ans après lui, Vasubandhu meurt à son tour (contrairement au récit de Paramârtha et à la vérité historique). Six mois se passent encore sans apparition, et déjà les railleries vont leur train. « Quelque temps après, comme Asaṅga enseignait à ses disciples la méthode du Samâdhi, au commencement de la nuit, tout à coup l'éclat des lampes s'amortit, le ciel s'éclaira d'une vive lumière, et un saint ṛṣi descendit du haut des airs. Aussitôt il monta les degrés et entra dans le vestibule; puis il alla saluer respectueusement Asaṅga. Asaṅga lui dit : Pourquoi venez-vous si tard? » Le fantôme, qui n'était autre que Vasubandhu, instruit Asaṅga de sa destinée posthume et de celle de Buddhasiṃha ; puis, pour satisfaire la curiosité pieuse du vivant, il lui décrit les charmes ineffables de Maitreya. Un monument marquait encore, au temps de Hiuan-tsang, le lieu de cette entrevue, au nord-ouest de la forêt des manguiers (II, 269-274).

Dans la même région qu'Ayodhyâ, la ville de Kauçâmbî se flattait de posséder dans son voisinage le couvent où Asanga avait composé un de ses çâstras, le *Hien yang ching kiao loun* (I, 122; II, 286).

[T.] [1] Mille ans plus tard, chez Târanâtha, on retrouve encore quelques souvenirs exacts, mais noyés dans le fatras de l'hagiographie tibétaine. Asanga est le fils d'une matrone brahmanique, aussi pieuse que savante, mariée à un kṣatriya. Il reçoit de sa mère une instruction qui embrasse toutes les sciences ; sur le désir qu'elle en exprime, il entre en religion, apprend par cœur une masse de textes pendant cinq années ; puis il s'entraîne à l'extase, dans l'espoir de voir en face la divinité. Il s'installe sur le Kukkuṭapâda, près de Gayâ. Voilà donc Asanga transporté cette fois sur les confins du Bengale pour graviter autour du couvent de Nâlanda (près de Gayâ) devenu vers le VIIe siècle le foyer le plus éclatant de la science bouddhique. Pendant douze ans, il attend en vain la vision souhaitée, réconforté à chaque crise de découragement par une leçon de patience ; une fois il voit la roche usée par le frottement des plumes d'oiseau ; une autre fois, il la voit creusée par les gouttes d'eau ; une autre fois encore, il voit un vieillard qui façonne des aiguilles avec du fer et un polissoir de coton. Enfin il descend de sa montagne pour rentrer dans le monde ; près d'Acintapurî (Ajantâ), il aperçoit une chienne rongée toute vivante par des vers ; ému de compassion, il coupe un morceau de sa propre chair pour nourrir cette vermine et soulager la chienne. Mais tout s'est évanoui ; il n'a plus devant les yeux que Maitreya, l'ange gardien qui ne l'avait pas quitté, tout en lui restant invisible jusqu'au moment de ce sacrifice sublime. « Prends-moi sur tes épaules », dit Maitreya, « et traverse la ville ». Asanga obéit ; mais personne n'y vit rien,

1. M. Pelliot a trouvé au Ts'ien fo tong de Touen-hoang un plan du Wou-t'ai chan, la montagne consacrée en Chine à Mañjuçrî, où figure un stûpa élevé en l'honneur d'Asanga. Ce plan paraît être du IXe siècle, au plus tard de la première moitié du Xe. (*Une bibliothèque médiévale retrouvée au Kan-sou*, dans *B.E.F.E.O.* 1908, 4.)

sauf une marchande d'alcool qui crut voir Asaṅga porter un petit chien, et qui dut au bénéfice de cette vision d'inépuisables richesses, et aussi un porte-faix, qui aperçut un bout de patte, ce qui lui valut l'Union mystique (*samâdhi*) et les forces magiques (*siddhi*). Maitreya lui offre alors une faveur à son choix ; il souhaite de propager le Grand Véhicule. « Prends donc le bout de ma robe », reprend le Bodhisattva et Asaṅga monte à sa suite jusqu'au ciel Tuṣita. Il y reste six mois, quinze ans, ou même cinquante ans. Là, il entend tous les textes du Grand Véhicule, et spécialement les « Cinq Enseignements de Maitreya » ; il s'élève successivement à tous les degrés de l'Union. Il revient ensuite sur la terre, doué de pouvoirs merveilleux. C'est ainsi qu'il pouvait avec tout son entourage parcourir en quelques heures un chemin qui demandait d'ordinaire un mois ; c'est ainsi encore qu'il put garder jusqu'à sa mort, à plus de quatre-vingt-dix ans, toute la fraîcheur de la jeunesse. Il s'établit d'abord dans le Magadha ; le couvent où il résidait, situé dans le bois de Pîluvana, reçut le nom de Dharmâṅkura-araṇya ; c'est là qu'il mit par écrit les Cinq traités de Maitreya, et qu'il composa la plupart de ses çâstras. Plus tard il se rendit du côté de l'ouest, à Sagari, où il résida dans l'Uṣmapura vihâra ; son enseignement, et surtout les preuves qu'il donna de sa clairvoyance miraculeuse, amenèrent la conversion du roi Gambhîrapakṣa. Sur l'invitation du brahmane Vasunâga, il passa ensuite à Kṛṣṇarâja, dans l'Inde du Sud. Une autre fois, il alla dans l'Inde du Nord jusqu'à l'Udyâna pour répondre à l'appel du marchand Dhanarakṣita. Vers la fin de sa vie, il demeura douze ans à Nâlanda. Enfin il s'éteignit à Râjagṛha où ses disciples lui élevèrent un monument.

Pour assurer une longue durée à ses doctrines, il avait multiplié les écoles ; dans tous les pays où il avait passé, il avait eu soin de fonder vingt-cinq temples, qui abritaient des maîtres du Grand Véhicule. Mais son plus beau succès reste encore pour Târanâtha la conversion de Vasubandhu. L'épisode s'est transmis sans altération profonde. Vasubandhu est, ici aussi, le cadet d'Asaṅga. Asaṅga lui envoie deux moines qui lui récitent successivement, l'un, pendant la nuit, l'Akṣayamati nirdeça, l'autre, au lever du jour, le Daçabhûmika. Le reste : repentir, intention de se couper la langue, prescription de propager les textes, est identique aux anciens récits. C'était donc là, semble-t-il, l'élément le plus résistant, sinon le plus authentique de toute la tradition.

LE MAHÂYÂNA SÛTRÂLAMKÂRA

Si nous étions réduits au seul témoignage de l'original sanscrit, nous ignorerions encore le véritable auteur de l'ouvrage. Le colophon sanscrit se contente d'indiquer que le texte a été « énoncé » (*bhâṣita*) « par le grand Bodhisattva Vyavadâta-samaya ». Ce colophon est reproduit par le traducteur chinois et le traducteur tibétain ; il est donc certainement très ancien, s'il ne remonte pas même jusqu'à l'original. Je n'ai pas retrouvé ailleurs un Bodhisattva de ce nom ; il est impossible de dire si cette désignation s'applique à Maitreya, à Asaṅga, ou à tout autre personnage, soit fictif, soit réel.

L'Indien Prabhâkara-mitra, auteur de la traduction chinoise (entre 630 et 633 J. C.), assigne le M. S. A. à Asaṅga, qu'il qualifie expressément de « Bodhisattva ». La préface de la traduction, due à Li Pe-yo (l'auteur du *Pe-Tsin chou*) répète et confirme cette attribution, sans faire allusion à une révélation surnaturelle. Mais, à cette époque même, Hiuan-tsang apprend dans les couvents de l'Inde à classer le M. S. A. parmi les textes sacrés révélés à Asaṅga par Maitreya. Jusque-là, au témoignage de Paramârtha et des traducteurs chinois du ve siècle, le Saptadaçabhûmi çâstra (ou Yogâcâryabhûmi çâstra) avait seul passé pour révélé.

Un demi-siècle après Hiuan-tsang, Yi-tsing, qui n'est pas comme Hiuan-tsang un adepte de l'école Yogâcâra, continue à classer le M. S. A. parmi « les huit branches » (*pa tchi*) d'Asaṅga, où il fait entrer pêle-mêle et de son propre aveu plusieurs traités de Vasubandhu.

Chez les Tibétains [1], le M. S. A. est unanimement rangé dans les « Cinq çâstras de Maitreya », et il en ouvre la série. Mais les

1. Outre Târanâtha, v. aussi Bouston traduit par Stcherbatzkoï, *La littérature Yogâcâra d'après Bouston*, Muséon, 1905, II. Il est assez surprenant de voir que les Tibétains comptent comme l'œuvre personnelle d'Asaṅga le (Saptadaça-) bhûmi çâstra, le seul ouvrage que la tradition ancienne assigne à Maitreya. En dehors de cet ouvrage (et, naturellement, des sections détachées qui en ont été traduites à part : Nanjio 1170, 1083, 1086, 1096, 1097, 1098, 1200, 1235), le Canon chinois n'attribue à Maitreya que le Madhyânta-vibhaṅga (Nj. 1245, traduit par Hiuan-tsang), également compté comme une œuvre de Maitreya par les Tibétains [Je laisse en dehors l'insignifiant opuscule : Sarvaçi-

vers seuls sont attribués à Maitreya; la prose qui commente ces vers est tenue pour un ouvrage à part, sous le titre de Sûtrâlaṃkâra-bhâṣya, attribué à Vasubandhu. La traduction tibétaine est due à Çâkyasiṃha l'Indien, assisté du Lotsava grand réviseur Dpal brcogs et autres. Je n'ai pas d'informations sur ces personnages; mais, quelle que soit leur date, Prabhâkara mitra leur est certainement antérieur; avant le milieu du VIIᵉ siècle, le Tibet, à peine ouvert à la civilisation, n'avait ni traducteurs, ni traductions. Nous sommes donc fondés à considérer l'ouvrage entier, prose et vers, comme dû à un seul auteur, Asaṅga. Au reste, si le tibétain distingue dans l'ouvrage deux parties, texte et commentaire, avec deux auteurs différents, le *Tche-yuen lou* chinois (Catalogue comparé des Livres Bouddhiques compilé dans la période Tche-yuen 1264-1294) donne à l'ouvrage entier, en tant qu'œuvre du Bodhisattva Asaṅga, le titre *fan* (c.-à-d. sanscrit) de : *Sou-tan-lo A-leng-kia-lo ti-kia*, transcription de Sûtrâlaṃkâraṭîkâ « Commentaire du Sûtrâlaṃkâra » (*Tche-yuen lou*, chap. IX, in°.);

kṣâsthitanâmârtha çâstra (Nj. 1315) traduit par Che-hou entre 980 et 1000]. Le cas du Mahâyânasaṃparigraha çâstra offre un intérêt tout particulier. Le premier en date des trois traducteurs chinois, Buddhaçânta, en 531, présente l'ouvrage comme une « œuvre d'*A-seng-kia* », dans le texte de l'édition de Corée; mais les éditions proprement chinoises ont remplacé cette mention par « composition de *Wou-tcho p'ou-sa* = Asaṅga bodhisattva ». La préface qui accompagne la traduction de Paramârtha, en 563, déclare que « le çâstra original (*pen loun*) a été composé par *A-seng-kia*, maître de la loi (*fa che*). » Hiuan-tsang, enfin, qui donne une traduction en 648, traduit fidèlement un colophon qui dit : « Moi, *A-seng-kia*, j'ai fini d'expliquer brièvement le Mahâyâna-saṃparigraha çâstra dans les sûtras du Grand Véhicule de l'Abhidharma », mais il présente le texte comme « la composition de *Wou-tcho p'ou-sa* = Asaṅga bodhisattva ».

Wassilieff (*Notes sur Târanâtha*, p. 315 sq.) a tort de dire que « les cinq textes de Maitreya manquent tous [*sämmtlich*] chez les Chinois ». J'ai déjà signalé la traduction chinoise du M. S. A. et celle du Madhyânta-vibhâga. La version chinoise de l'Uttaraṭantra a échappé jusqu'ici aux recherches, parce qu'elle ne porte pas de nom d'auteur. C'est le Mahâyânottaratantra-çâstra (Nj. 1236; éd. Tôk. XIX, 2) des catalogues chinois, traduit par Ratnamati en 508. Restent le Dharmadharmatâ-vibhaṅga et l'Abhisamayâlaṃkâra qui n'ont pas de correspondant connu ou reconnu en chinois. A propos des œuvres d'Asaṅga conservées en chinois, j'ajoute encore que le *Choun tchong louen* (Nj. 1246; Tôk. XIX, 2), dont le titre sanscrit est restitué par Nanjio sous la forme : Madhyântânugama çâstra, est en fait — comme le titre chinois l'exprime exactement — un commentaire sur le Madhyamakaçâstra de Nâgârjuna, interprété au point de vue de la doctrine Yogâcâra.

en fait, cette désignation de *ṭîkâ* ne peut s'appliquer pourtant qu'à la prose explicative qui accompagne les vers ou *kârikâs*.

Le texte sanscrit est divisé en *adhikâras* ou « chapitres » régulièrement numérotés jusqu'au quinzième; à partir de là les chapitres ne portent plus d'indication numérique jusqu'au chapitre final ; mais celui-ci est désigné comme le vingt et unième. Les sections marquées dans l'intervalle sont seulement au nombre de quatre ; il manque donc une unité pour parfaire le chiffre de 21. Il est probable que le dernier chapitre est à partager en deux sections, entre le vers 42 et le vers 43. Les dix-neuf derniers vers, avec leur refrain uniforme, constituent une unité bien nette comme hymne de conclusion.

Le tibétain [1] reproduit exactement les divisions du manuscrit sanscrit. Le chinois [2] représente un autre partage de l'ensemble. Le texte y est divisé en treize grandes sections, découpées d'une manière assez irrégulière en vingt-quatre chapitres.

CHINOIS			SANSCRIT
I	1.	nidâna	I vers 1-6
	2.	siddhi	vers 7-21.
	3.	çaraṇagamana	II
	4.	gotra	III
II	5.	cittotpâda	IV
	6.	pratipatti	V
	7.	tattva	VI
	8.	prabhâva	VII
	9.	paripâka	VIII
III	10.	bodhi	IX
IV	11.	adhimukti	X
	12a.	paryeṣṭi	XI vers 1-35.
V	12b.	—	— vers 36-fin.
VI	13.	deçanâ	XII
	14.	pratipatti	XIII

1. La traduction tibétaine se trouve dans le Tanjour, Mdo. vol. XLIV (*phi*), le texte en vers va de 1 à 43*b*; le « bhâṣya » termine le volume, de la page 135 à la fin.

2. La traduction chinoise porte le n° 1190 dans le Catalogue de Nanjio; dans l'édition du Tripiṭaka de Tôkyô, elle se trouve boîte XIX, vol. 4. Elle forme la première moitié du volume ; le Sûtrâlaṃkâra d'Açvaghoṣa forme l'autre moitié.

VII	15.	avavâdânuçâsanî	XIV
	16.	upâyasahitakarma	XV
	17*a*.	pâramitâ	XVI vers 1-16.
VIII	17*b*.	—	— vers 17-fin.
	18.	pûjâ	XVII vers 1-8
IX	19.	kalyâṇamitra	— — 9-16
	20.	brâhmavihâra	— — 17-fin
X	21*a*.	bodhipakṣa	XVIII vers 1-65
XI	21*b*.	—	— — 66-fin.
XII	22.	guṇa	XIX
	23.	caryâpratiṣṭhâ	XX-XXI vers 1-42 fin.
XIII	24.	buddhapûjâ	— — 43-fin.

Dans l'ensemble, les divisions concordent réellement. La différence des chiffres vient uniquement de ce fait que certains chapitres sont découpés en portions, soit dans un texte, soit dans l'autre. La disposition des matières adoptée par Asaṅga est reproduite presque intégralement dans la Bodhisattvabhûmi, la seule partie du Yogâcârabhûmi çâstra conservée en sanscrit. La table des matières de la Bodhisattvabhûmi, dressée par M. Wogihara, marque l'étroite parenté des deux textes.

BODHISATTVABHÛMI		M. S. A.
Yogasthâna.	*Paṭala.*	*Adhikâra.*
	1. gotra.	3. gotra.
	2. cittotpâda	4. cittotpâda
	3. svaparârtha.	5. pratipatti [en chinois : *eul li* = arthadvaya].
	4. tattvârtha	6. tattva.
	5. prabhâva.	7. prabhâva.
	6. paripâka	8. paripâka.
	7. bodhi.	9. bodhi.
	8. balagotra.	?
I. âdhâra.	9. dâna.	
	10. çîla.	
	11. kṣânti.	16. pâramitâ (1-71).
	12. vîrya.	
	13. dhyâna.	
	14. prajñâ.	
	15. saṃgrahavastu.	16. (72-fin) [saṃgrahavastu].
	16. pûjâsevâpramâṇa.	17. pûjâsevâpramâṇa.
	17. bodhipakṣa.	18. bodhipakṣa.
	18. bodhisattvaguṇa.	19. guṇa.

II. âdhârânudharma.	1. bodhisattvaliṅga.	20.	(1-2) [liṅga].
	2. pakṣa	»	(3-5) [gṛhipravrajitapakṣa].
	3. adhyâçaya.	»	(6) [adhyâçaya].
	4. vihâra.	»	(9-32) [vihâra].
III. âdhâraniṣṭhâ.	1. upapatti.	20.	(8) [upapatti].
	2. parigraha.	»	(7) [parigraha].
	3. bhûmi.	»	(32-41) [bhûmi].
	4. caryâ.	»	(42) [caryâ].
	5. lakṣaṇânuvyañjana.	»	(49) [lakṣaṇânuvyañjana].
	6. pratiṣṭhâ.	»	(43-fin) [pratiṣṭhâ].

La correspondance, on le voit, est rigoureuse. Le développement se poursuit dans le même ordre de part et d'autre; mais le M. S. A. a inséré entre les chapitres IX et XVI tout un bloc de chapitres qui manque à la Bodhisattvabhûmi. Et justement le M. S. A. traite bien ce groupe de chapitres comme un ensemble particulier. En effet, en dehors et au-dessus des divisions que je viens d'indiquer, le texte du M. S. A. est réparti, par des tables des matières espacées dans l'ouvrage même, en trois grands ensembles : de I à IX ; de XI à XIV ; de XV (en tout, quatre vers) à la fin. Et le principe de cette division en trois parties se retrouve encore, quoiqu'appliqué différemment, dans la répartition de la Bodhisattvabhûmi en trois yogasthânas.

Métrique. — Asaṅga n'est ni un grand poète, ni même un versificateur raffiné. Cependant il manie sans difficulté une assez grande variété de mètres : l'anuṣṭubh et l'âryâ sont les plus fréquents, puis l'indravajrâ, l'upendravajrâ, l'upajâti, la vaṃçasthâ, la vasantatilakâ, la mâlinî, la çikhariṇî, le çârdûlavikrîḍita, la sragdharâ, la çâlinî, la puṣpitâgrâ, le mattamayûra.

La métrique d'Asaṅga est régulière ; il est vrai que pour faire son vers il n'hésite pas, de son propre aveu, à violer les règles de la grammaire (*çlokavattvânurodhât* XVII, 2 ; *vṛttânuvṛttyâ* XIX, 69) ; tantôt il se dispense d'appliquer le saṃdhi : IX, 14 *viçiṣṭâ api* (=°*ṣṭâpi*) ; 20 *yathâkâçe avicchinnâ* (=°*çe'vi*°) ; X, 2 *anyâ âmukhâ* (= *anyâmukhâ*) ; XIII, 27 *niṣpanne adhicitte* (=°*ne 'dhi*°) ; XVI, 3 *sthitimuktyâ âtmârtham* (=°*ktyâtmâ*°) ; XVII, 47 *vimukto api* (=°*to'pi*) ; XVIII, 86 *âçrayatva asaṃbhavât*, et 88 *caramatva asaṃbhavât* (= *tve'saṃ*°) ; XX, 26 *bhâvanâ api* (= °*nâpi*) ; tantôt au contraire il contracte les voyelles par un saṃdhi abusif : X, 8, *anuçaṃsâdhimuktitaḥ* (=°*çaṃsâ adhi*°) ; XVIII, 82 *hetutotpatter* (=°*ta ut*°) ; XVII, 55, *bhogâ bahuçubhataropasarpanti* (°*tarâ upa*°). Il admet, d'accord avec un usage courant, des pâdas hypermètres, quand même il serait facile de rétablir la mesure XI, 66, 71. Il scande *pari-eṣita*° pour *paryeṣita*° XI, 78. La seule incorrection d'ordre métrique se rencontre XIX, 80 (upajâti) où une longue (*dhî*) est substituée à deux brèves. Enfin je signale l'enjambement hardi d'un hémistiche à l'autre, XVIII, 26 *samâdhimukhadhâraṇî* -|- *gṛhîtâ*.

La langue du M. S. A. présente, dans les vers, certaines particularités qui méritent d'arrêter l'attention. Elles tiennent le plus souvent aux exigences du mètre, mais le mètre ne suffit pas entièrement à les expliquer. Souvent une retouche facile aurait permis à Asaṅga d'éviter ou d'effacer l'incorrection. Le retour fréquent de l'irrégularité semble au contraire déceler chez Asaṅga une affectation consciente et voulue ; tout particulièrement, dans le cas de l'adjectif épithète jeté, malgré les règles et l'usage, à la suite du mot qu'il qualifie : III, 10 *mahâjñânasamâdhyârya*° ; le comm. rétablit l'ordre suivant : *âryasamâdhi* ; IV, 12 *praṇidhânamahâdaça*° ; dans le comm. *mahâdaçapraṇidhâna*° ; — IX, 6, *ambuvarṣapratatasuvihitasya*,... *çuklasasyaprasavasumahato*, et : *dharmaratnapratatasumahato* ; comm. *mahataḥ suvihitasya*... *ambuvarṣasya*..., *mahataḥ çuklasasyaprasava*°, et : *sumahataḥ pratatasya dharmaratnasya* ; — IX, 12 *viṣayasumahato jñânamârgât* ; comm. *anantajñeyaviṣayajñânamârgât* ; — IX, 56 où le vers tout entier est construit à l'envers :

[1]sarva[2]dharma[3]dvay[4]âvâra[5]tathatâçuddhilakṣaṇaḥ

[1]vastu[2]jñâna[3]tadâlamba[4]vaçit[5]âkṣayalakṣaṇaḥ

comm. *kleçajñey[4]âvaraṇa[3]dvayât* *[1]sarvadharma[2]tathatâ[5]viçuddhilakṣaṇaç ca* | *[1]vastu[3]tadâlamba[2]jñânayor* *[5]akṣaya[4]vaçitâlakṣaṇaç ca* ; — IX, 58 *dvayâmeya*°, comm. *dvayena câprameyeṇa* ; — XIV, 51 *munisatatamahâvavâdalabdho* =° *labdhamahâvavâdo* ; — XVII, 30 *mahâçanaviṣâkrântalolâḥ* = *viṣâkrântamahâçana*°. Il semble bien qu'ici on se trouve en présence d'une tendance nouvelle introduite dans le sanscrit par l'imitation d'une langue parlée où l'épithète suivait le nom qualifié.

Dans d'autres cas, la gaucherie ou l'étrangeté de l'agencement paraît due surtout à la négligence : XI, 70 *bhâvanâyâṃca nâruciḥ* = *ruciç ca.. aruciç ca* ; — XI, 75, *asakâyâ*, comm. *akâyâ.. sakâyâ* ; — XIII, 6, *vyavasthânâvikalpena jñânena*, comm. *bhûmivyavasthânajñânena avikalpena ca* ; — XVII, 18 *taddeçite dharme*, comm. *dharme yatra te deçitâḥ* ; — XVII, 44 *duḥkhâjñânamahaughe mahândhakâre ca*, comm. *duḥkhamahaughe ajñânamahândhakâre ca* ; — XVIII, 26 *samâdhimukhadhâraṇî* | *gṛhîtâ*, comm. *samâdhimukhair dhâraṇîmukhaiç ca saṃgṛhîtâ*. En fait de singularité, la palme revient au composé adjectif *pravisṛtir-atibhogî* XVI, 63 commenté par *pravisṛtir atibhogaç câsyeti !!* Auprès de ce monstre, le mot *brahmavicarya* XII, 15 substitué metri causa à *brahmacarya* est bien pâle. Enfin Asaṅga n'hésite pas à employer deux fois *dharama* pour *dharma* XIX, 69 et 70, quatre fois *hetunä* pour *hetunâ* XIX, 75-79. Il forme de *janayati*, en dépit de la grammaire, l'absolutif *janiya* X, 14. Tous ces manquements, chez un auteur qui manie le sanscrit avec autant de richesse et de souplesse qu'Asaṅga, ne sont pas sans signification ; le sanscrit bouddhique fourmille de cas analogues, témoin entre tant d'autres le Divyâvadâna, rédigé par un styliste de génie, et constellé pourtant de solécismes et de barbarismes, si on le juge à la mesure de Pâṇini. En fait, le sanscrit bouddhique tendait constamment à s'émanciper des règles immuables tracées par les grammairiens pour se rapprocher du parler réel. Deux ou trois siècles après Asaṅga, la grammaire sanscrite de Candragomin marque la capitulation du bouddhisme, assujetti désormais aux lois du purisme brahmanique.

Citations. — Le titre de l'ouvrage en exprime la tendance. Asaṅga a repris, pour l'appliquer au Mahâyâna, une expression révolutionnaire consacrée par un chef-d'œuvre d'Açvaghoṣa [1]. Le glorieux docteur qui compte parmi les créateurs du Grand Véhicule avait osé traiter en littérateur, avec les ressources d'un art développé, les thèmes un peu frustes des vieux sûtras. Asaṅga ne craint pas d'évoquer une comparaison qui risque d'être écrasante ; créateur d'une doctrine nouvelle, il recourt pour la justi-

1. La version chinoise de cet ouvrage (l'original sanscrit est perdu) a été traduite en français par M. Ed. Huber : *Açvaghoṣa, Sûtrâlaṃkâra*. Paris, 1908. J'ai étudié cet ouvrage dans un mémoire du *Journ. Asiat.*, 1908, 2, p. 57 sqq.

fier aux sûtras des deux véhicules. Tantôt il les cite expressément, tantôt il se contente d'une référence vague. Voici le tableau des citations :

I. Références expresses :

Akṣarâçi III, 2 ;
Akṣayamati IV, 20 ;
Bhârahâra XVIII, 102 ;
Brahmaparipṛcchâ XI, 76 ; XII, 5 ;
Çrîmâlâ XI, 59 ;
Daçabhûmika VII, 4 ; XIV, 6 ; XVIII, 54 ;
Dharmoddâna XVIII, 101 (*dharmoddâneṣu hi Bhagavatâ deçitam*) ;
Gocarapariçuddhi V, 10 ;
Guhyakâdhipatinirdeça XII, 9 ;
Kṣâranadî XIV, 26 ;
Mâṇḍavya XX, 54 ;
Pañcaka XVIII, 101 (*Pañcakeṣu*) ;
Pañcasthâna XVI, 18 ;
Paramârthaçûnyatâ (?) XVIII, 101.
Parijñâ XVIII, 102 ;
Prajñâpâramitâ I, 12 (*Çatasâhasrikâ*) ; V, 11 ; XI, 77 ;
Ratnakûṭa XIX, 29.

II. Références générales :

âgama XVIII, 83, 101 ;
çâstra XVIII, 95 (*çâstre Bhagavatoktam*) ;
sûtra XVI, 22 (*yathoktaṃ sûtre*) ; XVI, 68 (*sûtre.... ity ucyate*) ; XVIII, 67 (*yathoktaṃ sûtre*) ;
uktaṃ Bhagavatâ XI, 30 (*yat tûkt°*) ; XIII, 11 (*yad u°*) ; XVI, 75 (*yad u°*) ; XVIII, 83 (*yathok°*) ; XVIII, 95 (*çâstre*) ; XVIII, 103 ;
yathoktam XI, 53 ; XVI, 22, 24, 26, 28 ; XVIII, 67, 83 ;
yad uktam XIII, 12 ;
yad âha XII, 18 ;
iti XII, 23 ; XVI, 20 ;
iti vacanât XVII, 19 ; XX, 33 ;
iti saṃdarçitam XVIII, 4 ;
iti deçitam XVIII, 80 ;
ity uktam XIV, 28.

Les sûtras désignés par leur titre sont en général des sûtras du Mahâyâna. Les citations sans référence expresse sont presque certainement tirées des Âgamas, qui correspondent dans le bouddhisme sanscrit aux Nikâyas du pali. J'ai signalé en note, chaque fois que je l'ai pu, l'origine de la citation. C'est le Saṃyukta Âgama qui paraît avoir fourni à Asaṅga le plus grand nombre de ses textes, peut-être à cause de son caractère composite. Ensuite vient l'Ekottara Âgama (= Aṅguttara Nikâya). Je n'ai pas réussi à relever de citation caractéristique empruntée au Dîrgha ou au Madhyama. Le Kṣâranadî sûtra, le Parijñâ sûtra et le Bhârahâra sûtra, qui sont cités expressément par Asaṅga, font partie du Saṃyukta ; j'ai eu l'occasion d'observer dans une note, à propos des deux derniers, que l'ordre même où Asaṅga les cite concorde avec leur classement dans le Saṃyukta sanscrit, tandis qu'ils sont classés dans l'ordre inverse en pali. Le Pañcasthâna sûtra et les Pañcakas font partie de l'Ekottara (Aṅguttara). Le Mâṇḍavya sûtra, que je n'ai pu réussir à identifier, est probablement aussi un texte des Âgamas. Je n'ai pas réussi non plus à découvrir la source du vers *asâre sâra°* (XII, 17, comm.), transposition d'un vers du Dhammapada accommodé à l'esprit mahâyâniste.

Un des ouvrages d'Asaṅga qui ont été rangés plus tard, avec le M. S. A., dans les cinq çâstras de Maitreya, le Madhyânta-vibhâga, est cité dans le commentaire sur XVIII, 44. Si le commentaire est l'œuvre d'Asaṅga lui-même, comme nous croyons l'avoir établi, le M. S. A. est alors postérieur en date au Madhyânta-vibhâga. Wassilieff observe, tout au contraire, que « le Madhyânta-vibhâga est sensiblement plus récent que le Sûtrâlaṃkâra » (*Târanâtha*, p. 317, note sur p. 123).

Le succès du M. S. A. dans les écoles bouddhiques est attesté par la légende greffée de bonne heure sur l'ouvrage et qui en attribue la révélation au Bodhisattva Maitreya. Li Pe-yo, l'auteur de la préface officielle destinée à présenter au public la traduction chinoise du traité, déclare que, au témoignage du « Maître de la Loi, savant dans les trois Piṭakas » (c.-à-d. le traducteur Prabhâkara-mitra) « dans les royaumes étrangers (= hors de Chine) l'étude du Grand Véhicule et du Petit prend universellement ce çâstra pour point de départ (*litt.* pour racine) ». J'ai déjà eu l'occasion (*B. E. F. E. O.*, 1903, p. 18) d'interpréter, comme une allusion positive au M. S. A. et comme une preuve de sa notoriété, le passage de Vâsavadattâ où Subandhu compare son héroïne à « *bauddhasaṃgîtim alaṃkârabhûṣitâm* » (éd. de la *Bibl. Ind.*, p. 235). L'éditeur de Vâsavadattâ, F.-E. Hall, avait bien reconnu que « le mot alaṃkâra doit avoir ici une acception particulière » et il citait à l'appui de son sentiment un vers rapporté par le commentateur Narasiṃha Vaidya qui définit « alaṃkâra » par : « çâstra bouddhique ». En fait de çâstras, l'Alaṃkâra par excellence ne peut être que le çâstra issu du ciel Tuṣita et révélé par Maitreya. La « saṃgîti » désignerait dans ce cas une autre œuvre d'Asaṅga, Mahâyânâbhidharmasaṃgîti (çâstra) [traduite en chinois par Hiuan-tsang ; Nj., 1199 ; éd. Tôk., XVIII, 8]. L'interprétation est d'autant plus vraisemblable que Subandhu semble réduire le bouddhisme à la doctrine d'Asaṅga ; il compare (p. 179) l'obscurité à la « doctrine bouddhique, en tant qu'elle dénie le monde sensible » [*bauddhadarçanam iva pratyakṣadravyam apahnuvânaṃ timiram*]. Le commentateur Çivarâma observe à ce propos que « les bouddhistes considèrent le monde entier comme fait de connaissance » [*cittamayaṃ jagad iti*] et il rapporte un vers déclarant que « soleil et lune, air, étoiles, terre, fleuves, océans, montagnes, ne sont que fantaisies de la pensée ». C'est la doctrine de notre texte, la doctrine du *vijñâna-mâtra*.

La doctrine du Mahâyâna Sûtrâlaṃkâra

L'école Yogâcâra[1] fondée par Asaṅga est une des deux doctrines qui enseignent le Grand Véhicule ; l'autre école est celle des Mâdhyamakas, qui proclament le néant universel. Si différentes que soient les deux écoles, elles ont un caractère commun qui suffit à les relier intimement et même à les fondre

1. Les Tibétains traduisent littéralement par *rnal 'byor* (= yoga) *spyod pa* = (car°). Les Chinois ont adopté la forme, moitié transcription, moitié traduction : *yu-kia che* = maître du Yoga, où le mot *che* répondrait à *âcârya* comme si le nom du système était « Yogâcârya ». Hiuan-tsang lui-même conserve cette forme, pourtant inexacte. Mais les Chinois désignent de préférence ce système sous le nom de *Wei-chi*, ordinairement rendu (aussi dans le Tche-yuen lou) par Vidyâ-mâtra, mais qui a pour correspondant exact le sanscrit Vijñâna-mâtra. Les Japonais désignent cette école sous le nom de Hossô (chin. *fa siang*) = dharma-lakṣaṇa.

dans une réelle unité : tandis que le Petit Véhicule ne vise à faire que des saints « arhats », impatients de franchir l'océan tumultueux des transmigrations pour s'évanouir à jamais dans l'impersonnalité transcendante du Nirvâṇa, le Grand Véhicule prétend à préparer une infinité de Bouddhas qui ne se contenteront pas de jeter l'ancre paresseusement dans le port du salut, mais qui s'élanceront hardiment de là au secours des misérables égarés ou ballottés dans les tempêtes du monde. Les deux tendances avaient dû s'affirmer de bonne heure dans l'Église. Açoka déclare (8e édit) qu'il est parti pour la « *saṃbodhi* » ; le canon pali, qui appartient rigoureusement au Petit Véhicule, a conservé des expressions telles que « *sambodhi-pârâyaṇa* », appliquées au saint, et la subtilité des interprétations proposées par l'orthodoxie ancienne ou moderne est le meilleur aveu de la difficulté [1]. Toutes les traditions rapportent unanimement au concile de Pâṭaliputra, sous le règne d'Açoka et dans sa capitale, des discussions sur la nature et les attributs du saint, sur l'Arhat et le Bodhisattva. La séparation définitive des deux Véhicules s'accomplit dans la période féconde que le nom du souverain indo-scythe Kaniṣka symbolise, dans les environs de l'ère chrétienne : Açvaghoṣa, qui passe pour un conseiller de ce prince, trace à la nouvelle doctrine son programme essentiel dans le Mahâyâna-çraddhotpâda çâstra ; Nâgârjuna crée et organise la doctrine Mâdhyamaka. En fait, la naissance du Grand Véhicule marque une étape nécessaire du Bouddhisme. Le Bouddha avait institué, au milieu d'une Inde monastique et théologique, une nouvelle communauté de moines, à l'écart du siècle et sévèrement en garde contre lui ; l'idéal de la vie sainte, c'était la lutte interne, l'apaisement et la mort des passions ; le couvent n'était guère que l'ermitage brahmanique, désormais ouvert à toutes les bonnes volontés. Mais l'Inde au temps du Christ n'était plus l'Inde du Bouddha ; trois siècles de contact avec la pensée grecque, le mouvement des étrangers, l'essor du commerce, le progrès des arts et des sciences suscitaient des exigences nouvelles. L'Église a beau affirmer son dédain du monde ; elle vit avec lui, elle le reflète, elle s'en inspire, elle s'y accommode en dépit d'elle ou à son insu par une élaboration constante. La discipline du Vinaya

1. V. p. ex. Rhys Davids, *Dialogues of the Buddha*, p. 190 sqq.

avait longtemps suffi à régler la vie ; les récits et les contes édifiants, à charmer les loisirs et à bercer l'imagination. Désormais on voulait comprendre. Ce n'est point un hasard si la métaphysique du bouddhisme se dégage pour la première fois au cours d'une controverse entre un docteur de l'Église et le Grec Ménandre, roi de Bactriane. Le livre fondamental du Grand Véhicule, c'est la Perfection de la Sapience (*Prajñâ-pâramitâ*) sœur jumelle de la Sophia et de la Gnose de l'Asie grecque. La doctrine des Trois Corps des Bouddhas, dogme essentiel de la nouvelle église, qui surgit tout à coup sans antécédents, semble aussi trahir des influences étrangères. La conversion des envahisseurs barbares, l'expansion impétueuse de la foi imposent alors d'autres devoirs ; l'Église est devenue une force active ; elle n'a plus rien à faire des reclus, héritiers attardés d'un passé disparu. Agir est l'unique mot d'ordre. On assiste à ce spectacle, contradictoire comme la vie et en harmonie avec elle, d'une religion fondée sur le néant et qui porte au paroxysme les vertus pratiques.

La raison cependant proteste contre une solution trop illogique. Asaṅga, pour la satisfaire, tente un nouvel effort. Les temps sont favorables. L'Inde s'est ressaisie ; elle a dégagé de son anarchie chronique un grand empire national, sous la dynastie des Guptas, et maintenant, des apports étrangers qui l'avaient fécondée, elle dégage un art national, une littérature nationale. Un siècle classique s'ouvre. Et c'est aussi, si l'on peut dire, une doctrine nationale qu'Asaṅga vient lui offrir. Non qu'il répudie les influences du dehors : né et formé au Gândhâra, il est en contact direct avec le monde iranien qu'une révolution religieuse agite et bouleverse. Du zoroastrianisme restauré par les Sassanides, du judaïsme et du christianisme propagés par un apostolat incessant, Manès vient de tirer une religion véritablement séduisante, qui vise et atteint la raison comme l'imagination. Il est permis de penser que le rôle des souillures et du nettoyage chez Asaṅga est un reflet du manichéisme. Et d'autre part, la doctrine des dharmas, caractéristique de l'école d'Asaṅga, évoque nécessairement le souvenir des Intelligibles enseignés par les néo-platoniciens à partir du IIIe siècle et accueillis avec tant de faveur par l'hellénisme asiatique.

Mais c'est au plus profond du sol indien que le fondateur du

Yogâcâra va chercher le principe de sa doctrine. Hardiment il se réclame du Yoga et par là il est vraiment le continuateur du bouddhisme primitif. Le Yoga est d'origine inhérent à l'esprit hindou ; il représente les premiers essais de la spéculation qui s'exerce sur les données de la magie, de la vision et de l'extase ; il a toujours conservé dans son bagage les vieilles recettes des sorciers en quête de pouvoirs surnaturels ; mais l'Inde y affirme de bonne heure son génie d'observation interne par l'analyse et la classification des états mystiques. Tous les systèmes philosophiques sont solidaires du Yoga ; ils partent des données immédiates de l'intuition pour les accorder vaille que vaille avec la réalité sensible. Le chef-d'œuvre de la poésie et de la pensée brahmanique, la Bhagavad-gîtâ, procède expressément du Yoga. La biographie du Bouddha est toute pénétrée du Yoga ; ses deux maîtres professent des théories du Yoga ; avant d'atteindre à la suprême Illumination, il passe lui-même par les quatre extases classiques du Yoga. On a signalé souvent l'évidente parenté d'une quantité de termes techniques dans le bouddhisme et dans le Yoga [1]. Le Petit Véhicule n'a jamais cessé de prescrire et d'enseigner des exercices mystiques directement empruntés au Yoga.

Mais si le Bouddhisme et le Yoga s'étaient sans cesse pénétrés, pour opérer leur fusion intime il ne fallait pas moins qu'une révolution. L'union mystique, et le Yoga en est une comme son nom l'exprime, suppose nécessairement deux termes apparentés de nature, quoique différents de degré ; dans une effusion qui ressemble aux transports de l'amour, et qui leur emprunte volontiers leur langage, l'un se livre, l'autre possède, et dans ce mariage symbolique l'Être se perçoit dans sa plénitude, sa totalité, son éternité, source de bonheur ineffable et d'inépuisable activité. Le dogme du Vide, admis par l'Église, n'opposait qu'un obstacle apparent à la solution mystique ; en fait, il mettait sur la voie. Il représentait une expérience mystique déjà poussée, mais arrêtée encore trop tôt ; il répondait à ce stage d'entraînement où la conscience et la volonté ont graduellement aboli tous les signes, juste avant l'irruption éblouissante de l'absolu agis-

1. V. spécialement Senart, Bouddhisme et Yoga, dans *Rev. Hist. Relig.*, 1900, nov.-déc., et Conférences du musée Guimet, 1907 : Origines Bouddhiques.

sant. Asaṅga n'a donc point à renier le passé ; il trouve même dans les sûtras du Petit Véhicule des textes qu'il peut utiliser sans les fausser. Mais sur l'édifice déjà presque millénaire il élève un couronnement qui en transforme l'aspect. La tradition avait consacré une liste de six organes, les cinq organes du corps et le *manas*, « sens interne », véhicules de six sensations « *vijñâna* ». L'analyse d'Asaṅga découvre sous le flux incessant des phénomènes, une nouvelle sensation, la sensation du tréfonds « *âlaya-vijñâna* » réservoir permanent où viennent s'emmagasiner les effets acquis, en attendant l'heure de se transformer en causes. Ce n'est pas la personne, puisque le bouddhisme nie la personnalité ; ce n'est pas le moi, puisque le moi est illusoire ; c'est l'affirmation de l'être qui se trouve enveloppée dans tous nos jugements et toutes nos sensations et ramenée à la mesure de la conscience. Asaṅga ici confine à Descartes ; il ne dit pas : « Je pense, donc je suis » ; mais sous la sensation du manas que traduit : « Je pense », il isole la sensation plus profonde qui déclare : « Je suis ». Ainsi, sans être vraie au sens absolu puisqu'elle est liée au moi, la sensation de l'Âlaya contient une somme de réalité supérieure à toutes les autres ; elle recueille de chacune d'elles sa part de vérité et par là elle participe de la permanence dans l'univers impermanent ; elle s'imprègne, pour employer la métaphore en usage dans l'école, du parfum de tous les actes, mais pour le dégager au temps venu, sans en rester autrement affectée. Elle est donc susceptible d'affronter l'union mystique. Une fois transformée par la révolution interne, la sensation du tréfonds se confond avec le « plan sans-écoulement » où toute différenciation cesse ; au moi fictif qui est aboli se substitue la conscience universelle où le moi et autrui se donnent comme égaux et identiques.

L'agent de cette révolution, l'absolu qui envahit et sublime l'âlaya-vijñâna, c'est la *Bodhi*, l'Illumination abstraite et concrète à la fois puisqu'elle est la Vérité une et puisqu'elle se réalise d'autre part, uniforme et immuable, dans la multitude infinie des Bouddhas ; par eux, on communie avec elle ; par elle, on communie avec eux. Elle est ineffable, et par suite elle échappe au raisonnement discursif; on ne saurait dire qu'elle est être ni non-être ; révélation universelle, elle contient tout et ne se montre pas partout : elle est ininterrompue et ne se manifeste que par intervalles. Son caractère essentiel et fondamental, c'est qu'elle exclut la dualité, puisqu'elle est l'absolu. Pleine d'être comme elle l'est, elle apporte en se donnant une béatitude qui surpasse l'ancien Nirvâṇa de cessation totale; la pensée à qui elle s'est donnée jouit du Nirvâṇa-qui-n'est-pas l'arrêt (*apratiṣṭhita*), elle y a puisé des énergies extraordinaires qui s'écoulent désormais en actions de passivité, où la causalité du karman n'a plus de prise

Mais la Bodhi ne se donne pas du premier coup tout entière au praticien du yoga, au « *yogâcâra* »; c'est par un entraînement graduel qu'il s'achemine vers elle pour devenir un « être de Bodhi », un *Bodhisattva*. Et devenu Bodhisattva il lui faut patienter encore et pâtir d'incalculables périodes avant d'arriver à l'identité définitive, qui est l'état de Bouddha. La carrière du Bodhisattva est répartie en dix étapes, désignées par une antique métaphore mystique sous le nom de « terres » (*bhûmis*). Les données caractéristiques de ces dix étapes sont dispersées dans le M.S.A.; il me semble utile de les réunir ici dans un tableau d'ensemble qui aidera à comprendre l'exposé d'Asaṅga. [V. ci-contre.] Les dix Terres s'encadrent entre une sorte de préface, la Terre de Conduite-par-Croyance (*adhimukticaryâ*), et une conclusion, la Terre de Bouddha (*buddhabhûmi*). La Terre de Conduite-par-Croyance est l'entraînement préalable de l'aspirant à l'illumination. A la première Terre, la Joyeuse, il obtient l'intuition, mais une intuition qui s'arrête au vide. Il reconnaît que l'individu apparent est en réalité sans personnalité, et qu'il n'y a pas non plus de personnalité dans les *dharma* « Idéaux » qui sont les phénomènes du monde spirituel constituant l'objet propre de l'esprit (*manas*). Du même coup il saisit leur caractère commun, la *dharmatâ* ou « Idéalité ». Le voilà donc au-dessus du phénomène, entré dans la généralisation, en route vers l'universel absolu. La discipline ecclésiastique se transfigure aussitôt pour lui; dès la seconde Terre, l'Immaculée, il se dégage du péché et commence ainsi la série des « évasions » (*niryâṇa*) qui doivent l'amener au but. La pensée, émancipée des souillures morales est perpétuellement aux extases (*dhyâna*) et à l'union mystique (*samâdhi*). C'est alors la troisième Terre, la Clarifiante; il peut rentrer dans le « Plan (monde) du désir » sans courir de risque, étudier l'Idéal rendu désormais impersonnel, l'éclairer pour autrui, et entreprendre son œuvre propre, la permaturation des créatures. Il passe ensuite à la « sapience » (*prajñâ*), et s'y forme tout d'abord, dans la quatrième Terre, la Radieuse, par l'exercice des vertus, des puissances et des savoirs qui constituent les Ailes de l'illumination (*bodhipakṣa*); grâce à elles il consume l'obstruction de souillure et l'obstruction de connaissable, et il peut alors librement dévier par « perflexion » (*pariṇâmana*) ces Ailes d'illumination vers la transmigration, mettant ainsi au service des créatures ses mérites déjà prodigieux. La cinquième Terre, la Dure-à-gagner, marque un degré de sapience encore supérieur; il est au stage où l'Idéal confine à l'universel, où tous les développements des Idéaux se réduisent au groupe des Quatre Vérités sublimes enseignées par les Bouddhas (douleur, origine, voie, suppression), et il les explique aux autres. Un stage encore, et sa pensée ne voit plus que l'enchaînement circulaire de la causalité, la production-par-rencontre (*pratîtyasamutpâda*) aux douze termes; dans la nécessité transcendante il n'y a plus ni bien ni mal, puisque tout sentiment personnel est éliminé; tout y est naturellement tout pur. C'est la sixième Terre, la Droit-en-face, car elle est droit-en-face du Nirvâṇa comme de la transmigration.

L'étude de sapience, et avec elle l'étude tout entière est achevée. La septième Terre, la Va-loin, est une Terre critique; elle achève l'œuvre des six autres et amorce une nouvelle et dernière série, celle du sentier au passage uniforme où tous les Bodhisattvas sont appelés à se répéter indéfiniment les uns après les autres. Plus de sujet d'étude; rien que les fruits des études antérieures. Donc, plus de signes; mais il reste encore des sur-opérants (*abhisaṃskâra*), des agents d'une activité mentale d'ordre supérieur qui affectent la passivité de la pensée.

La huitième Terre, l'Immobile, marque une révolution complète. Son œuvre de permaturation des créatures dispose désormais de moyens extrêmes; son infatigabilité, d'achevée, devient parachevée; ses moyens d'apostolat (*saṃgrahavastu*), qui échouaient encore parfois, ne sont plus aucunement stériles; ses formules (*dhâraṇî*), de moyennes, deviennent extrêmes; son étude embrasse au complet le corps des Idéaux et n'a pas de sentiment-personnel; il est sorti définitivement des suropérants, il est maître absolu de l'indifférenciation; ni signe, ni sans-signe ne l'ébranlent. Il n'a plus qu'à nettoyer son « champ » son domaine futur de Bouddha, car il sait où et quand il deviendra un Bouddha ; en effet, il reçoit alors la prophétie (*vyâkaraṇa*) d'un Bouddha qui lui fixe le terme dans le temps et l'espace, dans les myriades de myriades d'éons et de « plans » (*dhâtu*). Il est entré dans la définitive Impassibilité ; même la production de la pensée d'illumination, cet acte initial de chacune des Terres, s'accomplit en dehors de lui, par le seul jeu de la « concoction » (*vipâka*). Dans cet état d'égalité immuable, l'idée même de production s'évanouit (*anutpâda-dharma-kṣânti*) ; les Idéaux, monde phénoménal de l'esprit, rentrent pour lui dans leur Pari-Nirvâṇa éternel. Dès lors, possesseur de toute science dans son détail et son intégralité, il parachève la permaturation des créatures ; c'est la neuvième Terre, de Bon-Esprit. A la dixième, du Nuage-d'Idéal, il reçoit de tous les Bouddhas l'onction qui le sacre pour la Bouddhaté, car il a au complet les unions et les formules mystiques qui sont le corps de l'Idéal ; il est en état d'exhiber les merveilleuses métamorphoses qui marquent la fin de la carrière du Bodhisattva. Et il devient un Bouddha quand rien n'obstrue (*anâvaraṇika*) ni ne repousse (*apratighâta*) son illumination (*bodhi*) absolument pure.

Telles sont les données fondamentales d'où Asaṅga dégage son système. Il ne se soucie pas d'exposer la carrière du Bodhisattva dans toute la suite de son développement ; il prétend en expliquer l'esprit et la raison d'être, par une interprétation coordonnée. Il commence (I) par défendre le Grand Véhicule contre ses détracteurs ; puis, dans une série de huit chapitres, il expose la marche à l'illumination. La prise de refuge (II) marque de quatre points de vue la supériorité de la doctrine, par l'universalité, l'adhésion, l'acquis et la suprématie. Par elle, on entre dans la famille (III) des Bodhisattvas, famille distincte des Auditeurs et des Pratyekabouddhas, définie, caractérisée et classée. La pensée de l'illumination se produit (IV) variée dans ses circonstances, son origine, sa tendance. Elle mène à l'initiative (V) pour le bien d'autrui. Mais pour agir il faut une connaissance exacte (VI) ; il faut se dégager de la personnalité, reconnaître l'identité du Nirvâṇa et de la transmigration ; au sens absolu, il n'y a ni être, ni non-être, ni croissance, ni diminution, etc. Pour le comprendre, il faut partir du sens (réalisé dans l'objet), réduire ce sens au verbe mental tout seul, et s'installer dans l'ordre de la pensée seule : c'est là le

« plan de l'idéal » (*dharmadhâtu*) dégagé de la dualité du sujet et de l'objet. Ce procédé est le chemin de vue; le chemin de pratique, qui vient ensuite, consiste à rejeter tous les éléments de turbulence par le moyen de la connaissance indifférenciée. La connaissance indifférenciée, au quatrième et dernier stage de l'extase, quand la discussion et le jugement se sont définitivement tus, se réalise dans les pouvoirs magiques des supersavoirs ; aucune activité d'intrusion ne vient paralyser ou gêner la pensée, maîtresse des unions mystiques, des stations brahmiques (bonté, pitié, joie, apathie) ; le Bodhisattva se joue à son aise dans les miracles édifiants. Ces forces nouvelles, il les applique à se mûrir lui-même et à mûrir autrui (VIII) dans l'exercice des six perfections cardinales (don, morale, patience, énergie, extase, sapience); mûrir, c'est pacifier les idéaux qui sont contraires au salut et mettre en service ceux qui aident au salut. Cette tâche définitivement achevée, la pensée est prête pour l'illumination (IX). J'ai déjà signalé (sup., p. xx) les caractères essentiels de l'illumination ; Asaṅga emploie toutes les ressources de son génie à en serrer la définition. Étant la connaissance universelle, elle est identique à l'univers, puisque toute connaissance est identique à son objet ; elle est donc tous les idéaux, et pourtant elle n'est pas un idéal elle-même. Elle est la quiddité (*tathatâ*) suprême, et le « summum quid » tout pur, mais elle n'est pas pourtant le total des quiddités inférieures ; elle les contient sans y être absorbée. La pensée n'y parvient que par une révolution intégrale qui la transforme et la sublime, jusque dans la notion d'espace, la plus pure cependant et la plus universelle, et qui en élimine tout élément de différenciation. L'illumination a une sorte d'hypostase dans « le plan sans-écoulement » (*anâsrava-dhâtu*) où résident les Bodhisattvas et qui n'est autre que la quiddité des idéaux (*dharmatathatâ*). Mais l'illumination une fois posée avec les étapes de l'ascension qui y conduit, comment s'expliquer qu'elle réagisse en sens inverse dans la direction des phénomènes? Le Grand Véhicule qui a créé la difficulté en admettant l'activité éternellement bienfaisante des Bouddhas, l'a résolue par la doctrine des trois corps : le corps d'idéal, qui est le corps essentiel ; le corps passionnel, qui sert aux actes de passivité de l'idéal au milieu des fidèles ; le corps métamorphique, qui sert aux manifestations d'apparence concrète. Mais, au fond, toutes ces distinctions ne sont que le jeu de l'illusion par quoi l'imagination différenciée trouble la paix originelle de la pensée. Il n'y a ni unité, ni pluralité des Bouddhas; il n'y a que l'illumination elle-même occupée à une fonction unique, uniforme et constante.

La seconde partie du M. S. A. est comme une suite de monographies ou Asaṅga reprend les attributs essentiels du Bodhisattva pour les interpréter dans le sens de sa doctrine. La croyance (X) ne fait pas de difficulté; mais l'étude de l'idéal touche (XI) au cœur même du système. Asaṅga définit d'abord l'idéal comme phénomène dans ses trois divisions canoniques (Sûtra, Abhidharma, Vinaya). Mais comment faire pour transporter la vie phénoménale dans l'idéal, pour faire de l'idéal le phénomène de la pensée? On y arrive par la méthode indiquée déjà au chapitre du Positif (VI) : l'esprit en état d'union garde tout limpide le sens énoncé, et qui est réduit à un simple parler mental; la réflexion, opérant sur les données de l'audition, identifie le sens (et l'objet correspondant) au verbe mental lui-même; enfin la pratique arrête l'intellect sur le mot seul, vidé de son sens. Des actes mentaux de dix-huit espèces concourent à ce but. On tient alors le positif de l'idéal (*dharmatattva*), qui embrasse les trois essences : l'imaginaire, qui est la dualité, le relatif qui est le signe (l'occasion) de la dualité, et l'absolu qui est ineffable, n'étant pas susceptible de multiplicité. Mais les idéaux eux-mêmes ne sont qu'un mirage. La dualité fondamentale réside dans la pensée, qui croit à la réalité des idéaux qu'elle se fabrique elle-même, et qui se dédouble en sujet et en objet (*vijñaptimâtra*). Pour ramener à l'unité les deux prétendus termes, il faut étudier leurs rapports logiques. La pensée, en prenant une conscience analytique de soi, se définit indirectement soit dans l'imaginaire, en tant que verbe, notification verbale et sens correspondant, soit dans le relatif, en tant que mot, corps, esprit, perception, etc., soit dans l'absolu, en tant que Quiddité. En fait, ces définitions indirectes supposent sous-entendue la notion des idéaux qui peut seule justifier une relation entre la pensée et ses définitions; l'opération mentale qui introduit et explique ce lien est d'ordre mystique; elle va de la dualité à l'unité en cinq étapes : elle restreint la causalité en réduisant l'effet à reproduire identiquement la cause; elle ramène l'activité mentale au plus profond de l'esprit (*yoniçomanasikâra*); elle arrête la pensée sur son plan, en état d'union ; elle confond en une vision l'être et le non-être ; elle opère la révolution du fond qui tire du moi particulier le moi universel et absolu. Tout rentre alors dans le Parinirvâṇa.

Asaṅga étudie ensuite (XII) la prédication parfaite, son rôle, ses qualités, ses thèmes, ses procédés d'expression. Puis il revient à l'initiative (XII) qui fait du Bodhisattva un héros. Les unions de vacuité, sans vœu et sans signe ne sont toutes trois qu'un prélude : elles mènent à la connaissance supra-mondaine, elles n'en sont pas. C'est avec la première terre seulement que cette connaissance s'ouvre ; c'est à partir de là que le Bodhisattva est au « niveau » (*sâmîcî*) des Bodhisattvas. Il a deux obstructions à vaincre, le connaissable et la souillure. Du connaissable, il triomphe par la pratique ; de la souillure, par la souillure même. Transportée dans l'ordre de la pensée pure, la souillure perd le caractère d'une passion pour être une idée, et se neutralise dès lors. Ici encore, la tâche du Bodhisattva est de lutter contre la dualité qui n'existe pas dans la transcendance, mais qui pratiquement doit cesser d'exister.

La leçon et le conseil (XIV) définissent la carrière spirituelle du Bodhisattva après l'initiative. Le Bodhisattva prend pour thème le nom d'un sûtra auquel il s'attache, critique les mots et leurs sens, les condense dans l'idéal, et forme le souhait de comprendre. Il fait appel à l'union ; sa pensée se met alors à couler de son propre flux, avec des suropérants d'abord, puis sans eux, et elle est ramenée par la rémission subséquente à la parfaite souplesse des extases ; elle y gagne les pouvoirs magiques qui lui permettent d'aller adorer les Bouddhas et les entendre dans les mondes où il s'en trouve. A cet enseignement, le Bodhisattva gagne la souplesse parfaite de l'intellect, la rémission intégrale du corps et de la pensée, la dissolution des éléments de turbulence. Il est prêt pour la pureté ; il traverse alors la série des états de l'ordre de fixité (*nirvedhabhâgîya*) qui le mènent à une connaissance libérée de dualité, supra-mondaine, indifférenciée ; c'est le chemin de la vue. Sa pensée reste constamment égale ; il connaît toute la vacuité, celle de non-existence, celle de quiddité, celle de nature, et sort ainsi des signes, puis du vœu, gagne les « ailes d'illumination » et arrive à la « grande vue du moi » où le moi et autrui se posent identiques. Il ne lui faut plus que réaliser sa connaissance par la pratique, traverser l'« union de diamant » que rien n'entame plus, et il aboutit à l'omniscience qui le met en état de représenter aux créatures le spectacle édifiant de l'illumination et du Nirvâṇa.

L'acte (XV) est traité en quelques vers, comme l'introduction nécessaire aux perfections. Pour être digne d'un Bodhisattva, l'acte ne doit comporter aucune différenciation d'agent, d'acte ou d'action. C'est dans cet esprit que le Bodhisattva accomplit les perfections (XVI). Asaṅga les étudie avec les minuties raffinées de la scolastique, les dénombre, les combine en groupes divers, leur invente d'amusantes étymologies. Il passe rapidement (XVII) sur le culte des Bouddhas, sur la fréquentation des amis-de-bien, aborde les « hors-mesure » et s'arrête longuement à la pitié; pour exalter ce sentiment qui est vraiment l'âme du bouddhisme, Asaṅga trouve des accents qui viennent du cœur et vont au cœur. Les « ailes d'illumination » (XVIII) passent en revue les qualités qui préparent le salut; le thème de l'impermanence conduit Asaṅga à une discussion vraiment serrée et vigoureuse de l'instantanéité des opérants et de l'absence d'individualité. Sous la rubrique des « vertus » (XIX), Asaṅga examine et définit quelques traits complémentaires du Bodhisattva. Enfin, dans le chapitre final, qui est double (XX-XXI) il marque les étapes du Bodhisattva dans la suite des dix terres, et il achève par un hymne au Bodhisattva devenu Bouddha, où il énumère et adore les perfections des Bouddhas.

Un dernier mot. Je ne suis pas philosophe; les hasards de la recherche m'ont conduit à étudier un texte de philosophie. J'ai seulement essayé de le traduire en philologue honnête. Je laisse à d'autres, mieux préparés et plus compétents, l'analyse interne et l'appréciation de la doctrine. J'ai pu, j'ai dû plus d'une fois rendre les termes techniques par des équivalents malvenus. Je m'en excuse d'avance, en plaidant les circonstances atténuantes. Dans le monde de la pensée, on passe difficilement d'une civilisation à une autre; la conception des phénomènes spirituels, leur représentation, leur analyse, leur classement comportent trop d'arbitraire pour fournir des coïncidences rigoureuses. Je me suis du moins appliqué à conserver uniformément les équivalents une fois adoptés; je me suis attaché aussi à rendre les termes issus d'une racine commune par des formations apparentées, en allant même jusqu'à fabriquer sur des types connus des mots nouveaux. La méthode rigoureusement littérale des traducteurs tibétains m'a paru un modèle à imiter ; en traduisant un à un tous les éléments qui entrent dans la composition du mot original, ils n'en éclaircissent pas le sens à coup sûr, mais ils permettent de le retrouver avec précision. La méthode m'a paru se recommander plus particulièrement encore dans l'ordre de la langue mystique où les phénomènes se donnent comme supérieurs aux phénomènes correspondants de la vie ordinaire. J'ai affecté d'une majuscule tous les mots employés dans un sens spécial, et qu'il faut se garder de prendre dans leur sens courant ; on n'aura qu'à se reporter aux Index et aux notes pour s'en former une notion plus précise. Enfin j'ai tâché de préserver fidèlement les expressions métaphoriques reçues dans la langue technique : l'imagination risque toujours d'être ébranlée par les images que les mots évoquent, si usés qu'ils puissent être, et chez l'Hindou plus encore que chez nul autre peuple, la démarche de la raison est soumise aux perturbations de la suggestion verbale.

Terre (*bhûmi*) (préparatoire)	Nom (XX, 32-38). (*nâma*) [Conduite-de-Croyance] [*adhimukticaryâ*]	Individu (XX, 15-16). (*pudgala*).	Station (XX, 10-15). (*vihâra*).	Instruction (XX, 17-21). (*çikṣâ*).		Masse (XX, 22-23). (*skandha*).		Classe (XIX, 63). de croyance (*adhimokṣika*).	Fruit (XIX, 1-3). (*phala*)	Souveraineté (XI, 46). (*vaçitâ*).
I	Joyeuse (*muditâ*). On voit la bodhi prochaine et le sens des créatures qui se réalise ; d'où la joie. (*paçyatâm bodhim âsannâm sattvârthasya ca sâdhanam tîvra utpadyate mudah*).	Le[illegible]toyée, car il acquis la connaissance qui sert d'auxiliaire contre la vue de l'individu et de l'idéal. (*[illegible]ritih pudgaladharmadṛṣṭipratipakṣajñânalâbhât*).	Intuition de la vacuité par excellence, par intuition de l'impersonnalité de l'individu et de l'idéal. (*paramaçûnyatâbhisamayah pudgaladharmanairâtmyâbhisamayât*).	Il pénètre l'idéalité. (*dharmatâm pratividhya*).		Il pénètre l'idéalité. (*dharmatâm prativedhya*).		d'archi-tendance pure (*çuddhâdhyâçayika*).	naissance dans la famille des Tathâgatas. (*tathâgatakule janma*).	
II	Immaculée (*vimalâ*). La tache de l'immoralité et la tache de l'acte mental en d'autres Véhicules sont désormais passées. (*dauḥçîlyamalasya saṃyaṅmanasikâramalasya câtikramât*).	Le[illegible] bien nettoyée, car il n'a plus aucun rapport avec la moindre faute ni peccadille. (*pariçu[illegible]hacîlah sûkṣmâpattiskhalitasamudâcârasyâpy abhâvât*).	Il classe les actes sans qu'il y ait de perdition, car il connaît les sentiers des actes bons et mauvais et toutes leurs nuances. (*karmaṇâm avipraṇâçavyavasthânam kuçalâkuçalakarmapathatadvaicitryajñânât*).	Il s'instruit dans l'ordre de la morale. (*adhiçîlam çikṣate*).		Il nettoie la masse de morale. (*çîlaskandhasya çodhanâ*).		de conduite de signe. (*nimittacârin*).		
III	Clarifiante (*prabhâkarî*). La force de l'Union rend capable d'une recherche soutenue d'innombrables idéaux, et on rend l'idéal pleinement clair aux autres. (*samâdhibalena apramâṇadharmaparyeṣaṇâdhâraṇât dharmâvabhâsaṃ mahântaṃ pareṣâṃ karoti*).	Il est e[illegible]nion, car il a acquis une union indéfectible. (*samâhi[illegible] bhavati, acyutasamâdhilâbhât*).	Ayant stationné dans les extases de Bodhisattva qui ont du bonheur en excès, il naît dans le plan du désir sans être privé de ces mêmes extases. (*sâtiçayasukhair bodhisattvadhyânair vihṛtya aparihînasyaiva tebhyah kâmadhâtâv upapattih*).	Il s'instruit dans l'ordre de la pensée. (*adhicittaṃ çikṣate*).						
IV	Radieuse (*arciṣmatî*). Les ailes d'illumination y flambent, puisqu'elles consument les deux obstructions. (*bodhipakṣyâh pradîhakâh, âvaraṇadvayadâhataḥ*).	Il a dét[ru]it le sentiment-personnel en fait d'idéaux, car il a détruit le sentiment-personnel de la multiplicité des idéaux en tant que sûtras, etc... (*dharma[illegible]hhâtamânah sûtrâdidharmanânâtvamânasya vibhûtatvât*).	Stationnant presque toujours dans les ailes de l'illumination, il perfléchit pourtant les ailes de l'illumination vers la transmigration. (*bodhipakṣabahulavihâriṇo'pi bodhipakṣâṇâṃ saṃsâre pariṇâmanâ*).	Il s'instruit dans l'ordre de la sapience. (*adhiprajñam çikṣate*).	Sapience contenue dans les ailes d'illumination. (*bodhipakṣyasaṃgṛhîtâ prajñâ*).	Il nettoie bien la masse d'union et de sapience. (*samâdhiprajñâskandhasya viçodhanâ*).				
V	Dure-à-gagner (*durjayâ*). On y gagne la per-maturation des créatures et la surveillance de sa propre pensée. (*sattvaparipâkaḥ svacittasya ca rakṣaṇâ jîyate*).	Il est en dehors du sentiment-personnel en fait de séries-personnelles distinctes, car il est entré, au moyen des dix égalités de nettoyage des tendances de la pensée, dans l'égalité de toutes les séries-personnelles. (*saṃtâna bhede nirmâno daçabhiç cittâçayaviçuddhisamatâbhih sarvasaṃtânasamatâpraveçât*).	Stationnant presque toujours dans les quatre Vérités saintes, il exécute toutes sortes de traités techniques et de travaux manuels pour permûrir les créatures sans qu'il y ait de pleine-souillure pour lui. (*catuḥsatyavyavasthânabahulavihâritayâ nirâtmakah saṃkleçena sattvânâṃ paripâcanâya nânâçâstraçilpaprayogam*).		Sapience à domaine de dualité. (*dvayagocarâ prajñâ*). Positif de l'Idéal : les quatre vérités. (*dharmatattvaṃ duḥkhâdisatyam*). Fonctionnement qui commence par l'ignorance et la connaissance différentes : la production-par-rencontre dans son ordre régulier. (*tatajñânajñânâdikâ vṛttih : anulomaḥ pratîtyasamutpâdah*).					
VI	Droit-en-face (*abhimukhî*). Elle est droit-en-face de la Transmigration et du Nirvâṇa. (*abhimukhyât saṃsârasya nirvâṇasya ca*).	Il est en dehors du sentiment-personnel en fait de distinction de pleine-souillure et de nettoyage ; car stationnant presque toujours dans la Quiddité de la production-par-rencontre, il ne voit ni pleine-souillure ni nettoyage de la Quiddité par l'aile blanche et l'aile noire, en partant de la pureté originelle. (*saṃkleçavyavadânabhede nirmânah pratîtyasamutpâdatathatâbahulavihâritayâ kṛṣṇaçuklapakṣâbhyâṃ tathatâyâh saṃkleçavyavadânâdarçanât prakṛtiviçuddhitâm upâdâya*).	Stationnant presque toujours dans la production-par-rencontre, s'il va naître à dessein dans une existence il s'y garde de la pleine-souillure. (*pratîtyasamutpâdabahulavihâritayâ saṃcintyabhavopapattau tatra saṃkleçânurakṣaṇâ*).							
VII	Va-loin (*dûraṃgamâ*). Le sentier du passage-uniforme lui est inhérent. (*ekâyanapathaçleṣât*).	Il a la compréhension acquise en un instant de pensée, car, étant capable de stationner en dehors des signes, il pratique à chaque instant les trente-sept ailes de l'illumination. (*ekacittak[ṣaṇ]alâbhabuddhir nirnimittavihârasamarthyât pratikṣaṇaṃ saptatriṃçadbodhipakṣabhâvanâtah*).	Le sentier de passage-uniforme, qui est la huitième station, étant mixte et sous-mixte, la voie exclusivement sans-signe y est inhérente. (*miçropamiçratvena ekâyanapathasya aṣṭamasya vihârasya çliṣṭa ânimittaikântiko mârgah*).	Fruits de l'instruction (*çikṣâphala*). Station sans-signe et à opérants. (*animittasasaṃskâro vihârah*).				de conduite dans le sans-signe. (*animittacârin*).		
VIII	Immobile (*acalâ*). Connotation de signe, connotation d'impassibilité dans le sans-signe ne l'ébranlent pas. (*nimittasaṃjñayâ animittâbhogasaṃjñayâ ca aviclalanât*).	Il est apathique et nettoie le champ, car il stationne dans l'impassibilité et en dehors des signes et s'emploie en mélange et en sous-mélange avec les Bodhisattvas entrés dans les terres sans-régression. (*upekṣakaḥ kṣetraviçodhakaç ca, anâbhoganirnimittavihâritvâd miçropamiçraprayogataç câ vivartyabhûmipraviṣṭair bodhisattvaih*).	Impassible même en sans-signe il stationne hors des suropérants et dans le sans-signe, et nettoie le champ de Bouddha. (*animitte'py anâbhoga nirabhisaṃskârânimittavihâritvâd buddhakṣetrapariçodhanâ*).	Station sans-signe et sans-suropérants, et nettoyée en son champ. (*animittânabhisaṃskâraç kṣetraviçuddhaç ca vihârah*).		Il nettoie bien la libération et la connaissance de la libération. (*vimuktivimuktijñânadarçanaskandhasya viçodhanâ*).	Libération des obstructions des quatre sortes de fruits. (*caturvidhaphalâvaraṇâd vimuktih*).	de conduite dans le sans-suropérant (*anabhisaṃskâracârin*).	prophétie. (*vyâkaraṇa*).	Souveraineté sur le champ, puisque le champ de Bouddha est nettoyé. (*kṣetre vaçitâ buddhakṣetrapariçodhanât*). Souveraineté d'indifférenciation, puisqu'il est sorti des différenciations par absence des suropérants. (*avikalpavaçitâ anabhisaṃskâranirvikalpatvât*).
IX	Bon-Esprit (*sâdhumatî*). L'esprit des pleins-savoirs-respectifs y est essentiel. (*pratisaṃvidmateḥ pradhânatvât*).	Il est expert à per-mûrir les êtres comme ci-dessus (v. *Vihâra* station). (*sattvaparipâkakuçalah pûrvavat*).	Par sa souveraineté sur les pleins-savoirs-respectifs, il achève la permaturation des créatures, étant capable de toute sorte de permaturation. (*pratisaṃvidvaçitayâ sattvaparipâkaniṣpattih sarvâkâraparipâcanasâmarthyât*).	Achèvement de la permaturation des créatures. (*sattvaparipâkaniṣpattih*).					onction du sacre. (*abhiṣeka*).	Souveraineté sur la connaissance, puisqu'il a acquis les pleins-savoirs-respectifs tout-particuliers. (*jñâne vaçitâ pratisaṃvidviçeṣalâbhât*).
X	Nuage-de-l'Idéal (*dharmameghâ*). Les deux embouchures, union et formule, y sont englobées. (*samâdhidhâraṇîmukhavyâpanât*).	Il a les grandes magies car il a acquis les grands super-savoirs, et il a le corps d'idéal au complet, parce qu'il est bourré des embouchures d'unions et de formules hors de toute mesure ; et de plus il est capable de montrer le fond en exhibant la métamorphose du séjour au ciel Tuṣita, etc., enfin il a l'onction du sacre car il reçoit alors de tous les Bouddhas l'onction qui le sacre pour la Bouddhaté. (*mahardhikaç ca mahâbhijñâlâbhât saṃpûrṇadharmakâyaç ca, apramâṇasamâdhidhâraṇîmukhaspharaṇâd, âçrayasya nidarçane ca çaktas tuṣitabhavanavâsâdinirmâṇanidarçanâd, abhiṣiktaç ca buddhatve sarvabuddhebhyas tatrâbhiṣekalâbhât*).	Les embouchures d'union et les embouchures de formule y sont toutes pures. (*samâdhimukhânâṃ dhâraṇîmukhânâṃ ca viçuddhatâ*).	Achèvement des unions et des formules. (*samâdhidhâraṇînâṃ niṣpattih*).						Souveraineté sur l'acte, puisque les actes des supersavoirs n'ont plus d'obstacle. (*karmaṇi vaçitâ abhijñâkarmaṇâm avyâghâtât*).
Terre de Bouddha.			L'illumination y est toute pure. (*bodhiviçuddhatâ*).				Libération de l'obstruction de répulsion. (*pratighâtâvaraṇâd vimuktih*).		Illumination. (*bodhi*).	

Production de pensée (*cittotpâda*) (IV, 2 ; 8-9). — A la Terre de Conduite par Croyance, de croyance (*adhimukti*) ; — de I à VII, d'archi-tendance (*adhyâçaya*) ; — de VIII à X, de connexion (*vaipâkya*) ; — à la Buddhabhûmi, d'absence d'obstruction (*anâvaraṇika*).

Archi-tendance (*adhyâçaya*) (XX, 6). — De I à VII, nettoyée (*viçuddha*) ; — de VIII à X, bien nettoyée (*suviçuddha*).

Paix et inspection comme moyen (*çamathavipaçyanâ upâyah*) (XVIII, 68). — A la terre I, pour pénétrer (*prativedhe*) ; — de II à VI, pour l'évasion (*niryâṇe*) ; — à VII, pour le sans-signe (*animitte*) ; — de VIII à X, pour le non-suropéré, puisque leur courant va sans suropérant (*anabhisaṃskṛte anabhisaṃskâravâhitvât*).

Provision (*saṃbhâra*) (XVIII, 41). — Dans la Terre de Conduite par Croyance, pour entrer (*praveçâya*) ; — de I à VI, pour le sans-signe (*animittâya*) ; — à VII, pour l'impassibilité, puisqu'il n'y a plus de rapport avec le signe (*nimittâsamudâcârâd anâbhogâya*) ; — à VIII et IX, pour l'onction du sacre (*abhiṣekâya*) ; — à X, pour aller au but (*niṣṭhâgamanâya*).

Résumé du Grand Véhicule (XIX, 61-62). — De I à VII, per-maturation des créatures (*sattvânâṃ paripâkah*) ; — de VIII à X, nettoyage du champ du Nirvâṇa — qui n'est pas l'arrêt (*kṣetraviçodhanam apratiṣṭhitanirvâṇam ca*). — Dans la Terre de Bouddha, exhibition de la toute-parfaite Illumination et du grand Parinirvâṇa (*abhisaṃbodhimahâparinirvâṇasaṃdarçanâ*).

Permaturation (*paripâka*) (VIII, 22). — Dans la Terre de Conduite par Croyance, par moyens menus ; — de I à VII, par moyens médiocres ; — de VIII à X par moyens extrêmes.

Infatigabilité (*akheda*) (XVIII, 26). — Dans la Terre de Conduite par Croyance, elle est inachevée (*aniṣpanna*) ; — de I à VII, achevée (*niṣpanna*) ; — de VIII à X, bien achevée (*suniṣpanna*).

Matières de rapprochement (*saṃgrahavastu*) (XVI, 76). — Dans la Terre de Conduite par Croyance, généralement stériles (*prâyeṇa bandhya*) ; — de I à VII, généralement non-stériles (*prâyeṇa abandhya*) ; — de VIII à X, absolument non-stériles (*sarvathâ abandhya*).

Formule (*dhâraṇî*) (XVIII, 71-73). — De I à VII, dans les terres impures, moyenne (*aviçuddhabhûmikânâṃ madhyâ*) ; — de VIII à X, dans les terres toutes-pures, extrême (*pariçuddhabhûmikânâm adhimâtrâ*).

Recherche de l'Idéal (*dharmaparyeṣṭi*) (XI, 75). — Dans la Terre de Conduite par Croyance, elle a du corps, elle est faite de pratique, et a beaucoup de sentiment-personnel (*sakâyâ bhâvanâmayâ bahumânâ*) ; — de I à VII, elle a le corps léger et un sentiment-personnel subtil (*laghukâyâ sûkṣmamânâ*) ; — de VIII à X, elle a le corps au complet et est sortie du sentiment-personnel (*saṃpûrṇakâyâ nirmânâ*).

Enfin, en VIII, patience des idéaux sans production (*anutpattidharmakṣânti* ; XVII, 19 ; 64) ; — en X, intégration du corps de l'Idéal (*dharmakâyaparipûri*, XIV, 22), — et à la Terre de Bouddha, nettoyage du corps de l'Idéal (*dharmakâyaviçuddhi*).

MAHÂYÂNA-SÛTRÂLAMKÂRA

CHAPITRE I

LES PREUVES DU GRAND VÉHICULE

1. Il sait le Sens[1], et il arrange le développement du Sens avec une voix et des mots sans tache, pour sauver du malheur, par pitié du monde malheureux, car il est fait de pitié ; — en montrant, pour les créatures qui vont par le Véhicule suprême, la quintuple méthode d'atteindre au sens de l'Idéal[2] que le Grand

1. 1. *Artha.* Le premier mot du texte, tout clair qu'il est, est peut-être le plus difficile à rendre uniformément en français. Le mot *artha* n'a pas moins d'une dizaine de sens : « affaire ; but ; occasion ; profit, intérêt ; rémunération ; besoin ; moyens, fortune ; objet, chose ; objet des sens ; signification ». J'ai réservé exclusivement le mot « Sens » à le traduire, et j'ai tâché de le traduire partout par ce mot. J'écris donc, comme fait l'original : « le Sens du vers », pour : « la signification du vers », et, le « Sens de soi », le « Sens d'autrui » pour « l'intérêt de soi, le profit d'autrui ».

2. *Dharma.* En tibétain *čhos*, en chinois *fa*, qui signifient l'un et l'autre « loi, usage, règle ». C'est là, en effet, un des sens courants du mot ; il suffit de rappeler les *dharma-çâstra*, les *dharma-sûtra* du brahmanisme qui sont de véritables codes de la vie domestique et publique. Mais, sans prétendre à tracer ici l'histoire des sens si nombreux de ce mot, qui réclame une véritable monographie, il faut constater au moins qu'il est susceptible d'un nombre considérable de valeurs qui se combinent dans l'esprit hindou. Entre autres, et c'est le cas ici, il désigne la projection sur le plan de l'intelligence pure de toutes les manifestations de la vie active ou passive, interne ou externe, contingente ou transcendante. Il répond au *manas* « esprit, sensorium commune, sens mental », comme la forme (*rûpa*) répond à l'œil (*cakṣus*), le son (*çabda*) à l'oreille (*çrotra*), etc. Les écoles bouddhiques se sont évertuées à dresser des listes de *dharma* qui sont comme la carte géographique du monde de l'intelligible, vu par l'esprit hindou. Les Yogâcâras ont compté cent *dharma*, quatre-vingt-quatorze « élaborés » (*saṃskṛta*) et six « inélaborés » (*asaṃskṛta*) ; ils énumèrent d'abord les huit classes de « sensations » (*vijñâna*) qui sont la « pensée » (*citta*) ; puis cinquante et un « états d'esprit » (*caitasika*), répartis en « grande-terre » (*mahâbhûmika*),

Véhicule prêche et prescrit, méthode inhérente à cet Idéal et qui va à l'Insurpassable.

« Il sait le Sens, et il arrange le développement du Sens. » Tel est le point de départ de cet enseignement[3]. Qui est-ce qui orne ? — Celui qui sait le Sens. Quel ornement est-ce qu'il orne ? — Il arrange le développement du Sens. Avec quoi ?—Avec une voix et des mots sans tache. Une voix sans tache, c'est une voix urbaine[4], etc. Des mots sans tache, ce sont des mots bien appliqués, cohérents, etc. Car, sans la voix, sans mots et syllabes, le Sens ne peut pas être développé. Pourquoi ? — Pour sauver du malheur... De quoi fait-il l'ornement ? — De l'Idéal que le Grand Véhicule prêche et prescrit, c'est-à-dire l'Idéal où est prêchée[5] la règle du Grand Véhicule. Pour qui orne-t-il ? Pour

« grande terre de bien » (*kuçalamahâbhûmika*), « grande-terre de souillure » (*kleçamahâbhûmika*), « terre de sous-souillure » (*upakleçabhûmika*), « terre non-définitive » (*aniyatabhûmika*); puis les onze « formes » (*rûpa*) qui sont les organes et les objets des cinq sens corporels ; puis vingt-quatre « dharma dissociés de la pensée » (*cittaviprayukta*), où figurent pêle-mêle tous les *dharma* qui n'ont pas trouvé place ailleurs, le temps, le lieu, le nombre, la naissance, la vieillesse, etc. Ces quatre-vingt-quatorze *dharma* sont *saṃskṛta*. Les six *asaṃskṛta* sont « l'espace » (*âkâça*), les diverses sortes de « barrage » (*nirodha*) et « la quiddité » (*tathatâ*).

L'ancienne classification des enseignements du Bouddha en deux catégories, *dharma* et *vinaya*, me semble mettre en relief la valeur d'intelligible du *dharma*, combinée avec l'idée de loi. Le *dharma* et le *vinaya* sont à eux deux la Loi ; mais le *vinaya* est la loi de la vie pratique dans la communauté, tandis que le *dharma* est la loi de la vie intellectuelle, du monde de la pensée.

Une interprétation tibétaine du mot *čhos* (= *dharma*), fondée sur une espèce de jeu de mots (avec *bčos* « préparer, raffiner ») marque bien aussi la valeur du mot : « Le *čhos*, c'est mettre à la discipline (*'dul-bar byed-pa* ; le mot *'dul-ba = vinaya*) son esprit quand il a été bien préparé » [cité par S. C. Das, s. v. *čhos*.]

3. *Prakurute*... Tibétain : *don çes don ston rab tu byed par źes bya ba la sogs pa ni ci źes bstan pa las brcams pa yin no*. La lacune doit donc être comblée ainsi : *prakurute (ityâdi)kopadeçam ârabhya* |, avec un trait de ponctuation devant : *ko'laṃkaroti*.

4. *Amalayâ vâceti pa*... Tibétain : *ṅag dri ma med pas źes bya ba ni groṅ khyer pa la sogs pas so*. Il faut donc restituer : *paurâdinâ* ou *paurâdikayâ*. La version chinoise est bien conforme à ce texte. — Pour les expressions employées dans ce passage, cf. XII, 7 et 8. Sur *yukta* = (bien) « appliqué », cf. *yuj* et ses dérivés à l'Index.

5. *Deçita*. J'ai régulièrement rendu ce verbe et les mots qui en dérivent par « prêcher, prédication », etc. Il signifie au propre « indiquer, enseigner », mais il a pris dans le bouddhisme une acception religieuse et solennelle qui appelle comme équivalent un mot emprunté à la langue sacrée.

les créatures qui vont par le Grand Véhicule. Le locatif *sattveṣu* est un locatif de Signe[6]... Combien d'espèces d'ornements fait-il ? — Cinq espèces, en montrant la quintuple méthode d'atteindre au Sens, qui est inhérente et qui va à l'Insurpassable. « Inhérente » signifie qu'elle est appliquée à cet Idéal. « L'Insurpassable » signifie la connaissance que rien ne surpasse. Et maintenant il montre cette quintuple méthode dans le second vers.

2[1]. Comme de l'or travaillé, comme un lotus épanoui, comme

6. *Nimittasaptamy eṣâ - - gâmi°*. Tibétain : *la źes bya ba'di ni čhed yin te* || *thegs pa čhen pos 'gro ba'i sems čan gyi čhed du źes bya ba'i tha chig go*. La lacune couvre donc le mot *mahâyâna* ; il faut lire et ponctuer ainsi : *Nimittasaptamy eṣâ* | *mahâyânagâmi°*. Sur la *nimitta-saptamî*, cf. Speijer, *Sanskrit Syntax*, § 147 et 148. J'ai dans cette expression comme partout ailleurs, rendu *nimitta* par « Signe », cf. III, 3.

2. 1. Bu-ston, l'historien tibétain du bouddhisme, passant en revue les cinq çâstras de Maitreya, rapporte cette stance pour définir le but du Sûtrâlaṃkâra. M. Stcherbatzkoi, qui a traduit ce chapitre de Bu-ston (*Muséon*, 1905, II), rend ainsi la stance d'après la version tibétaine : « Cet exposé (du Mahâyâna) évoque en nous une joie suprême, pareil à de l'or ciselé, pareil à une fleur de lotus ouverte, pareil à un repas de mets bien préparés mangé par un homme affamé, pareil à la lecture absorbante d'une lettre, pareil à un écrin ouvert plein de joyaux. » La quatrième comparaison semble avoir été mal saisie. Le tibétain traduit : *'phrin-yig legs pa thos 'dra* « comme une bonne lettre (message) entendue ». La version chinoise qui glose ici comme elle le fait souvent, dit que l'or s'applique à la foi, qui incline et dirige le cœur ; le lotus, à l'enseignement qui l'explique ; le mets à la réflexion, qui obtient la saveur de la Loi ; la lettre, à la pratique, qui n'a plus lieu de réfléchir ; la cassette, à l'évidence, quand les joyaux des Ailes d'Illumination se montrent spontanément.

Asaṅga reproduit la même série de comparaisons dans un passage curieux de son Yogâcâra-bhûmi çâstra (version chinoise de Hiuan-Tsang, chap. 64 ; éd. Tôkyô XVIII, 4, 16[b]) où il traite des çâstras au point de vue de la classification des genres, des raisons de composition, etc... « Et de plus, quand on y explique exactement le sens des sûtras prononcés par le Tathâgata, c'est ce qu'on appelle Parer les sûtras (*sûtrâlaṃkâra* ; *kouang yen king*). Comme le lotus rouge, quand sa fleur n'est pas encore ouverte ; il a beau produire du plaisir, ce n'est pas comme quand il est grand ouvert. Comme de l'or authentique, quand il n'est pas encore ouvré ; il a beau produire du plaisir, ce n'est pas comme quand il a été habilement travaillé. Comme un aliment succulent, quand il n'est pas encore cuisiné ; il a beau produire du plaisir, ce n'est pas comme quand il est cuit. Comme une lettre de bonnes nouvelles qu'on n'a pas eu le temps d'ouvrir encore ; on a beau avoir du plaisir à y jeter les yeux, ce n'est pas comme quand on la lit à fond. Comme des joyaux qu'on n'a pas encore pu regarder ; ils ont beau produire du plaisir, ce n'est pas comme quand on a pu bien les regarder et qu'on peut s'en servir. Il en est ainsi du sens des sûtras prononcés par le Tathâgata, tant qu'ils ne sont pas encore expliqués ; ils ont beau produire du plaisir, ce n'est pas comme quand ils sont éclaircis. Voilà pourquoi il dit que composer un çâstra s'appelle « parer les sûtras ».

un bon plat bien à point et qu'on mange de bon appétit, comme une bonne nouvelle qu'on a sue par une lettre, comme une cassette de pierreries ouverte, cet Idéal expliqué ici produit une joie extrême.

Ce vers consiste en cinq comparaisons ; en effet l'Idéal est prêché au point de vue d'un quintuple sens : 1° à établir, 2° à dériver, 3° de réflexion, 4° hors réflexion, 5° absolu, le Sens d'Acquis[2] qu'il faut savoir chacun Quant-à-soi[3], ayant pour Nature-propre les Ailes d'Illumination[4]. Ce Sens, expliqué ici par le Sûtrâlaṃkâra, produit une joie extrême, comme fait respectivement l'or travaillé, etc. Puisque cet Idéal est naturellement doué d'avantages, comment donc l'orner ? Le troisième vers répond à cette objection.

3. Comme un modèle[1] qui vaut par la parure et la nature, s'il est reflété dans un miroir, donne aux gens une satisfaction spéciale par sa seule vue, de même l'Idéal uni à la vertu des belles paroles[2] et de la nature donne continuellement un contentement tout particulier quand le Sens en est analysé.

Comme un modèle qui a des vertus par la parure et par la nature, reflété dans un miroir, produit par sa vue un élan de joie tout particulier, ainsi cet Idéal, qui a tant de vertus par ses belles

2. Sens d'Acquis (*adhigamârtha*). V. inf. II, 1 et 9.

3. *Pratyâtma-vedanîya*. C'est la formule caractéristique du Bouddhisme ; la vérité y est à connaître par chacun en soi individuellement (*sayam eva attanâ yeva*, glose de *paccattaṃ* [= *pratyâtma*°] par Buddhaghosa, Sumaṅgala-vilâsinî I, 108). La Mahâvyutpatti § 63 donne parmi les Rubriques du Dharma, 13-18 : *sâṃdṛṣṭikaḥ* | *nirjvaraḥ* | *âkâlikaḥ* | *aupanâyikaḥ* | *aihipaçyikaḥ* | *pratyâtmavedanîyo vijñaiḥ* | . Nous avons ici la série, extraite d'un des Âgamas sanscrits, qui correspond à celle des Nikâyas : *sandiṭṭhikâ nijjarâ akâlikâ ehipassikâ opanayikâ paccattaṃ veditabbâ viññûhi* (p. ex. Aṅgutt. I, 198 ; Saṃy. IV, 41-43 ; 339).

Sur l'apparente antinomie entre cette doctrine et le devoir de la prédication, v. inf. XII, 2 et 3.

4. *Bodhi-pakṣa-svabhâva*. Les Ailes d'Illumination sont le sujet du chapitre XVIII.

3. 1. *Bimba*. Le tibétain traduit *gzugs* « forme » (et de même inf. XI, 26) ; le chinois, *mei tche* « bonne disposition de nature ». Le mot désigne au propre un disque, puis la rondeur, et spécialement les rondeurs du corps. Opposé à *pratibimba*, il signifie le modèle, ou, dans la rhétorique, le terme de comparaison, tandis que *pratibimba* est l'image, ou la comparaison.

paroles[2] et sa nature, si le Sens en est assidûment analysé, produit un contentement tout particulier et devient alors orné en quelque sorte par le fait du contentement qu'il a donné aux bons esprits. Ensuite il montre, en trois vers, trois Avantages[3] dans cet Idéal en vue d'inspirer le respect.

4. Comme un remède âcre à l'odorat et suave au goût, l'Idéal a deux aspects, et le Sens n'en est pas à connaître d'après la lettre.

5. Comme un roi difficile à gagner, tel cet Idéal, étendu, touffu, profond ; mais quand on a gagné ses faveurs, on en reçoit un trésor de vertus.

6. Comme une pierrerie authentique, inestimable[1], ne donne pas de satisfaction si on n'est pas connaisseur ; ainsi cet Idéal, si on n'est pas intelligent ; au cas contraire, il satisfait tout comme la pierrerie.

L'Idéal a trois avantages. En tant qu'il fait rejeter les Obstructions[2], il est comparable au remède. Il a deux aspects, c'est-à-dire la lettre et le Sens. En tant qu'il cause les Maîtrises[3], puisqu'il donne la libre disposition de vertus toutes particulières telles que les Super-savoirs[4], etc., il est comparable à un roi. En

2. *Subhâṣita*, remplacé dans le vers par le synonyme *sûkta*, est l'expression propre pour désigner les Paroles du Bouddha.

3. *Anuçaṃsa*. Terme spécialement bouddhique ; tib. *phan-yon* ; chin. *kong-tö*.

4-6. 1. Le tibétain porte : *rin thaṅ med* « sans prix » ; il faut donc au lieu d'*anarthaṃ*, lire *anarghaṃ*. — Même correction, p. 3, l. 2 du texte.

2. *Âvaraṇa*, tib. *sgrib-pa* « obscurcissement », chinois *tchang* « digue, obstruction ». Le plus souvent on en compte deux : *kleçâv°* « enveloppe de souillure », les fautes de l'ordre moral, et *jñeyâv°* « enveloppe de connaissable », les fautes de l'ordre intellectuel. Mais notre texte en donne encore d'autres énumérations, p. ex. XII, 20, liste de huit « obstructions » : *buddhe 'vajñâv°* « mépris pour le Bouddha » ; *dharme 'vajñâv°* « mépris pour l'Idéal » ; *kauçîdyâv°* « paresse » ; *alpamâtra-saṃtuṣṭyâv°* « se contenter de trop peu » ; *râgacaritâv°* « conduite par passion » ; *mânacaritâv°* « conduite par sentiment personnel » ; *kaukṛtyâv°* « repentance » ; *aniyatabhedâv°* « section de ce qui n'est pas définitif ». La liste des cinq *sgrib-pa* donnée par S. C. Das s. *v.*, d'après les sources tibétaines correspond aux cinq *âvaraṇa* du pali : *kâmacchando âv°*, *byâpâdo âv°*, *thînamiddham âv°*, *uddhaccakukkuccam âv°*, *vicikicchâ âv°*, p. ex. Saṃy. Nik. V, 94.

3. *Vibhutva*. V. inf. IX, 38-48.

4. *Abhijñâ* V. inf. VII, 1.

tant qu'il cause la sous-Passivité[5] des trésors du Saint[6], il est comparable à une pierrerie authentique et inestimable. Le connaisseur est, dans l'espèce, le Saint[7].

Mais, dira-t-on, ce Grand Véhiculé, il n'est pas la parole du Bouddha ! D'où lui viendraient donc pareils Avantages ? Les mauvais esprits parlent ainsi. Pour établir que c'est bien la parole du Bouddha, il commence par analyser les raisons.

7. Au début, pas de Prophétie[1] ; développement simultané ; hors de portée ; nécessité logique ; en cas d'existence ou de non-existence, pas d'existence ; Auxiliaire[2] ; autre que la lettre[3].

Au début, pas de Prophétie. Si le Grand Véhicule est une menace pour le Bon Idéal, fabriqué par je ne sais qui dans la suite du temps, comment se fait-il que Bhagavat ne l'a pas prédit dès l'origine aussi bien que les Dangers de l'avenir[4] ? —

5. *Upabhoga*. Le verbe *bhuj* s'oppose à *kar* « faire », et désigne l'aspect passif de l'action. Pour en traduire les dérivés, j'ai adopté autant que possible des mots tirés du latin *pati*, puisque « souffrir, subir », et les autres mots analogues en français évoquent des associations trop différentes. — Cf. inf. I, 7 la note sur *anâbhoga*.

6. *Arya*. Ce mot, en sanscrit aussi bien qu'en pali, désigne « ceux qui comprennent les quatre vérités sublimes et y conforment leur conduite, par opposition aux hommes ordinaires (*pṛthag-jana*) qui n'ont pas encore réfléchi sur ces importants sujets » (Burnouf, Introd., p. 290).

7. Le tibétain et le chinois marquent ici la fin de la première section, intitulée en chinois *yuen k'i* équivalant à *nidâna*.

7. 1. *Vyâkaraṇa*. Le mot, bien connu dans la langue classique, où il a reçu en particulier le sens de « grammaire, science grammaticale » a pris dans la langue bouddhique une valeur spéciale. Il y désigne spécialement les prophéties prononcées par les Bouddhas, et plus spécialement encore les prophéties qui concernent les naissances à venir d'une personne présente. Cf. inf. XIX, 35-37. On en distingue quatre classes (M. Vy. § 86). Le verbe *vy-â-kar* d'où dérive le substantif *vyâkaraṇa* sert à désigner les décisions canoniques promulguées par le Bouddha ; les questions laissées en dehors du dogme sont *a-vyâkṛta* ; cf. inf. XI, 24. Pour rendre le verbe et le substantif, le tibétain emploie *luṅ bstan* « prescription canonique » (*luṅ* est l'équivalent d'*âgama*) ; le chinois emploie *ki* « noter solennellement, note ».

2. *Pratipakṣa*. Tib. *gñen-po* « antagoniste » ; chin. *tche* « soigner ». L'opposé en est *vipakṣa* « l'adversaire ». V. ce mot.

3. *Ruta*, tib. *sgra* « son, bruit », chin. *wen*, « lettre », désigne dans le sanscrit classique la voix inarticulée, les cris des animaux. Le Mahâyâna, qui dédaigne le sens littéral des Sûtras, lui attribue intentionnellement cette dénomination méprisante. Cf. inf. XVIII, 32 où *yathoktasya* est glosé par *yathârutasyârthasya* = *vyañjanasya* « la lettre ».

4. *Anâgatabhaya*. Açoka mentionne déjà dans l'édit de Bhabra un texte religieux sous ce titre. L'Aṅguttara Nikâya contient, dans la série des

Développement simultané. On constate que le Grand Véhicule s'est développé en même temps que le Véhicule des Auditeurs[5], et non pas postérieurement. Comment reconnaissez-vous donc que ce n'est pas la parole du Bouddha? — Hors de portée. Cet Idéal à la fois sublime et profond n'est pas à la portée des Dialecticiens, car on ne constate rien de pareil dans les traités des Hérétiques. Il n'est donc pas admissible qu'il ait été énoncé par d'autres, et la preuve, c'est que, une fois énoncé, il ne les convainc pas. — Nécessité logique. Si c'est un autre, arrivé à la Toute-Parfaite Illumination, qui a publié cet Idéal, il est alors nécessairement la parole d'un Bouddha ; celui-là même est le Bouddha, qui, arrivé à la Toute-Parfaite Illumination, parle ainsi. — En cas d'existence ou de non-existence, pas d'existence. S'il existe un Grand Véhicule quelconque, celui-ci, étant donné qu'il existe, est alors nécessairement la parole du Bouddha, puisqu'il n'existe pas d'autre Grand Véhicule que lui, ou bien il n'en existe pas, et dans le cas où il n'en existe pas, il n'existe pas non plus de Véhicule des Auditeurs. On ne peut pas dire que le Vehicule des Auditeurs est, à l'exclusion du Grand Véhicule, la parole du Bouddha ; car, sans un Véhicule des Bouddhas, il ne se produira pas de Bouddha. — Auxiliaire. Le Grand Véhicule, quand on le pratique, devient l'Auxiliaire contre les Souillures, puisqu'il est

Cinquaines (Pañcaka) une suite de quatre sûtras (LXXVII-LXXX) où le Bouddha prophétise les dangers de l'avenir, groupés par cinq. M. Rhys Davids (J. P. T. S., 1896, p. 95) a cru pouvoir déclarer que l'édition de ce texte « avait écarté tous les doutes qui pouvaient subsister quant à l'identification des Anâgatabhayâni d'Açoka avec le passage de l'Añguttara, déjà signalé par Oldenberg ». L'affirmation est plutôt hardie. La collection de l'Ekottarâgama, qui représente en chinois l'équivalent de l'Añguttara, n'a pas incorporé la série des Anâgatabhaya. Mais il en subsiste, dans les versions chinoises, plusieurs recensions apparentées au pali, et fort différentes. L'une (Nj. 468, Tô. XIII, 10) qui date de 265-316, a été en partie traduite par M. Anesaki (*Buddhist and Christian Gospels*, p. 174) ; elle est franchement mahâyâniste, et exalte la Prajñâ-Pâramitâ ; deux autres (Nj. 470 ; Tô. XIII, 10, et Nj. 766 ; Tô. XVII, 10) datent des premiers Song (420-479). Il serait facile d'allonger cette liste avec les nombreuses productions apocalyptiques du Canon sanscrit-chinois. Asaṅga sans doute a moins en vue ici un texte particulier qu'un groupe de sûtras portant tous sur un thème commun.

5. *Çrâvaka.* Ce terme, en honneur dans le Hînayâna qui l'applique même aux Arhat, est réservé par le Mahâyâna aux sectateurs du « Petit Véhicule ».

le Fond[6] de toute connaissance sans différenciation. Donc il est la parole du Bouddha. — Autre que la lettre. Le Sens n'en est pas comme la lettre ; donc on ne peut pas connaître, en s'en tenant au sens littéral, qu'il n'est pas la parole du Bouddha.

A propos de l'argument : « Au début, pas de Prophétie », on répondra peut-être que Bhagavat n'a pas prédit cet événement à venir par Impassibilité [7]. Il montre dans un vers que l'Apathie[8] est ici hors de mise.

6. *Âçraya*. J'ai partout rendu ce mot par « Fond » ; mais il est susceptible d'autres valeurs encore ; il signifie « appui, voisinage, attachement, dépendance, rapport, base, soutien, asile, local, contenant ».

7. *Anâbhoga*. L'expression, fréquente dans notre texte, me semble manquer au sanscrit classique. Le tibétain la rend ici exceptionnellement par *čhed du ma dgoṅs nas* « parce qu'il [Bhagavat] n'a pas de pensée intéressée » ; mais partout ailleurs il adopte comme équivalent : *lhun gyis grub pa*, que le Dictionnaire de S. C. Das rend par « miraculously sprung or grown, formed all at once, self-created, not contrived by human labour ». Le chinois a régulièrement *wou kong yong* « qui n'a pas été modifié en vue d'un certain usage par le travail ». Les deux traductions prouvent qu'il ne faut pas chercher ici le mot *âbhoga* de la langue classique, dérivé de la racine *bhuj*, « plier », et qui a le sens de « inflexion, courbure, extension, variété », mais un dérivé particulier de la racine *bhuj* « jouir de, utiliser ». Ce verbe *â-bhuj* qui n'est pas encore attesté signifierait « utiliser en ramenant à soi, adapter à sa propre jouissance ». C'est le même mot *âbhoga* qui paraît si fréquemment dans la leçon qui conclut les avadâna : *ekântaçukleṣv eva karmasv âbhogaḥ karaṇîyaḥ* « il ne faut faire d'*âbhoga* que pour les actes absolument honnêtes », il ne faut « entrer en jouissance » que dans ce cas. L'idée exprimée par *bhuj* dans la langue philosophique de l'Inde n'a pas, que je sache, d'équivalent exact en français ; *bhuj* y signifie « participer à, utiliser un acte, éprouver un sentiment » et couvre toutes les manifestations de la personnalité dans sa vie passive, tant au dedans qu'au dehors, comme le verbe *kar* « faire » couvre toutes les manifestations de sa vie active. La notion d'*anâbhoga* est rendue plus nette inf. IX, 18-19 ; la prédication *anâbhoga* des Bouddhas y est comparée à une musique qui sortirait d'instruments sans qu'on les ait battus ; leur activité *anâbhoga* est comparée à une pierrerie qui sans aucun travail manifeste son éclat. L'une et l'autre ne recueillent ni ne subissent rien du dehors ; elles sont sans passivité ; elles sont donc bien « spontanées », « sans facteur d'appropriation », comme portent le tibétain et le chinois; leur fonctionnement est libre et autonome. J'adopte la traduction « Impassibilité » d'autant plus volontiers que le texte donne immédiatement après, comme le substitut d'*anâbhoga* le mot *upekṣâ* que je traduis par « apathie », mot étroitement apparenté par son étymologie à « impassibilité ». Cf. aussi XX, 16 où *upekṣaka* est glosé par *anâbhoga°*.

8. *Upekṣâ*. V. les textes cités par LAVALLÉE-POUSSIN, *Madhyamaka-vṛtti*, p. 369, n. 1. L' « indifférence » au sens étymologique rendrait bien ce mot, puisque l'*upekṣâ* est définie XVIII, 61 comme « la connaissance sans différenciation » (*nirvikalpa-jñâna*). Mais le mot a pris dans la langue courante une valeur péjorative si marquée que son emploi risquerait de fausser la

8. Les Bouddhas ont la vision immédiate ; ils sont les protecteurs de la doctrine ; leur connaissance n'a pas d'Obstruction sur la route du temps ; donc l'Apathie est ici hors de mise.

Par là que montre-t-il ? Il y a trois raisons pour exclure l'Apathie à propos d'une grande catastrophe qui menacerait la doctrine dans l'avenir. Comme la connaissance des Bouddhas fonctionne sans travail, ils ont la vision immédiate ; de plus, ils travaillent de toutes leurs forces à protéger la doctrine ; enfin ils disposent d'une connaissance complète de l'avenir, puisque rien n'arrête leur connaissance dans tous les temps.

A propos de l'argument : « En cas d'existence ou de non-existence, pas d'existence », on répondra peut-être que le Véhicule des Auditeurs est justement le Grand Véhicule, que c'est lui qui mène à la Grande Illumination. Il montre dans un vers que le Véhicule des Auditeurs ne peut pas être le Grand Véhicule.

9. Il est incomplet ; il est contradictoire ; il n'est pas le moyen ; il n'a pas pareil enseignement. Non, le Véhicule des Auditeurs n'est pas ce qu'on appelle le Grand Véhicule.

Il est incomplet, quant au Sens d'autrui. Car, dans le Véhicule des Auditeurs, il n'y a pas un Sens d'autrui qui soit enseigné, quel qu'il soit ; il n'y est enseigné aux Auditeurs que les moyens de se dégoûter, se détacher, se délivrer soi-même. Et le Sens de soi, si on vous le fait voir dans autrui, ne devient pas par là le Sens d'autrui. — Il est contradictoire. On a beau se servir d'autrui dans le Sens de soi ; c'est toujours le Sens de soi qu'on met en œuvre. Et ce Sens, employé pour arriver au Parinirvâṇa du Moi, vous mènerait à la Toute-Parfaite Illumination ! Voilà qui est contradictoire. On aurait beau se servir très longtemps du Véhicule des Auditeurs pour arriver à l'Illumination, on ne deviendrait pas un Bouddha. — Il n'est pas le moyen. Le Véhicule des Auditeurs n'est pas le moyen pour devenir un Bouddha ; or, si on se sert de ce qui n'est pas un moyen, si longtemps

notion. J'ai préféré « *apathie* » mot moins usé et qui, pris dans sa valeur étymologique, exprime bien l'absence de tout sentiment qui caractérise l'*upekṣâ*, où il n'y a plus ni sympathie, ni antipathie. La traduction tibétaine *btaṅ sñoms* est bien venue ; elle désigne l'équilibre (*sñoms*) par rejet (*btaṅ*). Le chinois dit simplement *che* « le rejet ».

qu'on y mette, on n'arrivera pas au but visé. C'est le cas de la corne qu'on veut traire avec un soufflet. Et de plus il est enseigné ici comment le Bodhisattva doit s'y prendre. — Il n'a pas pareil enseignement; donc le Véhicule des Auditeurs ne peut pas être le Grand Véhicule, car on n'y retrouve pas ce même enseignement.

Le Véhicule des Auditeurs et le Grand Véhicule sont, avons-nous dit, en mutuelle contradiction. Un vers sur cette contradiction mutuelle.

10. Tendance, enseignement, emploi, soutènement, temps, y sont en contradiction. Donc, l'inférieur est vraiment le Petit.

Comment donc en contradiction ? Il y a entre eux cinq contradictions : de tendance, d'enseignement, d'emploi, de soutènement, de temps. En effet, dans le Véhicule des Auditeurs, la Tendance va au Parinirvâṇa du Moi; l'enseignement va dans le même Sens ; dans le même Sens aussi l'emploi ; le soutènement est réduit, et tient tout entier dans les Provisions de mérites et de savoir; et il faut peu de temps pour atteindre le but, trois naissances y suffisent. Dans le Grand Véhicule, tout est à l'inverse. Par suite de cette contradiction mutuelle, le Véhicule qui est inférieur est vraiment le Petit; et il ne peut pas être le Grand Véhicule.

On dira peut-être : l'Indice de la parole du Bouddha, c'est qu'elle figure dans le Sûtra, qu'elle se montre dans le Vinaya, et qu'elle ne va pas à l'encontre de l'Idéalité[1]. Or, il n'en va pas

10. 1. La définition du *Buddhavacana* donnée par le Bouddha lui-même dans le Mahâparinibbâna sutta (Dîgha nikâya XVI, 4, 8 sqq.) ne contient que les deux premiers termes : *tâni ce sutte otâriyamânâni vinaye sandissayamânâni sutte c'eva otaranti, vinaye ca sandissanti, niṭṭham ettha gantabbaṃ : Addhâ idaṃ tassa Bhagavato vacanaṃ... ti.* Mais Asaṅga se réfère au Dîrghâgama sanscrit, qu'il cite exactement. La version chinoise de cet Âgama, au passage correspondant (Tôk. XII, 9, 15ª) dit : « Si le propos est fondé (*yi*) sur le Sûtra, est fondé sur le Vinaya, est fondé sur le Dharma, alors il faut dire : Ce propos est vraiment ce qu'a dit le Bouddha. » Le traducteur chinois a fondu dans une expression uniforme les nuances soigneusement marquées par le sanscrit et le pali, *avatarati* pour le sûtra, *saṃdṛçyate* pour le Vinaya. Le pali a négligé ou ignoré le troisième terme; mais l'expression s'y retrouve dans un texte d'une époque plus basse. Childers (J. R. A. S., n. s. IV, p. 329) cite un passage de la Culla-sadda-nîti qui porte : *Bhagavâ pana* dhammasabhâvaṃ avilomento *tathâ tathâ dhammadesanaṃ niyameti.*

ainsi du Grand Véhicule puisqu'il enseigne que tous les Idéaux n'ont pas de Nature-propre. Donc il n'est pas la parole du Bouddha. — Il montre dans un vers qu'il n'y a pas de contradiction d'Indices.

11. Le Grand Véhicule paraît dans le Sûtra qui lui est propre ; il se montre dans le Vinaya de son ressort propre ; par suite de la sublimité et la profondeur [1], l'Idéalité [2] n'y contredit pas.

Que montre-t-il par ce vers? Il figure dans le Sûtra qui lui est propre, le Sûtra du Grand Véhicule ; il se montre dans le Vinaya [3] de la Souillure qui lui est propre, ce qu'on appelle dans le Grand Véhicule la Souillure des Bodhisattvas. En effet les Bodhisattvas ont comme Souillure la différenciation. Enfin, puisqu'il a la sublimité et la profondeur pour Indices, il ne va pas à l'encontre de l'Idéalité, car il est l'Idéalité qui mène à la Grande Illumination. Ainsi il n'y a pas contradiction d'Indices.

A propos de l'argument : « Hors de portée » [v. 7], un vers pour établir que le Grand Véhicule est hors de la portée de la Dialectique.

12. La Dialectique a un soubassement ; elle n'a rien de définitif ; elle manque d'extension ; elle est contingente ; elle se fatigue ; elle a pour Fond les esprits puérils ; donc le Grand Véhicule n'est pas son domaine.

En effet la Dialectique, ayant pour Fond ceux qui ne sont pas des Voit-vérités [1], a pour soubassement, dans une certaine mesure,

11. 1. *Audârya* ; *gâmbhîrya*. Ce sont les caractères par lesquels le Mahâyâna prétend se définir, par opposition au Hînayâna.

2. *Dharmatâ*. Le suffixe °*tâ* correspond par sa forme et sa valeur au suffixe latin °*tâ-s*. L'équivalent de *Dharmatâ* serait donc le barbarisme *legitas*; c'est la propriété qu'a le Dharma d'être ce qu'il est, et non autrement ; ou encore c'est la notion abstraite du Dharma, en dehors des dharma où elle se réalise.

3. Tandis que le Hînayâna désigne sous le nom de Vinaya le recueil des prescriptions touchant la vie monastique, qui sont la règle universelle des couvents, le Mahâyâna classe sous cette rubrique des traités de discipline morale et de discipline mystique. V. p. ex. la liste des ouvrages qui forment le Vinayapiṭaka du Mahâyâna dans le Canon chinois.

12. 1. *Dṛṣṭasatya*. C'est un état défini de la vie religieuse, qui suit la simple adhésion par la récitation des trois Refuges. Le *dṛṣṭa-satya* voit les quatre vérités sublimes enseignées par le Bouddha (cf. inf. XI, 55 sqq.). Mais le tibétain a lu autrement ; il traduit : *rtog-ge de kho na ñid ma mthoṅ ba la brten pa ni luṅ čuṅ zad la rten pa yin no*, « Le raisonnement, appuyé sur

la Tradition[2]. Elle n'a rien de définitif, puisque la façon de comprendre varie avec le temps. Elle manque d'extension, puisqu'elle n'a pas pour domaine tout le connaissable. Elle n'a pour domaine que la vérité Contingente; elle n'a pas pour domaine le Sens Transcendant. Elle se fatigue, car son Brillant[3] s'épuise. Le Grand Véhicule n'a ni soubassement, etc..... ni fatigue. La preuve, c'est qu'il enseigne de nombreux sûtras comme les Cent Mille [lignes de la Prajñâ-Pâramitâ]. Donc, il n'est pas le domaine de la dialectique.

A propos de l'argument : « Il n'est pas le moyen » [v. 9], on a dit que le Véhicule des Auditeurs ne fait pas des Bouddhas. Mais le Grand Véhicule, comment donc est-il un moyen applicable? Un vers pour l'établir.

13. La sublimité et la profondeur font la permaturation et l'indifférenciation; ainsi il prêche les deux, et il est le moyen pour l'Insurpassable.

Par ce vers, qu'est-ce qu'il montre? Par la prédication en sublimité de pouvoirs, les êtres sont per-mûris, puisque la Croyance[1]

ceux qui ne voient pas le tattva, est appuyé sur un tout petit peu d'Âgama. » Il a donc lu : *adṛṣṭatattva*° au lieu de *adṛṣṭasatya*° et *kiṃcidâgama*° au lieu de *kaçcid âgama*°. Le chinois dit : « A un appui. C'est que la connaissance se produit en s'appuyant sur l'enseignement; ce n'est pas une connaissance d'intuition ». Les deux lectures *adṛṣṭasatya* et *adṛṣṭatattva* aboutissent en fait au même sens, puisque *tattva* = *satya* d'après XI, 78.

2. *Âgama*. Ce mot désigne expressément les quatre grands recueils de sûtras admis comme authentiques par les écoles du Hînayâna. Le bouddhisme pali y substitue la désignation de *Nikâya*.

3. *Pratibhâna*. Le tibétain traduit *spobs-pa* qui signifie au propre « l'assurance, l'audace ». Le traducteur chinois glose : « la controverse l'épuise et la réduit au silence ». Ailleurs, XVIII, 34, il n'essaie pas davantage de traduire et substitue « la capacité d'énoncer par soi-même l'Idéal ». Le même mot paraît en pali; Childers l'explique par « l'intelligence; la présence d'esprit ou l'assurance d'esprit ». Clough le définit comme « la rapidité à répondre à une assertion ». Burnouf (*Lotus*, 299 et 839) a hésité entre « intelligence » et « sagesse ». Le mot est un exemple de la confusion si fréquente entre le sens de « briller » et celui de « parler »; il indique à la fois la rapidité de l'esprit et la facilité, le « brillant » de la parole.

13. 1. *Adhimukti*. Le mot est spécial à la langue du bouddhisme; il est étranger au sanscrit brahmanique; mais il est commun au sanscrit bouddhique et au pali. Childers le traduit par « inclination, disposition, intention, résolution, volonté, confiance, foi ». Le tibétain le rend toujours par *mos-pa* qui signifie au propre « inclination, entraînement, respect, adoration ». Le chinois traduit par *sin* « foi, croyance ». Le mot contient la racine *muc*, qui implique l'idée de la délivrance, du salut (*mukti*, *mokṣa*, etc.). On serait

dans les Pouvoirs[2] y fait travailler. Par la prédication en profondeur, l'indifférenciation se produit. Donc la prédication de ce couple se trouve dans le Grand Véhicule, et il est le moyen pour arriver à la connaissance insurpassable, puisque par l'une et par l'autre respectivement il fait per-mûrir les créatures et il per-mûrit les Idéaux des Bouddhas[3] pour lui-même.

Quant à ceux que cette doctrine effraie, il leur montre en un vers qu'ils ont tort de s'effrayer hors de propos, et pourquoi.

14. Si on s'en effraie hors de propos, il en cuira, puisqu'il en résultera une énorme accumulation de démérites pour un long temps. Qui n'est pas de la Famille[1], qui n'a pas de vrais amis, qui n'a pas l'esprit façonné, qui n'a pas accumulé d'avance les mérites, à celui-là de s'effrayer en présence de cet Idéal : il est déchu d'un grand Sens, étant ici-bas.

(Analyse du composé *tadasthânatrâsa*.) Il en cuira, dans les états de damnation. Et pourquoi? Parce qu'il en résultera une énorme accumulation de démérites. Pour combien de temps? Pour un long temps. Voilà le tort à subir plus tard, et pour quelle cause, et combien de temps. Qu'est-ce donc, s'il y a vraiment lieu de s'effrayer? En réponse à cette réflexion, il montre les quatre raisons de s'effrayer : 1° si on n'est pas de la Famille ; 2° si on n'a pas de vrais amis ; 3° si on n'a pas l'esprit bien au clair touchant l'Idéalité du Grand Véhicule ; 4° si on n'a pas d'avance accumulé les mérites. « Il est déchu d'un grand Sens », c'est-à-dire du Sens des Provisions de la Grande Illumination. Il montre ainsi un autre tort qui consiste dans la perte par manque de gain.

tenté de considérer comme l'origine de l'expression une formation adverbiale *adhimukti*, parallèle à *adhyâtmam*, *adhibhûtam*, et qui signifierait : « ayant trait à la délivrance, de l'ordre de la délivrance ». La Terre de préparation des Bodhisattvas est appelée « la Terre de Conduite par Croyance » (*adhimukticaryâ-bhûmi*) ; v. inf. IV, 2 ; VIII, 22, etc. Elle est constituée de quatre éléments qui permettent d'analyser la notion d'adhimukti (M. Vg. §32) : *âlokalâbha* « obtenir la clarté » ; [pour l'*âloka*, cf. inf. XI, 42, et XIV, 24] ; *âlokavṛddhi* « augmentation de la Clarté » ; *tattvârthaikadeçânupraveça* « s'insinuer dans une portion du sens du Positif » [v. inf. I, 16] ; *ânantaryasamâdhi* « recueillement de l'état sans-interruption » [v. inf. XIV, 26-27].

2. *Prabhâva*. Le terme est défini inf. VII, 1 sqq.

3. *Buddhadharma*. Ce sont les *dharma* spéciaux aux Bouddhas, tels que les forces (*bala*), les bravoures (*vaiçâradya*), etc. ; ils sont célébrés dans l'hymne final XX-XXI, 43, sqq.

14. 1. *Gotra*. V. inf. III, 1.

Il a énoncé les raisons de s'effrayer; il faut dire aussi les raisons de ne pas s'effrayer. Un vers sur les raisons de ne pas s'effrayer.

15. Il n'y en a pas d'autre qui soit différente de lui; il est compact par excellence; il est parallèle; il expose la variété; il s'applique à un énoncé constant sous des faces multiples; il n'a pas le Sens comme la lettre; enfin l'existence en ce qui concerne Bhagavat y est très abyssale. Donc ceux qui savent ne doivent pas s'effrayer en présence de cet Idéal, s'ils l'examinent à fond.

« Il n'y en a pas d'autre qui soit différent de lui »; il n'y a pas de Grand Véhicule autre que lui. Admettons que le Véhicule des Auditeurs soit le Grand Véhicule; il n'y aurait pas d'autre, pas d'Auditeur, pas de Bouddha-pour-soi; car tous deviendraient alors des Bouddhas. « Il est compact par excellence », étant le chemin de la connaissance omnisciente. « Il est parallèle », puisqu'il se développe en même temps. « Il expose la variété »; il expose en effet le chemin varié des Provisions, et non pas la Vacuité exclusivement; il faut donc que ce chemin soit intentionnel. « Il s'applique à un énoncé constant sous des faces multiples »; la Vacuité y est énoncée à maintes reprises, sous des Rubriques[1] multiples, en tel et tel passage des Sûtras; il faut donc qu'elle y ait une grande importance, autrement il aurait suffi d'une négation faite une fois pour toutes. « Il n'a pas le Sens comme la lettre »; le Sens n'y est pas comme la lettre; raison de plus pour ne pas s'effrayer. « L'existence, en ce qui concerne Bhagavat, y est très abyssale »; l'existence des Bouddhas est très difficile à bien comprendre; donc il ne faut pas s'effrayer si on ne la connaît pas. Un pareil tri à fond empêche ceux qui savent de s'effrayer.

Il est à la portée d'une connaissance qui a pénétré loin; un vers sur ce point.

16. Sur le soubassement de l'Audition s'élève l'Acte foncièrement mental[1]; de l'Acte mental sort la connaissance qui a pour

15. 1. *Paryâya*. En tibétain, *rnam-grańs*, litt. « numéro d'ordre, énumération ». En chinois *men* « porte, passage ». Le mot a de nombreuses acceptions; il signifie « ordre de succession; synonyme; thème de développement; développement littéraire; énumération consacrée ».

16. 1. *Manaskâra* (ou *manasikâra*; les deux termes se substituent l'un à l'autre dans notre texte, p. ex. XI, 8-12; XVI, 16, vers et commentaire). Le mot

objet le Sens du Positif [2]; de là provient l'arrivée à l'Idéal ; à ce point, la notion se produit. Et si elle se produit dans le Quant-à-soi, comment donner une solution tant qu'on n'en est pas à ce point?

Le mot *yo*, dans le premier quart de vers, représente *yoniçaḥ*. La connaissance qui sort de l'Acte mental, c'est la Vue-Régulière supra-mondaine. On arrive ensuite à l'Idéal, qui en est le fruit. La notion désigne la connaissance de la Libération. Étant donné que cette notion se produit dans le Quant-à-soi, comment décider, tant qu'on n'en est pas à ce point, que ceci n'est pas la parole du Bouddha?

Il n'y a pas lieu de s'effrayer ; un vers.

17. « Je ne comprendrai pas ; un Bouddha ne comprend pas ce

est étranger au sanscrit classique ; cependant il est enregistré dans l'Amarakoça I, 1, 4, 11 (où Loiseleur donne comme équivalent *manasikâra*) ; il y est défini : *cittâbhoga*. Loiseleur traduit : « réflexion ou considération [acte de l'esprit sur un sujet présent à ses pensées, exercice du jugement ; ou bien action d'explorer les preuves d'une chose] ». Mais Loiseleur n'a pas assez marqué le contraste voulu de ° *kâra* et ° *âbhoga* : tandis que l'esprit (*manas*) travaille activement, la pensée (*citta*) reste passive, elle subit l'action (cf. sup. I, 7 *an-âbhoga*) ; elle ne reste pas impassible, désintéressée de l'action de l'esprit. Le tibétain traduit *manaskâra* et *manasikâra* par les mêmes mots : *yid la byed pa*, transposition littérale des deux termes : *yid-la* = *manasi* ; *byed-pa* = *kâra*. Un passage du Kandjour (cité par S. C. Das s. v.) donne une bonne interprétation : « le *manaskâra*, c'est fonctionner sur les Intelligibles (*čhos rnams la 'jug pa* = *dharmeṣu pravṛttiḥ*) ». Le chinois, lui aussi, traduit littéralement *tso yi* « faire pensée ». Le *yoniço-manaskâra* « l'acte foncièrement mental » est proclamé « le premier signe précurseur des sept Membres de l'Illumination » (Saṃy. N. V, 31 sqq.) ; il précède immédiatement et prépare les quatre Abandons Réguliers (*samyakprahâṇa*), ibid. Et en effet l'acte qui est foncièrement mental est dégagé de la Forme matérielle (*rûpa*) ; il se passe dans un plan supérieur, celui des *dharma*, de l'Intelligible. Le Vinaya pali, commentant la formule initiale du Prâtimokṣa, glose le mot *manasikar*° par *ekaggacitta* ° *avikkhittacitta* ° *avisâhaṭacitta* ° *nisâme* ° « percevoir tandis que la pensée est recueillie, sans dispersion, sans confusion ». Cette explication équivaut à la définition du mot dans l'Amarakoça.

2. *Tattva*. En tibétain *de kho na ñid* « être exactement ceci ». En chinois *tchen che* « réel, exact ». Le *tattva*, dans le système Yogâcâra, est défini inf. chap. VI ; il consiste essentiellement à dépouiller les mots de toute valeur concrète, à en éliminer le contenu matériel, à cesser d'en réaliser la signification. Ainsi le *tattva* se trouve coïncider avec le plan de l'Intelligible (*dharma-dhâtu*), XI, 14. Mais il est encore à deux compartiments ; il a l'Indice de Toute-Souillure (*saṃkleça-lakṣaṇa*) et l'Indice de nettoyage (*vyavadâna-lakṣaṇa*) XII, 5.

qui est profond; pourquoi le profond serait-il inaccessible à la Dialectique? pourquoi le salut exclusivement pour ceux qui connaissent le sens profond?» Autant de raisons de s'effrayer qui sont déplacées.

Si on s'effraie en se disant : « Je ne comprendrai pas », c'est un tort. Si on s'effraie en se disant : « Un Bouddha même ne comprend pas une question profonde; qu'aurait-il donc de profond à enseigner? », c'est un tort. Si on s'effraie en se disant : « Pourquoi le profond serait-il inaccessible à la Dialectique? », c'est un tort. Si on s'effraie en se disant : « La délivrance n'est que pour ceux qui connaissent le Sens profond ; elle n'est pas pour les dialecticiens », c'est un tort.

L'incrédulité même apporte une preuve ; un vers.

18. Si l'être qui a une croyance inférieure, qui est d'un Plan [1] inférieur, qui est entouré de pauvres camarades, n'a pas la Croyance dans cet Idéal si bien prêché en sublimité et en profondeur, la preuve est faite.

L'être qui a une croyance inférieure, qui se trouve sur un Plan inférieur, en fait de Pratique de la Sensation du Tréfonds[2], qui est

18. 1. *Dhâtu*. Les sens de ce mot sont très variés ; il signifie « élément primordial, métal, racine verbale, région, monde, relique ». Le tibétain le rend par *khams* qui en a pris toutes les acceptions, mais qui semble signifier spécialement « territoire ». Le chinois a adopté comme équivalent *kiai* « limite, frontière ». Les listes canoniques des *dhâtu* montrent la variété des notions attachées à ce mot : Les 2 *dhâtu*, c'est l'élaboré (*saṃskṛta*) et l'inélaboré (*asaṃskṛta*). Les 3 *dhâtu*, c'est désir (*kâma*), forme (*rûpa*), sans-forme (*arûpa*) [ou barrage (*nirodha*)]. Les 4 *dhâtu*, c'est la terre, l'eau, le feu, l'air. Les 6 *dhâtu* sont les quatre précédents, plus l'espace (*âkâça*) et la sensation (*vijñâna*). Les 18 *dhâtu* sont les six organes des sens, leurs six objets, et leurs six sensations. L'idée centrale reste toujours celle de « élément primordial, original, principe ».

2. *Âlaya-vijñâna*. C'est une création du Mahâyâna, énoncée déjà dans le Mahâyâna-çraddhotpâda d'Açvaghoṣa, mais transposée par les Yogâcâras. M. Suzuki a analysé dans le *Muséon* la théorie de l'*Âlaya-vijñâna* exposée par Asañga lui-même dans le Mahâyâna-saṃparigraha çâstra. « Il est appelé *âlaya* parce que toutes les créatures et tous les objets souillés y sont déposés en réserve, sous la forme de semences, et parce que ce *vijñâna*, étant déposé en réserve dans tous les objets, est la raison d'être de leur existence, et parce que tous les êtres pensants, en prenant possession de ce *vijñâna*, s'imaginent que c'est leur propre moi. » L'*âlaya-vijñâna* est aussi appelé *citta* « la pensée » (aussi dans notre texte, XIX, 76) ; il faut bien le distinguer du *manas* ; le *manas* n'a rien en soi qui lui suggère

entouré de camarades aussi inférieurs en Croyance et en Plan que lui, si cet être ne croit pas à cet Idéal du Grand Véhicule, bien prêché en sublimité et en profondeur, la preuve est faite : c'est bien là le Grand Véhicule, ce Véhicule éminent !

C'est un tort de repousser des Sûtras sans les entendre; un vers.

19. Si on est arrivé à être intelligent en se prêtant aux leçons et si on fait le dédaigneux lorsqu'il reste encore tant et tant à entendre, comment prendre un parti ? c'est pure folie !

Admettons qu'on n'ait pas la Croyance ; c'est toujours un tort de rejeter indistinctement des Sûtras qu'on n'a pas encore entendus. Si on est arrivé à être intelligent justement en se prêtant aux leçons, et qu'on affiche le dédain des leçons, on est stupide ; quand il reste à entendre tant et tant, pour quelle raison déclarer avec assurance : Ceci n'est pas la parole du Bouddha ? La seule force qu'on a vient justement des leçons ; c'est donc un tort de rejeter sans entendre.

La leçon entendue, il faut en faire un Acte foncièrement mental,

l'existence d'un moi par-delà ses activités, sauf la présence du *citta*, autrement dit, de l'*âlaya-vijñâna*. L'*âlaya-vijñânâ* est un grenier où toutes les semences sont systématiquement mises en réserve ; il est la cause et l'effet de tous les phénomènes possibles (*bîja* « semence », XI, 32 ; 44 ; 49). Pour justifier cette conception, Asaṅga cite avec plus d'adresse que de raison un passage de l'Ekottarâgama (Tôk. XII, 1, 70ᵃ) parallèle à Aṅguttara Nikâya, Catukka nipâta, nº 128 : *âlayarâmâ bhikkhave pajâ âlayaratâ âlayasamuditâ, sâ Tathâgatena anâlaye dhamme desiyamâne sussûyati.*

En fait, l'*âlaya-vijñâna* était un élément nécessaire du système Yogâcâra. Système de mystique avant tout, il lui fallait opposer à l'activité du *manas* et de son *vijñâna* une forme passive qui lui fût supérieure et antérieure. S. C. Das donne sous le mot *kun gẑi* les deux équivalents *âlaya-vijñâna* et *ahamâspada-jñâna* « la connaissance qui est le lieu du moi » (et cf. Sarvadarçanasaṃgraha, Anand. sèr. p. 15 : *tat syâd âlayavijñânaṃ yad bhaved ahamâspadam*). L'*âlaya-vijñâna* est en effet la sensation la plus profonde de l'individu, non pas celle où il affirme son moi, car ici nous serions dans le domaine du *manas*, mais celle où son moi se pose et s'impose, en dehors de toute modalité et de tout conditionnement. C'est là le germe, *bîja*, que l'activité du *manas* entretient et féconde, et qui, sans le vouloir ni y participer, rend possible l'activité du *manas* en lui prêtant un noyau d'organisation qui le dégage du chaos.

Le traducteur chinois n'a pas essayé de traduire en chinois le mot *âlaya* ; il se contente de le transcrire *a-li-ye*. Hiuan-Tsang, plus hardi, le rend dans ses traductions par *tsang* « dépôt, réserve ».

L'*âlaya-vijñâna* est posé comme identique au *dauṣṭhulya-kâya* ou « bloc de turbulence » XIX, 51.

si on n'en fait pas un Acte foncièrement mental, c'est un Dommage; un vers.

20. Si on se fabrique un Sens d'après la lettre, par confiance en soi on se gâte l'esprit, on insulte à la valeur de l'énoncé, on subit une perte ; pour l'Idéal, Répulsion et Obstruction.

La confiance en soi, c'est de prétendre examiner par ses propres vues au lieu de chercher le Sens chez ceux qui savent. On se gâte l'esprit, puisqu'on perd par manque à gagner en fait de connaissance adéquate. On insulte à la valeur de l'énoncé[1] de l'Idéal, et, ceci étant donné[2], on subit une perte, par la prédominance des démérites. Et il s'ensuit aussi Répulsion[3] et Obstruction en ce qui concerne l'Idéal. C'en est l'Acte qui est désastreux pour l'Idéal. Voilà le Dommage.

Un esprit qui n'est pas au fait, qui ne connaît pas distinctement le Sens, ne doit pas avoir de Répulsion; la Répulsion est déplacée ; un vers.

21. L'esprit de malveillance est naturellement vicieux; même en cas d'inconvenance, c'est encore une inconvenance[1]. A plus forte raison, en cas de doute touchant l'Idéal. L'Apathie vaut mieux; elle ne pèche pas.

« Naturellement vicieux » signifie : naturellement condamnable. Pourquoi l'Apathie vaut-elle mieux? C'est qu'elle ne pèche pas. Et la répulsion est un péché.

20. 1. *Svâkhyâta* « bien énoncé » est en effet l'épithète de nature du *Dharma* dans tout le bouddhisme.

2. *Tannidânam* forme ici une locution adverbiale, étrangère au sanscrit classique, et qui correspond à *tato nidânaṃ* du pali. En tibétain, *dehi gźi las*.

3. *Pratigha* et *pratighâta* indiquent également qu'on est repoussé de vive force ou par un sentiment de répulsion. Le tibétain traduit uniformément par *khoṅ khro* « colère, malveillance, désaffection ».

21. 1. Je complète d'après le tibétain : *mi rigs pa yi gzugs la'ṅ mi rigs na*. La restitution sanscrite vient d'elle-même, à peu près garantie par le mètre : *hy ayuktarûpe 'pi na yuktarûpaḥ*.

CHAPITRE II

LE RECOURS AUX REFUGES.

Un vers pour résumer l'excellence du Recours aux Refuges.

1. Celui qui a recours au Refuge des Trois Joyaux dans ce Véhicule-ci est le premier entre ceux qui ont Recours aux Refuges, en raison des quatre Sens tout-particuliers, à savoir : d'Universalité, d'Adhésion, d'Acquis, de Suprématie.

Pour quelle raison est-il le premier entre ceux qui ont Recours aux Refuges ? A cause des quatre Sens tout-particuliers. Le Sens se divise en quatre classes : Universalité, Adhésion, Acquis, Suprématie. Donc, Sens d'Universalité, Sens d'Adhésion, Sens d'Acquis, Sens de Suprématie. Les définitions vont venir à la suite.

Pourtant, entre ceux qui ont Recours aux Refuges dans ce Véhicule, il en est à qui le courage manque, tant il y a d'épreuves à subir ; un vers.

2. Puisque, en débutant, la résolution est difficile à prendre, puisqu'on a tant de mal à la réaliser à travers tant de milliers d'Eons, puisqu'une fois réalisée elle a ce grand Sens d'engendrer le salut des créatures, c'est donc ici le Véhicule capital avec le Sens capital des Refuges.

Il montre ainsi que cette résolution d'avoir Recours aux Refuges est une cause de gloire à cause du Vœu et de l'Initiative tout particuliers, et qu'elle a un grand Sens par le fruit tout particulier qu'on obtient.

Un vers sur le Sens d'Universalité énoncé ci-dessus.

3. Si le Sage a pris l'Initiative de sauver tous les êtres, s'il est bon connaisseur en fait de Véhicule et de connaissance universelle, s'il trouve dans le Nirvâṇa une saveur unique de Transmigration et de Paix, alors il est Universel.

[1][Il montre par là les quatre divisions du Sens d'Universalité : 1° Sens d'Universalité des créatures puisqu'il a pris l'Initiative de sauver toutes les créatures. 2° Sens d'Universalité des Véhicules, puisqu'il est expert dans les trois Véhicules. 3° Sens d'Universalité de connaissance, puisqu'il connaît l'Impersonnalité de l'Individu et des Idéaux. 4° Sens d'Universalité du Nirvâṇa, puisque Transmigration et Pacification n'ont qu'une seule saveur ; comme il n'y différencie ni qualité ni défaut, Transmigration et Nirvâṇa ne se distinguent pas.]

[Un vers sur le Sens d'Adhésion.]

4. [Celui qui travaille pour l'Illumination avec une joie abondante, qui subit les épreuves sans en être lassé, qui devient l'égal de tous les Bouddhas, ce Sage a une Adhésion toute-particulière.]

[Il montre par là la triple excellence de l'Adhésion : 1° Excellence de Vœu. Quand il a recours au Refuge près d'un Bouddha, quel qu'il soit, il s'efforce de s'en inspirer, en accroissant sa joie à connaître les qualités excellentes de son modèle. 2° Excellence d'Initiative. Il subit toutes les épreuves sans en être excédé. 3° Excellence de Succès. En arrivant à la Toute-Parfaite Illumination, il devient l'égal de tous les Bouddhas.]

[Il montre encore par un autre vers l'excellence de l'Adhésion, en la prouvant par la bonne naissance des Fils des Bouddhas.]

5. [La naissance du fils des Bouddhas est tout à fait excellente : la Pensée, la Sapience associée aux Provisions, la Pitié sont respectivement la semence, la mère, la matrice et la nourrice incomparable ; en vérité il a une Adhésion toute-particulière.]

[Il montre l'excellente naissance du fils des Bouddhas par la haute dignité des conditions de sa naissance, puisqu'il a une semence, une mère, une matrice, une nourrice incomparables. La Production de Pensée est la semence ; la Perfection de Sapience est la mère du Bodhisattva ; les Provisions de mérite et de connaissance, qui sont associées à la Perfection de Sapience, font

3. 1. A partir d'ici, j'ai traduit sur la version tibétaine toute la portion qui manque dans le manuscrit original (jusqu'à la fin du commentaire sur le vers 11).

fonction de matrice, puisqu'elles le contiennent ; la Pitié est sa nourrice, puisque c'est elle qui l'élève.]

[Par un autre vers, il montre l'excellence de corps du Bodhisattva si bien né, comme une preuve de l'excellence de l'Adhésion.]

6. [Son corps est orné de tous les Indices admirables ; il a assez de force pour mûrir toutes les créatures ; il goûte le bonheur immense et infini des Bouddhas, qui est l'anéantissement ; il sait disposer de grands moyens pour protéger toutes les créatures.]

[Il montre l'excellence du corps par quatre excellences : 1° Excellence de beauté du corps, puisqu'il est orné des Indices. « Admirables » s'applique aux Indices de Monarque à la Roue, etc. 2° Excellence de force, puisqu'il a assez de force pour mûrir tous les êtres. 3° Excellence de béatitude puisqu'il goûte la béatitude de l'anéantissement qui est le bonheur immense et infini des Bouddhas. 4° Excellence de Sapience, puisqu'il sait se servir des grands moyens pour protéger toutes les créatures. C'est en raison de cette quadruple Plénitude que le fils des Bouddhas est appelé le bien-né ; à savoir Plénitude de beauté ; Plénitude de force ; Plénitude de béatitude ; Plénitude de connaissance de sa profession.]

[Cette bonne naissance, il la montre encore dans un autre vers par la perpétuité de la dynastie des Bouddhas.]

7. [Le sacre lui est donné par les rayons de toutes les Terres des Bouddhas ; il possède la souveraineté absolue sur les Idéaux ; il connaît toutes les variétés des prédications dans les cercles des assemblées des Bouddhas ; dispensant l'enseignement, il est appliqué à punir et à récompenser.]

[Pour quatre raisons une dynastie royale se perpétue : par le sacre ; par l'autorité ; par l'adresse à décider les questions ; par la distribution des peines et des récompenses. Le cas du Bodhisattva est analogue : il reçoit l'onction ; sa Sapience étant absolue, il exerce une autorité absolue sur les Idéaux ; il connaît toutes les variétés des prédications dans les cercles des assemblées des Bouddhas ; en dispensant l'enseignement, il punit les fautes et récompense les mérites.]

[Il montre dans un autre vers encore l'excellence de l'Adhésion par une comparaison avec un premier ministre.]

8. [Il est pareil à un premier ministre, parce qu'il pénètre dans les Perfections, parce qu'il regarde constamment les développements des Ailes de la Grande Illumination, parce qu'il saisit les trois sortes de secrets, parce qu'il accomplit sans intervalle le Sens de nombreuses créatures.]

[Il y a quatre raisons qui font le poste de premier ministre : il circule à l'intérieur puisqu'il a libre entrée au harem ; il voit tous les trésors ; il est le confident de tous les secrets ; il dispose en maître des rétributions. Le cas du Bodhisattva est analogue : il pénètre dans les Perfections ; il voit constamment dans tels et tels Sûtras les développements conformes aux Ailes de la Grande Illumination, puisque sa mémoire n'est pas sujette à défaillance ; il saisit constamment le triple secret du corps, de la parole, de la pensée ; il accomplit sans intervalle le Sens de nombreuses créatures.]

[Un vers sur le Sens d'Acquis.]

9. [Grande Masse de mérites, dignité dans les trois mondes, bonheur dans l'existence, Pacification de la grande Masse de douleur, bonheur de la Pensée excellente, Masse de nombreux Idéaux au corps suprême et permanent, Provision de bien, arrêt des Imprégnations, arrivée à la délivrance de l'existence et de l'anéantissement.]

[Quand il arrive à la Croyance en cet Idéal, il obtient une grande Masse de mérites. Quand il fait la Production de Pensée, il obtient la dignité dans les trois mondes. Quand il va renaître par Préméditation, il goûte le bonheur de l'existence. Au moment de l'Intuition, comme il reconnaît que tous les êtres ne sont que lui-même, il obtient la Pacification de la grande Masse de douleur. Au moment de la Patience des Idéaux Sans-production, il a le bonheur de la Pensée par excellence. Au moment de la Toute-Parfaite Illumination, Masse de nombreux Idéaux, etc. C'est le Corps d'Idéal des Bouddhas qui est appelé ici la Masse d'Idéaux nombreux, puisqu'il est l'origine d'Idéaux infinis, tels que Sûtras, etc. ; ce Corps est le meilleur, parce qu'il est au-dessus de tous les Idéaux ; il est permanent, puisqu'il dure à jamais ; il est la Provision de Bien, puisqu'il est la Provision des Idéaux bons, tels que Forces, Assurances, etc. Tel est ce Corps. « Arrêt des Imprégnations ». Comme il ne s'arrête ni dans la Transmigration, ni dans le Nirvâṇa, il arrive à se délivrer de l'existence et de l'anéantissement. Tel est le Sens d'Acquis dans ses huit divisions.]

[Un vers sur le Sens de Suprématie.]

10. [Le Sage possède la Suprématie sur les troupes des Auditeurs, etc. par la grandeur du Bien, la grandeur du Sens, le Démesuré, l'Inépuisable. Le Bien qu'il a est ou Mondain, ou non ; il est propre à faire mûrir ; il aboutit aux Maîtrises ; il ne s'épuise pas par la Pacification des Masses.]

[Le Bodhisattva surpasse les Auditeurs pour quatre raisons : l'étendue des Racines de Bien, la grandeur du Sens, le Démesuré, l'Inépuisable. Ces quatre espèces de Bien qui sont énoncées sont respectivement Mondaines ou non, efficaces pour mûrir, et couronnées par les Maîtrises. Ainsi il est [Mondain], Supramondain ; il mûrit ; il a les Maîtrises. Ces quatre vertus sont enseignées comme les souveraines-maîtresses du Bien. Les Maîtrises ne s'épuisent pas par la Pacification des Masses, puisqu'elles ne sont pas épuisées dans le Nirvâṇa Sans-reste-Matériel.]

[Un vers sur le Recours aux Refuges.]

11. [Le Recours se produit par désir de devenir, par pitié ; puis vient la connaissance universelle, la persévérance dans les épreuves pour faire le bonheur et le salut, l'application continuelle aux avantages des Ressources en vue de l'Évasion par tous les Véhicules, l'arrivée à la Convention-verbale et à l'Idéalité ; tels sont les Indices du Recours aux Refuges, quant au Sage]

[Par là il montre le Sens du Recours aux Refuges en tant que nature-propre, cause, fruit, acte, application, division. Le désir de devenir un Bouddha en est l'essence ; la pitié en est la cause, puisqu'elle en rend capable ; la connaissance universelle en est le fruit ; la persévérance dans les épreuves pour faire le bonheur et le salut en est l'acte ; l'application, c'est se munir des avantages des Ressources de tous les Véhicules pour l'Issue finale.] Enfin il est de l'ordre de la Convention-verbale, ou de l'ordre de la Récupération de l'Idéalité, c'est-à-dire que son fonctionnement se répartit ainsi, selon qu'il est ou grossier ou subtil.

Un vers pour magnifier l'Initiative du Refuge.

12. A suivre cette méthode de Refuge au grand Sens, il gagne un accroissement démesuré de vertus de toute sorte. Il pénètre le monde entier d'un sentiment de compassion et il propage le grand Idéal saint, qui est incomparable.

Il montre la grandeur de Sens qui réside dans cette méthode de Refuge par l'Initiative du Sens personnel et l'Initiative du Sens d'autrui. L'Initiative du Sens personnel, puisqu'elle accroît des vertus hors-mesure et de toute sorte. Hors-mesure signifie qu'elles n'ont pas de commune mesure avec la Dialectique, avec les nombres, ni avec le temps. Cet accroissement de vertus, en effet, ne peut se mesurer ni par la Dialectique, ni par le calcul, ni par le temps, puisqu'il les dépasse. L'Initiative du Sens d'autrui tient à la fois de la Tendance, puisqu'il y a extension de la pitié, et de l'emploi, puisqu'il y a propagation de l'Idéal du Grand Véhicule.

CHAPITRE III

LA FAMILLE

Résumé des sections de la Famille [1], en un vers.

1. Existence, primauté, nature, Signe, division, Dommage, Avantage, double comparaison ; quatre par quatre.

Ce vers résume les sections de la Famille : existence, rang capital, Nature-propre, marque, classement, Dommage, Avantage, double comparaison. Et chacune de ces sections se subdivise en quatre.

Existence de la Famille, un vers.

2. L'existence de la Famille se constate à la diversité de Plan, de Croyance, d'Initiative, de Susception des fruits.

En raison de la multiplicité des Plans des êtres, la classification des Plans n'a pas de limite ; comme il est dit dans l'Akṣa-râçi sûtra [1]. Puisqu'il faut donc admettre que la division des Plans est

1. 1. *Gotra.* Le *gotra* est l'ensemble des individus descendus d'un même ancêtre éponyme, et qui porte le même nom ; il est analogue à la *gens* romaine. La notion du *gotra* des Bouddhas n'est pas entièrement étrangère au Hînayâna. Le *gotrabhû* est nommé deux fois dans l'Aṅguttara IV, 373 et V, 23 parmi les neuf ou dix personnes honorables ; il occupe dans les deux listes la dernière place, la plus humble, après le candidat au fruit de la *srotâpatti* dans l'une, et dans l'autre après le simple croyant (*saddhânusârî*). La Puggala-paññatti nomme le *gotrabhû* dans sa classification des individus, et le classe à côté et au-dessus du profane (*puthujjano*); elle le définit : « l'individu qui possède les *dhamma* qui font qu'on entre immédiatement dans la hiérarchie sainte » (*ariya dhamma*). Il est à remarquer que ce terme, de caractère si technique, conserve en pali la forme sanscrite, tandis que le mot *gotra*, dans sa valeur courante de « nom de famille » a régulièrement la forme *gotta* en pali.

On compte cinq *gotra* (M. Vy. § 61); trois ont respectivement l'intuition du véhicule des Auditeurs (*çrâvakayânâbhisamayagotra*), des Pratyekabuddha (*pr°*), des Tathâgata (*tath°*) ; les deux autres sont : le *gotra* qui n'est pas définitif (*aniyatag°*), et l'absence de *gotra* (*agotraka*).

2. 1. *Akṣarâçi sûtra.* Le tibétain dit : *Ba ru ra'i mdo* ; le chinois : *To kiai siu-to-lo.* La traduction tibétaine précise la valeur du titre sanscrit, *Ba-ru-ra* est l'équivalent tibétain de *akṣa* ou *vibhîtaka* ; c'est le nom d'une plante de la

de pareille espèce, il en résulte que la Famille est diverse dans les trois Véhicules. La diversité de la Croyance se constate aussi chez les êtres ; tel ou tel croit dès le début à tel ou tel Véhicule ; le fait ne se produirait pas sans la diversité de Famille. Puis, une fois que la Croyance a été provoquée par une Rencontre[2], on constate la diversité d'Initiative : un tel avance, un tel n'avance pas ; le fait ne se produirait pas sans la diversité de Famille. La diversité de fruit se constate aussi : l'Illumination est inférieure, médiocre, supérieure ; le fait ne se produirait pas sans la diversité de Famille ; car le fruit correspond à la semence.

Un vers sur le rang capital.

3. Le rang capital de la Famille est établi parce qu'elle est Signe[1] de poussée, de totalité, de grandeur de Sens, de durée à jamais du Bien.

famille des myrobalans. Le chinois d'autre part précise le sujet du sûtra « le sûtra des *dhâtu* nombreux ». Le Majjhima Nikâya (115) et le Madhyama Agama (181 ; chap. 47, nº 10) contiennent un sûtra identique intitulé *Bahu-dhâtuka* ; ce sûtra donne de nombreuses classifications des *dhâtu*, et il pourrait sembler le texte visé ici ; mais il n'y est aucunement question d'un « tas de myrobalans ». Le pali parle d'une maison d'herbes ou de roseaux ; le chinois, d'un « tas de roseaux ». La mention de l'*akṣa* doit se référer aux fruits du myrobalan qui servent de dés à jouer.

2. *Pratyaya*. Sans entrer dans un exposé détaillé de la théorie de la Causalité dans le bouddhisme, il faut cependant marquer la valeur des termes. Le *pratyaya* est l'exposant commun des rapports de causalité, rapports répartis sous quatre rubriques (M. Vy. § 115) : *hetu prº*, *samanantara prº*, *âlambana prº*, *adhipati prº*. *Pratyaya*, par son étymologie même, indique simplement la rencontre de deux termes : *hetum anyaṃ praty ayate gacchatîti itarasahakâribhir milito hetuḥ pratyayaḥ*. (V. les textes réunis ou rappelés par Lavallée-Poussin, Madh. v. 76 sq. n. 7.)

Le tibétain le rend bien par *rkyen* qui signifie exactement « rencontre, occurrence » avec tous les sens secondaires qui s'en développent. L'équivalent chinois *yuen* a aussi la même valeur initiale, avec le même développement de sens.

3. 1. *Nimitta*. Le mot signifie au propre « la cible » et ensuite « signe, présage » et aussi « cause déterminante » ou « cause efficiente ». La traduction tibétaine rend parfaitement la double idée contenue dans ce mot : *rgyu-mchan* ; *rgyu* signifie « la cause » (*hetu*), *mchan* « le signe » (*lakṣaṇa*). En effet *nimitta* est bien le signe en tant que cause. Le chinois n'a pas d'expression particulière ; il substitue à nimitta le mot *yin* qui désigne au propre la cause « *hetu* ». Le signe est par excellence une cause d'erreur, puisqu'il implique dualité ; le signe suppose la chose signifiée. Aussi les états transcendants sont-ils en dehors des signes, *animitta* ; p. ex. XIV, 35 ; XVIII, 47.

Quatre signes servent à montrer que la Famille a un rang capital. La Famille est en effet Signe de poussée, de totalité, de grandeur de Sens, de durée à jamais des Racines de Bien. Chez les Auditeurs, les Racines de bien n'ont pas une pareille poussée; elles ne sont pas non plus totales, puisqu'il y manque les Forces[2], les Assurances[3], etc.; elles n'y ont pas la grandeur de Sens, puisque le sens d'autrui y manque; enfin elles n'y durent pas à jamais, puisqu'elles cessent définitivement au Nirvâṇa Sans-reste-Matériel[4].

2. *Bala*. Symétriquement aux dix *bala* des Boudhas (cf. inf. XX, 51), le Mahâyâna attribue aux Bodhisattvas dix forces, à savoir (M. Vy., § 26): *âçayabala* « force de tendance »; — *adhyâçaya b°* « force d'archi-tendance »; — *prayogab°* « force d'emploi »; — *prajñâb°* « force de sapience »; — *praṇidhânab°* « force de vœu »; — *yânab°* « force de véhicule »; — *caryâb°* « force de conduite »; — *vikurvaṇab°* « force de transformation »; — *bodhib°* « force d'illumination »; — *dharmacakrapravartanab°* « force de mise en branle de la roue de la Loi ».

3. *Vaiçâradya*. En tibétain *mi'jigs-pa* « sans peur ». En chinois *wou wei*. « sans crainte ». Les Bouddhas ont quatre *vaiçâradya* (v. inf. XX, 52). Le Mahâyâna attribue en outre quatre *vaiçâradya* aux Bodhisattvas. La M. Vy. (§ 28) en donne une liste fort obscure; je préfère en emprunter une autre au Dictionnaire numérique chinois, chap. 19: « Pouvoir retenir. Les Bodhisattvas, en entendant tous les *dharma*, peuvent constamment les retenir, parce que leur mémoire n'a pas de défaillance, et par suite ils peuvent exposer le *dharma* dans les assemblées sans éprouver aucune crainte. — Connaître les organes. Les Bodhisattvas connaissent les organes de toutes les créatures, tranchants ou émoussés, et ce qui leur convient en fait d'exposé du *dharma*, et par suite ils peuvent exposer le *dharma* dans les assemblées sans éprouver aucune crainte. — Trancher les difficultés, c'est-à-dire trancher et résoudre les difficultés de toutes les créatures. Toutes les questions difficiles qui peuvent se produire, les Bouddhas savent les résoudre selon le *dharma* et y répondre; par suite ils peuvent exposer le *dharma* dans les assemblées sans éprouver aucune crainte. — Répondre, c'est-à-dire répondre aux questions posées en termes correspondants. Toutes les créatures sont libres de leur poser des questions difficiles; les Bodhisattvas peuvent toujours y répondre selon l'intention, conformément au *dharma*; par suite ils peuvent exposer le *dharma* dans les assemblées sans éprouver aucune crainte. »

4. *Anupadhiçeṣa nirvâṇa*. Pour le sens du mot *upadhi* = « substantiel, matériel », v. XVI, 16. Le tibétain, qui rend *upadhi* par *dṅos* « chose, objet » lui substitue dans l'expression *anup°* un autre mot; il traduit *phuṅ po'i lhag ma med par mya ṅan las'das pa* « Nirvâṇa sans reste de *skandha* (*phuṅ-po*). L'*anupadhiçeṣa nirvâṇa* est le Nirvâṇa définitif dans le Hînayâna. Le Mahâyâna lui a ajouté une nouvelle catégorie de nirvâṇa: *apratiṣṭhita nirvâṇa* « le Nirvâṇa qui n'est pas l'arrêt », parce qu'au lieu de se dissoudre dans la vacuité finale, d'être annulé à tout jamais, on rentre alors délibérément dans la transmigration, dans l'activité, en vue de sauver les autres, mais sans courir désormais aucun risque de contamination dans l'ordre de la connaissance ou de la morale.

Un vers sur l'Indice.

4. Naturelle, fortifiée, Fond, fondée, être, non-être, la Famille doit son nom à sa fécondité en vertus.

Ce vers montre quatre divisions de la Famille : elle est respectivement à l'état de nature, en parfait achèvement, à l'état de Fond, ou à l'état de chose fondée. En tant que cause, elle est ; en tant que fruit, elle n'est pas. Le nom de la Famille (*gotra*) s'explique par *guṇa* « vertu » et *uttâraṇa* « faire sortir », car elle est féconde en vertus.

Un vers sur la Marque.

5. La Marque[1] qui se constate dans la Famille, c'est la comparaison, la Croyance, la Patience, par emploi initial, et l'accomplissement du bien.

Quatre Marques se constatent dans la Famille des Bodhisattvas ; par suite de leur emploi dès le début : la compassion pour les êtres, la Croyance à l'Idéal du Grand Véhicule ; la Patience aux épreuves, c'est-à-dire l'énergie à les supporter ; l'accomplissement du bien, lequel consiste dans les Perfections.

Un vers sur le classement.

6. La Famille est définitive, pas définitive, imperdable, perdable au gré des Rencontres ; voilà en résumé les quatre divisions de la Famille.

En résumé, la Famille a quatre divisions : elle est définitive ou non, et respectivement imperdable ou perdable au gré des Rencontres.

Au lieu d'*anupadhiçeṣa*, le pali dit : *anupâdisesa*. Les commentateurs considèrent le mot *upâdi* comme un dérivé du verbe *upâdâ* « s'attribuer, tirer à soi » et ils l'interprètent comme un nom des cinq skandha. Leur interprétation concorde donc exactement avec celle du mot *upadhi* (dans *anupadhiçeṣa*) chez les traducteurs tibétains, dociles eux-mêmes à la tradition des écoles indiennes. Le Nirvâṇa *anupadhiçeṣa* est précédé par le Nirvâṇa *sopadhiçeṣa* ou *upadhiçeṣa* « avec un reste de matériel » ; c'est le stage où l'Arhat, sorti définitivement du péché et de l'erreur, épuise encore le reste de vie corporelle que lui impose son arriéré de *karman*.

5. 1. *Liṅga* « marque extérieure, insigne, emblème ». On connaît bien ce mot comme l'équivalent indien du phallus, « l'emblème de la virilité ». Le *liṅga* se différencie ainsi du *lakṣaṇa*, que je rends par « Indice » et qui désigne les caractères intimes, inhérents par définition à l'être et attachés au fond même de sa nature.

Un vers sur le Dommage.

7. Exercice des Souillures, mauvaises amitiés, indigence [1], dépendance ; tels sont en résumé les quatre Dommages de la Famille.

Dans la Famille des Bodhisattvas, il y a quatre Dommages qui vous poussent, fût-on de la Famille, en dehors des vertus : la répétition fréquente des Souillures ; des amitiés qui ne sont pas bonnes ; l'indigence de bons offices ; la dépendance.

Un vers sur l'Avantage.

8. Aller lentement à l'Enfer, s'en dégager vite, n'y éprouver qu'une douleur légère, mûrir avec empressement les créatures.

Il y a quatre Avantages dans la Famille des Bodhisattvas : on va lentement aux états de damnation ; on s'en dégage vite ; si on va y renaître, on n'éprouve qu'une douleur légère ; le cœur ému de pitié pour les créatures qui vont y renaître, on les permûrit.

Comparaison avec une grande Famille d'or, en un vers.

9. Comme une Famille d'or [1], c'est un Fond de biens sans mesure, la base du savoir, de l'Application à la pureté, des Pouvoirs.

Une grande Famille d'or est, en effet, un Fond d'or de quatre espèces : abondant, éclatant, sans tache, ouvrable. Par analogie, la Famille des Bodhisattvas est un Fonds de Racines de bien sans mesure, un Fond de savoir, un Fond de pureté que les Souillures ne tachent pas, un Fond de Pouvoirs tels que les Super-savoirs. Elle est donc comparable à une grande Famille d'or.

7. 1. *Vighâta*. Ce sens, inconnu à la lexicographie sanscrite et palie, est garanti concurremment par la traduction tibétaine *phoṅs-pa* « indigence, extrême pauvreté » et la traduction chinoise *pin-k'ioung*, qui a le même sens. Cf. VIII, 16 ; XVI, 4 ; XVII, 59.

9. 1. *Suvarṇa-gotra*. Le mot *gotra* ici doit signifier « une mine » ; le tibétain et le chinois le traduisent littéralement « famille, espèce ». Cf. cependant le nom du royaume de Suvarṇagotra « d'où l'on tire de l'or d'une qualité supérieure ; c'est de là que vient son nom » (Hiuan-Tsang, *Mém.* I, 232 : le pays, situé dans l'Himâlaya, au S. de Khotan, serait identique au Strîrâjya).

Comparaison avec une grande Famille de pierreries, en un vers.

10. Elle est comme une grande Famille de pierreries, puisqu'elle est le Signe de la Grande Illumination, puisqu'elle est la base du grand savoir, de la grande Union sainte, du grand Sens des créatures.

Une grande Famille de pierreries est, en effet, un Fond de pierreries de quatre espèces : authentiques, colorées, de bonne conformation, de bonne dimension. De même la Famille des Bodhisattvas, puisqu'elle est le Signe de la Grande Illumination, puisqu'elle est le Signe du grand savoir, puisqu'elle est le Signe de l'Union sainte (en effet, l'Union est une conformation de la Pensée), puisqu'elle est le Signe de la grande Per-maturation des créatures (étant donné qu'elle fait per-mûrir des créatures en grand nombre).

Un vers sur ceux qui ne sont pas de la Famille.

11. Tel vit dans l'inconduite absolument ; tel a ruiné tout Idéal de bien ; tel encore ne possède aucun bien de l'ordre de la délivrance ; tel a des Blancs[1] infimes ; tel enfin manque de la cause.

Cette stance vise l'individu dépourvu des Idéaux du Parinirvâṇa qui n'est pas dans la Famille. On peut le classer sommairement en deux catégories, selon qu'il manque ou momentanément, ou indéfiniment, des Idéaux du Parinirvâṇa. S'il manque momentanément des Idéaux du Parinirvâṇa, on a encore quatre subdivisions : son inconduite est absolue ; — ses Racines de bien sont tranchées ; — il n'a pas de Racines de bien de l'ordre de la délivrance ; — il a des Racines de bien infimes, il n'a pas des Provisions pleines. S'il manque indéfiniment des Idéaux du Parinirvâṇa, alors il lui manque la cause, puisque la Famille du Parinirvâṇa n'est pas pour lui.

Éloge de la Famille à l'état de nature ou fortifiée, en un vers.

12. Le long Idéal, doctrine de profondeur et de sublimité, né pour faire le salut du monde, — s'ils lui donnent, même sans

11. 1. *Çukla*. Le blanc et le noir sont les couleurs des *dharma* de pureté et de souillure respectivement.

avoir appris, une Croyance intégrale, avec la Patience dans l'Initiative, et s'ils y trouvent à la fin une plénitude qui surpasse celle des deux autres, c'est qu'ils le doivent à la Famille des Bodhisattvas, si riche de vertus à l'état naturel, et encore fortifiée.

L'Idéal du Grand Véhicule affirme la profondeur et la sublimité ; il a été énoncé pour faire le salut d'autrui. S'il se trouve des gens pour lui donner leur Croyance intégrale, sans avoir même appris le Sens de profondeur et de sublimité, pour être infatigables à l'Initiative [1] et pour avoir à la fin une plénitude, c'est-à-dire une Grande Illumination, supérieure à la plénitude qui se trouve dans les deux autres, c'est là même la grandeur de la Famille des Bodhisattvas, riche de vertus par sa nature, et encore fortifiée. Les deux autres, c'est les gens qui vivent dans le Monde et les Auditeurs.

Éloge de la Famille au point de vue du fruit, en un vers.

13. Pour faire pousser l'arbre de l'Illumination aux vertus si grandes, pour recueillir la Pacification [1] des plaisirs et des douleurs en masse, enfin puisque son fruit fait le salut et le bonheur de soi et d'autrui, cette Famille a vraiment de bonnes racines [2].

Ce vers montre que la Famille des Bodhisattvas est la racine propice de l'arbre de l'Illumination qui a pour fruit le salut de soi et d'autrui.

12. 1. Au lieu de *pratipattau cotsâhaḥ*, comm. l. 2, lire *pr° çâkhedaḥ*, d'après le tibétain *mi skyo* « pas de fatigue ». La lecture du ms. *câṣadhaḥ* n'est qu'un cas de plus de la confusion fréquente du *ṣ* et du *kh*.

13. 1. *Çama*. J'ai uniformément rendu le verbe *çam* et ses dérivés par « paix » et les mots apparentés. Le tibétain a adopté comme équivalent régulier *źi-ba* « calme » ; le chinois *mie* « éteindre ». Le mot exprime à la fois l'idée de suppression et d'apaisement.

2. Rétablir, au quatrième pâda : *bhavati sumûlam udagra°* conformément au tibétain : *rig mčhog de ni rca ba bzan po lta bu yin* « cette famille excellente est comme une bonne racine ».

CHAPITRE IV

PRODUCTION DE LA PENSÉE.

Indice de la Production de Pensée, en un vers.

1. Un État de pensée[1] de grande énergie, de grande entreprise, de grand Sens, de grand résultat, à double sens ; telle est la Production de Pensée des Bodhisattvas.

Grande énergie, puisqu'il est prêt à l'Initiative[2] pour longtemps malgré la difficulté des épreuves, grâce à la vigueur de son équipement. Grande entreprise, grâce à la vigueur de l'emploi en rapport avec l'équipement. Grand Sens, puisqu'elle a trait au salut de soi et d'autrui. Grand résultat, puisqu'elle aboutit à la Grande Illumination. C'est là sa triple vertu, qui est illustrée respectivement : quant à la vertu d'héroïsme, par deux termes ; quant à la vertu de faire le Sens et à la vertu de recueillir le fruit, ensemble, par deux termes. Double Sens, en tant qu'elle a pour Phénomène[3] la Grande Illumination et l'accomplissement

1. 1. *Cetanâ*. Le mot est en rapport d'origine avec *citta*, la pensée pure, inerte ou passive. La *cetanâ* est un mode du *citta*, quand il entre en contact avec le monde pratique. Elle est désignée comme l'Auxiliaire contre la dépression et l'exaltation de l'esprit, XVIII, 53, et réunie à ce titre avec l'apathie (*upekṣâ*).

2. A la ligne 1 du comm. au lieu de *dîrghakâlapratipakṣotsahanât*, lire °*pratipattyutsahanât*, garanti par le tibétain *sgrub-pa* et que le tracé même du manuscrit semble aussi attester.

3. *Âlambana*. Ce terme admis par le bouddhisme entier (pali : *ârammaṇa*) n'est pas connu dans les systèmes brahmaniques. Il est tiré de *âlamb* « être suspendu à », et par suite « dépendre de ; tenir à ; avoir de l'attachement pour ». Le tibétain traduit par *dmigs-pa* « l'imagination, la fantaisie » ; le chinois par *cho-yuen* « ce qui est rencontré » (*yuen* = *pratyaya*, cf. sup. III, 2). C'est tout ce qui, en rencontrant la pensée pure, fait qu'elle jette une lueur ; l'*âlambana* disparu, le *citta* s'éteint. Ainsi l'*âlambana* est la souillure (*kleça*) même, XVII, 19. Au reste, l'âlambana est un des quatre *pratyaya* (M. Vy. § 115) ; il y est classé entre « la rencontre par consécution » (*samanantarap*°) et « la rencontre par influence » (*adhipatip*°). « Quand le *citta* a une apparence de bleu, son air bleu lui vient d'une rencontre d'*âlambana* qui est le bleu ; la notion qui s'en forme vient d'une rencontre de consécution qui est la sensation antérieure, etc. » (Sarvadarçana

du Sens des créatures. Ainsi la Production de Pensée est définie comme un État de pensée qui a trois vertus et deux Phénomènes.

Division de la Production de Pensée, en un vers.

2. La Production de Pensée est de Croyance, ou d'Archi-Tendance[1] pure, ou de Concoction[2] dans les Terres, ou libre d'Obstruction.

saṃgraha, Anand. ser. p. 16). Ainsi, comme les *dharma* seraient la projection des choses sur le plan de l'intelligence active (*manas*), l'*âlambana* en serait la projection pour ainsi dire à la seconde puissance, sur le plan de la pensée pure (*citta*) où elles se manifesteraient non pas en produisant une modification interne, comme les *dharma* dans le *manas*, mais comme un reflet superficiel et glissant. Cf. inf. XI, 1-8.

2. 1. *Adhyâçaya*. L'*adhyâçaya* est défini inf. IV, 15 comm. « la tendance à un Acquis tout-particulier ». L'Acquis tout-particulier (*visesâdhigama* en pali) est défini ainsi par Childers, j'ignore sur quelle autorité : « Quand dans la méditation extatique une pensée spéciale a été saisie avec succès et que l'extase (*dhyâna*) a été induite, c'est là l'atteinte spécifique (*vis°*) » Childers explique la phrase : *adhugatavisesâ hîyanti* par : « ils sont déchus du degré d'extase (*dhyâna*) déjà atteint ». Dans le Vinaya (*Cullavagga*, VII, 4, 7) le Bouddha donne comme une des raisons qui doivent faire de Devadatta un damné : *oramattakena visesâdhigamena antarâ vosânam âpadi* « il s'est arrêté avant la fin, parce qu'il a eu un Acquis tout-particulier de mesure trop petite ». La même formule revient Mahâparinibbâna sutta I, 7, appliquée d'une manière analogue. Donc le véritable « Acquis tout-particulier » en faisant comprendre le salut (une des formes du Nirvâṇa) y fait de plus tendre ; il se confond bien avec l'archi-tendance, la tendance capitale, *adhyâçaya*.

Buddhaghoṣa (Visuddhimagga, III, fin, analysé dans J. P. T. S., 1891-3, p. 90) donne une liste de six classes de Bodhisattvas distribués d'après leur *ajjhâsaya* (= *adhyâçaya*) de *alobha*, *adosa*, *amoha*, *nekkhamma*, *paviveka*, *nissaraṇa*.

2. *Vaipâkika*, *vaipâkya*. Le bouddhisme compte cinq espèces de « fruits » c'est-à-dire d'effets (M. Vy., § 116, et cf. les textes de Lavallée-Poussin, Madh. v. 335, n. 1) : *niṣyanda-phala*, *adhipati°*, *puruṣakâra°*, *vipâka°*, *visaṃyoga°*. Le *niṣyanda-phala* « fruit de coulée » [*ni-syand* « tomber goutte à goutte »] est traduit en tibétain par *rgyu mthun* « égal à la cause », et en chinois par *yi kouo* « fruit correspondant » ; ces traductions répondent bien à l'explication du Bodhisattvabhûmi (Lavallée, l. c.) : *pûrvakarmasâdṛçyena vâ paçcâtphalânuvartanatâ* « le fruit ultérieur est conforme par ressemblance avec l'acte antérieur ». Inf. XVII, 23, Asaṅga énumère les cinq « fruits » des « stations brahmiques » (*brâhmya vihâra*) ; le *niṣyandaphala*, c'est que le Bodhisattva renaît partout en possession des stations brahmiques. Et XVIII, 8-9, il énumère les cinq fruits de la « bonne honte » (*lajjâ*) ; le *niṣyanda-phala*, c'est que dans toutes ses naissances le Bodhisattva ne se sépare pas des Auxiliaires qui favorisent la « bonne honte ». Dans ces deux cas, le *niṣyanda-phala* s'oppose au *visaṃyoga°* « le fruit de séparation » (tibétain *bral ba'i 'bras bu*, chinois *siang li kouo*, même sens) qui consiste en ce fait que le Bodhisattva est perpétuellement séparé, dépourvu des Adver-

La Production de Pensée chez les Bodhisattvas est de quatre espèces : de Croyance dans la Terre de Conduite par Croyance ; d'Archi-Tendance dans sept Terres ; de Concoction dans la huitième et les suivantes ; sans Obstruction dans la Terre de Bouddha.

Quatre vers pour déterminer la Production de Pensée.

3. Sa racine, c'est la compassion ; sa Tendance, c'est constamment le salut d'autrui ; sa Croyance, c'est l'Idéal ; son Phénomène, c'est les questions touchant la connaissance afférente.

4. Son Véhicule, c'est un Zèle toujours croissant ; son Assiette, c'est l'Astreinte à la Morale ; son achoppement, c'est l'encouragement ou l'approbation donnée à l'Adversaire.

5. Son Avantage, c'est la croissance du Bien, car elle est faite de Mérite et de connaissance ; son Évasion, c'est l'Application constante aux Perfections.

6. Elle finit, à chaque Terre, par l'Application à cette Terre ; telle est la détermination de la Production de Pensée chez les Bodhisattvas.

saires afférents. Ainsi le *niṣyanda-phala* consiste dans le prolongement des avantages (ou des désavantages) déjà réalisés dans la cause. Le chinois et le tibétain, par leurs équivalents, expriment parfaitement cette propriété de correspondance et d'identité.

Le *vipâka-phala* est rendu littéralement en tibétain par *rnam par smin pa* « mûrir tout-particulièrement ». Le chinois le rend par *pao kouo* « fruit de paiement en retour ». C'est le fruit recueilli *svasaṃtâne* « dans la série-personnelle propre » ; dans les deux passages cités XVII, 23, le *vip° ph°* des *brâhmya vihâra*, c'est de « naître parmi les créatures de désir » (*kâmiṣu sattveṣu jâyate*) ; et XVIII, 8 le *vip° ph°* de la *lajjâ*, c'est de « naître toujours parmi les dieux et les hommes » (*deveṣu ca manujeṣu ca nityaṃ saṃjâyate*). Dans les deux cas, il s'agit bien d'un avantage de naissance dans une vie ultérieure, *svasaṃtâne*.

L'*adhipati-phala* est en tibétain *bdag po'i 'bras bu* « le fruit de maître » en chinois *chang kouo* « fruit de supérieur ». Dans les deux exemples déjà cités, il consiste à « remplir les provisions de l'Illumination » (*sambhârân pûrayati*).

Enfin le *puruṣakâra-phala*, tibétain *skyes bu byed pa'i 'bras bu* « fruit d'acte mâle », chinois *tchang fou kouo* « fruit de mâle », consiste à « permûrir constamment les créatures » (*sattvân paripâcayati*).

Le verbe *pac* signifiant « cuire » et « mûrir » j'ai préféré adopter comme traduction le mot « concoction » pour bien séparer le mot de « mûrir, per mûrir, etc. », qui ont un sens tout différent dans ce texte.

Voici comme se fait la détermination. Quelle est la racine de la Production de Pensée chez les Bodhisattvas dans les quatre espèces énoncées ? Quelle la Tendance ? Quelle la Croyance ? Quel le Phénomène ? Quel le Véhicule ? Quelle l'Assiette ? Quel le Dommage ? Quel l'Avantage ? Quelle l'Évasion ? Quelle la fin ? Il répond : La racine, c'est la compassion ; la Tendance, c'est constamment le salut d'autrui ; la Croyance, c'est l'Idéal du Grand Véhicule ; le Phénomène, c'est la connaissance afférente, sous l'aspect de questions touchant cette connaissance ; le Véhicule, c'est un Zèle toujours croissant ; l'assiette, c'est l'Astreinte à la morale des Bodhisattvas ; l'achoppement veut dire le Dommage ; et quel en est le Dommage ? c'est l'encouragement ou l'approbation donnée à l'Adversaire, c'est-à-dire à la pensée d'un autre Véhicule ; son Avantage, c'est d'augmenter les Idéaux de Bien faits de Mérite et de connaissance ; l'Évasion, c'est l'exercice constant des Perfections ; la fin, à chaque Terre, résulte de l'application à cette Terre. La Production de Pensée, une fois appliquée à une Terre, est finie quant à cette Terre.

Un vers sur la Production de Pensée contingente par Réception.

7. Par la force d'un ami, par la force d'une cause, par la force des Racines, par la force de l'audition, par l'exercice du bien, la Production de Pensée sur avis venu d'ailleurs a un lever ferme ou non.

La Production de Pensée sur avis venu d'ailleurs, c'est-à-dire à la suite d'un avertissement étranger, est « contingente par Réception ». Elle arrive, soit par la force d'un ami, c'est-à-dire par la complaisance d'un bon ami ; soit par la force d'une cause, c'est-à-dire par l'efficacité de la Famille ; soit par la force des Racines de bien, c'est-à-dire par le renforcement de la Famille ; soit par la force des leçons entendues, quand la récitation de tel ou tel texte de l'Idéal suscite la Production de Pensée chez beaucoup de personnes ; soit par l'exercice du bien, quand on écoute, recueille, retient constamment. Si elle résulte de la force d'un ami, le lever n'en est pas ferme ; de la force d'une cause, etc..., le lever en est ferme.

Sept vers sur la Production de Pensée transcendante.

8. Si un Bouddha a été bien honoré, si les Provisions de connaissance et de Mérite ont été bien accumulées, elle est transcendante, puisqu'elle enfante une connaissance sans différenciation quant aux Idéaux.

9. Comme on y suscepte l'Égalité de Pensée quant aux Idéaux, aux créatures, à leurs affaires, à la suprême Bouddhaté, la joie y est excellente.

10. Il faut y connaître la naissance, la sublimité, l'endurance, la pureté de la Tendance, l'habileté au reste, et l'Évasion.

11. La Croyance à l'Idéal est la semence ; les Perfections sont la meilleure des mères ; le bonheur de l'Extase est la matrice ; la Compassion est la nourrice qui l'élève.

12. La sublimité tient à la réalisation[1] des dix grands Vœux[2] ; l'endurance, à une résistance qui dépasse la longue durée des épreuves.

13. La pureté de la Tendance vient de l'Illumination reconnue prochaine et de la connaissance acquise des moyens afférents ; l'habileté s'applique aux autres Terres.

14. L'Évasion est à connaître par l'Acte mental en rapport avec la situation, puisqu'on reconnaît que l'une est pure Imagination, et que l'autre est sans différenciation.

12. 1. *Abhinirhâra.* Mot bouddhique. Böhtlingk le donne dans son supplément final avec une référence à la Jâtaka-mâlâ et propose comme traduction « *Anweisung*, indication ». Le tibétain traduit régulièrement *sgrub pa* qui sert aussi régulièrement à traduire *sâdh, sidh* « accomplir ». Le chinois le traduit sans uniformité, mais généralement avec le sens de « produire ». En pali, sous la forme *abhinîhâra*, Childers le rend par « sérieux désir, aspiration ». Les éditeurs du Divyâvadâna, *Index*, s. v. proposent comme traduction « obtenir ». Mais le sens de « produire, réaliser » (c'est ce dernier mot que j'ai partout adopté) est garanti par de très nombreux passages ; p. ex. XIV, 17, et surtout XVIII, 53, liste des six *abhinirhâra* (où le chinois traduit bien par *tcheng tsiou* « accomplir »).

2. Les dix grands vœux du Bodhisattva sont vraisemblablement ceux que le Dictionnaire numérique (chap. 56) énumère d'après l'Avataṃsaka : vœu de saluer les Bouddhas ; de glorifier les Tathâgatas ; de multiplier les offrandes ; de confesser les fautes pour écarter les obstructions ; d'approuver joyeusement (*anumodanâ*) les mérites ; de demander la mise en branle de la Roue de la Loi ; de demander aux Bouddhas de demeurer dans le monde ; de se conformer toujours à l'enseignement des Bouddhas ; de prendre toujours l'initiative en faveur des créatures ; de perfléchir universellement ses mérites.

Le premier vers montre la transcendance de la Production de Pensée par la doctrine, l'Initiative, l'Acquis tout-particuliers. Et, comme la Production de Pensée transcendante s'accomplit à la Terre Joyeuse, il montre à ce propos la raison de cette joie toute particulière. L'Égalité de pensée quant aux Idéaux vient de ce qu'on reconnaît l'Impersonnalité des Idéaux un à un. L'Égalité de pensée quant aux êtres vient de ce qu'on admet l'égalité de soi et d'autrui. L'Égalité de pensée quant aux affaires des êtres vient de ce qu'on souhaite la suppression des douleurs pour eux comme pour soi. L'Égalité de pensée quant à la Bouddhaté vient de ce qu'on ne reconnaît plus de différence en soi par rapport au Plan des Idéaux. Et de plus il faut connaître six Sens quant à cette Production de Pensée transcendante : naissance, sublimité, endurance, pureté de Tendance, habileté au reste, Évasion. La naissance tient à l'excellence de la semence, de la mère, de la matrice, de la nourrice. La sublimité tient à la réalisation des dix grands Vœux. L'endurance tient à une résistance qui dépasse la longue durée des épreuves. La pureté de la Tendance tient à la connaissance de l'Illumination toute proche et à l'acquisition de la connaissance des moyens afférents. L'habileté au reste, c'est l'habileté aux autres Terres. L'Évasion se fait par l'Acte mental en rapport avec la situation. Comment donc ? Par l'Acte mental, on reconnaît la situation dans telle ou telle Terre comme une Imagination, et on se dit : Ce n'est rien qu'une Imagination ; et on ne différencie plus cette connaissance d'Imagination.

Six vers de comparaisons magnifiantes.

15. Une Production est pareille à la terre ; une autre ressemble à de l'or honnête ; une autre à la lune nouvelle de la quinzaine blanche ; une autre est analogue au feu [1].

16. Puis une autre est comme un grand dépôt ; une autre, comme une mine de joyaux, ou comme l'Océan, ou comme le diamant, ou comme une grande montagne.

17. Ou comme le Roi des remèdes ; ou encore comme un grand ami ; une autre paraît comme la Pierre-philosophale ; une autre, comme l'astre du jour.

15. 1. Au lieu de *'parocchrâyaḥ*, lire *'paro jñeyaḥ*, d'après le tib. *gźan n me daṅ'drar ças bya*.

18. Une autre est comme le son harmonieux des Gandharvas ; une autre ressemble à un roi, ou encore à un grenier ; une autre encore, à une grande route.

19. Une autre, à un véhicule ; une autre Production de Pensée est pareille à un Gandharva [1] ; ou encore, à un bruit de joie ; ou bien au courant d'un grand fleuve.

20. Une autre Production de Pensée, chez les fils des Vainqueurs, est comparée au nuage. Il faut donc produire joyeusement une Pensée si riche de vertus.

La première Production de Pensée chez les Bodhisattvas est comparée à la terre parce qu'elle est la base sur laquelle doivent pousser tous les Idéaux des Bouddhas et les Provisions afférentes. Accompagnée par la Tendance, la Production de Pensée est pareille à de l'or honnête, parce que la Tendance au salut et au bonheur n'y est pas susceptible d'altération. Accompagnée par l'emploi, elle est comparable à la lune nouvelle de la quinzaine blanche, parce que les Idéaux de Bien y vont en croissant. Accompagnée par l'Archi-Tendance, elle est pareille au feu, parce qu'elle a de plus en plus un Acquis tout particulier, comme un feu qui a un amas tout particulier de combustible. L'Archi-Tendance, c'est la Tendance à un acquis tout particulier. Accompagnée par la Perfection du Don, elle est comparable à un grand dépôt, parce qu'elle rassasie, sans s'épuiser elle-même, d'innombrables êtres en leur fournissant des Amorces [1]. Accompagnée par la Perfection de Morale, elle est comparable à une mine de joyaux, parce que tous les joyaux des vertus en naissent. Accom-

19. 1. *Gandharva*. La lecture n'est pas douteuse, et le même mot reparaît dans le commentaire. Le chinois le traduit *ts'iuen* « source », et ce sens convient bien à l'explication donnée plus bas dans le commentaire : « comme un gandharva contient et répand l'eau sans s'épuiser ». Le tibétain traduit *bkod ma* ; ce mot manque aux dictionnaires. D'après une obligeante communication du Dr Palmyr Cordier, *bkod ma'i lan cha* correspond dans la traduction de l'Aṣṭâṅgahṛdaya au sanscrit *audbhida* « sulfate de soude efflorescent ». *Lan-cha* signifie « le sel ». Ainsi *bkod ma* correspond ici à *udbhid* « sourdre, source », le même mot qui paraît dans la glose *udbheda-sâdharmyeṇa*. Il faut donc admettre ce sens pour le mot *gandharva*.

Au lieu de *vetasagaprabhavaḥ*, lire *cetasaprabhavaḥ*, d'après le tib. *sems bskyed bkod ma'dra ba yin*.

15-20. *Comm.* 1. *Âmiṣa*, au sens propre « la viande », désigne aussi, et particulièrement dans le bouddhisme « les jouissances matérielles ». Tib. *zan ziṅ*.

pagnée par la Perfection de Patience, elle est pareille à l'Océan, parce que toutes les calamités en tombant sur elle ne sauraient l'ébranler. Accompagnée par la Perfection d'Énergie, elle est comparable au diamant, parce qu'elle est trop ferme pour être entamée. Accompagnée par la Perfection d'Extase, elle est comparable à une grande montagne, parce qu'elle est immuable, n'ayant pas de dispersion. Accompagnée par la Perfection de Sapience, elle est comparable au Roi des remèdes, parce qu'elle calme toutes les souffrances des Obstructions de Souillure et de Connaissable. Accompagnée par les Démesurés, elle est comme un grand ami, parce qu'elle n'a pas d'Apathie pour les êtres, en toute situation. Accompagnée par les Super-Savoirs, elle est comme une Pierre-philosophale, puisqu'elle donne des fruits en rapport avec la Croyance. Accompagnée par les Matières-de-Rapprochement, elle est comme l'astre du jour, parce qu'elle fait mûrir la moisson des Disciplinables[2]. Accompagnée par les Pleins-Savoirs-Respectifs, elle est comme le son harmonieux des Gandharvas, parce qu'elle prêche l'Idéal qui gagne les Disciplinables. Accompagnée par les Ressources, elle est pareille à un grand roi, parce qu'elle empêche la perte. Accompagnée par une Provision de Mérite et de connaissable, elle est comme un grenier, parce qu'elle est un dépôt de Provisions de Mérite et de connaissable en grand nombre. Accompagnée par les Ailes de l'Illumination, elle est comme une grande route, parce que tous les Individus saints y passent les uns après les autres. Accompagnée par la Pacification et l'Inspection, elle est comme un véhicule, parce qu'elle transporte le bonheur. Accompagnée par la Mémoire et la Présence-d'esprit, elle est comme un Gandharva puisqu'elle contient et répand sans s'épuiser le sens des Idéaux entendus ou non, tout comme un Gandharva contient et répand l'eau sans s'épuiser. Accompagnée par les Sommaires de l'Idéal[3], elle est

2. *Vin̄eya* (de *vi-nî* « discipliner » ; *vinaya* = la discipline) désigne dans le bouddhisme « les êtres bons à convertir ».

3. *Dharmoddâna*. Notre texte confond systématiquement, semble-t-il, deux mots que le sanscrit et le pali différencient d'ordinaire : 1° *udâna* « exclamation, mouvement lyrique » ; les *udâna* du Bouddha, avec les sûtra qui les encadrent, forment un recueil particulier dans la collection palie, classé dans le Khuddaka-nikâya. Ni le chinois, ni le tibétain n'ont de recueil correspondant ; mais le tibétain possède, sous le titre de *Udâna-varga* (*čhed du brjod pa'i choms*), une collection de sentences en vers, recueillies par Dharmatrâta ; c'est en fait une recension indépendante du Dhamma-

comme un bruit de joie, puisqu'elle est plaisante à entendre pour les Disciplinables qui désirent la Délivrance. Accompagnée par le chemin au Passage-uniforme, elle ressemble au courant d'un fleuve, puisqu'elle coule d'elle-même au moment d'obtenir la Patience des Idéaux Sans-production. Le Passage-uniforme reçoit ce nom parce que tous les Bodhisattvas, quand ils se trouvent dans la Terre afférente, ont à accomplir exactement la même tâche. Accompagnée par l'habileté aux moyens, elle ressemble à un nuage, puisque l'accomplissement du Sens de toutes les créatures dépend d'elle, étant donné qu'elle leur exhibe le séjour au ciel Tuṣita, etc., comme du nuage dépendent les plénitudes du monde entier des Récipients[4]. Et il faut bien comprendre que ces vingt et deux Productions de Pensée sont d'accord avec la doctrine de l'Inépuisement dans l'Akṣayamati sûtra.

Un vers pour condamner le manque de Production de Pensée.

21. Penser au Sens d'autrui, atteindre les moyens afférents, voir le grand Sens d'arrière-Pensée, voir bien le Positif : les gens à qui manque le lever de la précieuse Pensée iront à la Pacification sans avoir ce bonheur !

Les créatures dépourvues de cette Production de Pensée ne recueillent pas quatre sortes de bonheur que les Bodhisattvas possèdent : bonheur qui vient de penser au Sens d'autrui ; bonheur qui vient d'atteindre les moyens afférents au Sens d'autrui ;

pada ; le canon chinois qui conserve plusieurs traductions de diverses recensions sanscrites du même recueil lui assigne comme auteur ce même Dharmatrâta. Il est donc possible que dans l'énumération traditionnelle *sûtra-uddâna-gâthâ-nipâta* (inf. XI, 9), *uddâna* (au lieu de l'ordinaire *udâna*) se réfère au correspondant sanscrit du Dhammapada (aujourd'hui connu grâce aux découvertes de l'expédition allemande à Tourfan). — 2° *uddâna* « sommaire, résumé ». Les deux mots, complètement séparés par leurs origines (*udâna*, de *ud-an* ; *uddâna*, de *ud-dâ*), ont pu arriver assez facilement à se confondre, car certains des apophtegmes (*udâna*) du Bouddha ont paru contenir en résumé (*uddâna*) toute la doctrine. Ces apophtegmes sont au nombre de quatre (inf. XI, 68, et XVIII, 80 : *dharmoddâna-catuṣṭaya*); ils affirment l'impermanence (*anityâḥ sarvasaṃskârâḥ*), la douleur (*duḥkhâḥ*), l'impersonnalité (*sarvadharmâ anâtmânaḥ*), le Nirvâṇa (*çântaṃ nirvâṇam*). — Il faut bien les distinguer d'un autre *udâna* fameux, qui contient aussi quatre termes où la doctrine est résumée d'un autre point de vue : *anityâ bata saṃskârâḥ*, etc... La forme palie se rencontre à la fin du Mahâsudassana (Dîgha N. XVII) et dans le Mahâparinibbâna (ib. XVI, 6, 10). La forme sanscrite a été retrouvée sur un rocher du Svat (Ep. Ind. IV, 134).

4. *Bhâjana-loka*. Asaṅga désigne ainsi « le monde inanimé », par opposition à *sattva-loka* « le monde des vivants ». Cf. VII, 7 ; XIX, 49, 55, 56.

bonheur qui vient de voir pleinement le grand Sens d'arrière-Pensée, c'est-à-dire de comprendre le Sens d'intention des Sûtras [1] profonds du Grand Véhicule ; bonheur qui vient de voir pleinement le Positif par excellence, qui est l'Impersonnalité des Idéaux.

Un vers pour vanter la Production de Pensée, en tant qu'elle échappe à la crainte des Mauvaises Destinations et du surmenage.

22. Dès que s'est élevée l'excellente Pensée, la pensée du Sage est bien en garde contre les mauvaises actions sans fin ; il se réjouit du bonheur et du malheur, toujours, ayant du bien et de la pitié, double accroissement.

Dès que s'est élevée l'excellente Pensée, la pensée du Bodhisattva est bien en défense contre les mauvaises actions qui gouvernent le nombre infini des créatures ; par suite il n'a plus la crainte des Mauvaises Destinations. Et, comme il va en accroissant son Acte de bien et sa pitié, il devient perpétuellement possesseur de bien et compatissant, et par là il est constamment joyeux, car le bonheur lui donne du bien, et le malheur, étant un Signe pour faire le Sens d'autrui, lui donne la pitié. Par suite, il n'a plus à redouter d'être surmené par un excès de besogne.

Comment on arrive à se garder de l'inertie ; un vers.

23. Alors que, sans regarder à son corps ni sa vie, il accepte un excès de fatigue pour le Sens d'autrui, comment pareil être se mettrait-il à faire le mal au détriment d'autrui ?

Voici le sens global de ce vers : Celui qui préfère autrui à soi-même jusqu'au point de ne pas regarder à son corps ni à sa vie pour le Sens d'autrui, comment se mettrait-il à faire le mal au préjudice d'autrui ?

La pensée n'a pas de Régression ; deux vers.

24. Il regarde tous les Idéaux comme des illusions, et les

21. 1. Au lieu de *°svatobhiprâyikârtha°* lire *°sûtrâbhi°*, d'après le tib. *theg pa čhen po'i mdo zab mo dgoṅs pa čan.*

Renaissances comme une promenade dans un bosquet ; ainsi il n'a pas peur de la Souillure ni de la douleur, au temps de la prospérité comme au temps de l'infortune.

25. Leurs vertus propres, la joie que donne le salut des créatures, la Naissance-par-préméditation [1] et les transformations magiques sont la parure, l'aliment, la terre excellente, l'amusement de ceux qui sont toujours compatissants.

Le Bodhisattva qui voit que tous les Idéaux ressemblent à des illusions n'a pas à craindre les Souillures au temps de la prospérité ; il voit que les Renaissances ressemblent à une promenade dans un bosquet, et il n'a pas à craindre la douleur au temps de l'infortune. Quelle crainte ferait donc reculer chez lui la Pensée de l'Illumination ? De plus leurs propres vertus sont l'ornement des Bodhisattvas ; la joie qu'ils ont au salut d'autrui est leur aliment ; la Renaissance-par-préméditation est une terre de bosquet ; les transformations magiques sont leurs jeux d'amusement. Pour les Bodhisattvas seulement, et non pas pour d'autres que les Bodhisattvas. Comment donc leur Pensée reculerait-elle ?

Un vers pour exclure la peur de la douleur.

26. Si par esprit de compassion il travaille tant au Sens d'autrui que l'enfer Avîci même lui semble aimable à ce prix, comment lui arrivera-t-il d'être effrayé par les douleurs qui s'élèvent dans l'existence sur le Fond d'autrui ?

Si dans son effort pour le sens d'autrui l'Enfer même paraît aimable à ce Compatissant, comment donc se laissera-t-il intimider dans l'existence par des douleurs qui ont pour Signe le Sens d'autrui ? En effet, s'il avait peur de la douleur, la Pensée reculerait !

Un vers pour exclure l'Apathie quant aux êtres.

27. Si le grand maître de la Pitié habite constamment son âme, si son cœur est brûlé par les douleurs d'autrui, en présence

25. 1. *Saṃcintyajanma, saṃcintyopapatti.* Tib. *bsam bźin* (*skye ba*) « (naissance) selon la volonté » ; chin. « accomplir son intention ». *Saṃcintya°* est employé au gérondif. Cf. pali *sañcicca*, et aussi l'emploi de *avetya°* (= *avecca°*) inf. VIII, 3.

d'un service à rendre à autrui, il rougit de se laisser exciter par d'autres.

Quand le grand maître de la Compassion habite constamment son âme, quand son cœur est brûlé par les douleurs d'autrui, se présente-t-il un service à rendre à autrui ? S'il lui faut être stimulé par d'autres, par des Amis-de-Bien[1], il en rougit extrêmement.

Un vers pour condamner la nonchalance.

28. L'être d'élite qui a pris sur sa tête la haute charge des créatures n'a point d'éclat si son allure est molle. Lié à fond par les liens variés de soi-même et d'autrui, il lui faut une vigueur centuple.

Le Bodhisattva qui a mis sur sa tête la grande charge des créatures n'a pas d'éclat quand il marche mollement. Il lui faut en effet cent fois plus de vigueur qu'à un Auditeur, car il est, lui, lié excessivement par les liens multiples de soi et d'autrui, qui consistent dans les Souillures, l'Acte, la naissance.

27. 1. *Kalyâṇa-mitra*. C'est à la fois un ami et un conseiller spirituel. Cf. inf. XVII, 9-15.

CHAPITRE V

L'INITIATIVE

Indice de l'Initiative, en un vers.

1. Grand Fond, grande entreprise, grand lever de fruits ; telle est l'Initiative[1] chez les fils des Vainqueurs ; et aussi, grand ressort, grande acceptation, accomplissement des devoirs en exécution du grand Sens.

Grand Fond, car la Production de Pensée en est le Fond ; grande entreprise, car elle entreprend le Sens de soi et d'autrui ; grand lever de fruits, car le fruit en est la Grande Illumination. Et conséquemment, en rapport respectif : grand ressort, car elle a dans son ressort toutes les créatures ; grande acceptation, car elle accepte toutes les douleurs ; accomplissement des devoirs en exécution du grand Sens, car elle accomplit le grand Sens des créatures.

Pas de différence entre le Sens de soi et d'autrui ; un vers.

2. Si on est arrivé à l'égalité de pensée pour soi et pour autrui, ou même à préférer autrui à soi-même, une fois qu'on désigne le Sens d'autrui comme supérieur à soi, qu'est-ce que le Sens de soi ? qu'est-ce que le Sens d'autrui ?

Arrivé à l'égalité de pensée pour soi et autrui, soit par la Croyance, quand on arrive à la Production de Pensée contingente, soit par le Savoir, quand on arrive à la Production de

1. 1. *Pratipatti.* Tib. *sgrub pa* « accomplir » (= *siddhi*) ; chin. *souei choun* « s'accommoder ». Le mot en sanscrit a des sens multiples : « obtention ; perception ; assertion ; entente ; don ; production ; commencement ; respect ; décision ; moyen de succès ; haute situation ». Le bouddhisme pali se sert abondamment de ce mot, sous la forme *paṭipatti,* que Childers rend par « conduite, pratique, devoir religieux, conduite morale ». Mais le sens fondamental du verbe *pratipad* est « commencer » ; le jour initial de la lunaison est la *pratipad* ; j'ai donc cru pouvoir rendre *pratipatti* par « initiative » ; mais il ne faut pas oublier toutes les connotations que ce mot évoque en sanscrit.

Pensée transcendante. Ou bien encore, arrivé à préférer autrui à soi-même, et pour cette raison, à désigner le Sens d'autrui comme supérieur à soi; alors, pour le Bodhisattva, quel est le Sens de soi ? ou quel est le Sens d'autrui ?

Excellence du Sens d'autrui ; un vers.

3. Le monde n'agit pas avec autant de dureté à l'égard d'autrui, quand il y a lieu de torturer un ennemi, que le Compatissant agit à l'égard de soi-même, quand il y a lieu de se torturer par d'atroces douleurs pour le Sens d'autrui.

Les tortures intenses qu'il s'impose pour le Sens d'autrui démontrent que le Sens d'autrui est supérieur au Sens de soi.

Répartition de l'Initiative pour le Sens d'autrui, en deux vers.

4. A l'égard d'un être installé dans une Idéalité infime, moyenne, supérieure, la bonne prédication, l'attraction, l'Introduction, la Discipline en fait de Sens, la per-maturation en bien, le Conseil, la Halte, la Délivrance de la Raison,

5. la Réussite par des vertus excellentes, la naissance dans la Famille, la Prédiction, le Sacre, le Savoir d'un Tathâgata, point suprême ; voilà le Sens d'autrui en treize.

A l'égard des trois catégories de créatures situées dans la Famille infime, moyenne, supérieure, le Sens d'autrui a treize parties chez le Bodhisattva. La bonne prédication, par les deux miracles de la Leçon et de la Prédication Intégrale. L'attraction, par le miracle de la Magie. L'Introduction, en faisant adhérer à la Religion. La discipline en fait de Sens qui consiste, après l'Introduction faite, à trancher les doutes. La per-maturation dans le Bien. Le Conseil. La Halte de la Pensée. La Délivrance de Sapience. La Réussite par des vertus excellentes, Super-savoirs, etc. La naissance dans la famille d'un Tathâgata. La Prédiction, à la Huitième Terre. Le Sacre, à la Dixième. Et en même temps le Savoir d'un Tathâgata. Tel est, à l'égard des trois Familles respectivement, le Sens d'autrui en treize divisions chez le Bodhisattva.

Plénitude de l'Initiative pour le sens d'autrui ; un vers.

6. Adaptée aux gens et sans rien à rebours dans la prédication, sans morgue, sans égoïsme, clairvoyante, patiente, maîtrisée, capable de longues distances, inépuisable est la suprême Initiative des fils des vainqueurs.

Il montre comment cette Initiative pour le Sens d'autrui atteint sa plénitude. Comment l'atteint-elle ? Si la prédication est adaptée aux gens qui sont de la Famille et n'a rien à rebours. Si l'attraction est sans morgue ; et l'introduction sans égoïsme ; c'est-à-dire s'il ne tire pas vanité de sa Magie et s'il ne s'approprie [1] pas les créatures introduites. Si l'Initiative de Discipline en fait de Sens est clairvoyante. Si l'Initiative de per-maturation en Bien est patiente. Si l'Initiative de Conseil, etc. est maîtrisée ; car sans maîtrise de soi, il est incapable en fait de Conseil, etc. à autrui. Si l'Initiative de naissance dans la Famille, etc. est capable de longue distance ; car si l'Initiative ne va pas loin, elle ne peut pas assurer à autrui la naissance dans la Famille, etc. Et toute cette Initiative pour le Sens d'autrui est inépuisable chez les Bodhisattvas, parce que la quantité des créatures adhérentes est inépuisable. Par suite encore, elle a sa plénitude.

Deux vers sur l'excellence de l'Initiative.

7. Les amoureux vont à de grands dangers ; les amis de l'existence, à un bonheur à rebours et qui est instable ; les amis de la Paix, à la Pacification des souffrances en ce qui les touche ; mais les Compatissants vont toujours à l'Acquis total.

8. Le fou, qui ne travaille que dans le Sens de son bonheur, le manque et aboutit au malheur ; mais le Sage qui travaille toujours dans le Sens d'autrui réussit dans les deux Sens et aboutit à la Béatitude.

L'amour est plein de grands dangers puisqu'il cause tant de douleurs de corps et d'esprit et qu'il conduit aux Mauvaises Destinations. Le bonheur des amis de l'existence, existence dans le Formel ou Hors-du-Formel, est instable et à rebours, car il est impermanent ; il est au Sens transcendant la douleur, puisque

6. 1. *Mamâyati*. C'est à tort que Böhtlingk-Roth lui donnent le sens de « *beneiden*, envier ». Le pali *mamâyati* et le tib. *bdag gi bar 'jin pa* établissent le sens de « s'approprier ». — Cf. aussi inf. IX, 32.

les Opérants[1] sont douleur. Les souffrances signifient : les Souillures, parce que les Souillures sont germes de douleur. Le fou qui prend toujours l'Initiative dans le Sens de soi-même n'atteint pas le bonheur ; c'est le malheur qu'il atteint. Mais le Bodhisattva, qui prend l'Initiative dans le Sens d'autrui, accomplit totalement le Sens de soi et d'autrui et arrive au bonheur de la Béatitude. Et c'est là encore une autre excellence de son Initiative.

8. 1. *Saṃskâra*. Il n'y a pas, dans toute la terminologie bouddhique, de mot qui ait été plus souvent discuté que celui-ci. Ce n'est pas ici le lieu de reprendre et de critiquer les innombrables interprétations. La plupart ont eu le tort de perdre de vue la valeur grammaticale et la fonction usuelle de ce mot. La formation *saṃskâra* implique une valeur active. D'autre part le verbe *saṃskar* et ses dérivés s'appliquent toujours à une modification de nature, et cette modification peut être encore mieux précisée. Dans la langue religieuse, où se sont élaborés les concepts que la philosophie devait reprendre ensuite, le *saṃskâra* est exactement « le sacrement ». L'explication de Böhtlingk et Roth, qui n'a pas chance d'être tendancieuse, porte : « opération d'espèce domestique et religieuse, que tous les membres des trois castes supérieures ont à accomplir, qui les met en état et les rend purs ». Les Upaniṣads anciennes, voisines du Bouddhisme ancien, ne connaissent pas d'autre sens. Les autres valeurs du mot, dans l'usage courant, sont étroitement apparentées à ce sens. Il suffit de rappeler le nom même du sanscrit, *saṃskṛtâ bhâṣâ*, la langue « sacrée » par excellence, réservée en principe aux usages religieux et aux personnages divins ; dans ce cas encore il s'agit d'une vertu nouvelle qui a été introduite (*guṇântarâdhâna*, comme Caraka définit le mot *saṃskâra*), et qui modifie foncièrement l'essence. Le *saṃskâra* est donc en général l'opération de l'agent mystérieux, invisible et tout-puissant, qui change le profane en sacré. Transportée du monde religieux au monde psychique ou métaphysique, la notion de *saṃskâra* s'est appliquée tout naturellement au groupe de facteurs analogue (mais non identique) à ce que nous appelons « l'hérédité ». Mais il ne faut pas oublier que, pour l'Hindou, l'individu est l'héritier de son propre passé, de ses existences antérieures. Le *saṃskâra* est donc l'énergie qui approprie à la conscience les données étrangères ; il figure avec raison dans la chaîne de causalité (*pratîtya-samutpâda*) au second rang entre l'*avidyâ* « le hors-science » l'inconscient, et le *vijñâna* « la connaissance distributive, la sensation », étant entendu que l'esprit (*manas*) compte parmi les organes des sens. Cette énergie d'appropriation de l'inconscient à la conscience, continuellement réalisée, constitue les *saṃskâra*, l'ensemble des prédispositions qui passent d'une naissance à l'autre. Le *karman*, « l'acte » par excellence, est la réaction des *saṃskâra* ; il leur est équivalent, mais il ne leur est pas identique ; ce sont des forces de même provenance, de même quantité, mais pour ainsi dire de signe contraire. La traduction tibétaine *'du byed* est toute littérale ; *'du = sam ; byed = kar*. Mais la traduction chinoise est tout à fait expressive : *hing* « passer, en marche » suggère bien le transport de force qui est l'essence même du *saṃskâra*, passant de l'inconscient au conscient, et d'une vie à la vie suivante.

Un vers sur la Per-flexion du Domaine.

9. De quelque manière que le fils des Vainqueurs fonctionne en circulant dans le Domaine varié des yeux, il sur-opère[1] symétriquement pour les créatures, pour leur salut, avec des termes bien appliqués et de même mesure.

De quelque manière que le Bodhisattva fonctionne dans le Domaine varié des Organes : yeux, etc., lorsqu'il est en train de circuler dans les occupations des Attitudes, d'une manière correspondante il sur-opère tout cela pour les créatures, dans le Sens du salut, par des propos de comparaisons appropriées. Comme le Gocara-pariçuddhi sûtra[2] l'expose en détail.

Un vers pour exclure le manque de Patience envers les créatures.

10. Puisque les créatures ont un État de pensée vicieux et qui n'est jamais libre, le Sage ne pèche[1] pas à leur propos; il se dit : Ce n'est pas volontairement qu'ils prennent l'Initiative à rebours, — et sa pitié grandit.

9. 1. *Abhisaṃskaroti.* La valeur de ce mot et des formations dérivées varie en fonction du sens attaché au mot *saṃskâra*. Dans notre texte, il marque un degré supérieur du *saṃskâra*, comme *abhijñâ* « super-savoir » par rapport à *jñâna*, comme *abhisaṃbodhi* « toute-parfaite illumination », par rapport à *saṃbodhi* « pleine illumination ». Le tibétain traduit, élément par élément, *mṅon 'du byed*. Le chinois emploie presque partout l'expression *kong-yong*, dont il se sert aussi pour traduire *âbhoga*, et qui signifie « modifier en vue d'un certain usage par le travail » (cf. sup. I, 7). C'est une confusion de point de vue plus encore qu'une erreur de fait. *Âbhoga* est l'attitude passive de la pensée qui se prête à jouir ; *abhisaṃskâra* exprime une activité. Si le Bodhisattva se prête à l'action, les virtualités du futur que ses actes font passer en lui perdent leur coefficient de douleur dans le plan de la pensée où il se meut; ce sont alors des forces neutres mises à sa disposition et qu'il utilise (= *kong yong*) pour le bien des créatures. A partir de la huitième Terre, le Bodhisattva est dégagé même de cette forme supérieure des *saṃskâra* ; il vit dans l'*anabhisaṃskâra* (v. inf. XI, 46 ; XVIII, 68 ; XIX, 4, 63 ; XX, 13, 19-20 ; particulièrement XX, 13, où *âbhoga* est significativement rapproché de *abhisaṃskâra*). La halte de la pensée, encore associée à l'*abhisaṃskâra*, répond à l'unité de ligne (*ekotîkaroti*, XIV, 14) ; dégagée de l'*abhisaṃskâra*, elle est l'Union (*samâdadhâti*).

2. Le Gocara-pariçuddhi sûtra est nommé dans l'énumération des textes sacrés, M. Vy., § 65, n° 51.

10. 1. *Saṃdoṣa.* La lecture est garantie par le tibétain *ñes pa* = *doṣa*. *Viprapatti* est un mot nouveau, substitué par raison métrique à *vipratipatti* qui est rétabli par le commentaire.

Les Souillures ne laissent jamais libre l'esprit des créatures ; aussi le sage ne se gâte pas à leur propos. Et pourquoi ? C'est qu'il sait que les créatures ne prennent pas volontairement l'Initiative à rebours, et sa compassion augmente.

Un vers pour magnifier l'Initiative.

11. L'Initiative va surmontant[1] toutes les existences et les Destinations, escortée de la Pacification par excellence, s'accroissant de toutes sortes de troupes de vertus, embrassant toujours le monde avec une Tendance de compassion.

Il montre là quatre sortes de grandeur. Grandeur de dépassement, puisqu'elle va surpassant les trois Existences[2] et les cinq Destinations[3]. Comme il est dit dans la Prajñâ-Pâramitâ : « Si la Forme, ô Subhûti ! était ce qui est, et non pas ce qui n'est pas, alors ce Grand Véhicule n'arriverait pas à l'Évasion en surmontant le monde avec les Dieux, les hommes, les Asuras... » et ainsi de suite. Grandeur de Béatitude, puisqu'elle est escortée du Nirvâṇa-qui-n'est-pas-l'arrêt. Grandeur d'accroissement de vertus. Grandeur de non-abandon des créatures.

11. 1. *Abhibhûyagantrî*, *abhibhûyagamana*. Ces deux composés attestent, par un exemple de plus, la liberté d'emploi du gérondif dans les composés chez les écrivains bouddhiques.

2. *Bhavatraya*. C'est l'existence de désir (*kâmabhava*), l'existence de forme (*rûpa°*) et l'existence sans forme (*arûpa°*) dans chacun des trois mondes correspondants.

3. *Gati*. On en compte d'ordinaire six : dieux (*deva*), hommes (*manuṣya*), Asura, démons affamés (*preta*), animaux (*tiryag-yoni*), damnation (*niraya*).

4

CHAPITRE VI

LE POSITIF.

Classement des Indices du Transcendant ; un vers.

1. Ni être, ni non-être ; ni identique, ni autrement ; il ne naît pas, il ne finit pas ; il ne décroît pas, il n'augmente pas ; il ne se nettoie pas, et il se nettoie. Tel est l'Indice du Transcendant.

Le Transcendant a pour Sens la non-dualité. Ce Sens de Non-dualité, il le montre sous cinq aspects. Ni être, en raison des Indices Imaginaire et Relatif ; ni non-être, en raison de l'Indice Absolu. Ni identique, puisque l'Absolu ne fait pas un avec l'Imaginaire et le Relatif ; ni autrement, puisqu'il n'est pas différent de tous les deux. Il ne naît pas et ne finit pas, puisque le Plan des Idéaux n'est pas sur-opéré. Il ne décroît pas, et n'augmente pas, puisqu'il reste tel quel, quel que soit des deux, Souillure ou Nettoyage, le parti qui vienne à cesser ou à se produire. Il ne se nettoie pas, puisqu'il n'est absolument pas souillé de nature ; et on ne peut pas dire qu'il ne se nettoie pas, puisque les Sous-souillures Incidentes s'en vont. Ces cinq Indices de Non-dualité sont l'Indice Transcendant.

Un vers pour exclure l'Idée-à-rebours qui est la Vue du Moi.

2. La Vue du Moi n'a pas par elle-même pour Indice le Moi ; la Malformation ne l'a pas non plus ; elle diffère en Indice. Et il n'y a rien en dehors des deux [1] ; ce n'est donc qu'un préjugé, et la délivrance est la destruction de Rien-qu'un-préjugé.

Ce n'est pas la Vue du Moi qui a pour Indice le Moi ; ce n'est pas non plus la Malformation. Et, en effet, l'une diffère en Indice de l'Indice du Moi, qui est Imaginaire. L'autre, c'est les Cinq

2. 1. « Les deux, c'est l'*âtmadṛṣṭi* et les cinq *upâdânaskandha* », ajoute la version chinoise. La Malformation désigne les cinq *upâdânaskandha*, puisque la combinaison en est douloureuse.

Masses d'Auto-Subsumption [2], puisque les Souillures et la Turbulence [3] en sont l'origine. Et il ne peut y avoir d'autre Indice du Moi que ces deux. Donc le Moi n'existe pas. C'est donc tout simplement un préjugé que la Vue du Moi ; et puisqu'il n'y a pas de Moi, la Délivrance aussi est la destruction d'un simple préjugé, et il n'y a personne de délivré.

Deux vers pour condamner l'erreur.

3. Comment se fait-il que le monde, fondé sur un simple fantôme, ne comprenne pas que la nature de la douleur est continue, soit qu'il la sente ou qu'il ne la sente pas, qu'il soit malheureux ou non, qu'il soit fait d'Idéaux ou non ?

4. Comment se fait-il que le monde, qui voit sous ses yeux naître les existences par Rencontre, s'imagine l'intervention d'un autre agent ? Quelle est donc cette obscurité particulière qui peut faire que l'on ne voit pas ce qui est, et qu'on voit ce qui n'est pas ?

Comment se fait-il que le monde, se fondant sur la Vue du Moi qui est une simple illusion, ne voit pas que la nature de douleur est constamment attachée aux Opérants ? Quand il ne la ressent pas, alors par la connaissance de cette nature de douleur. Quand il la ressent, alors par l'expérience de la douleur [1].

2. *Upâdânaskandha*. Ce sont : la forme (*rûpa*), l'impression (*vedanâ*), la connotation (*saṃjñâ*), l'opérant (*saṃskâra*), la sensation (*vijñâna*).

3. *Dauṣṭhulya*. L'interprétation de ce mot reste à établir. Böhtlingk, qui ne le donne que dans son Supplément, traduit *schlechtes Betragen* « mauvaise tenue ». Le tibétain le rend par *gnas ṅan len pa* « obtenir une mauvaise place » ; ce n'est qu'une prétendue traduction littérale fondée sur une étymologie de fantaisie : *ṅan* = *dus* ; *gnas* = *sthâ°*. Le chinois dit : *hiün k'i* « vapeur fumeuse ». Le pali a conservé un adjectif *duṭṭhulla* « mauvais » ; le Vinaya applique cette dénomination aux deux catégories les plus graves de péchés ; *duṭṭhullâ âpatti* est un péché « criminel ». Le mot semble dériver de l'adjectif *duṣṭhu* « de mauvaise conduite ». Le Daçadharmaka sûtra (cité Ç. sam. 116, 17), dit que « le *dauṣṭhulya* du corps, c'est agiter les mains, les pieds, courir, sauter, nager ». Yaçomitra, dans son commentaire de l'Abhidharmakoça (434ᵃ) définit le *dauṣṭhulya* « l'indocilité du corps et de la pensée » *kâyacittayor akarmaṇyatâ*. Et en effet la M. Vy., § 109 classe le mot *dauṣṭhulya* (20) à côté de *karmaṇyatâ* (21) « la souplesse, la bonne disposition ». Le principe du *dauṣṭhulya* est, d'après ce passage même (et aussi XI, 49), l'*âtmadṛṣṭi* « la Vue du Moi ». Le remède à lui opposer, c'est la *praçrabdhi* « la rémission ». V. inf. XIV, 20 ; XVIII, 60. Le dauṣṭhulya en bloc (*kâya*) est identique à la « nature relative » (*paratantra-svabhâva*) et aussi à la « sensation du tréfonds » (*âlaya-vijñâna*). V. inf. XIX, 51.

3-4. Comm. 1. Au lieu de *duḥkhasyâduḥkhito*, corriger *duḥkhaysa* | *duḥkhito*.

Quand il est malheureux, alors parce que la douleur n'est pas rejetée. Quand il n'est pas malheureux, alors parce que le Moi appliqué à la douleur est en non-être. Qu'il soit fait d'Idéaux, alors parce que l'Individu n'a pas de Personnalité, tout n'étant qu'Idéaux. Qu'il ne soit pas fait d'Idéaux, alors parce que les Idéaux n'ont pas de Personnalité. Et quand le monde voit sous ses yeux la Production par Rencontre[2] des existences, quand il voit d'une Rencontre donnée naître une existence donnée, comment s'en va-t-il croire qu'un autre agent intervient pour produire la vue, etc., et qu'elle ne se produit pas par Rencontre? Quelle est donc cette singulière obscurité qui fait que le monde ne voit pas le jeu de la Production par Rencontre, qui est, et qu'il regarde le Moi qui n'est pas ? Il se peut en effet que l'obscurité empêche de voir ce qui est, mais non pas qu'elle fasse voir ce qui n'est pas.

La Pacification et la Naissance sont possibles sans qu'il y ait de Moi ; un vers.

5. Il n'y a absolument aucune différence ici entre la Pacification et la Naissance en fonction de Sens réel ; et cependant il est enseigné que les Bienfaisants arriveront à la Pacification par épuisement des naissances.

Il n'y a aucune distinction absolument entre Transmigration et Nirvâṇa au Sens transcendant ; et cependant la Délivrance par épuisement des naissances est obtenue par ceux-là seuls qui font des actes de Bien, qui pratiquent le Chemin de la Délivrance.

Maintenant qu'il a condamné l'erreur, il introduit à la connaissance transcendante qui sert d'Auxiliaire contre elle ; quatre vers.

6. Quand il a fait une Provision de Savoir et de Mérite emplie à l'infini, le Bodhisattva, arrivé par la réflexion à une bonne certitude[1] sur les Idéaux, comprend la Méthode de Sens consécutive au Verbe.

2. *Pratîtya-samutpâda*, la fameuse chaîne de causalité à douze termes qu'il est superflu de rapporter ici.

6. 1. Au pâda c, au lieu de *viniçrita°*, lire *viniçcita*. Tib. *çin tu rnam ṅes phyir*. Même correction au Comm., l. 1.

7. Quand il a reconnu que les Sens ne sont rien que Verbe, il fait halte alors dans cet aspect du Rien-que-Pensée ; et le Plan des Idéaux s'offre immédiatement à ses regards ; et dès lors il est dissocié de l'Indice de dualité.

8. Puis connaissant, par la compréhension, que ce qui est autre que la Pensée n'est pas, alors il arrive à comprendre de cette Pensée qu'elle n'est pas. Quand il a compris que la dualité n'est pas, il fait halte dans le Plan des Idéaux qui n'a pas cette manière d'être.

9. Par la force de la connaissance sans différenciation, toujours et partout escortée par l'égalité, la masse touffue des fautes, qui a ce Fond, est expulsée, comme un poison l'est par un puissant antidote.

Dans le premier vers, l'approvisionnement en Provisions et la bonne certitude après réflexion sur les Idéaux montrent l'entrée dans la connaissance transcendante, puisqu'il comprend alors que l'apparition du Sens des Idéaux tient à la Pratique fondée sur l'Union, et aussi au Verbe Mental. Dans le composé *ananta-pâram*, *pâram* signifie le parachèvement, et *ananta* désigne un temps dont les fractions sont incalculables. Dans le second vers, le Bodhisattva, ayant connu que les Sens sont tout simplement Verbe Mental, reste alors dans cette apparence qui n'est Rien-que-Pensée ; c'est là l'état de l'ordre de Fixité. Ensuite, le Plan des Idéaux s'offre immédiatement à sa vue, et il est dissocié de l'Indice de dualité, Indice de Prenant et Indice de Prenable ; c'est là l'état du Chemin de Vue. Par le troisième vers il montre comment le Plan des Idéaux s'offre immédiatement aux yeux. Et comment ce Plan des Idéaux s'offre-t-il immédiatement aux yeux ? Dès qu'il a saisi par la compréhension qu'il n'y a pas d'autre Phénomène prenable que la Pensée, il arrive à comprendre aussi que ce Rien-que-Pensée lui-même n'existe pas, puisque là où il n'y a pas de Prenable il n'y a pas de Prenant. Ayant ainsi connu la non-existence de celle-ci dans la dualité, il reste alors dans le Plan des Idéaux. L'expression : « Qui n'a pas cette manière d'être » signifie qu'il est dépourvu de l'Indice de Prenant et de Prenable. C'est ainsi que le Plan des Idéaux s'offre immédiatement à sa vue. Par le quatrième vers il montre l'entrée dans la connaissance transcendante par suite de la Révolution du Fond dans l'état du Chemin de Pratique : Grâce à la force du savoir sans différenciation toujours et partout escorté d'égalité, il rejette la masse des fautes, qui a pour Indice la Turbulence, qui a son Fond [sur la Nature relative, où ce savoir est accompagné d'égalité [1]], et qui a pénétré bien à fond, comme on rejette un poison par la force d'un antidote.

Un vers pour magnifier la connaissance transcendante.

10. Bien disposé dans le Bon Idéal prescrit par le Muni, asseyant bien sa pensée dans le Plan des Idéaux avec sa racine, comprenant que le mouvement de la Mémoire [1] n'est qu'Imagination, le Noble arrive vite à l'autre bord de l'Océan des vertus.

Quand le Bodhisattva est entré jusqu'au savoir transcendant dans le bon Idéal, prescrit par le Bouddha et bien distribué, ayant bien assis sa pensée dans le Plan des Idéaux de la Pensée Radicale, qui a pour Phénomène les Idéaux pris en bloc, il comprend que toute l'activité de la Mémoire [1], quel que soit le souvenir suscepté, n'est Rien-qu'Imagination, et ainsi il arrive vite à l'autre rive de l'océan des vertus, qui est la Bouddhaté. Telle est la grandeur de la connaissance transcendante.

6-9 Comm. 1. Les mots entre crochets manquent en tibétain et en chinois.

10. 1. Au pâda *c*, au lieu de *smṛtimatim* lire °*gatim*. Tib. *dran rgyu*.

CHAPITRE VII

LE POUVOIR.

Définition du Pouvoir ; un vers.

1. La connaissance qui n'a pas en dehors de sa portée les Points suivants : naissance, langage, pensée, dépôt de bien et de mal, situation, Évasion, avec leurs subdivisions, qui est universelle, sans entrave, c'est là le Pouvoir qui appartient au Sage.

Connaissance qui porte sur la Renaissance des autres ; c'est le Super-savoir [1] touchant la Renaissance d'un monde à un autre. Connaissance portant sur le langage ; c'est le Super-savoir de l'Ouïe Divine, touchant le langage que parlent dans tel ou tel monde ceux qui y sont allés renaître. Connaissance qui porte sur la Pensée ; c'est le Super-savoir des Rubriques d'états d'esprit. Connaissance qui porte sur le dépôt de bien ou de mal antérieur ; c'est le Super-savoir touchant les séjours antérieurs. Connaissance qui porte sur la situation où sont passés actuellement les Disciplinables ; c'est le Super-savoir du domaine de la Magie. Connaissance qui porte sur l'Évasion ; c'est le Super-savoir de l'Épuisement d'Écoulement, savoir comment les êtres ont une Évasion hors des Renaissances. Voilà les six catégories en question ; la connaissance qui porte sur elles sans que nulle part, dans tous les mondes, avec toutes leurs subdivisions, elles soient en dehors de sa portée, sans rien qui l'entrave, c'est là le Pouvoir des Bodhisattvas, contenu dans les six Super-savoirs.

Il a énoncé le Sens de nature-propre ; il énonce maintenant le Sens de cause, en un vers.

2. Arrivé à la quatrième Extase qui est très pure, par la possession de la connaissance sans différenciation, au moyen de

1. 1. *Abhijñā*. Le commentaire en donne au complet la liste régulière. Cf. p. ex. M. Vy., § 14.

l'Acte mental afférent classe par classe, il parvient à l'accomplissement par excellence du Pouvoir.

Sur quelle base ? par quelle connaissance ? par quel Acte mental ce Pouvoir est-il accompli ? Ce vers le montre.

Sens de fruit ; un vers.

3. Par là, il est perpétuellement dans les Stations Brahmiques, saintes, divines, incomparables, sublimes ; dans les régions où il va, il honore les Bouddhas et il mène les créatures à la pureté.

Il montre le triple fruit du Pouvoir : personnellement, il est dans une Station de bonheur saint, etc., sans pareil, élevé ; et passant dans d'autres mondes, il honore les Bouddhas et il purifie les créatures.

Quatre vers sur le Sens d'Acte, qui est sextuple. Et d'abord l'acte de voir et l'acte de montrer ; un vers.

4. Les mondes, avec les créatures, avec les Créations et les Destructions Périodiques, il les voit tous comme une Illusion, et il les montre à son gré, par des procédés variés, car il a les Maîtrises[1].

Lui-même il voit que tous les mondes, avec les créatures, avec les Créations et les Destructions Périodiques, sont pareils à une Illusion ; et il le montre aux autres comme il le veut, et par des procédés différents et variés, soit qu'il fasse trembler ou qu'il enflamme, etc. Puisqu'il a les dix Maîtrises, commes elles sont énoncées dans le Daça-Bhûmika, à la huitième Terre.

Acte de rayonnement ; un vers.

5. En émettant des rayons, il fait passer au Ciel les habitants des Enfers, si rudement souffrants ; en faisant trembler les demeures du Démon, embellies de hauts palais volants, il les épouvante, et le Démon avec elles.

4. 1. *Vaçitâ.* Tib. *dbaṅ* « pouvoir » ; chin. *tze tsai* « indépendance ». Les dix *vaçitâ* sont énumérées M. Vy., § 27 : *âyur*° « longévité » ; *citta*° « pensée » ; *pariṣkâra*° « appareil » ; *karma*° « acte » ; *upapatti*° « renaissance » ; *adhimukti*° « croyance » ; *dharma*° « idéal » ; *praṇidhâna*° « vœu » ; *ṛddhi*° « magie » ; *jñâna*° « connaissance ».

Il montre le double acte du rayonnement; en donnant la Limpidité[1] à ceux qui sont allés renaître aux Enfers, il les fait renaître au Ciel; et il effraie en les secouant les demeures du Démon avec le Démon lui-même.

Acte d'amusement; un vers.

6. Il exhibe l'amusement sans mesure de l'Union, au milieu de la compagnie capitale; il accomplit en tout temps le Sens des créatures par les Métamorphoses d'acte, de naissance, d'ordre supérieur.

Il exhibe l'amusement de l'Union sans mesure au milieu du cercle des assemblées des Bouddhas; et il exécute constamment le Sens des créatures par une triple Métamorphose. La triple Métamorphose, c'est la Métamorphose des Arts et Métiers; la Métamorphose des Renaissances à volonté, en rapport avec les Disciplinables; la Métamorphose d'ordre supérieur, qui est la résidence dans le ciel Tuṣita, etc.

Acte de nettoyer le Champ; un vers.

7. Par sa Maîtrise de la connaissance, il arrive à la pureté pour faire voir un Champ[1] ou l'autre à volonté; comme il fait entendre le nom des Bouddhas chez ceux qui sont dépourvus du nom des Bouddhas, il les projette dans un autre monde.

Le nettoyage du mal est double : Il nettoie les Récipients en montrant à son gré les Champs des Bouddhas faits d'or, de béryl, etc., puisqu'il a la Maîtrise de la connaissance. Il nettoie les créatures en faisant entendre le nom des Bouddhas aux créatures qui sont allées renaître dans des mondes où manque le nom des Bouddhas; en leur faisant prendre la Limpidité, il les fait renaître dans des mondes où ce nom ne manque pas.

Sens d'Application ; un vers.

5. 1. *Prasâda*. Tib. *rab dañ* « grande pureté ». Le chinois n'a pas de terme particulier. J'ai tenu à conserver la métaphore qui caractérise si heureusement l'état d'âme de la foi bouddhique; le mot *prasâda* évoque par excellence l'image d'une eau calme et pure.

7. 1. *Kṣetra*. Tib. *ziñ* « champ »; chin. *ts'a t'ou* ou *ts'a*. C'est la sphère propre d'un Bouddha, celle dont il opère la conversion. Chacun des *kṣetra* (selon le Fan yi ming yi tsi) contient un « grand-millier » (*mahâsahasra*) de « plans-de-mondes » (*lokadhâtu*).

8. Il devient capable de mûrir les êtres, comme l'oiseau naît avec des ailes ; il reçoit un éloge considérable du Bouddha, et sa parole est agréable aux créatures.

Il montre une triple Application : application de force à permûrir les créatures ; application d'éloge ; application d'agrément de la parole.

Sens de fonction ; un vers.

9. Les six Super-savoirs, la triple science, les huit Libérations, les huit Suprématies, les dix Lieux de Totalité, les Unions sans nombre, voilà le Pouvoir qui appartient au Sage [1].

Le Pouvoir du Bodhisattva fonctionne en six manières : Super-savoirs, sciences, Libérations, Lieux-de-Suprématie, Lieux-de-Totalité, innombrables Unions.

Ayant ainsi montré le Pouvoir par un Indice de section à six Sens, il en magnifie la grandeur dans un vers.

10. Il a par une Maîtrise suprême acquis la Compréhension ; il a remis sous son empire le monde, qui ne se possédait plus ; il ne se plaît qu'à faire le salut des êtres ; il marche dans les existences comme un lion, le Sage.

Il montre la triple grandeur : grandeur de Maîtrise, puisqu'il a obtenu la Maîtrise suprême de la connaissance, et qu'il rend l'empire de soi au monde, qui était soumis à l'empire des Souillures ; — grandeur de sur-joie, puisqu'il se plaît toujours uniquement à faire le salut d'autrui ; — grandeur d'être affranchi de la crainte des existences.

9. 1. Il est inutile de donner ici tout au long l'énumération des *vidyā*, *vimokṣa*, *abhibhvāyatana*, *kṛtsnāyatana* qui n'intéressent pas directement la doctrine de notre texte. Je me contente de renvoyer à la M. Vy., § 70 (*vimokṣa*), § 71 (*abhibhv°*), § 72 (*kṛtsnāy°*). J'ignore ce qu'Asaṅga désigne ici par *trividhā vidyā*. En pali, les « trois sciences » *tisso vijjā* sont ou bien la connaissance des trois vérités fondamentales, impermanence-douleur-impersonnalité, ou bien trois des six *abhijñā* : *pūrvanivāsa*, *divyacakṣus*, *āsravakṣaya*. Cette dernière série est commune au pali et au sanscrit ; elle est enseignée dans un sutta de l'Aṅguttara I, 163 dont le correspondant se retrouve dans le Saṃyuktāgama, chap. 31 (éd. Tôk., XIII, 3, 83[a]).

CHAPITRE VIII

LA PER-MATURATION.

Un vers pour résumer la Per-maturation du Bodhisattva.

1. Délectation, Limpidité, Pacification, compassion, patience, Aptitude, vigueur, inébranlabilité, intégralité, à un haut degré, c'est l'Indice de la Per-maturation chez le fils des Vainqueurs.

Délectation à l'Idéal de la prédication du Grand Véhicule; Limpidité envers qui le prêche; Pacification des Souillures; compassion pour les êtres; patience à subir les épreuves; Aptitude à saisir, à retenir, à pénétrer; vigueur en fait d'Acquis; inébranlabilité aux démons et aux controversistes; intégralité des parties essentielles. « A un haut degré » indique que le plaisir etc. y sont outre mesure. Il faut connaître que c'est là, résumée en neuf termes, la Per-maturation du Moi chez les Bodhisattvas.

Un vers sur la Per-maturation de Délectation.

2. Avoir les trois, bons amis etc., avoir une énergie farouche, être au But de l'Au-delà, embrasser l'Idéal suprême, voilà l'Indice de la Per-maturation régulière dans la possession du Bon Idéal chez le Compatissant.

Avoir les trois, bons amis etc., c'est fréquenter les gens de bien, entendre le Bon Idéal, faire l'Acte mental à fond. L'énergie farouche, c'est se prendre à l'énergie outre mesure. Le But de l'Au-delà, c'est être affranchi de toute incertitude sur tous les points hors-réflexion. Embrasser l'Idéal suprême, c'est défendre l'Idéal du Grand Véhicule, en défendant contre les calamités ceux qui y ont pris l'Initiative. C'est là l'Indice de la Per-maturation de satisfaction chez le Bodhisattva au point de vue de la possession de l'Idéal du Grand Véhicule: Les trois, bons amis etc., c'est la raison qui fait per-mûrir la Délectation. Sa per-maturation elle-même, appliquée à l'énergie farouche et au But de l'Au-delà, c'est sa nature propre ; quant à son acte, il consiste dans le Rapprochement avec l'Idéal suprême.

Un vers sur la Per-maturation de Limpidité.

3. Connaître les vertus, arriver rapidement à l'Union, jouir du fruit, avoir l'esprit archi-indivisible, c'est là chez le fils des Vainqueurs, l'indice de la Per-maturation régulière pour s'en remettre au Maître.

Cette Per-maturation, elle aussi, est illustrée au point de vue de la raison, de la nature propre, et de l'acte. Sa raison, c'est qu'on connaît les vertus, quand on se dit : C'est lui Bhagavat, le Tathâgata, etc. tout au long. Sa nature propre, c'est l'état archi-indivisible de l'esprit, quand on est arrivé par intelligence à la Limpidité [1]. Son acte, c'est d'arriver rapidement à l'Union et de jouir respectivement des Super-savoirs etc.

Un vers sur la Per-maturation de Paix.

4. Se bien garder, éviter les Discussions souillées, n'avoir pas d'obstacle, se délecter au bien, c'est là chez le fils des Vainqueurs l'Indice de la Per-maturation exacte pour dissiper les Souillures.

Dissiper les Souillures, c'est la Pacification pour le Bodhisattva. Cette Per-maturation, elle aussi, est illustrée au point de vue de la raison, de la nature propre, et de l'acte. Sa raison, c'est qu'on garde bien les organes par la Mémoire et la Pleine-Conscience [1]. Sa nature propre, c'est d'éviter les Conjectures

3. 1. Au lieu de *avetya prabhâvalâbhâd*, lire *avetyaprasâda*° ; d'après le tib. *çes nas dań*. Cf. l'emploi de *avecca*° en pali, et spécialement *avecca-pasâda*, °*pasanna* ; et v. Wogihara (1908), p. 19, s. v. *avetyaprasâda*.

4. 1. *Saṃprajanya*. Terme commun à tout le bouddhisme (pali : *sampa-jañña*) qui l'accouple en général avec la mémoire (*smṛti*). Le mot manque au sanscrit classique, mais il est intimement apparenté au terme *saṃprajñâta*, (= « bien connu »), terme usuel mais qui a reçu une affectation technique dans le Yoga, où *saṃprajñâta samâdhi* désigne (*Yoga-sûtra* I, 17) le recueillement accompagné de *vitarka*, *vicâra*, *ânanda*, *asmitâ* « conjecture, critique, béatitude, *ego-sum* », c'est-à-dire quand le sujet a une notion parfaite et parfaitement exacte de l'objet de son recueillement. Tandis que la *smṛti* empêche la fuite (*visâra*) du « phénomène » (*âlambana*), le *saṃprajanya* a pour fonction de connaître cette fuite (XVIII, 53). Le tibétain traduit *saṃprajanya* par *çes bźin* « air de connaître », le chinois par *yi* « appui » (de la mémoire), ou (XVIII, 53) aussi par *tcheng nien* « mémoire correcte ».

souillées. Son acte, c'est qu'on est sans obstacles dans la Pratique des Auxiliaires, et qu'on se plaît au Bien.

Un vers sur la Per-maturation de Compassion.

5. Compatir naturellement, regarder la douleur d'autrui, écarter toute pensée basse, marcher de façon toute-particulière, avoir une naissance capitale dans le monde, c'est l'Indice de la Per-maturation de compassion pour autrui.

Sa raison, c'est sa nature, autrement dit la Famille, et le spectacle de la douleur d'autrui, et l'éloignement de toute pensée basse, qui en font la Per-maturation. Sa nature propre, c'est un mouvement tout-particulier, puisque la Per-maturation va en croissant. Son acte, c'est la meilleure des existences personnelles dans tous les mondes, quand on est dans la Terre Sans-Régression.

Un vers sur la Per-maturation de Patience.

6. Être naturellement ferme, pratiquer en-Comptant [1], accepter toujours la bonne douleur, le froid, etc., donner une allure toute-particulière, se délecter au bien, c'est l'Indice de la Per-maturation de Patience.

Ferme, résistant, patient, sont la même Rubrique. Quant à cette Per-maturation, la raison en est la Famille, et la Pratique en-Comptant. La nature propre, c'est d'accepter les douleurs aiguës, froid etc. Son acte, c'est de donner au Patient une allure toute-particulière et de faire qu'il se délecte au bien.

Un vers sur la Per-maturation d'Aptitude.

7. Pureté de la Concoction, pas de défaillance de l'Audition, pénétration de ce qui est bien ou mal dit, capacité de la mémoire pour former la grande Compréhension, c'est l'Indice de la Per-maturation d'Aptitude.

Sa raison, c'est la pureté de la Concoction qui seconde

6. 1. *Pratisaṃkhyâ*. Tib. *so-sor brtags pa* « compter un à un »; chin. *chou* « calculer ». Le mot est glosé, Comm. XVII, 34 par *guṇadoṣaparîkṣaṇa* « examiner les qualités et les défauts ». C'est une opération très importante, puisque sa présence ou son absence différencie deux aspects du *nirodha*, du « barrage » final. — Comm., 1 lire *pratisaṃkhyânabhâvanâ* ; tib. *so sor brtags te sgom pa*.

l'Aptitude. Sa nature propre, c'est que la Mémoire ne perd rien de ce qui a été entendu, médité, pratiqué, fait depuis longtemps, dit depuis longtemps, et qu'elle a bien pénétré le sens de ce qui a été dit bien ou mal. Son acte, c'est la capacité de produire une Sapience Supra-mondaine.

Un vers sur la Per-maturation de Récupération de la vigueur.

8. Nourrir les deux Principes par les deux Biens, rendre le Fond capable de produire le fruit, réussir dans ses désirs, naître au premier rang dans le monde, c'est là l'Indice de Per-maturation en fait de Susception de forces.

Pour cette Per-maturation, sa raison, c'est que la semence du couple Mérite-et-Savoir est fortifiée par le couple Mérite-et-Savoir. Sa nature propre, c'est que le Fond est adapté à l'Acquis. Son acte, c'est la réussite des désirs et la naissance au premier rang dans le monde.

Un vers sur la Per-maturation de l'Inébranlabilité.

9. Tendance à critiquer les Raisonnements sur la bonne Idéalité, profit tout-particulier, affaiblissement de l'Aile adverse, impuissance perpétuelle des Démons à faire obstacle, tel est l'Indice de la Per-maturation d'Inébranlabilité.

La raison de cette Per-maturation, c'est la Tendance produite par la critique des Raisonnements sur le Bon Idéal. Sa nature propre, c'est que les Démons sont impuissants à faire obstacle désormais; le Démon ne peut plus faire obstacle. Son acte, c'est l'Acquis tout particulier et l'affaiblissement de l'Aile adverse.

Un vers sur la Per-maturation d'intégralité des Membres de l'Abandon[1].

10. Accumulation de Bien, capacité d'effort dans le Fond, discernement très éminent, délice au Bien, chez le fils des Vain-

10. Introd. 1. *Prâhâṇikâṅga*. A défaut d'une liste sanscrite, je résume la liste palie correspondante des cinq *padhâniyaṅga* (v. inf. *samyak-prahâṇa* = °*padhâna* en pali) : la foi (*saddho hoti*), la santé de corps et d'esprit (*appâbâdho appâtaṅko*), la droiture et la loyauté (*asaṭho amâyâvî*), l'énergie (*âraddhaviriyo*), la sapience (*paññavâ*). Pour le développement de ces cinq rubriques, v. p. ex. Majjh. N. II, 95 et 128.

queurs, c'est là l'Indice de la Per-maturation régulière en fait d'intégralité des Membres.

La raison de cette Per-maturation, c'est l'accumulation des Racines de Bien. Sa nature propre, c'est l'endurance du Fond à se mettre à l'énergie. Son acte, c'est l'éminence du discernement et le délice au bien.

Il magnifie dans un vers les neuf espèces de Per-maturation.

11. Ainsi, mûri personnellement de neuf manières, devenu capable de per-mûrir les autres, continuellement accrû dans sa personne en œuvres de bien, il devient toujours le premier parent du monde.

Il a deux titres à l'éloge : il est la Ressource pour la Per-maturation des autres; il développe continuellement le Corps d'Idéal A ce titre, il est le premier parent du monde.

Onze vers sur la Per-maturation des créatures.

12. On dit d'un abcès ou d'un plat qu'il est bien mûr [*ou* : cuit] quand il est bon à vider ou à manger. De même on reconnaît la maturité[1] à la Pacification d'une des deux Ailes, à la sous-Passivité de l'autre dans ce Fond.

Il montre dans ce vers la nature propre de la Per-maturation. Par exemple, la Per-maturation d'un abcès, c'est qu'il est bon à vider; d'un plat, c'est qu'il est bon à manger, Ainsi, dans le Fond des créatures, qui représente l'abcès ou le plat, la Pacification des Adversaires représente le vidage de l'abcès ; la sous-Passivité des Auxiliaires représente l'utilisation du plat. Cette appropriation du Fond, c'est sa Per-maturation. Les deux Ailes désignent ici les Adversaires et les Auxiliaires.

Second vers.

13. Il y a chez les êtres corporels Dis-Maturation, Per-maturation, Pro-maturation, Post-Maturation, Bonne-Maturation, Archi-Maturation, In-maturation, Ex-maturation.

12. 1. Au second hémistiche, lire °*pakṣaçântatâṃ tathopabhogatvam uçanti pakvatâm*. Tib. *phyogs gñis źi ba dań de bźin dpyad pa ñid du smin pa bstan*. Le ms. porte °*tvasuçantipakṣatâm*.

Ce vers montre les divisions de la Per-maturation. La Dis-maturation, c'est faire mûrir par l'expulsion des Souillures. La Per-Maturation, c'est faire per-mûrir par les trois Véhicules. La Pro-maturation, c'est la maturation poussée avant, par suite de la Per-Maturation externe toute-particulière. La Post-Maturation, c'est faire mûrir en conformité, en prêchant l'Idéal selon les Disciplinables. La Bonne-Maturation, c'est faire mûrir par de bons traitements. L'Archi-Maturation, c'est faire mûrir par l'Acquis, en ne renversant pas le Sens. L'In-maturation, c'est faire mûrir à jamais, parce que le Sens ne peut pas se perdre. L'Ex-maturation, c'est faire mûrir graduellement de plus en plus. Voilà les huit divisions de la Per-maturation d'autrui.

Troisième et quatrième vers.

14. Comparés au fils des Vainqueurs, quand il fait mûrir le monde entier par sa Tendance au Salut, ni père, ni mère, ni parents ne sont aussi bien disposés pour leur fils ou leur parent.

15. Les gens n'ont pas autant de tendresse pour eux-mêmes, — a fortiori pour les personnes les plus chères ! — que le Compatissant a de tendresse pour les autres créatures, quand il les destine au bonheur et au salut.

Que montre-t-il par ces deux vers? Il montre avec quelle Tendance le Bodhisattva fait per-mûrir les créatures. Cette Tendance surpasse celle d'un père, d'une mère, d'un parent, et aussi la tendresse qu'on a pour soi dans le monde, puisqu'elle unit au bonheur et au salut ; tandis que, dans le monde, on ne destine que soi au bonheur et au salut. Dans le reste des vers, il montre ce que le Bodhisattva emploie pour per-mûrir les créatures, c'est à savoir l'Initiative des Perfections.

Par quelle sorte de Don et comment per-mûrit-il les créatures? Un vers.

16. Il n'y a rien absolument, corps et biens, qu'un Bodhisattva ne veuille donner pour les autres ; en faisant mûrir autrui par

16. 1. *Dṛṣṭadharma*, *saṃparâya*. Termes propres au bouddhisme (pali : *diṭṭhadhammo*, *samparâyo*). — L. 3, au lieu de *anâgatena ca* lire *tena ca* avec le ms., et le tib. *des na*.

deux sortes de faveurs, il n'est point rassasié des vertus toujours égales du Don.

Il fait mûrir par trois sortes de Dons : en donnant tout ce qu'il a, corps et biens ; en donnant sans inégalité ; en donnant sans en avoir jamais assez. Comment fait-il per-mûrir ? Par une faveur de vie présente et une faveur de vie future [1], en remplissant les désirs des êtres sans aucune indigence, et quand il les a Rapprochés par là, en les affermissant dans le bien.

Par quelle sorte de Moralité et comment per-mûrit-il les créatures ? Un vers.

17. Toujours archi-Innocent par nature, satisfait en soi, sans Négligence, y introduisant autrui, rendant service à autrui par transmission de deux façons, il fait mûrir par la vertu de la Concoction et de la Coulée.

Sa Moralité est de cinq sortes : moralité fixe ; moralité de nature ; moralité complète puisqu'il est archi-Innocent. Archi-Innocent veut dire Innocent complet, puisqu'il parachève les dix Sentiers-d'Actes de Bien [1]. Comme il est dit dans la Seconde Terre. Moralité d'Acquis, puisqu'il se plaît en soi. Moralité sans Achoppement et sans interruption, puisqu'il n'a pas de négligence. Et comment fait-il per-mûrir ? En installant dans la Moralité, par l'accomplissement de deux sortes de faveurs : dans la vie présente et dans la vie future. La faveur dans la vie future, il l'opère par transmission, au moyen des vertus de Concoction et de Coulée chez autrui ; car la Concoction et la Coulée sont inséparables, puisqu'elles sont réciproquement solidaires.

Par quelle Patience et comment per-mûrit-il les créatures ?

18. Si un autre lui fait tort, il le tient pour un bienfaiteur, en supportant jusqu'au bout une offense, même atroce ; sachant les Moyens, par sa patience même contre l'offense, il engage les offenseurs au bien.

Si un autre lui fait tort, il le per-mûrit par sa patience à supporter les injures les plus graves, avec cette idée que c'est un

17. 1. *Kuçalakarmapatha.* Les dix Actes de Bien (M. Vy., § 92) consistent à s'abstenir (*virati*) des dix péchés capitaux : meurtre, vol, pratique coupable des désirs, mensonge, grossièreté, médisance, bavardage, convoitise, malveillance, opinions coupables.

bienfait qu'il reçoit. Avoir idée que l'offenseur rend service, c'est se conduire d'accord avec le parachèvement des Perfections. Comment per-mûrit-il ? Par une faveur de vie présente, en supportant les torts ; par une faveur de vie future, en amenant les offenseurs au bien, gagnés qu'ils sont par sa patience aux offenses, puisqu'il connaît les moyens.

Par quelle Énergie et comment per-mûrit-il les créatures ?

19. Ayant assumé la tâche par excellence, le fils des Vainqueurs ne se lasse pas, pendant des myriades de milliers d'Eons, de faire per-mûrir la multitude, en produisant le Bien avec l'unique Pensée d'autrui.

Par une énergie que la longueur démesurée du temps ne lasse pas. La longueur du temps ne la lasse pas, puisqu'il per-mûrit une infinité de créatures, puisqu'il ne se lasse pas pendant des myriades de milliers d'Eons d'agir dans le Sens du Bien avec l'unique Pensée d'autrui. Par suite, comment est-ce qu'il per-mûrit ? Par une faveur de vie présente et de vie future, en appliquant à la Pensée de Bien.

Par quelle Extase et comment per-múrit-il les créatures ?

20. Arrivé dans son esprit à la Souveraineté, il gagne autrui à la Religion ; et comme il a abattu tout désir de dédain, il le fait ensuite grandir en Bien.

Par une Extase arrivée à la Souveraineté et sans Amorces, puisqu'elle a abattu toute velléité de dédain, il fait la Per-maturation ; il la fait en amenant autrui à la Religion du Bouddha et en faisant croître les Idéaux de Bien.

Par quelle Sapience et comment per-mûrit-il les créatures?

21. Certain de la méthode qui mène au Sens Positif et au Sens Impliqué, il fait que les doutes des créatures se disciplinent; en conséquence, par respect pour la Religion du Vainqueur, elles se font grandir et font grandir autrui en vertus de Bien.

Le Bodhisattva fait per-mûrir par la Sapience, parce qu'il est certain de la méthode qui mène au Sens Positif et au Sens d'Intention. Comment fait-il per-mûrir? En disciplinant les doutes des créatures; alors, comme elles respectent la Religion, elles font croître les vertus en elles-mêmes et en autrui.

Un vers de conclusion.

22. Ainsi, sur le chemin de la Bonne Destination ou dans les trois Biens, le Bodhisattva discipline par compassion l'univers entier, avec des procédés menus, moyens [1], extrêmes, allant tant que le monde existe.

Où discipline-t-il? Sur le chemin de la Bonne Destination, ou dans les trois Véhicules. Qui discipline-t-il? L'univers entier. Par quoi discipline-t-il? Par la compassion. Qui discipline? Le Bodhisattva. Par des procédés de Per-maturation de quelle sorte? Menus, extrêmes, moyens. Combien de temps, enfin? En l'illustrant, il résume la grandeur de la Per-maturation. Les procédés menus, c'est dans la Terre de la Conduite par croyance; extrêmes, c'est dans la Huitième Terre et les suivantes; moyens, dans les sept premières. Allant tant que le monde existe, c'est-à-dire indéfiniment.

22. 1. *Vimadhyama*. Terme de la langue bouddhique.

CHAPITRE IX

L'ILLUMINATION

Deux vers sur la Connaissance Omnigénérique. Le troisième explique les deux premiers.

1. Par d'incalculables épreuves, par d'incalculables accumulations de Bien, par une incalculable durée, par l'épuisement d'incalculables Obstructions,

2. La Connaissance Omnigénérique est atteinte, nettoyée de toute Obstruction, comme une cassette de bijoux grande ouverte; elle s'appelle la Bouddhaté.

3. Après avoir subi des épreuves prodigieuses, au prix de centaines de fatigues, accumulé tout Bien, épuisé toutes les Obstructions par la grandeur du temps, des Dons, et du Véhicule, l'Obstruction subtile qui persistait dans les Terres éclate, et la Bouddhaté se découvre comme une cassette de pierreries grandes en pouvoir.

Il explique la Bouddhaté au point de vue de la Réussite, de la nature propre, et de la comparaison. Tant et tant de centaines d'épreuves, tant et tant de Provisions de Bien, tant et tant de durée, tant et tant d'Obstructions rejetées la font réussir ; c'est la Réussite. L'arrivée à la Connaissance Omnigénérique nettoyée de toute Obstruction, c'est la nature propre. Comme une cassette ouverte ; c'est la comparaison.

Deux vers sur l'Indice de Non-dualité de la Bouddhaté et aussi son efficacité.

4. Tous les Idéaux sont la Bouddhaté, et elle n'est point un Idéal ; elle est faite des Idéaux Blancs, et elle n'est point définie par eux.

5. Parce qu'elle est le Signe des Joyaux de l'Idéal, on l'a comparée à une mine de joyaux ; parce qu'elle est le Signe des moissons du Bien, on l'a comparée à un nuage.

Tous les Idéaux sont la Bouddhaté, puisque la Bouddhaté est inséparable de la Quiddité [1] et puisque la Bouddhaté est produite par le nettoyage de la Quiddité. Et d'autre part, elle n'est point un Idéal, en tant que la nature propre de l'Idéal est Imaginaire. Et la Bouddhaté est faite d'Idéaux Blancs puisque les Perfections et autres Biens sont Révolus par son existence. Et elle n'est pas exprimée par les Idéaux Blancs puisque les Perfections etc..., en tant que Perfections, ne sont pas Absolues. C'est là l'Indice de Non-Dualité. La comparaison avec la mine de joyaux et le nuage marque son efficacité ; en effet, elle est l'origine des joyaux de l'Idéal de Prédication [2] et aussi des moissons du Bien dans les champs qui sont les Séries Personnelles [3] des Disciplinables.

6. Il est dit que la Bouddhaté, c'est tous les Idéaux ; ou plutôt elle est en dehors de tous les Idéaux ; comme elle donne naissance à ce joyau si grand, si vaste, de l'Idéal, elle semble la mine de joyaux de l'Idéal ; comme elle cause la production des moissons de Blanc si grandes chez les êtres, elle devient aussi un nuage, en versant sur les créatures la pluie de l'Idéal, vaste, bien disposée, inépuisable.

4-5. 1. *Tathatâ* (la graphie *tathâtâ*, donnée par Böhtlingk, est inexacte ; le témoignage des mss. est unanime). Tib. *de bžin ñid* « la qualité d'être ainsi » ; chin. *jou* ou *tchen jou* « comme », « exactement comme ». C'est le fond intime, inaltérable, identique des *dharma* qui les fait ce qu'ils sont, comme ils sont (*tathâ*). La *tathatâ* est ainsi identique au *parinişpanna lakṣaṇa* « l'indice absolu » (XI, 41), et aussi au *buddhatva* (IX, 4) ou à la *buddhatâ* (IX, 22) ; quand on la connaît et qu'on la pratique, on nettoie le *dharmadhâtu* « le plan des idéaux » (IX, 57) ; elle est « l'égalité de tous les *dharma* » (*sarvadharmasamatâ*, XVIII, 37). Elle est classée en sept espèces (XIX, 44-46). L'école Yogâcâra range la *tathatâ* parmi les *asaṃskṛta* « les idéaux inélaborés » ; le Kathâvatthu pali (XIX, 5) rapporte et combat cette thèse, que le commentaire attribue à certains Uttarâpathaka : « Les *dharma* de forme etc., disaient-ils, ont tous quelque chose qui est leur nature-propre de forme etc., laquelle n'est pas comprise dans la forme etc. ; la forme etc. étant *saṃskṛta* « une élaboration de l'esprit », cette nature-propre (*tathatâ*) est donc en dehors du *saṃskṛta* ; elle est *asaṃskṛta* ». Mais l'école palie n'admettait qu'un seul *asaṃskṛta*, le Nirvâṇa ; elle devait donc repousser cette thèse.

2. Comm. l. 5 réunir *deçanâdharma°*. Tib. *bstan pa'i čhos*.

3. *Saṃtâna*. Tib. *rgyud* « chaîne » ; le chinois ne traduit pas. On désigne sous ce nom la série des groupements successifs constitués par le développement automatique d'un *karman* donné et où une conscience erronée croit retrouver le jeu continu d'une même personnalité. L'usage du mot *saṃtâna* exclut la notion de la personnalité.

Il explique le même Sens dans ce troisième vers :

Comme elle est le Signe de la production du joyau si grand, si vaste, qu'est l'Idéal, elle semble une mine de joyaux ; comme elle cause pour les êtres la production des moissons de Blanc si grandes, elle devient un nuage en donnant aux créatures la pluie de l'Idéal, pluie si grande, si bien disposée, inépuisable. Voilà comment il faut faire l'analyse des mots.

Cette Bouddhaté est un Refuge que rien ne surpasse ; cinq vers.

7. La Bouddhaté est toujours un rempart contre toute la troupe des Souillures, contre toutes les mauvaises actions, contre la naissance et la mort.

Il montre en abrégé dans ce vers que la Bouddhaté est un Refuge en tant qu'elle sert de rempart contre les Souillures, les actes, la naissance, la Pleine-Souillure.

8. Contre toutes les calamités, contre l'enfer, contre les faux Moyens, contre le Corps Réel [1], contre le Petit Véhicule ; elle est donc le Refuge suprême.

Dans ce second vers, il montre en détail qu'elle est un rempart contre les calamités etc... Rempart contre toutes les calamités ; par l'efficacité du Bouddha, les aveugles recouvrent la vue, les sourds l'ouïe, les esprits distraits un esprit bien assis, les troubles sont supprimés etc [2]... Rempart contre l'enfer ; l'éclat du Bouddha délivre ceux qui y sont et consolide ceux qui n'y sont pas. Rempart contre les faux Moyens ; elle redresse les vues des hérétiques. Rempart contre le Corps Réel ; elle mène au Pari-Nirvâṇa par deux Véhicules ; elle fait du Grand Véhicule le Passage-uniforme pour ceux qui ne sont pas définitivement d'une Famille.

8. 1. *Satkâyadṛṣṭi*. Tib. *'Jig chogs la lta ba* « regarder l'ensemble du périssable » ; chin. *chen kien* « regarder le corps ». Le pali dit *sakkâyadiṭṭhi*, que les commentateurs expliquent par *sat-kâya* ou *sva-kâya*. C'est l'hérésie par excellence aux yeux des Bouddhistes, celle qui affirme l'existence personnelle. Elle est, pour Asaṅga, identique à la « pleine-souillure » (*saṃkleça* ; XVIII, 92).

2. C'est la liste traditionnelle des miracles que produit la présence d'un Bouddha. Cf. Jâtaka, Nidâna, I, 51 ; Lal. Vist. 86, 8 sqq. ; M. vas. I, 254 ; Divyâv. 365, 2 (Açoka).

9. Cette Bouddhaté est le Refuge excellent, incomparable ; c'est la défense contre les maux de la naissance, de la mort, de toutes les Souillures; en quelque péril qu'on soit, elle est la défense universelle ; elle est la porte de sortie pour s'échapper de tant de maux qui se prolongent, de l'enfer, des faux Moyens ! [1]

Dans ce troisième vers, il montre par le même Sens l'excellence insurpassable de la Bouddhaté, comme le meilleur des Refuges, l'incomparable.

10. Elle a le corps rempli des Idéaux des Bouddhas ; elle sait tout au long discipliner les êtres ; sa compassion fait, dans tous les mondes, passer à l'autre rive : la Bouddhaté est ici le meilleur des Refuges [1].

Dans ce quatrième vers, il montre pour quelles raisons elle est ainsi un Refuge insurpassable. Elle a une nature propre toute remplie des Idéaux des Bouddhas, Forces, Assurances etc., au point de vue du But qui est le Sens de Soi ; elle connaît les moyens de discipliner les créatures dans le Bon Idéal, et elle les mène à l'autre rive de la Compassion, au point de vue du But qui est le Sens d'autrui.

11. Tant que dure le monde, la Bouddhaté est le grand Refuge de toutes les créatures pour écarter toutes les passions et pour donner pleinement la Prospérité.

Dans ce cinquième vers, il montre en résumé pour combien de temps, pour combien de créatures, et dans quel Sens elle est le Refuge. Dans quel Sens ? C'est pour écarter toutes les passions et pour donner pleinement la Prospérité.

Six vers sur la Révolution du Fond.

12. La semence des Obstructions de Souillure et de Connaissable, compagne assidue et de temps immémorial, y est anéantie par tous les procédés les plus intenses de rejet ; cette Bouddhaté est un changement du Fond, associé aux éminentes vertus des Idéaux Blancs ; on arrive à ce changement par la Voie de la Con-

9. 1. *Nopâya* = *anupâya*. Tib. *ṅan soṅ rnam maṅ sdug bsṅal thob min soṅ ba rnams.*

10. 1. A la fin du vers, lire plutôt : *iheṣṭaṃ çaraṇânâm*. Tib. *'dir...'dod.* Au Comm., l. 2, reporter le trait de ponctuation après *svârtha*° — °*kṛtya*.

naissance, dégagée de la différenciation, grande en objet, et bien nettoyée.

Dans ce vers, il illustre la Révolution du Fond en tant qu'on se sépare des semences des Adversaires et qu'on s'unit à la plénitude des Auxiliaires. Comment est-ce qu'on y arrive ? Par la possession d'une double Voie : la Voie de la Connaissance Supramondaine, bien nettoyée, et la Voie de la Connaissance de l'infinité du Connaissable, qu'on atteint derrière l'autre. De temps immémorial, c'est-à-dire un temps qui n'a pas de commencement. Tous les procédés les plus intenses de rejet, c'est-à-dire les procédés des Terres.

13. Installé là, le Tathâgata jette ses regards sur le monde comme s'il était au sommet d'une haute montagne ; il s'apitoie sur ceux qui se plaisent à la Paix ; qu'est-ce donc des autres gens qui se plaisent à l'existence[1] ?

Dans ce second vers, il montre l'excellence de cette Révolution du Fond par rapport aux autres. Installé là, il regarde le monde loin en bas, comme s'il était sur une haute montagne ; et l'ayant regardé, il s'apitoie sur les Auditeurs et les Bouddhas-pour-soi, à plus forte raison sur les autres.

14. Pro-fonction, Ex-fonction, Non-fonction sur le Fond, In-fonction, Ad-fonction, et encore à dualité, sans-dualité, égale, supérieure, de plus universelle : telle est la Révolution des Tathâgatas.

Dans ce troisième vers, il en montre les dix espèces. En effet la Révolution des Tathâgatas est une Pro-fonction, parce qu'elle fonctionne pour le Sens d'autrui ; c'est une Ex-fonction, à cause de son excellence, étant supérieure à tous les Idéaux ; c'est une Non-fonction, en fait de cause de Pleine-Souillure. Le Fond désigne le Fond de la Révolution. In-fonction, parce qu'elle fonctionne en dehors de la Pleine-Souillure. Ad-fonction, parce qu'elle fonctionne ad infinitum. Fonction à dualité, puisqu'elle fonctionne pour montrer la Pleine Illumination et le Pari-Nirvâṇa. Fonction sans dualité, puisqu'elle est à-Opérants et Sans-Opérants,

13. 1. Au lieu de *janamaghâbhirâme*, corriger : *janaṃ bhavâbhirâme*. Tib. *srid la mṅon dga'i*.

n'étant arrêtée ni à la Transmigration ni au Nirvâṇa. Fonction égale avec les Auditeurs et les Bouddhas-pour-soi, puisque les Libérations leur sont communes. Fonction supérieure, puisqu'elle n'a pas en commun avec eux les Idéaux des Bouddhas, Forces, Assurances etc... Fonction universelle, puisqu'elle est présente dans l'enseignement de tous les Véhicules.

15. Comme l'espace est toujours universel, ainsi elle est toujours universelle ; comme l'espace est universel dans les multitudes des Formes, ainsi elle est universelle dans les multitudes des êtres.

Dans ce quatrième vers, il montre que la Bouddhaté est universelle, puisque c'est sa nature propre ; dans la première et la seconde moitié du vers, il énonce et il explique l'analogie avec l'espace. L'universalité de la Bouddhaté dans les multitudes des êtres se constate à ce qu'elle admet en soi absolument tous les êtres.

16. Comme un Récipient à eau, quand il est brisé, ne montre plus l'image de la lune, ainsi l'image des Bouddhas ne se montre pas dans les créatures perverties.

Dans ce cinquième vers, il fait comprendre par un exemple comment, malgré son universalité, l'image des Bouddhas ne se laisse pas voir dans les créatures qui ne sont pas devenues des Récipients.

17. Comme le feu qui s'allume ici et s'éteint là, ainsi les Bouddhas, — qu'on le sache ! — se montrent ou ne se montrent pas.

Dans ce sixième vers, il fait comprendre, par l'analogie avec le feu qui s'allume et qui s'éteint, que les Bouddhas se montrent quand il y a des Disciplinables et qu'il faut pour eux la naissance d'un Bouddha ; l'œuvre de Discipline faite, ils ne se montrent plus ; c'est le Pari-Nirvâṇa.

Quatre vers sur la besogne des Bouddhas sans Rémission[1] par Impassibilité.

17. 1. *Apratiprasrabdha*. Cf. M. Vy. § 19, 61 : *anâbhogabuddhakâryâpratiprasrabdhaḥ* parmi les « noms magnifiques » du Tathâgata. Böhtlingk (*Nachträge*) qui ne connaît *pratiprasrabdha*, °*bdhi* que par la M. Vy., donne

18. Comme une musique qui proviendrait d'instruments sans qu'on les ait battus, ainsi naît la prédication chez le Vainqueur sans aucune Passivité.

19. Comme une pierrerie montre sans aucun travail son propre éclat [1], ainsi les Bouddhas montrent leur activité sans aucune Passivité.

Dans ces deux vers, il fait comprendre l'activité en Impassibilité des Bouddhas par l'analogie de la musique sans aucun jeu d'instruments et de la pierrerie qui brille sans travail.

20. Comme les actions du monde se montrent sans cesse dans l'espace, ainsi les actions des Vainqueurs se montrent sans cesse dans le Plan Sans-Écoulement.

21. Comme les actions toujours surgissent et se perdent dans l'espace, ainsi les actions des Bouddhas naissent et finissent dans le Plan Sans-Écoulement.

Dans ces deux vers, il montre que les Bouddhas agissent sans Rémission, puisque la tâche des Bouddhas est incessante. Il en est d'elle comme des actes du monde dans l'espace ; ils n'ont pas de cesse, et pourtant il y en a qui commencent et d'autres qui finissent.

Seize vers sur la profondeur du Plan Sans-Écoulement.

22. Quoique spécifiée par une relation de succession, nettoyée qu'elle est de toutes les Obstructions, ni pure ni impure tout ensemble, la Quiddité est la Bouddhaté.

Elle n'est pas pure, puisqu'elle est spécifiée par la relation d'antérieur et de postérieur ; elle n'est pas impure, puisqu'elle est ensuite nettoyée de toute Obstruction, les taches étant parties.

comme traduction « *beseitigung*, *einstellung*, suspension ». Les formations tirées de *pratiprasrabh* sont d'usage fréquent en pali ; il suffit de renvoyer à l'article *paṭippassaddhi* de Childers, qui traduit par : « *subsidence*, *calming*, apaisement ». Le Divyâv. emploie régulièrement le mot quand il décrit les effets bienfaisants des rayons du Bouddha pénétrant dans les enfers. — Cf: inf. XI. 4, et la note.

19. 1. Au lieu de *svaprabhâva*°, lire *svaprabhâsa*°. Tib. *raṅ gi 'od ni*. De même au Comm.

23. Dans la Vacuité toute pure, les Bouddhas, qui ont par l'Impersonnalité trouvé la Voie, trouvent la pureté de la Personne et arrivent ainsi à la grandeur de la Personne.

Ici il indique la Personne par excellence des Bouddhas dans le Plan Sans-Écoulement [1]. Pourquoi donc ? Parce que leur Personne consiste dans l'Impersonnalité capitale. L'Impersonnalité capitale, c'est la Quiddité toute pure, et elle est la Personne, au Sens de nature-propre, des Bouddhas Quand elle est toute pure, les Bouddhas arrivent à l'Impersonnalité capitale, qui est la Personne toute pure. Arrivés à la Personne toute pure, les Bouddhas arrivent à la grandeur de la Personne. Et c'est avec cette Arrière-pensée que la Personne par excellence des Bouddhas est classée dans le Plan Sans-Écoulement.

24. C'est pourquoi il est dit que la Bouddhaté n'est ni l'existence ni la non-existence ; aussi, la question du Bouddha étant ainsi posée, il n'y a pas eu de dogme prononcé [1].

C'est pourquoi il n'est pas dit de la Bouddhaté qu'elle est l'existence, puisqu'elle a pour Indice l'inexistence de l'Individu et de l'Idéal, et que c'est là son essence même. Il n'est pas dit qu'elle est la non-existence, puisqu'elle existe en tant qu'elle a pour Indice la Quiddité. Ainsi la question étant posée de savoir si le Bouddha existe ou non : « Le Tathâgata existe-t-il après la mort, ou non ? etc... » il n'y a pas eu de dogme prononcé.

25. Comme la combustion s'apaise au fer, et les ténèbres à la vision, ainsi dans la connaissance spirituelle des Bouddhas, il n'y a ni existence ni non-existence canonique.

23. 1. *Anâsrava*. L' « écoulement » *âsrava* est le mouvement qui porte la pensée à se répandre, comme une eau qui fuit, vers les choses du dehors. La traduction tibétaine *žag pa* et le chinois *leou* conservent bien la valeur métaphorique de l'expression. On compte quatre *âsrava* : *kâma* « désir » ; *bhava* « devenir » ; *avidyâ* « inscience » ; *dṛṣṭi* « vue ». Au XI, 43, l'*anâsrava-dhâtu* est déclaré identique à « la famille des saints » *âryagotra*, et, dans le vers suivant (44), à la « libération » *vimukti*, c'est-à-dire à « la disparition absolue de toute susception, individualité ou idéal ».

24. 1. La question est posée et discutée Saṃyutta N. II, 222 = Saṃyuktâgama, vers. chin. (Nj. 544 ; Tôk. XIII, 3, 103 b). L'original sanscrit correspondant a été retrouvé par la mission Grünwedel (v. *Le Saṃyuktâgama sanscrit et les feuillets Grünwedel*, dans T'oung-Pao, 1904).

Comme la combustion s'apaise au fer, et les ténèbres à la vision ; cette Pacification n'est point existence, puisqu'elle a pour Indice la non-existence de la combustion et des ténèbres ; elle n'est point non-existence, puisqu'elle existe en tant qu'elle a pour Indice la Pacification. Ainsi, dans la connaissance de la Pensée chez les Bouddhas, la Pacification de l'Amour et de l'Inscience [1], qui correspondent à la combustion et aux ténèbres, n'est pas canoniquement déclarée existence, puisqu'elle a pour origine la non-existence de l'Amour et de l'Inscience, par suite de la Libération d'Etat d'Esprit et de Sapience ; elle n'est pas déclarée non-existence, puisqu'elle existe en tant qu'elle a pour Indice telle ou telle Libération.

26. Dans le Plan sans tache, il n'y a ni unité des Bouddhas ni pluralité, car ils n'ont pas de corps, tout comme l'espace, et ils ont eu antérieurement des corps.

Dans le Plan Sans-Écoulement, il n'y a pas unité des Bouddhas, puisqu'ils ont eu antérieurement des corps ; il n'y a pas pluralité, puisqu'ils n'ont pas de corps, tout comme l'espace.

27. Quant aux Idéaux des Bouddhas, Forces etc., l'Illumination est comparable à une mine de joyaux ; quant aux moissons de Bien du monde, elle est comparable à un grand nuage.

28. Comme elle est bien pleine de Mérites et de Connaissances, elle est comparable à la pleine lune ; comme elle produit la Clarté de la Connaissance, elle est comparable au grand soleil.

25. 1. *Avidyâ*. La traduction ordinaire : « ignorance » me semble fausser entièrement l'idée. L'ignorance est essentiellement une condition subjective. L'*avidyâ* a une existence objective ; elle figure même au premier rang dans la série des douze données-causales du Pratîtya-samutpâda. *Vidyâ*, c'est la science, localisée dans son objet propre. Les cinq « lieux-de-science » *vidyâsthâna* sont énumérés XI, 60. *Avidyâ*, c'est ce qui n'est pas la science, ce qui est en dehors de la science ; aussi peut-on dire que « l'*avidyâ*, c'est la *bodhi* » (XI, 32) puisque dans l'une comme dans l'autre il n'y a pas dédoublement du sujet et de l'objet ; l'une et l'autre constitue un état d'unité, soit par unification, soit par suppression des deux termes. Toutefois, en projection sur le plan de l'esprit, l'*avidyâ* constitue un *dharma* de la série de souillure (*kleça-mahâbhûmika*), avec *râga*, *pratigha*, *mâna*, *dṛṣṭi*, et *vicikitsâ* « amour, répulsion, sentiment-personnel, vue, scepticisme ».

Ces deux vers de comparaisons ont un Sens qui va de soi.

29. Tout comme d'innombrables rayons se confondent dans le disque du soleil ; tous fonctionnent à une occupation unique, et ils éclairent le monde.

30. Ainsi dans le Plan Sans-Écoulement, les Bouddhas sont innombrables ; dans leur tâche, ils confondent leur occupation unique et ils font la Clarté de la Connaissance.

Dans le premier vers, il montre leur acte commun par une comparaison avec l'occupation unique des rayons confondus. Les rayons ont une occupation unique, puisqu'ils travaillent identiquement à mûrir, à dessécher, etc. Dans le second vers, il montre que, dans le Plan Sans-Écoulement, ils confondent leur occupation unique dans la tâche des métamorphoses etc.

31. Qu'un seul rayon se dégage du soleil, et tous les rayons s'en dégagent ; ainsi se fait, dans le cas des Bouddhas, le dégagement de leur Connaissance.

Les rayons du soleil se dégagent tous en même temps ; ainsi aussi l'activité de la connaissance des Bouddhas, toute en même temps ; c'est ce qu'il montre.

32. Comme il n'y a rien d'égoïste dans la fonction des rayons du soleil, ainsi il n'y a rien d'égoïste dans le fonctionnement des connaissances [1] des Bouddhas.

33. Comme le monde est éclairé par les rayons que lance en une fois la clarté du soleil, ainsi le connaissable tout entier est éclairé en une fois par les connaissances des Bouddhas.

Le sens de ces deux vers va de soi ; il s'applique à l'absence de tout égoïsme et à l'éclaircissement du connaissable dans le monde.

34. Les nuages etc. sont l'Obstruction des rayons du soleil ; exactement ainsi, la perversité des créatures est l'Obstruction des connaissances des Bouddhas.

32. 1. Les *jñāna* « connaissances » des Bouddhas, au nombre de quatre (M. Vy. § 5) sont définies inf. IX, 67-76. — Comm., lire *prabhāsane ca*.

Comme les nuages etc. sont l'Obstruction des rayons, puisqu'ils n'éclairent plus ; ainsi la perversité des créatures est l'Obstruction des connaissances des Bouddhas. L'abondance excessive [1] des cinq Fanges [2] des créatures les empêche d'être des Récipients.

35. L'effet de la poussière sur une étoffe, c'est que la couleur a son lustre ou ne l'a pas ; ainsi, par l'effet de la Projection [1] sur la Délivrance, la Connaissance a son lustre ou ne l'a pas.

L'effet de la poussière sur une étoffe, c'est que par endroits la couleur a son lustre, par endroits elle ne l'a pas. Exactement ainsi, la qualité toute particulière de l'Intromission de la Force à exécuter le Vœu antérieur fait que dans la Libération des Bouddhas la Connaissance a son lustre ; dans la Libération des Auditeurs et des Bouddhas-pour-soi, elle n'a pas son lustre.

34. 1. *Utsada*. Terme bouddhique, que Böhtlingk rend à tort par « *vorzüglich, hervorragend*, excellent ». La trad. tibétaine *ças pa che ba* marque bien le sens de « abondant », comme aussi le chinois *to* « nombreux ». Le pali *ussada* prend aussi le sens de « foule, multitude » (Morris, *J. P. T. S.*, 1887, p. 144). — Cf. aussi Ç. sam. 248, 5 *utsadatva* = excès. — Comm. l. 2, lire *satvânâm abhâjana*°.

2. *Kaṣâya*. Tib. *sñigs ma* « malpropreté » ; chin. *tchou* « boue ». Les cinq *kaṣâya* (M. Vy. § 124) sont : *âyus* « longévité » ; *dṛṣṭi* « vue » ; *kleça* « souillure » ; *sattva* « les créatures » ; *kalpa* « éon ». La « fange » consiste en ce que ces cinq catégories vont en dégénérant.

35. 1. *Âvedha*. Le mot est donné par B. R. (supplément au vol. *b-m*) avec une référence au Mahâ Bhârata II, 2367 : *tasya vâkyaṃ sarve praçaçaṃsus... celâvedhâṃç câpi cakruḥ* ; ils donnent comme traduction « *schütteln*, agiter », et rapportent tout au long la glose fort embarrassée de Nîlakaṇṭha qui analyse *celâḥ = preṣyâḥ* « domestiques » et *vedhân* « les buts ». La traduction de P. C. Roy, docile à Nîlakaṇṭha, écrit : « they made signs unto one another by motions of their eyes and lips ». Cependant les *prâñcaḥ*, au témoignage de Nîlakaṇṭha lui-même, fournissaient une autre interprétation : *celâvedhân vastrabhrâmaṇânîti prâñcaḥ* « *celâvedha* » signifie « faire tournoyer les vêtements ». Les *prâñcaḥ* avaient raison. *Celâvedha* est ici l'équivalent de *celukkhepa*, fréquent en particulier dans le Jâtaka pali ; c'est, en signe d'approbation (*praçaçaṃsuḥ*), lancer en l'air une pièce du costume, comme nous faisons encore du chapeau. — La même expression reparaît, XVIII, 88 : *purvakarmâvedha*. Le comm. de l'Abh. koça (cité Madh. v. 302, n. 3) donne *karmâvedha* comme le synonyme de *karmâkṣepa* (comm. sup. *celâvedha* = pali *celukkhepa* ; *vyadh*° = *kṣip*°) : « C'est le *karmâvedha* qui par sa force fait aller à telle ou telle destination, enfers, etc. ». « L'*âkṣepa* du « vœu » (*praṇidhâna*, comme dans notre texte) du Bodhisattva produit ses fruits par projection tournante (*bhramaṇa-âkṣepa* ; cf. sup. *celâvedha* = *vastrabhrâmaṇa*) « comme la roue du potier » (Bodhic., cité Madh. v.). — Le tib. traduit *'phen pa* « lancer ». Le chinois introduit la glose *praṇidhânabala* dans le vers même. — La M. Vy. cite *âvedha*, § 245, 1127.

Aux deux hémistiches, réunir °*citrâvicitratâ*.

36. On parle de la profondeur des Bouddhas, dans le Plan Immaculé, en fait d'Indice, de place, d'acte, comme on parle de peindre l'espace avec des couleurs.

La triple profondeur des Bouddhas dans le Plan Sans-Écoulement a été ainsi exposée : la profondeur d'Indice en quatre vers [22-25] ; la profondeur de place en un vers [26], en tant qu'ils ne s'y tiennent ni tous en un, ni chacun à part ; la profondeur d'acte en dix vers [27-36]. De plus, cette profondeur d'Indice a été énoncée au point de vue de l'Indice de pureté, de l'Indice de Personne-par excellence, de l'Indice d'absence de dogme. La profondeur d'acte a été énoncée au point de vue de l'acte de se fonder sur les joyaux, Ailes d'Illumination etc. ; de l'acte de per-mûrir les êtres ; de l'acte de parvenir au But ; de l'acte de prêcher l'Idéal ; de l'acte de faire son office par les Métamorphoses etc. ; de l'acte de fonctionnement de connaissance ; de l'acte d'indifférenciation ; de l'acte de connaissance nuancée ; de l'acte de non-fonctionnement de connaissance ; de l'acte de connaissance spéciale de la Libération en général. Cette prédication des divisions de la profondeur dans le Plan Sans-écoulement est comme un tableau dans l'espace avec des couleurs, l'espace — comme le Plan Sans-écoulement — n'étant pas susceptible de multiplication.

37. La Quiddité, quoique sans particularisation pour tous les êtres, arrivée pourtant à la pureté est l'Essence de Tathâgata ; et c'est pourquoi tous les êtres en sont la Matrice.

La Quiddité est pour tous les êtres sans particularisation, et d'autre part le Tathâgata a pour nature propre de la rendre pure. De là vient que tous les êtres sont appelés des Matrices de Tathâgata [1].

Onze vers sur la Maîtrise.

37. 1. *Tathâgatagarbha*. Le Mahâyânaçraddhotpâda le définit comme le trésor des mérites innombrables et hors-mesure de l'univers. Le Tathâgatagarbha sûtra (Nj., 384 ; Tôk., V, 3 ; et Kandjour, Mdo XX, 16) enseigne par neuf comparaisons « comment la nature du Tathâgata gît cachée dans toutes les créatures » (Wassilieff, 174).

38. La Maîtrise[1] des Auditeurs surpasse celle du monde ; celle de la Terre de Bouddha-pour-soi surpasse celle des Auditeurs.

39. Celle-ci ne vaut pas une simple parcelle de la Maîtrise des Bodhisattvas ; celle-ci ne vaut pas une simple parcelle de la Maîtrise des Tathâgatas.

Dans ces deux vers, il fait voir la Maîtrise des Bouddhas par une gradation de pouvoir.

40. La Maîtrise des Bouddhas est hors-mesure et hors réflexion, quant à la personne, au lieu, à la manière, à la quantité, au temps où elle s'exerce.

Dans ce troisième vers, il montre par la division en sections et par la spécification de la profondeur comment cette Maîtrise est hors-mesure, et comment elle est hors-réflexion, quant à la personne pour qui elle s'exerce ; au lieu, c'est-à-dire au Plan-de-Monde ; à la manière telle ou telle ; à la quantité, petite ou grande ; au temps.

Dans le reste des vers, il montre la division des Maîtrises d'après l'activité de l'esprit.

41. Dans la Révolution des cinq Organes, on constate une Maîtrise absolue : de tous, quant au fonctionnement de tous leurs Sens ; et à la production des douze cents vertus[1].

Dans la Révolution des Cinq Organes, on constate une double Maîtrise absolue : 1° de tous les cinq Organes, quant à l'activité de tous les cinq Sens ; 2° et là, quant à la production des douze cents vertus respectivement.

42. Et dans la Révolution de l'esprit, on constate aussi une

38. 1. *Vibhutva*. Tib. *'byor pa* ou *dbaṅ 'byor pa* « maîtrise » ; chin. *pien hoa* « transformer ». Le texte lui-même (IX, 48) le définit par *acintyakarmânuṣṭhâna* « accomplir des actes qui passent la réflexion ». XVI, 16, il en classe trois sortes : *kâya* « corps », *caryâ* « conduite », *deçanâ* « prédication ».

Au pâda *c*, lire avec le ms. *pratyekabuddhabhaumena*, garanti par le tib. *raṅ saṅs rgyas kyi sa pa yis*.

41. 1. J'ignore de quelle catégorie numérique il s'agit, et je crains que les interprètes l'aient ignoré comme moi, car le chinois dit : « mille et deux cents », mais le tibétain écrit « cent et douze vertus ». 1.200 est le chiffre le plus probable, car on attend un multiple de 5 (les cinq organes).

maîtrise absolue, quant à la connaissance indifférenciée, immaculée, qui est consécutive à la Maîtrise.

Dans la Révolution de l'esprit, on constate une Maîtrise absolue quant à la connaissance consécutive à la Maîtrise, connaissance indifférenciée et bien épurée. Cette Maîtrise accompagne toute connaissance de Maîtrise dans ses exercices.

43. Dans la Révolution des Récepteurs [1] avec les Sens, on constate une Maîtrise absolue, quant au nettoyage du Champ pour faire voir le Passif [2] à volonté.

Dans la Révolution des Sens et dans la Révolution des Récepteurs on constate une Maîtrise absolue à nettoyer le Champ, Maîtrise par laquelle on fait voir à volonté le Passif.

44. Dans la Révolution de la Différenciation, on constate une Maîtrise absolue, quant à ce que connaissances et actes, tous, en tout temps, ne sont jamais empêchés.

Dans la Révolution de la Différenciation, on constate une Maîtrise absolue en ce que les connaissances et les actes n'ont jamais d'empêchement.

45. Dans la Révolution de l'Arrêt, on constate une Maîtrise absolue quant au Nirvâṇa-qui-n'est-pas-l'arrêt, au Point immaculé des Bouddhas [1].

Dans la Révolution de l'Arrêt on constate une Maîtrise absolue quant au Nirvâṇa-qui-n'est-pas-l'arrêt, dans le Plan Sans-Écoulement des Bouddhas.

46. Dans la Révolution de l'Accouplement, on constate une Maîtrise absolue, quant à la Station de bien-être des Bouddhas et à la vision sans Souillure de l'épouse [1].

43. 1. *Udgraha*. Ce mot désigne les cinq « blocs de sensation » *pañca vijñâna-kâya* (XI, 41), les sensations des organes extérieurs par opposition à l'organe interne (XI, 48).

2. *Bhoga*. Cf. la note sur *anâbhoga*, I, 7.

45. 1. Au lieu de *acale pade*, rétablir *amale* ; tib. *dri med* « sans souillure ». La lecture *acale*, suivie par le traducteur chinois, semble être mieux en rapport avec l'idée de la *pratiṣṭhâ*.

46. 1. Ce vers fait sans doute allusion aux couples mystiques des Bouddhas et des Bodhisattvas qui ont tant d'importance dans le tantrisme.

Dans la Révolution de l'Accouplement, on la constate quant à deux choses : Station de bien-être des Bouddhas et vision sans souillure de l'épouse.

47. Dans la Révolution de la Connotation[1] d'espace, on constate une Maîtrise absolue, quant à l'atteinte du Sens pensé et quant au développement du mouvement et de la Forme.

Dans la Révolution de la Connotation d'espace, on constate une Maîtrise absolue quant à deux choses : accomplissement du Sens pensé, par quoi on devient Matrice-d'espace[2] ; et développement du mouvement et de la Forme, puisqu'on se déplace à volonté et qu'on fait de l'espace à volonté[3].

48. Telle est, dans la Révolution hors-mesure, la Maîtrise hors-mesure, par suite de l'accomplissement d'un office hors-réflexion, dans le Fond immaculé des Bouddhas.

Telle est, par cette Embouchure, la Révolution hors-mesure. Et la Maîtrise hors-mesure y consiste dans l'accomplissement d'un office hors-réflexion, dans le Plan Sans-Écoulement des Bouddhas.

47. 1. *Saṃjñâ.* Tib. *'du çes*, traduction littérale des deux éléments du mot ; chin. *siang* « avoir l'idée de... ». Le mot désigne à la fois dans la langue courante « la pleine connaissance, la représentation claire ; le signe (de main, etc.) ; la désignation, le nom » [P. W., s. v.]. En fait il évoque simultanément tous ces sens, ou plutôt il se rapporte à une opération synthétique de l'esprit qui les embrasse tous. Puisque le nom est, au point de vue hindou, l'essence même de toute chose (concurremment avec la forme : *nâma-rûpa*), la conscience parfaitement claire d'un objet est intimement liée à sa désignation. J'ai donc dû rejeter chacun de ces deux termes « conscience » et « désignation » pour éviter de mutiler la notion de *saṃjñâ* ; j'ai adopté, assez arbitrairement, le mot de « connotation » qui n'évoque par lui-même rien de précis, dans l'usage réel tout au moins, et qui présente l'avantage de combiner deux éléments qui répondent à *sam-jñâ : cum-nota*.

2. *Gaganagarbha.* Tib. *nam mkha'i mjod* « trésor de l'espace » ; chin. *hiu k'oung tsang*, même sens (cf. l'expression *Tathâgatagarbha* sup. IX, 37). Des synonymes de cette expression, *Akâçagarbha*, *Khagarbha* ; tib. *nam mkha'i sñiṅ po*, chin. *hiu k'oung tsang*, désignent un des grands Bodhisattvas, qui est célébré dans un sûtra traduit trois fois en chinois au ve siècle (Nj. 67, 68, 69 ; Tôk. III, 8), et aussi en tibétain (Kandjour, Mdo XX, 18. Cf. Wassilieff, p. 171).

3. A la fin du commentaire, rétablir avec le manuscrit : *âkâçîkaraṇâc ca* = Tib. *nam mkha'i byed pa'i phyir*.

Le Bouddha lui-même est le Signe de la per-maturation des créatures : sept vers.

49. Le monde, s'il est accru en Bien, va au plus haut degré du bon Nettoyage; s'il n'y a pas encore un commencement de Bien, il va au plus haut degré d'accroissement du Bien. Ainsi va le monde en tous lieux, grâce aux bons propos des Vainqueurs, qu'il soit mûr ou non[1]; et il ne manquera jamais de reste, c'est trop sûr.

Ce vers montre de quelle per-maturation il est le signe : en Libération par excellence, pour ceux qui ont accumulé les Racines de Bien; en accumulation de Racine de Bien, pour ceux qui n'en ont pas accumulé. S'il n'est pas mûr[2], en allant à l'accroissement du Bien par excellence il va à la maturation; s'il est mûr, il va au bon nettoyage par excellence. Et ainsi il va perpétuellement; et il n'y a jamais manque de reste, puisque le monde est infini.

50. Que les Sages trouvent ainsi en tout lieu, en tout temps, toujours, la grande Illumination, qui est si difficile à atteindre[1], et qui est merveilleuse par l'application aux vertus par excellence, qui est éternelle, et qui est le Refuge assuré de ceux qui n'ont pas de Refuge, oui, c'est un prodige ! et ce n'est pas pourtant un prodige, puisqu'ils font ce qu'il faut.

Ce vers, le second, montre que l'Indice de per-maturation des Bodhisattvas tout mûrs est un prodige et ce n'en est pas un[2]. « En tout temps, toujours » signifie : éternellement, sans intervalle. Faire ce qu'il faut, c'est suivre la voie appropriée[3].

49. 1 *d*. Insérer *na* entre *vā* et *ca* ; et lire *pakvo vā na ca punar*..., comme l'exige le mètre et comme le garantit le tib. *de ltar ma smin smin pa rtag'gro 'aṅ ma lus min*.

2. Comm. l. 3, au lieu de *vrajanapâkaṃ* lire *vrajan pâkaṃ*.

50. 1 *a*. Au lieu de *kṛtvâ caryâṃ*, lire *kṛcchrâvâpyâṃ* ; tib. *thob dka'* « difficile à atteindre ».

c. Au lieu de ˘ ˘ ˘ *gasadâ*, rétablir *diçi diçi sadâ* ; tib. *phyogs phyogs* « en toute direction » ; le *g* et le *ç* se confondent couramment dans la graphie népalaise.

2. Comm. l. 1 et 2, reculer le trait de ponctuation jusqu'après *lakṣaṇam* et lire *nâçcaryaṃ lakṣaṇam* | *sadâ*...

3. Au lieu de *tad anubhûya mârga*..., rétablir la leçon du ms. *tadanurûpamârga* (tib. *de daṅ mthun pa'i lam*) et placer un trait de ponctuation devant *tad*°.

51. Il fait voir tantôt la Roue de la Loi[1] par des centaines et des centaines d'Embouchures, tantôt la disparition de la naissance, et tantôt la circulation éblouissante dans les naissances, tantôt l'Illumination intégrale, et tantôt le Nirvâṇa, et plus d'une fois; et il ne bouge pas de cette place, et c'est lui qui fait tout!

Ce vers, le troisième, montre [le Bodhisattva] comme Signe en fait d'emploi des moyens pour per-mûrir par des procédés nombreux et simultanés, comment et en quel lieu il convertit les créatures. La circulation dans les naissances est éblouissante par la diversité des Naissances[2]. Et il ne bouge pas de cette place, c'est-à-dire du Plan Sans-Écoulement.

52. Les Bouddhas ne se disent pas : En voici un qui est mûr pour moi ! en voici un que j'ai à pousser en maturité! En voici un qui mûrit présentement! Mais c'est la multitude, qui, sans aucun Opérant, va en avant vers la pro-maturation par les Idéaux de Bien, perpétuellement, en tous lieux, de partout, par trois Embouchures.

Ce vers, le quatrième, le montre comme Signe en fait d'emploi de la per-maturation sans aucun Sur-opérant. Les trois Embouchures, c'est les trois Véhicules.

53. Sans effort, le soleil, par les rayons qu'il émet étendus et clairs, agit de partout en tous lieux pour mûrir les moissons; ainsi le soleil de l'Idéal, en émettant les rayons des Idéaux qui prescrivent la Paix, agit de partout en tous lieux pour pro-mûrir les créatures.

Ce vers, le cinquième, montre par une comparaison la per-maturation sans Sur-opérants.

54. D'une seule flamme sort une grande masse de flammes, hors-mesure, hors calcul, et ensuite elle ne finit plus. Ainsi d'un seul Bouddha sort une grande masse de per-maturation, hors-mesure, hors-calcul, et ensuite elle ne finit plus.

51. 1a. Au lieu de *dharmâñcakaṃ*, lire *dharmyaṃ cakraṃ* [*dharmmyañ cakraṃ*]; tib. *čhos kyi 'khor lo*.

2. *Jâtaka*; ce sont les transmigrations des Bodhisattvas avant d'arriver à la bodhi

Ce vers, le sixième, montre la per-maturation par transmission.

55. Le grand océan n'est jamais saturé d'eau; il n'a jamais de crue par les eaux étendues et pures qui y pénètrent. Ainsi le Plan des Bouddhas n'est jamais saturé ni grossi par tous les nettoyages qui y pénètrent et s'y réunissent sans cesse. Voilà qui est la merveille par excellence !

Ce vers, le septième, montre par une comparaison avec l'Océan que le Plan des Idéaux n'atteint jamais la saturation par l'entrée des créatures per-mûries dans la Délivrance, parce qu'il a toujours de la place libre, et qu'il ne s'accroît pas, puisqu'il n'y a pas plus grand [1].

Quatre vers sur le nettoyage du Plan des Idéaux.

56. Son Indice, c'est le nettoyage de la Quiddité de tous les Idéaux par rapport aux deux Obstructions. Son Indice, c'est la Souveraineté impérissable sur les objets et sur la connaissance qui les a pour Phénomène.

Ce vers, le premier, expose au point de vue du Sens d'Essence. [Le commentaire indique ensuite l'ordre à rétablir dans les mots du vers.]

57. La Pratique intégrale de la connaissance de la Quiddité, c'est la Réussite; l'Intromission inépuisable et intégrale du Couple pour toutes les créatures, c'est le fruit.

Ce vers, le second, expose [le Plan des Idéaux] au point de vue du Sens de cause et au point de vue du Sens d'effet. La Pratique intégrale de la connaissance de la Quiddité est la cause du nettoyage du Principe des Idéaux. « Intégrale » signifie : par toutes les Rubriques des Idéaux comme procédés. L'Intromission inépuisable et intégrale du couple que forment le Salut et le Bonheur des créatures, c'est le fruit.

58. Il a pour acte et moyen d'emploi la Métamorphose du corps, de la voix, de la pensée; il est associé aux Portes d'Union et de Formule et aussi aux deux Hors-mesure.

55. 1. Comm. l. 2. Au lieu de *dhyânâdhikatvât*, lire *cânadhikatvât*.

Ce vers, le troisième, expose [le Plan des Idéaux] au point de vue du Sens d'Acte et du Sens d'Application. Son acte, c'est la métamorphose du corps, etc. Son Application, c'est l'association avec les deux Embouchures d'Union et de Formule, et avec les deux Hors-mesure qui sont la Provision de Mérites et la Provision de Connaissance.

59. Son fonctionnement varie en fonction de l'Essence, de la Passivité des Idéaux, de la Métamorphose. C'est là ce qu'on entend par le Plan des Idéaux des Bouddhas nettoyé.

Ce vers, le quatrième, expose [le Plan des Idéaux] au point de vue du Sens de Fonction. Son fonctionnement varie selon qu'il fonctionne comme corps Essentiel, corps Passionnel, corps Métamorphique.

60. Corps Essentiel, corps Passionnel, corps Métamorphique ; voilà le corps des Bouddhas ; le premier est le Fond des deux autres [1].

Le corps des Bouddhas est de trois sortes : 1° Essentiel ; c'est le Corps des Idéaux ; il a pour Indice la Révolution du Fond. 2° Passionnel ; c'est par là qu'il est passible des Idéaux dans les cercles des Assemblées. 3° Métamorphique ; c'est par là qu'il fait le Sens des créatures [2].

61. Le corps Passionnel varie dans tous les Plans avec les Assemblées de multitudes, avec les Champs, les Noms, les Corps, les actes de Passivité des Idéaux.

Le corps Passionnel varie dans tous les Plans de mondes avec les cercles d'assemblées, les Champs des Bouddhas, les noms, les corps, les actes de Passivité des Idéaux.

62. Le corps Essentiel, uniforme et subtil, étant inhérent [1] à

60. 1. Sur la question des Trois Corps des Bouddhas, qui est un des traits essentiels du Grand Véhicule, je me contente de renvoyer à Lavallée Poussin, *The three bodies of a Buddha* dans *J. R. A. S.*, oct. 1906, où on trouvera une littérature abondante du sujet.

2. Comm. 1. 2. Le mot *nirmâṇena*, après *yena*, manque au tibétain. C'est donc une glose introduite dans le texte, et qu'il faut en rejeter.

62. 1 *a*. Au lieu de *tacchiṣṭaḥ*, lire *tacchliṣṭaḥ* : tib. de *dañ 'brel* « uni avec celui-ci ».

celui-ci, est cause de la Maîtrise de Passivité, quand il s'agit de montrer la Passivité à volonté.

Le corps Essentiel est uniforme pour tous les Bouddhas, puisqu'il n'y a pas de différence entre eux. Il est subtil, puisqu'il est difficile à connaître. Il est inhérent au corps Passionnel et il est la cause de la Maîtrise de Passivité, pour montrer la Passivité à volonté.

63. La Métamorphose hors-mesure des Bouddhas, c'est là leur Corps métamorphique. La Plénitude des deux Sens, en tout genre, repose sur ces deux.

Le corps Métamorphique des Bouddhas, c'est la Métamorphose des Bouddhas, qui a d'innombrables catégories. Le Passionnel a pour Indice la Plénitude du Sens de soi. Le Métamorphique a pour Indice la Plénitude du Sens d'autrui. Ainsi la Plénitude des deux Sens repose respectivement sur les deux Corps, sur le Passionnel et sur le Métamorphique.

64. Le corps Métamorphique des Bouddhas, en montrant l'adresse professionnelle, la naissance, la Grande Illumination et le Nirvâṇa toujours, a de grandes magies pour faire la Libération.

Ce corps Métamorphique, en montrant toujours au profit des Disciplinables l'adresse professionnelle, par exemple à jouer du luth, etc., et la naissance, et la Toute-parfaite Illumination, et le Nirvâṇa, a de grands moyens pour délivrer ; pour cette raison il a comme Indice la Plénitude du Sens d'autrui.

65. Le corps des Bouddhas tient tout entier dans ces trois corps ; le Sens de soi et d'autrui se montre avec son Fond par ces trois corps.

Tout l'ensemble du corps des Bouddhas est dans ces trois corps. Par ces trois corps, le Sens de soi et d'autrui se montre avec son Fond, puisque deux d'entre eux ont l'origine du Sens de soi et d'autrui, et que les deux ont celui-ci [l'Essentiel] pour Fond, comme il a été dit ci-dessus [v. 60 et 63].

66. Ils sont uniformes en Fond, en Tendance et en Acte ; il y a permanence en eux par nature, par indéfection et par liaison.

Ces trois corps sont sans différence aucune chez tous les Bouddhas à trois titres respectivement : 1° le Fond, puisque le Plan des Idéaux est indivis ; 2° la Tendance, puisqu'il n'y a pas de Tendance particulière à un Bouddha ; 3° l'Acte, puisque l'acte leur est commun. Et dans ces trois corps il y a une triple permanence respectivement, puisqu'on appelle les Tathâgatas des corps permanents : 1° permanence par nature, puisque le corps Essentiel est permanent par son Essence ; 2° permanence par indéfection, puisque le corps Passionnel fait sans interruption la Passibilité des Idéaux ; 3° permanence par liaison , puisque le corps Métamorphique, une fois qu'il a disparu [1], recommence encore et encore à montrer des métamorphoses.

Dix vers sur la connaissance des Bouddhas.

67. La connaissance de Miroir est immobile ; trois connaissances l'ont pour Fond : d'Égalité, de Perspicacité, d'accomplissement de l'office [1].

Les Bouddhas ont quatre connaissances : de Miroir, d'égalité, de Perspicacité, d'accomplissement de l'office. La connaissance de Miroir est immobile ; les trois autres qui s'y fondent sont mobiles.

68. La connaissance de Miroir est sans-moi-ni-mien, sans limite, toujours en suite, sans confusion à l'égard de tous les connaissables, sans être jamais en face d'eux.

La connaissance de Miroir n'a ni moi ni mien ; elle est sans limite au point de vue du lieu, toujours en suite au point de vue du temps. Elle n'a jamais de confusion à l'égard de tous les connaissables, puisque les Obstructions ont disparu, et elle n'est jamais en face d'eux, puisqu'elle n'a pas d'aspect.

66. 1. Comm. l. 5 fin. Au lieu de *nairmâṇikasyântarvyaye*, lire °*ntardhâya*.

67. 1. Même liste des quatre connaissances dans M. Vy., § 5. La version chinoise ajoute que l'*âdarçajñâna* « connaissance du miroir » est obtenue par la révolution (*parâvṛtti*) du 8e *vijñâna* (c.-à-d. l'*âlayavijñâna* « sensation du tréfond ») ; le *samatâjñâna* « connaissance d'égalité » par la révolution du 7e (c.-à-d. le *kliṣṭamanovijñâna* « sensation de l'esprit souillé ») ; le *pratyavekṣâjñâna* « connaissance de perspicacité » par la révolution du 6e (c.-à-d. le *manovijñâna* « sensation de l'esprit ») ; enfin le *kṛtyânuṣṭhânajñâna* « connaissance d'accomplissement de l'office » par la révolution du 5e (c.-à-d. le *kâyavijñâna* « la sensation du corps »).

69. Comme elle est le signe de toutes les connaissances, elle est pareille à une grande mine de connaissances ; comme c'est en elle que se produisent, en manière de reflet, les Passivités, la Bouddhaté, la connaissance, elle est telle.

Étant la cause de ces connaissances d'égalité, etc., dans toutes leurs espèces, elle est comme la mine de toutes les connaissances. Parce qu'il s'y produit en manière de reflet les Passivités, la Bouddhaté, la connaissance afférente, on l'appelle la connaissance de Miroir.

70. La connaissance d'égalité envers les êtres, immaculée par suite du nettoyage de la Pratique, bien entrée dans ce qui n'est pas l'arrêt, c'est la connaissance d'Égalité.

La connaissance d'égalité à l'égard des êtres que le Bodhisattva avait recouvrée au moment de l'Intuition [1], cette même connaissance, installée dans le Nirvâṇa qui-n'est-pas-l'arrêt après que le Bodhisattva est arrivé à l'Illumination par le nettoyage de la Pratique, c'est là la connaissance d'égalité.

71. Elle a toujours à sa suite la grande Bienveillance et la grande Compassion ; elle montre aux créatures, selon leur Croyance, l'image des Bouddhas.

En tout temps la grande Bienveillance et la grande Compassion l'escortent, et elle montre aux créatures, selon leur Croyance, l'image des Bouddhas, puisque les uns voient le Tathâgata de couleur bleue ; d'autres, de couleur jaune, etc.

72. La connaissance [1] de Perspicacité n'a jamais d'obstacle à l'égard des connaissables ; elle est comme le trésor des Unions et des Formules.

73. Dans le cercle des Assemblées, elle montre toutes les grandeurs ; elle tranche tous les doutes ; elle fait pleuvoir le grand Idéal.

Telle est la connaissance de Perspicacité.

74. La connaissance d'accomplissement de l'office agit dans le

70. 1. Comm. l. 1. Au lieu de *abhisamayakâleṣu*, lire avec le tib. *°kâle sattveṣu*.

72. 1. a. Au lieu de *jñâne*, corr. *jñânaṃ*.

Sens de toutes les créatures par des Métamorphoses, dans tous les Plans, émerveillantes, hors-mesure, hors réflexion.

La connaissance d'accomplissement de l'office agit dans le Sens de tous les êtres dans tous les Plans par des Métamorphoses de toute espèce, hors mesure et hors réflexion.

75. Par des accomplissements d'office, par des espèces, par le nombre et par les Champs, toujours, en toute manière, la Métamorphose des Bouddhas est hors-réflexion.

Cette Métamorphose est hors réflexion, au point de vue des espèces d'accomplissement d'office, et au point de vue du nombre et du Champ [1].

76. De la Mémoire, de l'égalité de la Pensée, de l'exacte publication de l'Idéal, enfin de l'accomplissement de l'office naissent les quatre connaissances.

La Mémoire, celle des Idéaux entendus. L'égalité de Pensée, à l'égard de tous les êtres, quand on tient pour égal soi et autrui. Le reste va de soi.

Qu'il n'y a ni unité, ni pluralité des Bouddhas; un vers.

77. Division de Famille; pas d'inutilité; intégralité; pas de commencement; pas de division dans le Fond immaculé. Pour ces raisons, il n'y a ni unité, ni pluralité.

Si on dit : Il n'y a qu'un seul Bouddha, c'est inexact. Pourquoi ? à cause de la division de la Famille. Car les êtres de la Famille des Bouddhas sont infinis. Alors, parmi eux, un seul arriverait à la Toute-parfaite Illumination, et les autres n'y arriveraient pas ? Pourquoi cela ? Et puis, les Provisions de Mérite et de connaissance seraient alors sans utilité, puisque les autres Bodhisattvas n'arriveraient pas à la Toute-parfaite Illumination. Cette inutilité est déraisonnable. Donc pas d'inutilité ; par suite, pas de Bouddha unique. Et puis, il n'y aurait pas d'intégralité d'accomplissement du Sens des créatures, s'il y avait un être que le Bouddha n'installe pas dans la Bouddhaté; et cela est déraisonnable. Et il n'y a pas de Bouddha-originel, puisqu'il est impossible de devenir un Bouddha sans Provision, et puisque la

75. 1. Comm. l. 2. Au lieu de *saṃkhyâtakṣetrataç ca*, lire *saṃkhyâtaḥ kṣe°*.

Provision est impossible [1] sans un autre Bouddha. Donc, pas de commencement ; par suite, pas de Bouddha unique. La pluralité aussi est inadmissible, puisque le Corps d'Idéal est indivis entre les Bouddhas dans le Plan Sans-Écoulement.

Entrée dans les moyens de la Bouddhaté ; quatre vers.

78. Ce qui n'existe pas existe par excellence ; la non-Susception, c'est la Susception par excellence.

Ce qui n'existe pas en tant que Nature Imaginaire existe par excellence en tant que Nature Absolue. La non-Susception complète, celle de la Nature Imaginaire, est la susception par excellence, celle de la Nature Absolue.

79. Ceux qui ne voient pas la Pratique ont la Pratique par excellence ; ceux qui ne voient pas la Récupération ont la Récupération par excellence.

La non-Susception de la Pratique, c'est la Pratique par excellence ; la Récupération par excellence, c'est la non-Susception de Récupération.

80. Les Bodhisattvas qui regardent la dignité, le lointain, le Signe, l'Energie de leur personne, dans cet état d'esprit l'Illumination est bien loin pour eux.

Ceux qui regardent la dignité, c'est-à-dire la Bouddhaté, appliquée aux Idéaux merveilleux ; et qui regardent aussi le long temps nécessaire à la Réussite ; et qui regardent le Signe, c'est-à-dire le Phénomène de Pensée ; et qui regardent l'Energie de leur personne, en se disant : nous avons entrepris l'Energie, nous arriverons à la Bouddhaté. Les Bodhisattvas dans cet état de pensée, parce qu'ils sont en état de Susception, l'Illumination est loin pour eux.

81. Ceux qui regardent tout ceci comme une simple imagination, ainsi qu'il est déclaré, ces Bodhisattvas sans imaginaire, l'Illumination est atteinte pour eux.

Les Bodhisattvas qui voient que tout ceci est simple imagina-

77. 1. Comm. l. 6. Au lieu de *saṃsthânâyogâd*, lire *saṃbhârâyogâd*, tib. *chogs mi ruṅ pa* (*chogs* = *saṃbhâra*),

tion et qui ne font plus de différenciation dans ce qui est simple imagination, sont dès lors en état d'arrivée à la Patience des Idéaux Sans Production, et en fait ils ont atteint l'Illumination.

Quatre vers sur l'unité d'action mutuelle des Bouddhas.

82. Les rivières, tant qu'elles ont des lits séparés, des eaux à part, et qu'elles accomplissent leur office à part, ont peu d'eau, et elles ne profitent qu'aux créatures qui viennent en petit nombre y puiser, tant qu'elles ne sont pas entrées dans le sein de la terre.

83. Mais, une fois entrées dans l'Océan, elles n'ont plus qu'un seul lit, qu'une seule masse d'eau; elles confondent leur unique office; elles profitent en foule à la multitude des créatures qui cherchent de l'eau, perpétuellement.

84. Les Sages, tant qu'ils ont leur Fond à part, leurs idées à part, et qu'ils accomplissent à part leur office personnel, ont peu d'intelligence; et ils ne profitent jamais qu'à un petit nombre de créatures; ils n'ont pas pénétré dans la Bouddhaté.

85. Mais, une fois entrés dans la Bouddhaté, tous n'ont plus qu'un seul Fond, qu'une seule Intelligence grande; ils confondent leur unique office; ils rendent service en foule à la multitude des créatures, toujours.

Les rivières ont un lit à part, à cause de la diversité de leurs Récipients. Elles accomplissent leur office à part, en faisant isolément leur tâche. Elles profitent à un petit nombre, à peu de créatures. Le reste va de soi.

Un vers pour exhorter à la Bouddhaté.

86. Ainsi, par l'application aux incomparables Idéaux Blancs, et parce que la Terre de Bouddha est la cause du Salut et du Bonheur, étant une mine inépuisable du bonheur suprême du Bien, un Bon esprit doit arriver à la Pensée d'Illumination.

Par l'application aux incomparables Idéaux Blancs, il remplit son sens propre; parce que la Bouddhaté est cause de Salut et de Bonheur, il remplit le Sens d'autrui. Sa vie est particulièrement heureuse, parce que c'est là une mine de bonheur sans faute, éminent, inépuisable. Le Sage doit prendre la Pensée d'Illumination parce qu'il a fait le Vœu afférent.

CHAPTRE IX

LA CROYANCE

Sommaire [1] :

1. Début, preuve [I], refuge [II], Famille [III], Production de Pensée [IV], Sens de soi et d'autrui [V], Sens du Positif [VI], Pouvoir [VII], per-maturation [VIII], Illumination [IX].

Depuis le début jusqu'à l'Illumination [I-IX], tout l'ensemble est à embrasser comme une seule section traitant de l'Illumination.

Deux vers sur les Indices des espèces de Croyance.

2. Née, non-née, prenante, à prendre, reçue d'un ami, spontanée, erronée, sans erreur, en face ou non, du domaine oral, chercheuse [1], regardeuse.

Née, passée ou présente. Non-née, à venir. Prenante, de l'ordre du Moi, celle qui croit au Phénomène. A prendre, externe, celle qui est le Phénomène auquel on croit. Reçue d'un ami, grossière. Spontanée, subtile. Erronée, inférieure, parce que l'on a une Croyance à l'envers. Sans erreur, toute en état de Paix. En face, toute proche, parce que la Rencontre est prochaine. Pas en face, lointaine, dans le cas inverse. Du domaine oral, faite d'Audition. Chercheuse, faite de Réflexion. Regardeuse, faite de Pratique, à cause de sa Perspicacité.

3. Perdable, avec ou sans mélange d'Adversaires, inférieure, élevée, obstruée ou non, appliquée ou non, approvisionnée ou non, entrée à fond, loin allante est la Croyance.

Perdable, faible. Mélangée, moyenne. Sans mélange d'Adver-

1. 1. Le tibétain traduit cette table des matières en vers, qui manque au chinois.

2. 1. *Eṣikā* est rendu en tib. par *chol-ba* « chercheur ». — Comm. l. 2. Au lieu de *yānālambana*° lire *yām ālamb*°, tib. *gaṅ la dmigs pa ñid du mos pa'o.*

saires, extrême. Inférieure, dans un autre Véhicule. Elevée, dans le grand Véhicule. Obstruée, avec ses Obstructions pour se mouvoir tout particulièrement. Sans Obstructions, dégagée des Obstructions. Appliquée, quand on l'emploie en teneur et en honneur[1]. Non-appliquée, dans le cas inverse. Approvisionnée, capable d'Acquis. Non-approvisionnée, dans le cas inverse. Entrée à fond, quand elle a pénétré dans les Terres. Loin allante, dans les autres Terres.

Trois vers sur ce qui fait obstacle à la Croyance.

4. Manque répété d'Acte mental, nonchalance, application capricieuse, mauvais ami, faiblesse du Bien, manque d'Acte mental à fond.

Née, son obstacle est le manque d'exercice d'Acte mental. Non-née ; la nonchalance. Prenante ou Prenable ; une application capricieuse, parce qu'elle s'opiniâtre à rester telle quelle. Reçue d'un ami ; un mauvais ami, parce qu'on prend à rebours. Spontanée ; la faiblesse des Racines de Bien. Non-erronée ; le manque d'Acte mental à fond[1] est l'obstacle, puisque l'un contrarie l'autre.

5. Inattention, peu d'Audition, se contenter d'entendre et de réfléchir un peu, tirer vanité de la Pacification toute seule, ne pas remporter la victoire décisive.

En-face, son obstacle est l'inattention, puisque c'est l'absence même d'inattention qui la fait. Du domaine oral ; le peu d'Audition, parce qu'on écoute les textes des Sûtras dans leur sens immédiat. Chercheuse ; se contenter d'entendre et se contenter de réfléchir un peu. Regardeuse ; se contenter tout simplement de réfléchir et tirer vanité de la simple Pacification. Perdable et mélangée ; ne pas remporter la victoire décisive.

3. 1. *Sâtatya*, *satkṛtya* ; tib. *rtag tu bya ba* « à faire continuellement », *gus par byas te* « en traitant avec révérence ». Les deux expressions forment une combinaison traditionnelle dans la langue canonique. *Sâtatya* est la continuité comme marque d'une attention soutenue. *Satkṛtya* désigne au propre une véritable « action de grâces » qui doit accompagner et sanctifier chaque catégorie de don reçu, nourriture, vêtement, logement, remèdes (cf. Dickson, The Pàtimokkha, *J. R. A. S.*, n. s. VIII, 129 sq.).

4. 1. Comm. l. 4. Au lieu de *amanasikâraḥ*, lire *manasi°*.

6. Manque d'excitation, excitation, Obstruction, inapplication, manque d'approvisionnement ; voilà les obstacles à la Croyance.

Inférieure, l'obstacle est le manque de l'excitation provoquée par les Transmigrations. Élevée ; l'excitation. Non-obstruée ; l'Obstruction. Appliquée ; l'inapplication. Approvisionnée, le manque d'approvisionnement est l'obstacle.

Cinq vers sur l'Avantage dans la Croyance.

7. Grand Mérite, absence de regret, bon état d'esprit, grand bonheur, non-déperdition, solidité, mouvement tout particulier.

8. Intuition de l'Idéal, arrivée suprême au Sens de soi et d'autrui, Super-savoirs rapides ; voilà les Avantages dans la Croyance.

Si elle est née, présente, l'Avantage, c'est un grand Mérite. Passée ; l'absence de regret, puisqu'on ne s'en repent pas. Preneuse, et aussi Prenante ; un très bon état d'esprit, puisqu'on est appliqué à l'Union. Produite par un Ami de Bien ; la non-déperdition. Spontanée ; la solidité. Erronée, en-face, et aussi faite d'Audition, etc., ainsi de suite jusqu'à : moyenne ; un mouvement tout particulier. Extrême ; l'Intuition de l'Idéal. Inférieure ; l'arrivée au Sens de soi. Élevée ; l'arrivée par excellence au Sens d'autrui. Sans Obstruction, appliquée, approvisionnée et autres Croyances de la Série Blanche ; les Super-savoirs rapides sont l'Avantage.

9. Chez les passionnés, elle ressemble à un chien ; chez les Unis, à une tortue ; chez ceux qui ont le Sens de soi, à un serviteur ; chez ceux qui ont le Sens d'autrui, à un roi.

Elle est comme un chien souffrant, qui a constamment faim sans jamais manger assez ; comme une tortue pelotonnée dans le creux des eaux ; comme un serviteur qui va toujours tout agité ; comme un roi qui va en autocrate dans le domaine de son empire[1].

10. Telle est, chez le passionné, l'Uni, chez celui qui travaille pour le Sens de soi ou d'autrui, la particularité à reconnaître

9. 1. Comm. l. 2 et 3. Au lieu de *râjñâṃ viṣaye*, lire *âjñâviṣaye*, tib. *bka'yi yul*.

toujours, par l'effet de la diversité de Croyance. Considérant que c'est dans le Grand Véhicule qu'on en atteint régulièrement le comble, le Sage doit toujours donner par choix sa Croyance au Grand Véhicule.

Il est entendu que chez les passionnés, la Croyance est pareille à un chien ; chez ceux qui en sont aux Unions d'ordre mondain, à une tortue ; chez ceux qui ont le Sens de soi, à un serviteur ; chez ceux qui ont le Sens d'autrui, à un roi. Ensuite, après qu'il a bien fait entendre ce Sens, il exhorte à la Croyance au Grand Véhicule.

Un vers pour proscrire le relâchement de la Croyance.

11. Puisque des créatures, hors mesure, nées dans la condition humaine, arrivent chaque instant à la Parfaite Illumination, on ne doit pas admettre de relâchement.

Pour trois raisons, le relâchement est déplacé : 1° Parce que, dans la condition humaine, on arrive à l'Illumination ; 2° Parce que continûment on y arrive ; 3° Parce qu'on y arrive hors mesure.

Deux vers pour spécifier les Mérites de la Croyance.

12. Comme on s'assure du Mérite en donnant à manger aux autres, mais point en mangeant soi-même, ainsi il en est de la grande production de Mérites

13. énoncée dans les Sûtras ; on l'obtient en prêchant l'Idéal qui a pour Fond le Sens d'autrui, mais on ne l'obtient pas en prêchant l'Idéal qui a pour Fond le Sens de soi.

Si on donne de la nourriture, il s'en suit un Mérite, parce que l'acte a trait à autrui ; si on mange personnellement, il n'y en a pas, parce que l'acte a trait à soi. Quand les Sûtras parlent du grand mérite qui vient de prêcher l'Idéal du Grand Véhicule, c'est qu'il a pour Fond le Sens d'autrui. Il n'en va pas de même de la prédication de l'Idéal des Auditeurs, qui a pour Fond le Sens de soi.

Un vers sur la possession des fruits de la Croyance.

14. Le Sage, qui a ainsi produit une grande Croyance au

grand Idéal Saint[1] dont l'étendue est immense, arrive à un accroissement continu et immense de Mérites et de Croyance, et à une grandeur de Vertus incomparables.

Qui recueille le fruit? Quel fruit? Où? Par quel genre de Croyance? Le Sage recueille un triple fruit dans l'immense Idéal du Grand Véhicule par une Croyance élevée, exempte de déperdition[2]. Il obtient un accroissement de Mérites immense, un accroissement de Croyance, et, comme conséquence, une grandeur de Vertus incomparables qui est la Bouddhaté.

14. 1. *a*. Au lieu de *mahoghadharme*, lire *mahāryadharme* ; tib. *'phags pa čhen po*.

2. Comm. l. 2. Au lieu de *parihya°*, lire *parihāṇiya°* ; tib. *yoṅs su ñams par mi 'gyur*.

CHAPITRE XI

QUESTION DE L'IDÉAL

A propos de la question de l'Idéal, quatre vers sur la question du Phénomène.

1. Trois Corbeilles [1], ou deux, d'ensemble, pour neuf raisons. Par imprégnation, par compréhension, par Pacification, par pénétration, elles libèrent.

Trois Corbeilles ; c'est le Sûtra, le Vinaya, et l'Abhidharma. Classées en Petit Véhicule et Grand Véhicule, les Trois Corbeilles en font alors deux, la Corbeille des Auditeurs et la Corbeille des Bodhisattvas. Qu'on en compte trois ou deux, dans quel Sens dit-on : les Corbeilles ? D'ensemble, c'est-à-dire en tant qu'elles sont l'ensemble du Sens de tout le connaissable. Pour quelle raison y en a-t-il trois ? Pour neuf raisons. Comme Auxiliaire contre le Scepticisme, le Sûtra ; qui que ce soit qui ait un doute sur quelque Sens que ce soit, le Sûtra lui en donne la solution définitive. Comme Auxiliaire contre la recherche des deux Extrêmes [2], le Vinaya ; quant à l'Extrême qui consiste à rechercher les menus plaisirs du désir, le Vinaya interdit les jouissances qui laissent à redire ; quant à l'Extrême qui consiste à rechercher les mortifications personnelles, il autorise les jouissances qui ne laissent rien à redire. Comme Auxiliaire contre le goût des Vues individuelles, l'Abhidarma ; il met en lumière les Indices des Idéaux sans rien à rebours. D'autre part, le Sûtra prêche les trois Instructions [3] ; le Vinaya

1. A tout ce développement sur les Piṭakas, il est intéressant de comparer Buddhaghosa, Atthasâlinî, Introd. et Sumaṅgalavilâsinî, Introd.

2. *Antadvaya*. Il s'agit des deux « extrêmes » condamnés par le Bouddha au début du « sermon de Bénarès », Dhammacakkappavattana-sutta, dans le Mahâvagga, I, 6, 17 (*kâmasukhallikânuyoga*, *attakilamathânuyoga*; de même Saṃyutta Nikâya, vol. V, p. 421 ; et les textes tibétains traduits par Feer, Annales Guimet, V, p. 112). L'accord de la recension sanscrite avec la recension palie est, on le voit, littéral.

3. *çikṣâtraya*. Cf. Buddhaghosa, Atthasâlinî, p. 21 : *tîsu pi ca etesu tisso sikkhâ.... tathâ hi Vinayapiṭake visesena adhisîlasikkhâ vuttâ, Suttantapiṭake adhicittasikkhâ, abhidhammapiṭake adhipaññâsikkhâ* (= Sum. Vil., p. 19).

en fournit deux, de l'ordre de la Morale et de l'ordre de la Pensée, puisqu'en passant graduellement par l'absence de Repentir[4] etc. on arrive à l'Union. L'Abhidharma en fournit une, de l'ordre de la Sapience, puisqu'il fait le tri du Sens sans rien à rebours. D'autre part encore, le Sûtra prêche le Sens de l'Idéal ; le Vinaya exécute le Sens de l'Idéal, puisque celui qui a la Discipline des Souillures pénètre l'un et l'autre ; l'Abhidharma rend habile à trancher les controverses sur le Sens de l'Idéal. Pour ces neuf raisons on compte trois Corbeilles. Et les Corbeilles ont pour objet de libérer des Transmigrations. Comment donc en libèrent-elles ? Par imprégnation, par compréhension, par pacification, par pénétration : on imprègne sa pensée à les entendre ; on comprend, à y réfléchir ; on pacifie, en les pratiquant, par la Pacification ; on pénètre par l'Inspection.

2. Le Sûtra, le Vinaya et l'Abhidharma ont en résumé quatre espèces de Sens. Le Sage, quand il les connaît, a la connaissance omnigénérique.

Le Sûtra, le Vinaya, l'Abhidharma ont chacun en résumé quatre espèces de Sens ; le Bodhisattva qui les connaît devient omniscient. L'Auditeur, lui, arrive à l'Épuisement de l'Écoulement par le seul fait de reconnaître le Sens d'une simple stance.

3. Le Sûtra se nomme ainsi parce qu'il montre[1] au point de vue Fond, Indice, Idéal et Sens ; l'Abhidharma, parce qu'il est en face, à répétition, qu'il a la Suprématie et l'accès[2].

Comment ont-ils chacun quatre espèces de Sens ? Le Sûtra s'appelle ainsi parce qu'il montre le Fond, l'Indice, l'Idéal, le Sens. Ici le Fond signifie le lieu où le Sûtra a été prêché, par qui, et à qui. L'Indice, c'est l'Indice de Vérité Contingente et l'Indice de Vérité Transcendante. Les Idéaux, c'est les Masses, les Lieux,

4. Ligne 2 de la p. 54, au lieu de '*vipratisârâd avipratisâreṇa*, rétablir '*vipratisârâdikrameṇa* (ms. °*âdinemaṇa*) ; tib. '*gyod pa med pa la sogs pa'i rim gyis*.

3. 1. *arthasûcanât sûtram*. Cf. Buddhaghosa, Atth., p. 19 (en vers) : *atthânaṃ sûcanato... suttan ti*, et comm. *taṃ hi attatthaparatthâdibhede atthe sûceti* (= Sum. p. 17).

2. *abhimukhato...* Cf. Buddhaghosa, Atth. p. 19 (en vers) : *yam ettha vuḍḍhimato salakkhaṇâ pûjitâ parichinnâ | vuttâ adhikâ ca dhammâ abhidhammo tena akkhâto* (= Sum. p. 18).

les Principes, les Aliments, la Production par Rencontre, etc. Le Sens, c'est établir une relation. L'Abhidharma s'appelle ainsi parce qu'il est en face, à répétition, qu'il a la suprématie et l'accès. L'Idéal qui est en face du Nirvâṇa est l'Abhidharma ; c'est lui qui prêche les Vérités, les Ailes d'Illumination, les Embouchures de Délivrance, etc. L'Idéal qui est à répétition, c'est l'Abhidharma ; c'est lui qui explique, en s'y reprenant souvent, les Idéaux un à un, répartis en catégories de Formel, Sans-Forme, à désignation, etc. Il a la Suprématie, d'où son nom d'Abhidharma [Super-Idéal] ; c'est lui qui triomphe des Hérésies en traitant des points controversés, etc. Il a l'accès, d'où son nom d'Abhidharma ; c'est par lui qu'on accède au Sens des Sûtras.

4. Le Vinaya existe en raison du péché, de l'origine, du redressement, du dégagement, de l'Individu, de la publication, de la division, de la décision.

Le Vinaya est à connaître au point de vue du péché, de l'origine, du redressement, du dégagement. Le péché, c'est les cinq catégories de péchés[1]. L'origine des péchés vient de l'ignorance, de l'inattention, de l'abondance des Souillures, du manque de respect. Le redressement[2] vient de la Tendance, et non du châtiment. Le Dégagement est de sept sortes : 1° la Confession ; 2° l'Adhésion ; c'est se prêter aux châtiments[3] des Postulants[4], etc.;

4. 1. *âpattinikâya*. Il s'agit des cinq catégories de péchés reconnues par les Vinayas de toutes les écoles, et qui portent sous la forme palie les dénominations de *pârâjika*, *saṃghâdisesa*, *pâcittiya*, *pâṭidesanîya*, *sekhiya*.

2. *vyutthâna* ; tib. *ldaṅ-ba* « s'élever ». Cf. Dhammasaṅgani § 1332 *âpattivutthânakusalatâ* et la glose de Buddhaghosa, Atth. § 816 : *saha kammavâcâya âpattivutthânaparichedajânanapaññâ* « savoir méthodiquement définir la façon de se dégager du péché simultanément avec la procédure ecclésiastique ».

3. Au lieu de *daṇḍakarmaṇaḥ*, lire *daṇḍakarmaṇâm* comme l'indique le tibétain : *slab pa sbyin pa la sogs pa čhad pa'i las khas len pa*.

4. Le mot *çikṣâdattaka* est traduit littéralement en tib. *slab pa* (= *çikṣâ*) *sbyin pa* (= *datta*) et en chinois *yu hio* « donner enseignement ». Je n'ai rencontré le mot que dans la M. Vy. § 270, où il figure dans une liste de mots empruntés au Vinaya sanscrit des Mûla-Sarvâstivâdins et qui se rapportent à diverses classifications des personnes au point de vue religieux. La liste débute par la série *pravrajita*, *upasaṃpanna*, *çramaṇa*, *bhikṣu* (et *bhikṣuṇî*), les moines ordonnés ; puis vient le *çrâmaṇera* (et la *çrâmaṇerikâ*) « novice », le *çikṣamâṇa* « catéchumène », le *mahallaka* « vieille bête », et enfin (au 10e rang) le *çikṣâdattaka* qui précède immédiatement le simple laïque, l'*upâsaka* (et l'*upâsikâ*). Le *çikṣâdattaka* serait donc un simple étudiant ou une sorte de frère lai.

3° l'Abrogation [5] ; c'est quand, après la Prescription énoncée, l'autorisation est accordée par une Rubrique ultérieure ; 4° la Rémission [6] ; quand la Communauté à l'unanimité consent à laisser tomber la Prescription ; 5° la Révolution du Fond, qui résulte de la Révolution des organes du sexe masculin ou féminin chez une religieuse ou chez un religieux ; si le péché n'est pas commun [7] aux deux sexes, il ne compte pas ; 6° la Considération du fait accompli ; c'est une manière spéciale de considérer au moyen des Sommaires de l'Idéal [8] ; 7° la Récupération de l'Idéalité, c'est recouvrer l'Idéalité par la Vue des Vérités, en l'absence

5. P. 55, l. 3 et 4. Au lieu de *samavadyotaḥ... paryâyeṇa* | *ajñânât prasrabdhiḥ*, lire ; *samavaghâtaḥ... paryâyeṇânujñânât prasr°* ; tib. *bslab pa bčas pa la rnam grañs kyis gnañ ba'i phyir glod pa*. Le tibétain *glod pa* « relâcher » précise la valeur du chinois *k'ai hiu* « consentir à relaxer » ; *samavaghâta* n'est pas encore attesté en sanscrit, mais il répond sans doute dans le Vinaya sanscrit au pali *samugghâta* « abrogation, suppression solennelle » p. ex. dans l'expression *sîma-samugghâta* « abrogation de limite », cérémonie dont le Mahâvagga fixe les règles (II, 12, 5-6). Le verbe correspondant *samûhan°* reparaît à côté de *sikkhâpada*, comme ici, dans le récit du fameux incident touchant l'abrogation des prescriptions « mineures » (Cullavagga, XI, 1, 9-10 ; Mahâparinibbâna Sutta, VI, 3 = Milinda 142).

6. Le mot *pratiprasrambhaṇa* n'est pas encore attesté en sanscrit, mais il est connu en pali (*paṭippassambhana*) où Childers le traduit par « subsidence » = « apaisement ». Le tibétain le rend, comme *prasrabdhi*, par *bag yañs su byas pa*, que Jäschke et S. C. Das traduisent « rendre intrépide », mais que Schmidt interprète beaucoup plus exactement par « curam relaxare ». Le verbe correspondant se retrouve dans notre texte, appliqué à l'œuvre des Bouddhas (IX, 20-21 comm. *apratiprasrabdha buddhakârya* = M. Vy. § 19, 61) ; dans le vers IX, 20 Asañga lui a substitué (metri causa) *avicchinna* « non interrompu » ; le sens propre est « sans relâche, sans rémission » (tib. *rgyun mi 'čhad pa* « continuité ininterrompue ». Le mot *pratiprasrabdhi* a été relevé par Böhtlingk dans la M. Vy. § 65, 58 (*karmâvaraṇâprat°*) avec le sens exact de « suspension, abolition » (Beseitigung, Einstellung). Böhtlingk enregistre aussi *prasrabdhi* (*°çrab°*) avec la traduction proposée par Burnouf (Lotus, 798) « confiance ». Foucaux (Lal. Vist., chap. IV) traduit : « assurance ». Mais le mot a exactement le sens du français « rémission » = « détente » et « remise ».

7. L. 5, fin. Au lieu de *vedâpattiḥ*, corriger *ced âpattiḥ*. Il s'agit du cas examiné, pour le Vinaya pali, dans le Sutta-vibhaṅga, I, 10, 6 ; un moine qui avait des organes virils manifeste tout à coup des organes féminins ; inversement chez une nonne (*purisaliñgaṃ, itthiliñgaṃ pâtubhûtaṃ hoti*). Dans ce cas, s'il y a eu un péché qui ne soit pas commun aux religieux et aux religieuses, le péché n'existe pas (*yâ âpattiyo bhikkhûnaṃ bhikkhunîhi asâdhâraṇâ tâhi âpattîhi anâpattîti*). Le tib. rend *asâdhâraṇa* par *mthun moñ ma (yin)*.

8. L. 6. Le mot *âkâraiḥ* (lire ainsi avec le ms.), dans le composé *dharmoddânâkâraiḥ* n'est pas rendu en tib. (ni en chin.).

de péché menu ou arrière-menu [9]. Le Vinaya a encore quatre autres Sens : 1° d'Individu ; c'est la personne à propos de qui la Prescription est publiée ; 2° de publication ; c'est l'occasion à propos de laquelle le Maître, instruit d'une faute individuelle, réunit la Communauté et publie la Prescription [10] ; 3° de division ; c'est, la Prescription une fois énoncée, la division de son énoncé ; 4° de décision ; c'est déterminer comment, dans tel cas, il y a péché ou non.

Trois vers sur la question d'arriver à l'idée du Phénomène.

5. L'Idéal est un Phénomène de l'ordre du moi, du dehors, des deux ; on arrive à l'idée des deux par le Sens de dualité puisqu'il n'y a pas susception des deux [1].

Un Idéal, selon la doctrine, est un Phénomène. Le Phénomène, corps, etc., est de l'ordre du moi et aussi du dehors. En tant que Prenant, le Phénomène, corps, etc. est de l'ordre du Moi ; en tant que Prenable, il est du dehors ; « des deux », c'est la Quiddité de ces deux-là précisément [2]. On arrive respectivement à l'idée des deux, Phénomène de l'ordre du moi et Phénomène du dehors, par le Sens de dualité. Puis, si on regarde le Sens de Prenant sans le séparer du Sens de Prenable, et le Sens de Prenable sans le séparer du Sens de Prenant, on arrive alors à la Quiddité du

9. L. 7. Au lieu de *kṣudrânukṣudrâpannâbhâve dharmapratilambhât*, lire avec le ms. *°nukṣudrâpattyabhâve dharmatâpra°*.

10. L. 9, *saṃghaçikṣâṃ*. Corr. *°pâtya) saṃghaṃ çikṣâṃ (prajñ°)*.

5. 1. La version tibétaine de ce vers porte :
dmigs pa (âlambana) *čhos* (dharma) *dań* (ca) *nań* (adhyâtma) *dań ni* (api ca) | *phyi* (bâhyaka) *dań* (ca) *gñis ni* (dvaya) *yin par* (°tayâ) *'dod* (mata) | *don* (artha) *gñis kyis ni* (dvayena) *gñis po* (ubhaya) *rñed* (lâbha) | *gñis po dag ni* (ubhaya) *mi* (an°) *dmigs* (âlambana) *pas* (°tas).

Avec l'aide du commentaire on peut restituer à peu près sûrement l'original ainsi :

âlambanaṃ mato dharmaḥ adhyâtmaṃ bâhyakaṃ dvayam
dvayor dvayârthena lâbho dvayor anupalambhataḥ.

La version tibétaine permet aussi de restituer les premiers mots du commentaire qui manquent en sanscrit :
dmigs pa čhos ni bçad pa gań yin pa'o | *lus la sogs pa ni nań dań phyi'o* | =âlambanaṃ dharma upadiṣṭaḥ | kàyâdikam (âdhyâtmikaṃ bâhyaṃ ca | ...

2. Comm. 1. 2. Au lieu de *tathatâdvayam*, séparer : *tathatâ dvayam*. Chinois : « les deux réunis font l'ensemble ». Tibétain : *de dag ñid kyi de bžin ñid gñis so.*

Phénomène tant de l'ordre du Moi que du dehors tout ensemble, puisqu'il n'y a plus Susception des deux comme faisant deux.

6. Si, au moyen du Verbe Mental, quand on est en état de Limpidité sur le Sens énoncé, on retient l'apparence du Sens comme résultant du Verbe, et si on arrête la pensée sur le mot,

7. on arrive à l'idée du Phénomène d'Idéal au moyen des trois connaissances, d'Audition, etc. L'arrivée à l'idée du triple Phénomène, comme elle a été énoncée ci-dessus, est fondée sur celle-ci.

On arrive à l'idée du Phénomène d'Idéal au moyen des trois connaissances, faites d'Audition, de réflexion, de pratique. Quand l'esprit est en Union, et qu'on est en état de Limpidité sur le Sens énoncé, si au moyen du Verbe Mental, on maintient ferme[1] ce [Sens], on arrive [à l'idée du Phénomène d'Idéal] par la connaissance faite d'Audition. Le Verbe Mental signifie « des Combinaisons ». Etre en état de Limpidité signifie « avoir la Croyance, avoir la Certitude ». Retenir signifie « trier ». Si on retient l'apparence du Sens à la suite du Verbe, on y arrive alors par la connaissance faite de réflexion. Si on voit que ce Sens apparaît uniquement par l'effet du Verbe Mental, il n'y a rien d'autre alors que le Verbe Mental, comme il a été dit à propos de l'arrivée à l'idée du Phénomène de dualité [v. 5]. Si on arrête la pensée sur le mot, on y arrive par la connaissance faite de Pratique, puisqu'il n'y a plus Susception de dualité, comme il a été dit à propos de l'arrivée à l'idée du Phénomène de dualité.

Cinq vers sur l'Acte mental.

8. A trois Plans, occupé à sa tâche, à Fond embarrassé, installant la Croyance, suscitant un Zèle violent,

9. à Fond incomplet ou complet, en deux, à Verbe ou sans Verbe[1], associé à la connaissance, avec l'Application comme Base causale[2],

6-7. 1. Comm. l. 2 et 3. Supprimer le trait de ponctuation après *tatpradhâraṇât* et le reporter après *tallâbhaḥ*.

8-12. 1. Le tib. au lieu d'(a)*lpajalpa* porte *brjod med* « sans parole ». Faut-il supposer '*pajalpa* ou *ajalpa*?

2. Sur *upaniṣad* = *hetu*, cf. Pâṇini, I, 4, 79 et la note de Böhtlingk, et

10. à Phénomène ramassé, à Phénomène dispersé, en cinq et en sept ; la per-connaissance en est de cinq sortes.

11. Touchant la Pratique, il a trente-sept espèces. Son essence, c'est les deux Voies ; il a deux Avantages ; il est réceptif;

12. d'emploi, autocrate, restreint, immense. Tel est au total, l'Acte Mental chez les Appliqués.

L'acte mental est de dix-huit espèces : définitif par son Plan, occupé à sa tâche, classé au point de vue du Fond, installant la croyance, suscitant le Zèle, basé sur l'Union, associé à la connaissance, à Phénomène ramassé, à Phénomène dispersé, assuré par la per-connaissance, entré dans les catégories de la Pratique, consistant en Voie de Pacification et Voie d'Inspection, Acte mental d'Avantage, réceptif, Acte mental d'emploi, Acte mental autocrate, Acte mental restreint, Acte mental immense. — Définitif par son Plan, quand on est définitivement de la Famille des Auditeurs, etc. Occupé à sa tâche, quand on a accumulé les Provisions. Classé au point de vue du Fond, il a pour Fond un chef de maison dans les Embarras [3], ou un religieux libre de tout embarras. Installant la Croyance, quand il est accompagné constamment par la pensée des Bouddhas. Suscitant le Zèle, quand il est accompagné par la confiance en eux. Basé sur l'Union, quand il est accompagné par les Unions fondamentales dans leur intégralité, et aussi quand il est accompagné de l'état à Discussion et à Jugement [4], sans Discussion et à Jugement seul,

aussi Wogihara ZDMG. 1904, p. 454, Asaṅga's Bodhisattvabhûmi, p. 21. En tib. *rgyu* « cause ». (De même inf. XVIII, 67 et 80.)

3. *Sambâdha* « les embarras » est la caractéristique de la vie domestique Cf. la formule *sambâdho gṛhâvâsaḥ* commune au canon sanscrit et pali; p. ex. Saṃyutta, II, p. 219 (III, 14); Mahâvastu, II, 117; III, 50.

4. Comm. p. 57, l. 2. Au lieu de *savitarkasavicâramâtrâ°*, corriger : *savitarkasavicâranirvitarkasavicâramâtra°*. *Vitarka* « discussion » et *vicâra* « jugement » sont des expressions techniques du Yoga. D'après le Yoga sûtra, I, 42-44, la *samâpatti* « communion » est *savitarka* quand elle est embrouillée avec les imaginations de mot, de sens, et de connaissance ; elle est *nirvitarka* quand la mémoire est bien clarifiée, que toute forme propre est évacuée, et que le sens seul apparaît encore. Ces deux classes de *samâpatti* ont l'une et l'autre pour domaine le « grossier », c.-à-d. les corps élémentaires. Deux autres classes ont, au contraire, pour domaine le « subtil » : la *samâpatti savicârâ*, où le sens subtil défini par le lieu, le temps, l'attribut (*dharma*) apparaît; — et la *nirvicârâ*, où le sens subtil apparaît en dehors

sans Discussion et sans Jugement. Associé à la connaissance, quand il a l'Application pour Base causale, quand il est accompagné par l'Application ; en ce cas, il est respectivement fait d'Audition et de réflexion, ou fait de pratique. A Phénomène resserré, il est de cinq espèces, selon que le Phénomène en est recueilli, prêché, etc. dans le Sûtra, l'Uddâna, les Gâthâs, le Nipâta[5], etc. A Phénomène dispersé, il est de sept espèces, selon qu'il a comme Phénomène le mot, le thème, la lettre, l'Impersonnalité de l'Individu, l'Impersonnalité des Idéaux, les Idéaux Formels, les Idéaux Informels. Le Phénomène d'Idéal Formel, c'est le Phénomène de corps, etc. Le Phénomène d'Idéal Informel, c'est le Phénomène de Sensation d'intellect ou d'Idéal. — Définitif par Per-connaissance au point de vue de la matière à per-connaître, du Sens à per-connaître, de la per-connaissance, du fruit de la per-connaissance, du progrès du savoir afférent. La matière à per-connaître, c'est la douleur ; le Sens à per-connaître, c'est l'impermanence de la douleur, sa nature douloureuse, sa vacuité, son impersonnalité. La per-connaissance, c'est la Voie. Le fruit de la per-connaissance, c'est la Libération. Le progrès du savoir afférent, c'est la Vue de la connaissance de la Libération. — Entré dans les catégories de la Pratique, la Pratique en est soit de quatre sortes, soit de trente-sept sortes. Pratique de quatre sortes, quand la Pratique a l'aspect d'Impersonnalité de l'Individu, d'Impersonnalité de l'Idéal, de Vue, de Connaissance. Pratique de trente-sept sortes, quand la Pratique a l'aspect de mauvais, de douloureux, d'impermanent, d'impersonnel, dans le cas des Quatre Aide-mémoire[6] ; l'aspect de Récupération, de fréquentation, d'exposition[7], d'auxiliaire, dans le cas des

du lieu, du temps, de l'attribut, réduit à la substance (*dharmin*) seule. — Le Milinda, p. 63 (cf. Atthasâlinî § 296 sq.) se sert d'une comparaison pour expliquer les deux termes : si on frappe un gong, le choc est le *vitarka*, le bruit qui s'en suit est le *vicâra*. C'est toujours, sous une autre forme, l'opposition de l'opération grossière et de l'opération subtile.

5. Le tib. porte *mdo daṅ sdom gyi chigs su bčad pa daṅ ñe bar bstod pa* « sûtra et gâthâ de l'uddâna et upastuti (?) ». Le chinois, comme je l'ai indiqué, substitue l'Avadâna au Nipâta.

6. *Smṛtyupasthâna* = tib. *dran pa ñe bar bžag pa ;* chin. *nien tchou* « lieu de souvenir » M. Vy. § 38 : *kâya* « le corps », *vedanâ* « la sensation » ; *citta* « la pensée » ; *dharma* « l'Idéal » ; présents à la mémoire comme respectivement : mauvais, douloureux, impermanent, impersonnel. — La forme palie est : *satipaṭṭhâna*. — Cf. inf. XVIII, 42-44, et XX, 53.

7. L. 16. Au lieu de *nirvidhâvana*, lire *nirvighâṭana* ; tib. *bsal ba* « publication » (*udghâṭana*).

Abandons Réguliers [8] ; l'aspect d'Acte mental servant d'Auxiliaire contre un contentement trop facile, quand on produit le Zèle ; l'aspect d'Acte mental servant d'Auxiliaire contre la dispersion et les doutes, quand on tend ses ressorts et se prend à l'Energie successivement ; l'aspect d'Union servant d'Auxiliaire contre l'orgueil, quand on fixe la pensée ; l'aspect d'Union servant d'Auxiliaire contre l'affaissement, quand on retient la pensée. Ces sortes se constatent respectivement dans le cas des quatre Pieds de Magie [9]. Une fois la pensée arrêtée, l'aspect de confiance dans la Plénitude Supra-mondaine ; et, comme de confiance, aussi de résolution, de souvenir sans défaillance des Idéaux, d'arrêt de la Pensée, de tri scrupuleux, dans le cas des Organes [10]. Les cinq mêmes Actes mentaux débarrassés d'adversaires dans le cas des Forces [11]. L'aspect d'éclaircissement de la Parfaite Illumination, dans le même cas. L'aspect de choix, d'entrain, de bonne humeur, de souplesse, d'arrêt de pensée, d'égalité, dans le cas des sept Membres de la Parfaite Illumination [12]. L'aspect de certitude d'atteindre ; l'aspect de nettoyage et de bonne garde de la Terre ; l'aspect de l'atteinte d'autrui ; l'aspect de l'entrée accomplie dans la Moralité chère aux Saints ; l'aspect de bon accueil à

8. *Samyak-prahâṇa* = tib. *yaṅ dag spoṅ ba* « total abandon » ; le chin. *tcheng k'in* « application correcte » ne répond pas au terme sanscrit, mais au terme pali °*padhâna* « exertion, energetic effort » [Childers]. M. Vy. § 39 : « produire du zèle à empêcher la naissance des *dharma* de mal qui ne sont pas nés ; — produire du Zèle à abandonner les *dharma* de mal qui sont nés ; — produire du Zèle à faire naître les *dharma* de bien qui ne sont pas nés ; — produire du Zèle à maintenir, multiplier, parfaire sans défaillance les *dharma* de bien qui sont nés ; — on tend ses ressorts ; on se prend à l'Énergie ; on fixe la pensée (*pradadhâti* ; cf. *padhâna* pali) ; on retient la pensée. — Cf. inf. XVIII, 45-49.

9. *Ṛddhipâda* = tib. *rzu 'phrul rkaṅ* ; chin. *chen ts'iu*. M. Vy. § 40. Ils sont respectivement accompagnés de l'Opérant d'Abandon de Recueillement °*samâdhiprahâṇasaṃskâra*°), de Zèle, de Pensée, d'Énergie, de Recherche intellectuelle (*chanda, citta, vîrya, mîmâṃsâ*). Cf. inf. XVIII, 50-54.

10. *Indriya* = tib. *dbaṅ po* ; chin. *ken*. M. Vy. § 41 : foi (*çraddhâ*), énergie (*vîrya*), mémoire (*smṛti*), recueillement (*samâdhi*), sapience (*prajñâ*). Cf. inf. XVIII, 55.

11. *Bala* = tib. *stobs* ; chin. *li*. M. Vy. § 42 ; même liste que pour les *indriya*. Cf. inf. XVIII, 56.

12. *Sambodhyaṅga* ; tib. *yaṅ dag byaṅ čhub kyi yan lag* ; chin. *kio fen*. M. Vy. § 43 : mémoire (*smṛti*) ; tri des dharma (*dharmapravicaya*) ; énergie (*vîrya*) ; amabilité (*prîti*) ; rémission (*prasrabdhi*) ; union (*samâdhi*) ; apathie (*upekṣâ*). Cf. inf. XVIII, 57-63.

une vie réduite[13] ; l'aspect d'exercice de la Voie antérieurement mise en pratique et recouvrée ; l'aspect d'une mémoire sans défaillance des Signes de l'arrêt sur l'Idéal ; l'aspect enfin de Révolution du Fond de l'arrêt sans Signe dans le cas des Membres de la Voie [14]. Il n'y a pas d'indication sur la nature-propre de la Voie de Pacification et d'Inspection et de la Voie de Pratique. — L'Acte mental d'Avantage est de deux sortes : il écarte la Turbulence, et il écarte les Signes de Vue. L'Acte mental accueillant, c'est prendre les Conseils des Bouddhas et des Bodhisattvas dans le courant de l'Idéal. L'Acte mental d'emploi est de cinq sortes dans le domaine de l'Union : emploi du Sous-Indice de nombre, quand on observe le nombre des mots, des thèmes, des lettres dans les Sûtras, etc. ; emploi du Sous-Indice de Fonction, quand on observe les deux sortes de Fonctions, la Fonction de Mesure, qui est celle des lettres, et la Fonction de Hors-mesure, qui est celle du mot et du thème ; emploi du Sous-Indice d'Imagination, quand, en partant de la dualité, on observe l'Imagination de dualité ; en partant de l'Imagination de mot, on observe l'Imagination de Sens ; en partant de l'Imagination de Sens, on observe l'Imagination de mot ; la syllabe n'est pas Imagination ; emploi du Sous-Indice d'ordre quand on observe le fonctionnement de l'acception du Sens précédée par l'acception du mot ; enfin, emploi de la Pénétration, lequel est de onze espèces, selon qu'il s'agit de pénétrer l'Incidence, le Signe d'éclaircissement, la non-Susception du Sens, la non-Susception de la Susception, le Plan des Idéaux, l'Impersonnalité de l'individu, l'Impersonnalité des Idéaux, les Tendances inférieures, les Tendances de grandeur élevées, le classement des Idéaux selon l'Acquis, les Idéaux une fois classés. — L'Acte mental autocrate est de trois sortes : bien nettoyé des Obstruc-

13. L. 27. *saṃlikhita* ; tib. *bsñuṅs pa* « diminué, restreint ». Cf. *saṃlekha* (manque à Böhtlingk), classé par la M. Vy. § 245, 606, dans la série des pratiques de restriction : *çîla*, *saṃvara*, *dhûtaguṇa*, *saṃyama*, et le pali *sallekho* expliqué par « le retranchement, l'amincissement régulier des souillures » (*kilesânaṃ... tanukaraṇâ*, Childers, s. v.). Un scribe du Çikṣâ-samuccaya (p. 127, n. 2) glose *saṃlikhita* par *kṛça* « maigre ». Cf. aussi Ç. sam, p. 354, n. 8.

14. L. 29. *mârgâṅga* ; tib. *lam gyi yan lag* ; chin. *tao fen*. M. Vy. § 44 : vue (*dṛṣṭi*), combinaison (*saṃkalpa*), parole (*vâc*), occupation (*karmânta*), ressources (*âjîva*), tension (*vyâyâma*), mémoire (*smṛti*), union (*samâdhi*) réguliers.

tions de Souillures ; bien nettoyé des Obstructions de Souillure et de Connaissable ; bien nettoyé de la Réalisation des Vertus.

Deux vers sur la question du Positif des Idéaux.

13. Le Positif est tout ceci : ce qui est constamment à l'écart de la dualité, le Soubassement de l'Erreur, ce qui est absolument inexprimable, ce qui par essence n'a pas de multiplication, ce qui est à connaître, à rejeter, et aussi à nettoyer, et qui est naturellement immaculé. Quand on parle de le nettoyer des Souillures, c'est le même cas que l'espace, l'or, l'eau.

Le Positif qui est constamment à l'écart de la dualité, c'est la Nature Imaginaire ; car, par l'Indice de Prenant et de Prenable, elle est absolument sans existence. Le Soubassement de l'Erreur, c'est le Nature Relative, puisque celle-ci fait imaginer celle-là. L'inexprimable, ce qui est sans multiplication, c'est la Nature Absolue. De ces trois Positifs, le premier est à reconnaître, le second à rejeter, le troisième à nettoyer des taches incidentes, et en même temps nettoyé naturellement ; comme il est naturellement pur, le nettoyer des Souillures, c'est comme s'il s'agissait de l'espace, de l'or, de l'eau. En effet, l'espace, etc. n'est pas sale de nature, et on ne peut pas dire qu'il n'y a pas lieu de nettoyer des saletés incidentes.

14. En vérité, il n'y a rien d'autre que Lui dans le monde, et le monde entier a la raison brouillée quant à Lui. Comment donc a-t-elle grandi, cette singulière folie du monde, qui fait qu'on s'obstine à ce qui n'existe pas, en laissant complètement de côté ce qui est ?

En vérité il n'y a dans le monde rien d'autre que ce Plan des Idéaux ainsi défini puisque l'Idéalité ne se sépare pas de l'Idéal. Le reste se comprend de soi.

Cinq vers sur la comparaison avec un Trompe-l'œil, à propos du Positif.

15. Comme un Trompe-l'œil, ainsi s'explique l'Imagination de ce qui n'existe pas ; comme l'effet d'un Trompe-l'œil s'explique l'erreur de dualité.

Comme un Trompe-l'œil, comme un Signe d'Erreur, morceau

de bois, motte de terre, etc. traité par des formules d'enchantement [1], telle est l'Imagination inexistante, c'est-à-dire la Nature Imaginaire. Comme l'effet d'un Trompe-l'œil, comme une figure d'éléphant, de cheval, d'or, etc. qui dans cette opération apparaît comme si elle existait, de même, dans cette Imagination inexistante, l'Erreur de dualité apparaît en tant que Prenant et Prenable sous l'aspect de Nature Imaginaire.

16. Dans ceci, il n'y a point existence de cela ; il en est ainsi du Sens transcendant. Et pourtant il y a Susception de cela ; il en est ainsi de la Vérité Contingente.

Dans ceci, il n'y a point existence de cela ; dans l'effet du Trompe-l'œil, il n'y a point existence d'éléphant, etc. De même, dans la Nature Relative, il y a le Sens Transcendant, qui est la non-existence de l'Imaginaire, lequel a pour Indice la dualité. D'autre part, il y a Susception de l'effet du Trompe-l'œil comme si l'éléphant, etc. existait ; de même il y a Susception de l'Imagination inexistante, en tant que Vérité Contingente.

17. En l'absence de l'effet, on perçoit la manifestation de son Signe ; de même, quand il y a Révolution du Fond, on perçoit la manifestation de l'Imagination inexistante.

En l'absence de l'effet du Trompe-l'œil, la manifestation de son Signe, morceau de bois, etc., est susceptée avec son Sens existant ; de même, en cas de Révolution du Fond, l'Erreur de dualité étant absente, on suscepte le Sens existant de l'Imagination inexistante.

18. Le monde alors, n'étant plus trompé quant au Signe, se conduit comme il veut ; de même, en cas de Révolution du Fond, l'Ascète [1], n'étant plus tourné à l'envers, se conduit comme il veut.

Le monde, quand il n'est plus trompé sur le Signe, morceau de bois, etc., se conduit comme il veut, devient maître de soi ; ainsi, en cas de Révolution du Fond, le Saint n'étant plus tourné à l'envers prend sa liberté d'action, est maître de soi.

15. 1. Comm. l. 1. Au lieu de *yantraparigrh°*, lire *mantrapari°* ; tib. *sṅags*.
18. 1. *d.* Au lieu de *patiḥ*, lire *yatiḥ* ; tib. *brcon*.

19. D'une part l'aspect y est ; d'autre part l'existence n'y est pas. C'est pourquoi on attribue au Trompe-l'œil, etc. et l'être et le non-être.

Ce vers se comprend de soi.

20. L'existence dans ce cas n'est pas exactement l'inexistence, et l'inexistence n'est pas exactement l'existence ; c'est une distinction d'existence et d'inexistence qui est attribuée au Trompe-l'œil, etc.

L'existence dans ce cas n'est pas exactement l'inexistence ; en tant qu'il y a existence de telle ou telle figure, on ne peut pas dire que cela n'existe absolument pas. Et l'existence n'est pas non plus l'existence ; mais l'inexistence d'éléphant, etc., on ne peut pas dire que ce n'est pas du tout de l'existence. C'est une indistinction de cette existence et de cette inexistence qui est attribuée au Trompe-l'œil, etc. L'existence de telle ou telle figure dans ce Trompe-l'œil, c'est bien l'inexistence de l'éléphant, etc. ; mais l'inexistence de l'éléphant, etc., c'est bien l'existence de la figure correspondante.

21. Ainsi la dualité s'y trouve en apparence, mais non pas en réalité ; c'est pourquoi on attribue à la Forme, etc. l'existence et la non-existence.

Ainsi, dans l'Imagination inexistante, il y a apparence de dualité, mais non existence de dualité. C'est pourquoi on attribue à la Forme, etc. qui consiste essentiellement en Imagination inexistante, à la fois l'existence et la non-existence.

22. L'existence dans ce cas n'est pas exactement l'inexistence, l'inexistence n'est pas exactement l'existence ; c'est une indistinction d'existence et d'inexistence qui est attribuée à la Forme, etc.

L'existence n'y est pas l'inexistence, en tant qu'il y a apparence de dualité. L'inexistence n'y est pas l'existence en tant qu'il n'y a pas réalité de dualité. C'est une indistinction d'existence et d'inexistence qui est attribuée à la Forme, etc. Car c'est justement l'existence d'une apparence de dualité qui est en fait l'inexistence de la dualité.

23. Cela, afin d'exclure les deux Extrêmes[1] de l'Excès et du Défaut d'Imputation, et afin d'exclure l'acheminement par le Petit Véhicule.

Pourquoi donc pose-t-il cette unité fondamentale et cette indistinction de l'existence et de l'inexistence ? C'est pour exclure respectivement les deux Extrêmes de l'Excès et du Défaut d'Imputation, et pour exclure l'usage du Petit Véhicule. En effet, quand on sait que l'inexistant est inexistant, on ne pèche pas par Excès d'Imputation. Quand on sait que l'existant est existant, on ne pèche pas par Défaut d'Imputation. Quand enfin on sait l'indistinction des deux, l'existence ne nous fait plus frissonner, et alors on ne sort pas par le Petit Véhicule.

24. Le Signe de l'Erreur et l'Erreur, c'est la Notification[1] Formelle et la Notification Informelle ; en l'absence de l'une, l'autre n'existerait pas.

La Notification du Signe de l'Erreur de Forme, c'est la Notification de Forme, qu'on appelle la Forme. Mais l'Erreur de Forme elle-même, c'est la Notification Informelle. Si la Notification de Forme n'existait pas, l'autre, la Notification Informelle, n'existerait pas, puisqu'il n'en existerait pas de cause.

25. Par suite de l'Erreur sur la façon de prendre la figure d'éléphant qui est un trompe-l'œil, on parle de dualité ; il n'y a pas là de dualité, et il y a Susception de dualité.

26. Par suite de l'Erreur sur la façon de prendre le squelette[1] qui est un reflet, on parle de dualité ; il n'y a pas là de dualité, et il y a Susception de dualité.

Par suite de l'Erreur sur la façon de prendre[2] la figure d'éléphant qui est un trompe-l'œil, on parle de dualité. Il n'y a là

23. 1. *a*. Au lieu de °*vâdâbha*°, lire °*vâdânta*°, tib. *mtha'*. Même correction au comm. l. 2.

24. 1. *Vijñapti* = tib. *rnam par rig byed* « faire connaître distinctement » ; chin. *wei*, qui traduit aussi *vijñâna*. Cf. Madhy. v. 309, n. 2 et 3, et pour la *viññatti* du pali, Dh. s. § 636 sqq. C'est le causatif et l'acte causal du *vijñâna* « sensation ».

26. 1. *a*. *Saṃkalikâ* ; tib. *keṅ rus* « squelette ». Et cf. Morris, J. P. T. S., 1885, p. 76.

2. Comme l. 1. Au lieu de °*âkṛtigrâhyabhrântito*, lire °*grâha*°.

ni Prenant ni Prenable, et il y a pourtant Susception de dualité. Et celui qui opère mentalement sur un squelette reflété[3], par suite de l'Erreur sur sa façon de le prendre, parle de dualité, etc. comme ci-dessus.

27. Puisque en tant que tels ils existent, que en tant que tels ils n'existent pas, que l'existence et l'inexistence y sont indistinctes[1], les Idéaux qui ont pour Indice l'Erreur sont d'être et de non-être, et ont l'apparence d'un Trompe-l'œil.

Les Idéaux qui ont pour Indice l'Erreur, qui sont essentiellement des Adversaires, sont d'être et de non-être et semblables à un Trompe-l'œil. Pourquoi cela ? Ils sont de l'être, puisqu'ils existent en tant que tels, en tant qu'Imagination inexistante. Ils sont de non-être, puisqu'ils n'existent pas en tant que tels, en tant que Prenant et Prenable. Et comme il y a indistinction d'existence et d'inexistence, existant et n'existant pas à la fois, ils sont comparables à un Trompe-l'œil, puisque le Trompe-l'œil a les mêmes Indices[2].

28. Puisque en tant que tels ils n'existent pas, que en tant que tels ils n'existent pas, et que en tant que tels ils n'existent pas, les Idéaux qui sont Auxiliaires n'ont pas d'Indice, et sont semblables à un Trompe-l'œil.

Les Idéaux qui ont été enseignés par le Bouddha comme Auxiliaires : les Aide-Mémoire, etc., ces Idéaux aussi sont sans Indice et simple Trompe-l'œil. Pourquoi ? Parce que en tant que tels ils n'existent pas, à la façon que les esprits puérils les prennent. Parce que en tant que tels ils n'existent pas, tels qu'ils ont été prêchés. Parce que en tant que tels ils n'existent pas, tels que le Bouddha les a fait voir, Conception, Naissance, Super-Sortie, Toute-parfaite Illumination, etc. Sans avoir d'Indice, sans être réels, ils paraissent ainsi, et ils ressemblent donc à un Trompe-l'œil.

29. C'est comme si un roi de Trompe-l'œil était vaincu par un

3. L. 2. Au lieu de *pratibiṃbaṃ saṃkalikâm ca*, lire *°bimbasaṃka°*.
27. 1. c. Au lieu de *bhâvâbhâvaviçeṣataḥ*, lire *bhâvâbhâvâvi°*.
2. Comm. l. 4. Au lieu de *lakṣaṇâstasmân*, lire *lakṣaṇâ | tasmân*.

roi de Trompe-l'œil, les fils des Vainqueurs en regardant tous les Idéaux sont affranchis de Sentiment-personnel[1].

Les Idéaux qui sont des Auxiliaires font fonction du Roi de Trompe-l'œil, à cause de leur Régence sur le Nettoyage quand il s'agit de rejeter la Pleine Souillure. Et les Idéaux de Pleine Souillure, eux aussi, font fonction de roi, à cause de leur Régence quand il s'agit de produire la Pleine Souillure. Ainsi la défaite de la Pleine Souillure par les Idéaux qui sont des Auxiliaires est à considérer comme la défaite d'un roi par un roi [de Trompe-l'œil[2]]. Et parce qu'ils le savent, les Bodhisattvas sont sans aucun Sentiment-personnel à l'égard des deux partis.

Un vers sur le Sens de la comparaison.

30. Pareils à un Trompe-l'œil, à un rêve, à un mirage, à une image, à une ombre, à un écho, à la lune réfléchie dans l'eau, à une Métamorphose[1]; six, six, et deux, et encore six formant couple, et trois un par un ; c'est ainsi que les Opérants ont été çà et là énoncés par les Bouddhas, les plus grands des illuminés.

Bhagavat a dit : Les Idéaux sont pareils à un Trompe-l'œil, etc. jusqu'à : pareils à une Métamorphose. Les Idéaux qui sont pareils à un Trompe-l'œil sont les six Lieux[2] de l'ordre du Moi ; en effet, sans qu'il y ait existence de Moi, d'Ame, etc., ils paraissent tels. Pareils à un rêve, c'est les six Lieux du dehors, puisque l'usage qu'on en fait n'a pas de Matière. Deux Idéaux sont pareils à un Mirage : la Pensée et le Système des États-d'esprit, puisqu'ils produisent l'Erreur. Et encore, six sont pareils à une image ; c'est les Lieux de l'ordre du Moi, puisqu'ils sont l'image des Actes antérieurs. Six sont pareils à une ombre ; c'est les Lieux du dehors, puisqu'ils sont l'ombre des Lieux de l'ordre du

29. 1. *c.* Au lieu de *ya*, lire *ye*. — *d.* Au lieu de *nirmârâs te*, lire *nirmânâs te* ; tib. *ṅa rgyal med* « sans orgueil personnel », même corr. au comm. l. 4.

2. Comm. l. 3 *mâyâ* devant *râjñeva* manque en tib.

30. 1. Pour cette série classique de comparaisons empruntées aux Sûtras, cf. M. Vy. § 139, et, entre autres Lal. Vist. 181, l. 21.

2. *Âyatana* ; tib. *skye mčhed* « extension de naissance » ; chin. *jou* « entrée ». M. Vy. § 106 : les six organes des sens et les six objets des sens (à *manas* correspond, comme objet, *dharma*).

Moi ; c'est sous la Régence de ceux-ci que ceux-là naissent. Six font couple. Pareils à un écho, c'est les Idéaux de Prédication. Pareils à la lune réfléchie dans l'eau, c'est les Idéaux basés sur l'Union ; l'Union représente l'eau par sa limpidité. Pareils à une Métamorphose ; en effet, en cas de Renaissance par Préméditation, ils se prêtent à toutes les actions sans être affectés de Pleine Souillure.

Un vers sur la question du connaissable.

31. Imagination inexistante, ni existante ni inexistante, non-Imagination, ni Imagination ni non-Imagination : par là est énoncé tout le connaissable.

Imagination inexistante, c'est l'Imagination qui n'est pas conforme à la connaissance Supra-mondaine. Ni existante, ni inexistante, c'est celle qui est conforme à cette connaissance, etc. qui est de l'ordre de la Fixité, etc. Non-Imagination, c'est la Quiddité et la connaissance Supra-mondaine. Ni Imagination, ni non-Imagination, c'est la connaissance mondaine atteinte derrière la Supra-mondaine. Et c'est exactement là tout le connaissable.

Deux vers sur le nettoyage de la Pleine Souillure.

32. De leur Plan propre sortent et se développent des différenciations qui ont l'apparence de dualité, qui fonctionnent en compagnie de l'Inscience et de la Souillure, et qui sont dépourvues des deux catégories.

De leur Plan, c'est-à-dire de leur semence [1] qui est la Sensation de Tréfonds. L'apparence de dualité, c'est l'apparence de Prenant et Prenable. Les deux catégories, c'est la catégorie de Prenant et la catégorie de Prenable. Ainsi doit être traitée la question de la Souillure.

33. On arrive au Phénomène tout-particulier par Application à l'arrêt sur leur propre Plan ; elles fonctionnent alors, en effet, sans apparence de dualité, comme dans le cas du cuir et de la flèche.

On arrive au Phénomène tout-particulier ; c'est l'arrivée à l'idée du Phénomène d'Idéal dont il a été parlé plus haut [v. 6 et 7]. Par

32. 1. Comm. l. 1. Au lieu de *bhâvâṅgâd*, lire *svabîjâd*; tib. *raṅ gi sa bon*. Le ms. porte *bhâbâjâd â°*. Et cf. inf. v. 44.

Application à l'arrêt sur leur propre Plan ; le Plan propre des différenciations, c'est la Quiddité ; on s'y arrête en arrêtant la pensée sur le mot. L'application, c'est l'exercice répété par la Voie de la Pratique [1]. Elles, les différenciations, fonctionnent sans aucune apparence de dualité chez celui qui a fait la Révolution du Fond. Comme dans le cas du cuir et de la flèche. Le cuir, en perdant sa dureté, devient souple ; la flèche, en étant chauffée au feu, devient droite. De même quand on est arrivé à la Libération d'Intellect et de Sapience par la Pratique de la Pacification et la Pratique de l'Inspection, la Révolution du Fond étant faite, les différenciations ne fonctionnent plus avec une apparence de dualité. C'est ainsi qu'est à traiter la question du Nettoyage

Deux vers sur la question de la doctrine du Rien-que-Notification.

34. C'est la Pensée qui a l'aspect de dualité, et l'ayant, c'est elle aussi qui a l'aspect de passion, etc., de Foi, etc. ; il n'y a pas d'autre Idéal qu'elle, soit souillée, soit bonne.

Il n'y a rien que la Pensée qui a l'aspect de dualité, l'aspect de Prenant et l'aspect de Prenable ; ainsi c'est elle aussi qui a l'aspect des Souillures, passion, etc., et qui a l'aspect des Idéaux de Bien, Foi, etc. Mais, en dehors de cet aspect, il n'y a pas d'autre Idéal souillé, ayant pour Indice la passion, etc., ou Idéal de Bien, ayant pour Indice la Foi, etc., de même qu'il n'y a pas, en dehors de l'apparence de dualité, d'autre qui ait l'Indice de dualité.

35. C'est donc la Pensée qui se développe sous des apparences nuancées, sous des aspects nuancés. L'apparence qui se produit en elle, c'est l'existence et l'inexistence ; mais elle n'appartient pas aux Idéaux [1].

33. 1. Comm. l. 3. Transporter après *bhâvanâmârgeṇa* le trait de ponctuation placé devant ce mot.

35. 1. Le tib. et le chin., que j'ai suivis dans ma traduction, rapportent le premier hémistiche du vers au comm. du vers 34, et d'autre part incorporent dans le vers 35 la première phrase du comm. qui l'explique (*tathâ... mataḥ*). La métrique semble écarter formellement cette combinaison ; elle est pourtant en harmonie avec le sens, et de plus, la fin du comm. semble bien destinée à expliquer la phrase : *tathâ...mataḥ*.

C'est la Pensée qui se développe sous des apparences nuancées, tantôt sous l'apparence de la passion, ou de la haine, ou d'un autre Idéal alternativement ; et aussi sous des aspects nuancés, simultanément sous l'aspect de la Foi, etc. L'apparence[2], c'est l'existence et l'inexistence dans la Pensée, celle-ci étant en état de Souillure ou de Bien. Mais elle n'appartient pas aux Idéaux, soit de Souillure, soit de Bien[3], puisque ceux-ci, abstraction faite de cette apparence, n'ont pas cet Indice.

Huit vers sur la question de l'Indice. Le premier énonce ; le reste expose.

36. L'Indicand, l'Indice, l'Indication[1] ont été expliqués dans leurs sections par les Bouddhas pour rendre service aux créatures.

Ce vers est l'énoncé.

37. La Pensée avec la Vue, la Persistance là, l'inaltérabilité ; c'est là en abrégé l'Indicand ; dans ses sections, il est hors mesure.

La Pensée, ici, c'est la Sensation et la Forme. La Vue, c'est les Idéaux du Système des États d'esprit. La persistance là, c'est les Idéaux dissociés de la Pensée. L'Inaltérabilité, c'est l'Inopéré, Espace, etc., puisque la Notification s'en développe toujours iden-

2. Comm. l. 1. Au lieu de *tathâbhâso*, lire *tatrâbh°*, tib. *de la*; ms. *tacca*. Au lieu de *matah*, le tib. a lu *tatah* puisqu'il traduit *de phyir* [*de la snañ ste yod dañ med* | *de phyir čhos kyi ma yin no* |]. Le comm. en tib. commence ainsi : *sems 'di ñid rnam grañs kyis 'dod čhags su snañ ba'm...* = *tac cittam eva paryâyeṇa râgâbhâsaṃ vâ...* Il n'a rien qui corresponde à l'énigmatique *stva* de *cittam eva stva tac citrâ°* du ms.

3. L. 4. Le tib. a lu et traduit *na tu dharmâṇâṃ kliṣṭânâṃ kuçalânâṃ vâ* (*ñon moñs pa čan dañ dge ba'i čhos*).

36. 1. *Lakṣya, lakṣaṇa, lakṣaṇâ.* Ces trois termes techniques appartiennent à la logique du langage, que les Hindous se sont plu à raffiner. Toute expression est directe ou indirecte. Si elle est indirecte, on se sert d'un « indice » (*lakṣaṇa*) pour faire entendre l' « indicand » (*lakṣya*, indicandum), le sens qu'on veut faire entendre ; l' « indication » (*lakṣaṇâ*) est la fonction qui met en rapport les deux autres termes. L'exemple classique est : *Gaṅgâyâṃ ghoṣaḥ* « une étable sur le Gange ». L' « indice » est l'expression : « sur le Gange » ; elle énonce une impossibilité pratique que l'esprit corrige en introduisant la notion de « rive, bord » ; cette notion est l' « indicand ». L'association d'idées qui introduit la notion du « bord » est l' « indication ».

tique. Telles sont en résumé les cinq divisions de l'Indicand ; mais, en sections, il est hors-mesure.

38. Le Signe de Connotation du Sens en fonction du Verbe, l'Imprégnation afférente, et aussi la clarté qui en sort, c'est l'Indice Imaginaire.

L'Indice est, en abrégé, de trois sortes : Indice Imaginaire, etc. L'Indice Imaginaire, à son tour, est de trois sortes : le Signe de Connotation du Sens en fonction du Verbe, l'Imprégnation de ce Verbe, et le Sens qui apparaît par suite de cette Imprégnation, même sans la Connotation du Sens en fonction du Verbe quand on n'est pas au fait du parler courant. La Connotation du Sens en fonction de l'expression verbale, Connotation qui est de l'ordre des Etats-d'esprit, est la Connotation en fonction du Verbe. Ce qui en est le Phénomène, c'en est justement le Signe[1]. Ce qui est imaginé, et sa raison, c'est-à-dire l'Imprégnation qui le fait imaginer, c'est en deux termes ce qui est entendu ici par Indice Imaginaire.

39. L'éclaircissement du Sens et du Mot en fonction du Mot et du Sens, Signe de l'Imagination qui n'est pas, c'est l'Indice Imaginaire.

Autre Rubrique : [Analyse grammaticale des mots composés employés dans le texte ; puis] Si le Sens s'éclaire en fonction du Mot, ou le Mot en fonction du Sens, c'est là l'Indice Imaginaire qui est un Phénomène de l'Imagination inexistante. Tout ce qui est imaginé est en effet ou Mot ou Sens.

40. Avec une apparence triple et triple, avec l'Indice de Prenable et de Prenant, l'Imagination inexistante est l'Indice du Relatif.

L'apparence de trois sortes, c'est l'apparence de mot fléchi, l'apparence de Sens, l'apparence de corps. Il y a encore trois sortes d'apparences : l'apparence d'Esprit, l'apparence de Récepteur, l'apparence de différenciation. L'Esprit, c'est ce qui est toujours souillé. Les Récepteurs, c'est les cinq Corps de Sensa-

38. 1. Comm. l. 5. Au lieu de *tannimittam evam* lire °*m eva* et placer ensuite un trait de ponctuation.

tions. La différenciation, c'est la Sensation de l'Esprit. La première série de trois apparences[1] a pour Indice le Prenable ; la seconde a pour Indice le Prenant. Ainsi cette Imagination inexistante est l'Indice du Relatif.

41. Existence, inexistence, existence et inexistence tout ensemble, en état de Paix et non, sans différenciation, c'est l'Indice Absolu.

L'Indice Absolu, c'est la Quiddité. Elle est, en effet, l'inexistence de tous les Idéaux qui sont Imaginaires, et l'existence, puisqu'elle existe par leur inexistence. Existence et inexistence tout ensemble, puisque cette existence et cette inexistence sont indivises. Sans état de Paix, par le fait des sous-Souillures incidentes ; en état de Paix puisqu'elle est naturellement toute nettoyée. Sans différenciation, puisqu'elle est hors de portée des différenciations, étant donné qu'elle ne se multiplie pas. Ainsi a été éclairci le triple Indice de la Quiddité ; Indice propre ; Indice de Nettoyage des Souillures ; Indice d'indifférenciation.

Les trois Indices ont été énoncés.

42. Prenant comme Phénomène l'Idéal de Coulée[1], Acte mental à fond, arrêt de la Pensée sur le Plan, considération du Sens comme être et non-être.

L'Indication, c'est les cinq Terres de l'Application : le contenant, l'Intromission, le Miroir, la Clarté, le Fond. Le contenant, c'est l'Idéal de Coulée, autrement dit la Coulée de l'Acquis qui a été prêchée par le Bouddha comme l'Acquis. L'Intromission, c'est l'Acte mental à fond. Le Miroir, c'est l'arrêt de la Pensée sur le Plan, autrement dit c'est l'Union, qui a été désignée plus haut [XI, 6 et 33] comme l'arrêt sur le mot. La Clarté, c'est voir le Sens en tant qu'être et non-être, autrement dit, c'est la Sapience Supra-mondaine ; par elle[2] il voit exactement l'être de ce qui est et le non-être de ce qui n'est pas. Le Fond, c'est la Révolution du Fond.

40. 1. Comm. l. 4. Au lieu de *prathamatrividha*° lire *prathamas tri*°.
42. 1. Corriger, comme partout ailleurs, *niṣpanda* en *niṣyanda*°.
2. Comm. l. 5, au lieu de *prajñā tathā* lire °*jñā tayā*.

43. On y arrive à l'égalité, car la Famille des Saints est immaculée, égale, toute-particulière, sans trop ni manque; c'est là l'Indication.

On arrive à l'égalité dans le Plan sans-Écoulement, qui est la Famille des Saints. L'égalité, avec les autres Saints. Et cette Famille Noble des Bouddhas est immaculée. Elle est égale, puisqu'elle a l'égalité de libération avec les Auditeurs et les Bouddhas-pour-soi. Elle est toute-particulière, par cinq particularités : particularité de nettoyage à fond, puisque les Souillures avec les Imprégnations sont nettoyées à fond ; particularité de nettoyage au large, puisque le Champ est nettoyé au large ; particularité de corps, puisque c'est le Corps d'Idéal ; particularité de Passivité, puisque la Passivité des Idéaux s'y développe sans interruption dans les cercles des assemblées ; particularité d'acte, puisque le Sens des créatures y est en cours continu d'exécution au moyen des diverses Métamorphoses, telles que séjour au ciel Tuṣita, etc. Elle n'a rien qui lui manque, pour barrer le parti de la Pleine-Souillure ; elle n'a rien de trop, pour susciter le parti du nettoyage. Telle est l'Indication, autrement dit les cinq Terres d'Application. C'est elle, en effet, qui indique l'Indicand et l'Indice.

Six vers sur la question de la Libération.

44. La Révolution de l'apparence de mot, de Sens, de corps, par suite de la Révolution du Germe, c'est le Plan sans-Écoulement, et il a un Fond universel.

La Révolution du Germe, c'est la Révolution de la Sensation du Tréfonds. Résultant d'elle, la Révolution des Sensations qui ont l'apparence de mot, de Sens, de corps, c'est le Plan sans-Écoulement, la Libération. Et il a un Fond universel, il se trouve chez les Auditeurs et les Bouddhas-pour-soi.

45. Par suite de la Révolution d'Esprit, de Récepteurs et de différenciation, il se produit une quadruple Souveraineté, sur l'indifférenciation, sur le Champ, sur la Connaissance, sur l'Acte.

Le mot *âvṛtti* est employé dans le vers pour *parâvṛtti*. Les quatre Souverainetés s'exercent respectivement sur l'indifférenciation, sur le champ, sur la connaissance et l'acte.

46. Dans la Terre Immobile et les suivantes, ces quatre Souverainetés existent, deux dans une Terre, une respectivement dans chaque autre.

Cette quadruple Souveraineté existe dans les trois Terres : Immobile, etc. Dans une Terre, l'Immobile, elle est double : sur l'Indifférenciation[1], puisque l'absence de Sur-Opérants a supprimé la différenciation ; sur le Champ, puisqu'il y a nettoyage parfait du Champ de Bouddha. Dans chacune des deux autres Terres, il y a respectivement une Souveraineté ; dans la Terre de Bon-esprit, Souveraineté sur la connaissance, parce qu'on arrive aux Pleins-Savoirs-Respectifs tout-particuliers ; dans la Terre de Nuage-de-Loi, Souveraineté sur l'acte, puisque les Actes des Super-savoirs n'y ont pas d'obstacle.

47. Ayant connu ici les deux sortes d'Impersonnalité qui se trouvent dans les mondes, et les ayant connues égales, le Sage entre de la Prise dans le Positif ; puis par suite de l'arrêt de l'Esprit là, cela même ne s'éclaire plus ici ; cette absence d'éclairage, c'est la Délivrance, le départ par excellence de la Susception.

Autre rubrique sur la Libération. Ayant reconnu les deux sortes d'Impersonnalité qui se trouvent dans les trois mondes, et ayant connu cette double Impersonnalité comme égale, par suite de l'inexistence de l'Individu Imaginaire et de l'inexistence des Idéaux Imaginaires, mais non pas par suite d'une inexistence absolument totale, le Bodhisattva entre dans le Positif, qui est le Rien-que-Notification, en sortant de la Prise, qui consiste à dire : Il n'y a Rien-que-Prise. Puis, l'Esprit étant arrêté au Rien-que-Notification, le Positif, qui est le Rien-que-Notification, ne s'éclaire plus. Quand il ne paraît plus, c'est alors la délivrance, qui consiste dans la disparition par excellence de la Susception, car il n'y a plus Susception d'Individualité ni d'Idéal.

48. Quand, par suite des Provisions dans le Contenant, il y a Intromission, alors voyant Rien-que-Mot, il voit en vérité Rien-que-Mot en le voyant, et ensuite il ne le voit plus[1].

46. 1. Comm. l. 2. Après *avikalpe* supprimer *na*, d'accord avec le tib.
48. 1. Rappel de la stance fameuse du Laṅkâvatâra : *paçyann eva na paçyati.*

Autre rubrique[2]. Le Contenant, c'est l'Audition. Les Provisions, car celui qui s'est bien approvisionné de Provisions a recueilli des Provisions antérieures. L'Intromission, c'est l'Acte Mental. En voyant Rien-que-Mot, c'est-à-dire la simple Expression verbale dépourvue de Sens. Il voit en vérité Rien-que-Mot, c'est-à-dire Rien-que-Notification ; car il se dit : Le Nom, c'est les quatre Masses en dehors du Formel. En le voyant, ensuite il ne le voit plus ; c'est-à-dire : Le Sens n'existant pas, il ne voit pas la Notification afférente. Cette absence de Susception, c'est la Libération.

49. Cette Pensée se développe accompagnée de Turbulence, enlacée par la vue du Moi ; on l'empêche en l'arrêtant sur ce qui est de l'ordre du Moi.

Autre rubrique. Cette Pensée accompagnée de Turbulence se développe dans les naissances. Les mots « enlacée par la Vue du Moi » montrent la cause de la Turbulence. Elle est nouée par les deux espèces de vues du Moi, et par suite elle est affectée de Turbulence. Mais on l'empêche en l'arrêtant sur ce qui est de l'ordre du Moi, c'est-à-dire en établissant la Pensée dans la Pensée même, puisqu'il n'y a plus Susception de Phénomènes.

Deux vers sur la question du manque de Nature-propre.

50. Puisqu'ils n'existent pas par soi, ni par leur Moi propre, puisqu'ils ne persistent pas dans leur Nature-propre, et puisque comme la Prise ils n'ont pas d'existence[1], on leur dénie toute Nature-propre.

Puisqu'ils n'existent pas par soi, les Idéaux n'ont pas de Nature-propre ; ils dépendent, en effet, de Rencontres. Puisqu'ils n'existent pas par leur Moi propre, ils n'ont pas de Nature-propre ; car une fois annulés, ils ne se reproduisent pas par leur Moi propre[2]. Puisqu'ils ne persistent pas dans leur Nature-propre, ils n'ont pas de Nature-propre, car ils sont momentanés. Telles sont les trois espèces de manque de Nature-

2. Comm. l. 1. Lire *aparaḥ paryâyaḥ*.
50. 1. c. Au lieu de *°tadâbhâvâc ca*, lire *°tadabhâv°*.
2. Comm. l. 2, au lieu de *punas tenâtmanâ°*, lire *punaḥ svenât°* ; au lieu de *svabhâva'nava°*, lire *svabhâve'na°*.

propre qui accompagnent les trois Indices de l'Opéré. Puisque, comme la Prise, ils n'existent pas. Dans le composé *tadabhâvât*, *tad* équivaut à *sva*. C'est comme la Prise chez les esprits puérils ; ils prennent leur Nature-propre pour permanente, heureuse, pure, personnelle[3] ou affectée de tel autre Indice Imaginaire ; il en est de même de la Nature-propre des Idéaux ; c'est pourquoi on dénie aux Idéaux toute Nature-propre.

51. De leur manque de Nature-propre résulte graduellement qu'ils n'ont ni Production, ni Barrage, qu'ils sont originellement en Paix et en état de Pari-Nirvâṇa[1].

S'ils n'ont pas de Nature-propre, ils n'ont logiquement pas de Production, etc. En effet l'absence de Nature-propre n'est point une Production ; n'étant pas produite, elle n'a pas de Barrage ; n'ayant pas de Barrage, elle est originellement en état de Paix ; étant originellement en état de Paix, elle est originellement en Pari-Nirvâṇa. Ainsi, en procédant graduellement à partir du manque de Nature-propre[2], le manque de Nature-propre prouve l'absence de Production, etc.

Une stance sur la question de la Patience des Idéaux Sans-Production.

3. L. 5, au lieu de *nityasukhaçacyatto*, lire °*çucyâtmâ* ; tib. *bde ba dañ gcan ba dañ bdag gam.*

51. 1. A la lacune de l'original correspond dans la version tibétaine le texte suivant : *phyi ma* (uttara) *phyi ma'i* (uttara) *rten yin* (âçrita) *pas* (°tvât) | *ño bo ñid ni* (svabhâva) *med pa yis* (a°...°tvena) | *skye med* (anutpad°) *'gag med* (anirudh°) *gzod nas* (âdi°) *źi* (çânta) | *rañ bźin* (prakrti) *mya ñan 'das pa* (nirvâṇa) *grub* (siddha) || .Puis vient le début du comm. : *ño bo ñid med pas ni* (niḥsvabhâvatas) *skye ba med pa* (anutpâda) *la sogs pa* (°âdi) *grub ste* (siddha).

On peut donc essayer de restituer la lacune, plus exactement que j'avais fait avec le chinois seul, sous cette forme :

niḥsvabhâvatayâ siddhâ uttarottaraniçrayât |
anutpannâniruddhâdiçântaprakṛtinirvṛtâḥ ||

Comparer ce vers de l'Âryaratnameghasûtra cité Madh. v., 225, l. 9.

âdiçântâ hy anutpannâḥ prakṛtyaiva ca nirvṛtâḥ |
dharmâs te vivṛtâ nâtha dharmacakrapravartane ||

et Gauḍapâdakârikâs, 4, 93 :

âdiçântâ hy anutpannâḥ prakṛtyaiva sunirvṛtâh | .

Au texte du comm. il ne manque que le premier mot : *siddhâ* [*nihsvabhâvatayâ...*]

2. L. 3. Au lieu de *ebhir niḥsvabhâvatâbhir niḥsvabhâva*° lire °*r niḥsvabhâvtâdibhir niḥ*°.

52. Quant à l'origine, le Positif, la différence, l'Indice propre, le Par-Soi, le changement, la Pleine-Souillure, la particularité, la Patience est dite d'Idéaux Sans-Production [1].

La Patience quant aux huit Idéaux Sans-Production, c'est la Patience des Idéaux Sans-Production. Quant à l'origine de la Transmigration; car celle-ci est sans Production originelle. Quant au Positif et à la différence; il s'agit respectivement des

52. 1. *Anutpattidharmakṣânti* (*anutpâda*°, *anutpanna*°); tib. *mi skye ba'i čhos la bzod pa*; chin. *wou cheng fa jen*. C'est une des conceptions fondamentales du Mahâyâna, et aussi une des plus obscures. On en a donné de nombreuses interprétations; j'en rappellerai quelques-unes des plus saillantes, sans prétendre les discuter en détail. Burnouf qui avait d'abord traduit: « une patience miraculeuse dans la loi » (Lotus, p. 85) se ravise dans ses notes (p. 379), après l'étude du Lalita Vistara, et il explique *anutpattika dh°kṣ°* par « la patience des conditions non-encore nées... ce qui est pour l'avenir, ce qu'est pour le présent... la patience ». Il en différencie l'*anutpâda °kṣ°* « la patience de la non-naissance... c'est-à-dire l'action de supporter avec patience l'idée qu'on n'a pas à naître, ou plutôt à renaître ». Max Müller (Sukhâvatî-vyûha § 32): « résignation à des conséquences qui ne se sont pas encore produites ». Kern (Saddh. p. 134) pose: *anutpattika* = *anâdi*, et traduit: « acquiescement à la loi éternelle... (qui condamne tout ce qui est à mourir) ». Bendall (Ç. sam. 202): « adhésion patiente au principe de non-renaissance ». Lavallée-Poussin (Madh. v., 362) a réuni d'utiles références; il a bien relevé que « d'après les théories relatives à l'accession aux nobles phalas, tout *jñâna* « connaissance » est précédé d'une *jñâna-kṣânti* qui n'est pas *jñâna* de sa nature ». Il note que les éditeurs du Divyâv. donnent ce mot dans leur glossaire = « une espèce d'abstraction de sainteté ». La kṣânti est classée dans les « états de l'ordre de fixité » (M. Vy. § 55; et inf. XIV, 23-26: « Quand on a rejeté la dispersion du Prenable et qu'il reste seulement la dispersion du Prenant, c'est l'état de kṣânti »). En fait la vraie *kṣânti* est un état en rapport avec la connaissance; ce n'est pas la « résignation » au sens chrétien, qui incline et humilie devant une puissance qui ne se discute pas; elle est plus près de la « tolérance » au sens philosophique, qui se réclame d'un égal respect ou d'un égal scepticisme; c'est, pour reprendre l'heureuse expression de Kern, un « acquiescement », ou plutôt encore une disposition préalable qui fait qu'on est prêt à admettre la vérité comme telle, quelle qu'elle soit. La kṣânti est de l'ordre intellectuel; elle ne procède pas du sentiment. Faute d'un mot précis, j'ai employé comme équivalent le terme de « patience ». L'*anutpattidharmakṣânti* signifie donc proprement: « être tout prêt d'avance à admettre, si la vérité l'exige, que les dharma n'ont pas de production, d'origine, c'est-à-dire, selon Asaṅga, qu'ils sont naturellement, originellement, en état de Parinirvâṇa. On comprend dès lors que l'*an° dh° kṣ°* aboutisse au *vyâkaraṇa*, à la prophétie du triomphe final (Lal. Vist. 35, 21); l'une et l'autre marquant la huitième *bhûmi*, l'entrée des « Terres Sans-régression » (*anivartanîya*); inf. XVII, 19 et 64; XVIII, 47 et V, 4-5; XIX, 1-3. Le Bodhisattva qui est prêt à admettre, parce qu'il le comprend, ce dogme fondamental est définitivement mûr pour la Bodhi.

Idéaux antérieurs et postérieurs ; car, dans la Transmigration, il n'y a pas Production d'Idéaux qui n'aient pas été produits antérieurement : s'ils existent déjà, ils n'ont pas à être produits ; et il ne peut pas s'en produire d'autres différents par un procédé sans précédent. Quant à l'Indice propre ; celui de Nature Imaginaire ; car celle-ci n'a jamais de Production. Quant à la Production par-soi ; celle de la Nature Relative. Quant au changement ; celui de la Nature Absolue ; car il n'y a pas pour celle-ci Production de changement. Quant à la Pleine-Souillure ; celle qui a été rejetée ; car ceux qui possèdent la connaissance d'Épuisement ne voient plus se produire de Pleine-Souillure. Quant à la particularité ; celle des Corps de Bouddha et d'Idéal ; car pour ceux-ci il ne se produit pas de particularité. La Patience quant à ces Idéaux Sans-Production, c'est ce qu'on appelle Patience des Idéaux Sans-Production.

Sept vers sur la question de l'unité de Véhicule.

53. Même Idéal, même Impersonnalité, même Délivrance ; différence de Famille ; arrivée aux deux Tendances ; Métamorphose ; limitation ; pour ces raisons, il n'y a qu'un seul Véhicule.

Même Idéal ; donc unité de Véhicule ; puisque les Auditeurs, etc. n'ont pas un Principe d'Idéaux à part ; s'il y faut aller (*yâ*), il y a donc[1] le Véhicule (*yâna*). Même Impersonnalité, donc unité de Véhicule ; puisque les Auditeurs, etc. tiennent en commun que le Moi n'existe pas ; s'il y a quelqu'un qui va, il y a donc le Véhicule. Même Libération, donc unité de Véhicule ; s'il y a action d'aller, il y a le Véhicule. Différence de Famille, donc unité de Véhicule ; puisque ceux qui sont de la Famille des Auditeurs sans en être définitivement ont leur Issue par le Grand Véhicule ; s'ils vont, il y a le Véhicule[2]. Arrivée aux deux Tendances, donc unité de Véhicule ; puisque les Bouddhas

53. 1. Pour le sens de la locution *iti kṛtvâ*, cf. inf. XVI, 21 ; XVIII, 29, et XIX, 25. Le tib. rend *yâtavyaṃ yânam iti kṛtvâ* par *bgrod par bya bas na theg pa yin pas so* ; — *yâtâ yânam iti kṛtvâ* par *'gro ba pos na theg pa yin pas so* ; — *yâti yânam iti kṛtvâ* par *'gro bas na theg pa yin pas so* ; — *yânti tena yânam iti kṛtvâ* par *'dis 'gro bas na theg pa yin pas so*.

2. Mettre un trait de ponctuation après ce dernier *iti kṛtvâ* devant *dvyâçayâ°*.

d'une part sont arrivés à la Tendance de faire leur Moi de tous les êtres, et les Auditeurs d'autre part, chez qui la Famille est devenue définitive parce qu'ils ont antérieurement travaillé aux Provisions pour l'Illumination [3], sont arrivés à des Tendances de Bouddha [4] dans leur Moi propre ; ils ont acquis la Croyance sans aucune interruption de Série-personnelle [5] pour obtenir par l'Efficacité de Bouddha une portion toute-particulière de la faveur des Tathâgatas ; il y a donc unité de Tendance, et par cette unité des Bouddhas et de ces Auditeurs, il y a unité de Véhicule. Métamorphose, donc unité de Véhicule. Comme il est dit « Des centaines de fois j'ai eu le Pari-Nirvâṇa par le Véhicule des Auditeurs », en montrant ainsi des Métamorphoses dans le Sens des Disciplinables. Enfin, limitation ; donc unité de Véhicule ; puisqu'il n'y a pas d'autre Véhicule par où aller, c'est donc là le Véhicule. La Bouddhaté est le seul Véhicule ; c'est ainsi qu'il faut entendre, avec telle ou telle intention [6], dans tel ou tel Sûtra l'unité de Véhicule ; mais le fait est néanmoins qu'il y a trois Véhicules. Dans quel Sens les Bouddhas ont-ils donc prêché l'unité de Véhicule avec telle ou telle intention ?

54. Pour attirer les uns, pour maintenir les autres, les Bouddhas ont prêché à l'usage des non-définitifs l'unité de Véhicule.

Pour attirer les uns, ceux de la Famille des Auditeurs qui n'en sont pas définitivement ; pour attirer les autres, ceux de la Famille des Bodhisattvas qui n'en sont pas définitivement.

55. Il y a deux sortes d'Auditeurs qui ne sont pas définitifs : ceux qui ont vu, ceux qui n'ont pas vu le Sens avec le Véhicule. Ceux qui ont vu le Sens sont, ou non, dégagés des passions ; ceux-là sont mous.

3. L. 6. Au lieu de °*caritâdanâtmani* lire °*caritânâm âtmani* ; tib. *ñan tho de'i ris su ṅes pa sṅon byaṅ chub kyi chogs sbyad pa rnams*...

4. L. 7. Au lieu de *baddhâçaya*° rétablir *buddhâçaya*°.

5. *Saṃtâna* ; tib. *rgyud* « chaîne, enchaînement ». Le *saṃtâna* (ou *saṃtati*) est le trait d'union nécessaire entre la négation fondamentale de la personnalité et la croyance pratique à la personnalité ; il désigne la série des phénomènes momentanés envisagés dans l'ordre logique et chronologique de leur succession, et interprétés par illusion comme le développement continu d'une personnalité intime. V. les textes réunis par Lavallée-Poussin, *La négation de l'âme*, p. 49 sqq. (= *J. A.* 1902, II, 281 sqq.).

6. L. 12. Au lieu de *tanâbhiprâyeṇai*° rétablir *tenâbhi*°.

Il y a deux sortes d'Auditeurs : ceux qui ont vu le Sens avec le Véhicule, c'est ceux qui ont vu le Sens et prennent comme Issue le Grand Véhicule ; les autres sont ceux qui n'ont pas vu le Sens et qui sortent par le Grand Véhicule. Ceux qui ont vu le Sens sont ou non dégagés des passions, au point de vue des désirs. Ceux-là sont mous, ils ont l'allure traînante, les Auditeurs des deux sortes qui ont vu le Sens.

56. Les uns et les autres, par la Perflexion du Chemin Saint, une fois acquis, vers les existences, ont la Renaissance avec une Perflexion hors-réflexion.

Les uns et les autres, ceux qui ont vu le Sens ; par la Perflexion vers les existences du Chemin Saint une fois acquis, ils ont la Renaissance avec une Per-flexion hors-réflexion. En effet, la Per-flexion du Chemin Saint vers la Renaissance est hors-réflexion ; c'est pourquoi il est parlé d'une Per-flexion hors-réflexion.

57. L'un, par l'effet du Vœu [1], s'engage dans la Renaissance ; l'autre, par Application au degré Sans-Retour [2], prend Initiative par les Métamorphoses.

L'un, celui qui n'est pas dégagé des passions, prend la Renaissance comme il veut, en vertu du Vœu. L'autre, par la force de l'application au degré Sans-Retour, prend par les Métamorphoses.

58. Parce qu'il se plaît au Nirvâṇa, l'un et l'autre ont l'allure traînante, à cause de leur application à choyer trop fréquemment leur Pensée.

Parce qu'ils se plaisent au Nirvâṇa, l'un et l'autre ont l'allure traînante, car leur Toute-parfaite Illumination tarde à l'excès. C'est qu'ils choient trop souvent leur Pensée propre, celle d'Auditeur, qui est associée au Dégoût.

57. 1. *Praṇidhâna* ; tib. *smon lam* litt. « voie de bénédiction » ; chin. *yuen* « aspiration ». C'est l'engagement initial pris par un candidat à la Bodhi et à partir duquel commence sa carrière de Bodhisattva. — Cf. inf. XVIII, 74-76.

2. *Anâgâmin* ; tib. *phyir mi 'oṅ ba* ; le chin. transcrit *a-na-han* [*che*]. Le troisième degré de la sainteté chez les çrâvaka, dans le Hînayâna ; celui qui l'a atteint ne revient plus naître dans le monde des hommes ni dans le monde des deva avant d'atteindre au Nirvâṇa.

59. Celui-ci, qui n'a pas accompli son Sens, qui est né dans un temps sans Bouddha, qui travaille dans le Sens de l'Extase, a besoin des Métamorphoses ; fondé sur elles, il atteint la Suprême Illumination.

Celui-là, le Voit-Vérité qui ne s'est pas dégagé des passions ; il n'a pas accompli son Sens, ayant à apprendre encore ; étant né dans un temps où il n'y a pas de Bouddha, il travaille dans le Sens de l'Extase, il a besoin des Métamorphoses. En se fondant sur la Métamorphose il arrive graduellement à la Suprême Illumination. C'est en visant ce personnage dans ses trois états que Bhagavat a dit, dans le Çrî-mâlâ sûtra : « Ayant été Auditeur, il devient Bouddha-pour soi, et ensuite Bouddha comme dans le cas classique du feu »[1] ; quand il est d'abord à l'état de Voit-Vérité, quand, en un temps dépourvu de Bouddha, produisant par soi l'Extase, renonçant au corps de naissance, il prend le corps de Métamorphose ; enfin quand il arrive à la Suprême Illumination.

Un vers sur la question des Sciences Classiques.

60. S'il ne s'est pas appliqué aux cinq Sciences classiques, le Saint par excellence n'arrive absolument pas à l'Omniscience ; aussi il y met son Application pour empêcher les autres, ou pour les seconder, ou pour reconnaître par soi-même.

Il y a cinq Sciences Classiques[1] : Science des choses de l'ordre du Moi ; Science des Causes ; Science des Sons ; Science des Cures ; Science des Arts-et-Métiers. Il montre dans quel Sens le Bodhisattva doit procéder à la recherche : tout, sans distinction, pour arriver à être omniscient ; en détail, la Science des Causes et la Science des Sons, pour réprimer les uns, ceux qui n'ont pas

59. 1. Comm. l. 4. Le tib. confirme la lecture du ms. *agnidṛṣṭântena* et écarte la correction que j'avais proposée ; de plus il rattache directement ce mot à la proposition précédente, en rejetant *iti* à la suite : *dpal phreṅ gi mdo las | me'i dpes ñan thos su gyur naṣ..... 'gyur ro | żes gsuṇs te | gaṅ gi čhe sṅon.....*=*çrîmâlâsûtre | agnidṛṣṭântena çrâvako bhûtvâ....... bhavati | iti | yadâ ca pûrvaṃ....* Le mot *dṛṣṭânta* « exemple » s'emploie, comme ici, à l'instrumental pour rappeler un exemple classique auquel on se réfère sans le développer. Je n'ai pas retrouvé, dans le Nyâyakoça, d'*agnidṛṣṭânta*, de comparaison proverbiale avec le feu ; peut-être les trois états de çrâvaka, de pratyekabuddha et de buddha sont-ils comparés aux trois aspects graduels du feu : fumée, chaleur, flamme ?

60. 1. Même liste dans M. Vy. § 76, et Hiuan-Tsang, *Mém.* I, 73.

la Croyance ; la Science des Cures, la Science des Arts-et-Métiers, pour seconder les autres, ceux qui en ont besoin. La Science des choses de l'ordre du Moi pour reconnaître par lui-même.

Treize vers sur la question de l'Alimentation des Plans. Il indique dans ces stances-ci les Actes mentaux, tels ou tels, qui associés respectivement à chacune des Perfections pour rendre la Perfection complète servent à alimenter les Plans.

61. Satisfaction de susceptter la cause, soubassement et souvenir continu y-afférent, désir du fruit en commun, Croyance en fonction de Compréhension.

La liste de ces Actes Mentaux va de la Satisfaction de susceptter la cause jusqu'à l'affirmation du Moi comme valeur capitale [v. 72]. L'Acte mental de satisfaction à susceptter la Cause, qui est le premier, consiste en ceci : Le Bodhisattva qui est dans la Famille, voyant en son Moi la Famille des Perfections, fortifie le Plan des Perfections par sa satisfaction à susceptter la cause. Étant dans la Famille, il produit la Pensée en vue de la Toute-parfaite Illumination insurpassable ; et aussitôt après suit l'Acte mental de soubassement et de souvenir continu y-afférent. En effet, le Bodhisattva, voyant en son Moi la Pensée d'Illumination qui y est devenue le soubassement, fait alors cet Acte mental : « Certainement, ces Perfections arriveront à être complètes, car j'ai maintenant ainsi la Pensée d'Illumination. » Une fois produite la Pensée d'Illumination, vient l'Acte mental du désir de fruit en commun, relativement à l'Application au Sens de soi et d'autrui par les Perfections ; on sur-opère alors ainsi : « Que le fruit de ces Perfections soit en commun, ou autrement qu'il ne soit pas ! » En s'appliquant au Sens de soi et d'autrui, il pénètre le Sens Positif, qui est le moyen de n'avoir pas de Pleine-Souillure ; et, par suite, aussitôt après vient l'Acte mental de Croyance en fonction de Compréhension. Même gradation à établir partout. Il sur-opère, en effet, ainsi : « Comme les Bouddhas Bhagavats ont illuminé, illumineront, illuminent totalement les Perfections, telle est ma Croyance. »

62. Amabilité par les quatre Efficacités, décision d'être infatigable, Initiative quadruple quant à l'Adversaire et à l'Auxiliaire.

L'Acte mental d'amabilité par les Efficacités, c'est être aimable en montrant quatre Efficacités. Ces quatre Efficacités sont : abandon des Adversaires, maturation totale des Provisions, obligeance pour soi et pour autrui ; don du fruit de Concoction et du fruit de Coulée dans l'avenir. L'Acte mental de décision d'être infatigable quand on a entrepris de mûrir totalement les Idéaux de Bouddha dans les créatures et en soi vient de ce qu'on sur-opère la décision de n'être lassé ni par les Initiatives contraires des créatures, ni par tous les coups du malheur et de l'ennui. L'Acte mental des quatre Initiatives quant à l'Adversaire et à l'Auxiliaire pour arriver à l'Illumination par excellence, c'est confesser les adversaires du don, Égoïsme, etc... et approuver joyeusement les Auxiliaires, don, etc., et prier les Bouddhas pour qu'ils prêchent les Idéaux qui sont sous la Régence de ces (Auxiliaires), et enfin per-fléchir tous ces actes vers l'Illumination.

63. Limpidité, accueil, zèle à donner aux autres, équipement, Vœu, Acte mental de félicitation.

L'Acte mental de Limpidité a pour point de départ l'Intromission de la Force de Croyance et il a en vue les Idéaux sous la Régence des Perfections. L'Acte mental d'Accueil a pour point de départ la question de l'Idéal ; on possède cet Idéal même par Application à ne pas le repousser. L'Acte mental de Zèle au don a pour point de départ la prédication ; il a en vue d'éclaircir pour autrui l'Idéal et le Sens. L'Acte mental d'équipement a pour point de départ l'Initiative ; on s'équipe pour compléter le Don, etc... L'Acte mental de Vœu a en vue les Conjonctures[1] pour compléter le (Don, etc.). L'acte mental de félicitation vient de ce qu'on se félicite ainsi : « Ah ! vraiment ! se pourrait-il que j'aie un plein et total succès par l'Initiative du Don, etc. ? » Ces trois Actes mentaux, il faut les appliquer au Conseil et à la Leçon. L'Acte mental d'action affectée de moyens vient de ce qu'on travaille men-

63. 1. *Samavadhâna* ; tib. *rkyen dan phrad pa* « rencontrer une occasion » ; au vers suivant, 64 comm. l. 6, il est rendu par *'grogs pa* « être de compagnie avec », et au vers XII, 23 par le seul mot *'phrad pa* « rencontre ». Le chinois glose, mais en donnant le sens exact : « on fait cette pensée (*manaskâra*) : maintenant, pour parfaire les Pàramitâs, je souhaite [*yuen* « vœu »] de rencontrer [*tche*] les occasions [*yuen* = *pratyaya*] au complet ». Cf. pali *samodhânam*, *samodhâneti*.

talement à l'emploi, au moyen de Combinaisons, de toutes sortes de dons, etc.

64. Aspiration toujours intense à devenir puissant en vue des six sortes de dons, etc., à per-mûrir, à rendre un culte, à fréquenter ; et compassion.

L'Acte mental d'aspiration est de quatre sortes : aspiration à devenir puissant en vue des six sortes de dons, etc., savoir : don du Don, etc., jusqu'à : don de la Sapience ; et de même pour les six sortes de Morale, etc. Aspiration à per-mûrir les êtres par les Perfections même, en employant les Matières de Rapprochement. Aspiration à rendre un culte, en rendant un culte de profit et d'honneur par le Don, et en rendant un culte d'Initiative par les autres [Perfections]. Enfin Acte mental d'aspiration à fréquenter un Ami-de-Bien pour un enseignement des Perfections sans rien à rebours [1]. L'Acte Mental de Compassion se fait par les quatre Démesurés : la présentation du Don, etc. fait la Bienveillance ; la Conjonction des créatures avec l'Égoïsme, etc. fait la Compassion ; leur réunion avec le don, etc. fait la Joie ; la Croyance à l'idée qu'elles sont sans Pleine-Souillure fait l'Apathie.

65. En cas de non-fait, de mal-fait, honte, repentir ; plaisir aux Objets ; quant à la fatigue, Connotation d'ennemi ; idée de composer et publier.

L'Acte mental de honte part du Sentiment-d'honneur ; qu'il s'agisse de don, etc. qu'on n'a pas fait, ou qu'on a fait incomplet ou de travers, on a honte ; et, pris de honte, sans retard on se repent, en vue d'agir ou de s'arrêter. L'Acte mental de plaisir part de la fermeté ; on tient ferme la Pensée, sans aucune distraction, sur le Phénomène du don, etc. L'Acte mental de Sans-fatigue provient d'appliquer la Connotation d'ennemi à la lassitude quand il s'agit d'employer le don, etc. L'Acte mental de Zèle à composer provient de sur-opérer la composition de Traités-didactiques en relation avec les Perfections respectivement. L'Acte mental de publication part de la connaissance mondaine ; il pro-

64. 1. Comm. l. 4. Au lieu de °*pâramitopadeçâpañcakalyâṇa*° lire °*padeçârthaṃ ca kalyâ*° ; tib. '*doms va'i don du*.

vient de sur-opérer la publication de ces mêmes Traités dans le monde en rapport avec les Récipients.

66. Le don, etc., voilà la Ressource pour la Parfaite Illumination ; ce n'est pas le Seigneur, etc. ; Plein-Savoir-Respectif[1] des Vices et des Vertus dans les deux.

L'Acte mental de Ressource vient de ce qu'on a recours, pour arriver à l'Illumination, au don, etc., et non pas au Seigneur[2], etc. L'Acte mental de Plein-Savoir-Respectif provient d'avoir le Plein-Savoir-Respectif des Vices et des Vertus en ce qui concerne les Adversaires, Égoïsme, etc., et les Auxiliaires, don, etc.

67. Satisfaction à se rappeler continûment l'accumulation ; vue de la grandeur du Sens ; Appétence pour l'Application, pour l'indifférenciation, pour la fermeté afférente, pour l'arrivée à une Rencontre.

L'Acte mental de satisfaction à se rappeler continûment l'accumulation provient de voir dans l'accumulation du don, etc., l'accumulation des Provisions de Mérite et de Connaissance. L'Acte mental de Vue de la grandeur du Sens provient de voir que le don, etc., par leur Sens d'être de l'Aile de l'Illumination, ont aussi pour Sens l'arrivée à la grande Illumination. L'Acte mental d'Appétence est de quatre sortes : Acte mental d'Appétence pour l'Application ; il vient de ce qu'on désire ardemment pratiquer l'Application à la Pacification et à l'Inspection. Acte mental d'Appétence pour l'indifférenciation ; il vient de ce qu'on désire ardemment l'adresse aux moyens en vue de parachever les Perfections. Acte mental d'Appétence pour la fermeté ; il vient de ce qu'on désire ardemment maintenir ferme le Sens des Idéaux qui sont sous la Régence des Perfections. Acte mental d'Appétence pour aboutir à la Rencontre ; il vient de ce qu'on sur-opère le Vœu régulier.

68. Voir ce qui peut redresser les sept espèces de Prise inexacte ; prodige et non-prodige ; Connotation de quatre sortes.

Acte mental de voir ce qui peut redresser les sept espèces de

66. 1. *l.* Au lieu de *pratisaṃvedanâd*, lire °*vedanâ*.
2. *Îçvara* ; tib. *dbaṅ phyug* ; chin. *tseu tsai t'ien* = Maheçvara deva.

Prise inexacte. Il y a sept espèces de Prise inexacte : Prendre ce qui n'est pas pour ce qui est ; prendre pour vertueux le vicieux ; prendre le vertueux pour sans-vertu ; prendre inexactement tous les Opérants pour le permanent et pour le bonheur ; prendre inexactement tous les Idéaux pour personnels ; prendre inexactement le Nirvâṇa comme hors de l'état de Paix. Comme Auxiliaire de ce groupe, la Doctrine prêche les trois Unions de Vacuité[1] et les quatre Sommaires de l'Idéal. Quatre sortes de Connotation en fait de prodige : Connotation de sublime ; Connotation de longue durée ; Connotation d'insouciance d'un paiement de retour ; Connotation d'insouciance de la Çoncoction, (toutes ces quatre) à propos des Perfections. Il y a aussi quatre espèces d'Acte mental quant au non-prodige. Il y a quatre choses qui ne sont pas des prodiges : que, les Perfections étant sublimes et de longue durée comme elles sont, on aboutisse comme fruit à la Bouddhaté[2] ; et aussi que,

68. 1. *Çûnyatâsamâdhi*. Cf. M. Vy. § 73, les trois *vimokṣamukha* sont *çûnyatâ*, *animittam*, *apraṇihitam*. V. inf. XIII, 1, comm.

2. Le tib. permet de rétablir le texte de la seconde partie du comm. fautif et en partie mutilé dans l'original. L. 7, au lieu de °*âbhinivartanât* lire °*nirvart*° (tib. *mṅon par 'grub*). L. 8 au lieu de °*âvasthâpanât* lire °*sthâpanâ*. Au lieu de *çarudibhyaḥ* lire *çakrâdibhyaḥ* ; tib. *de dag las khyad par 'phags pa brgya byin la sogs pa las*.....

A la lacune correspond en tib. *'jig rten* (loka) *thams čad* (sarva) *las* (°bhyas) *mṅon par* (abhi) *'phags pa'i* (ârya) *lus* (çarîra) *daṅ* (ca) *loṅs spyod* (bhoga) *'thob tu zin* (lâbha) *kyaṅ* (api) *rnam par smin pa* (vipâka) *la* (loc.) *mi lta ba ñid do* (anapekṣatâ).

Puis vient le vers 69.

sems čan rnams la (sattveṣu) *sñoms pa* (sama) *daṅ* (ca) | *bdag ñid* (âtma) *čhen po* (mahâ) *mthoṅ ba* (dṛṣṭi) *daṅ* (ca) | *gžan kyi* (anyeṣâm) *yon tan* (guṇa) *lan re ba* (pratikâra) *daṅ* (ca) | *gsum du* (traya) *smon* (âçâsti) *daṅ* (ca) *rgyun du'o* (sadâ).

Comm. *sñoms pa* (samatâ) *yid la byed pa* (manaskâra) *ni* | *sbyin pa* (dâna) *la sogs pas* (°âdibhiḥ) *sems čan* (sattva) *thams čad la* (sarveṣu) *mñam pa ñid du* (samatayâ) *'jug par* (pravṛtti) *mṅon par 'du byed pa'i phyir ro* (abhisaṃskaraṇât) | *bdag ñid* (âtma) *čhen po* (mahâ) *mthoṅ ba* (dṛṣṭi) *yid la byed pa ni* (manaskâra) | *pha rol tu phyin pa rnams* (pâramitâḥ) *sems čan la* (sattveṣu) *phan pa ñid du* (upakâratayâ) *yaṅ dag par mthoṅ ba'i phyir ro* (saṃdarçanât).

On peut approximativement rétablir le texte ainsi :

sarvalokebhyo viciṣṭaçarîrabhogalâbhe saty api vipâkanirapekṣatâ |
samatâ sarvasattveṣu dṛṣṭiç câpi mahâtmikâ |
paraguṇapratikâras trayâçâstir nirantaraḥ || 69 ||

samatâmanaskâraḥ sarvasattveṣu dânâdibhiḥ samatâpravṛttyabhisaṃskaraṇât | *mahâtmadṛṣṭimanaskâraḥ* [cf. XIV, 37] *sarvasattvopakâratayâ pâramitâsaṃdarçanât* | *pratyupakârâçaṃsanamanaskâro* (corr. ainsi au lieu de *pratyayakârâ*°).....

ce couple [sublimité et longue durée] étant, on établisse l'égalité de la Pensée vis-à-vis de soi et d'autrui ; que, étant honoré, comme on l'est, d'un culte, etc., par ceux qui sont relativement tout-particuliers, Çakra et autres, on ne se soucie pas d'être payé de retour ; [enfin que, ayant obtenu un corps et une fortune qui surpassent tous les mondes, on ne se soucie pas de la Concoction.

[69. Égalité à l'égard de toutes les créatures, vue de grandeur, paiement des Vertus d'autrui ; espoir de trois, ininterrompu.

[Acte mental d'égalité à l'égard de tous les êtres ; il provient de sur-opérer le fonctionnement en égalité à l'égard de tous les êtres. Acte mental de la vue de grandeur ; il vient de ce qu'on voit totalement les Perfections en tant qu'utiles à tous les êtres.] Acte mental d'espérance de rendre service en retour, en développant les vertus du don, etc. pour les autres. Acte mental d'espoir ; il vient de ce qu'on espère trois conditions chez les créatures : les Perfections, le But qui est la Terre de Bodhisattva, le But qui est la Terre de Bouddha, et aussi de ce qu'on espère accomplir le Sens des créatures [1]. Acte mental ininterrompu ; il provient de sur-opérer en sorte que par le don, etc., le temps ne soit pas stérile [2].

70. Préoccupation [1] de ne pas rester en deçà par l'Observance des enseignements du Bouddha ; manque de joie et joie intense selon que (les Perfections) décroissent ou croissent chez les êtres.

Acte mental d'emploi régulier ; il vient de ce qu'on travaille mentalement à ne pas rester en deçà, par une observance sans rien à rebours. Acte mental de manque de joie, quand les créatures décroissent en don, etc. Acte mental de joie intense, quand les créatures croissent en don, etc.

71. Humeur belle ou méchante en cas de Pratique exacte ou

69. 1. A l'avant-dernière ligne du comm., au lieu de *sattvâvaraṇâçaṃs*° lire *sattvârthâcaraṇâ*° ; tib. *don byed par*.

2. Au lieu de °*avadhyakâla*° lire °*abandhyakâla*° ; tib. *dus don yod pa*.

70. 1. *b*. Lire *cetanâ*, sans *t final*.

contrefaite[1] ; acte mental de désapprobation ; envie de Prophétie et de certitude.

Acte mental de méchante humeur, en cas de Pratique contrefaite des Perfections. Acte mental de belle humeur, en cas de Pratique exacte. Acte mental de désapprobation ; il provient de sur-opérer l'acte de discipliner les Adversaires, Égoïsme, etc. Acte mental d'envie ; il est de deux sortes : Acte mental d'envie d'obtenir une Prophétie touchant le plein achèvement des Perfections ; Acte mental d'envie d'obtenir la situation de Terre assurée par les Perfections.

72. Parce qu'on voit dans l'avenir, on se préoccupe d'activité, on considère l'égalité, et par l'activité dans les Idéaux capitaux, on affirme[1] le Moi comme une valeur capitale.

Acte mental d'activité par suite de vue dans l'avenir ; il provient de sur-opérer la nécessité, étant Bodhisattva, à quelque Destination[2] qu'on sera allé, de faire des dons, etc.[3] Acte mental de considération d'égalité, en vue de croire qu'on exerce sans cesse des Perfections personnellement en commun avec les autres Bodhisattvas. Acte mental d'affirmer le Moi comme capital ; il provient de voir que l'existence de son Moi est essentielle par le fonctionnement des Idéaux capitaux des Perfections.

73. Ces Actes mentaux de bien, en rapport avec les dix Perfections, servent en tout temps aux Bodhisattvas à l'Alimentation des Plans.

Ce vers conclut le développement ; le Sens va de soi.

Deux vers sur le classement de la question des Idéaux.

71. 1. a. Il faut probablement lire °*varṇikâbhûtâ*°. Au comm. l. 1, réunir °*varṇikâbhâvanâ*°. Le mot *prativarṇaka* est donné comme un terme de lexique par Böhtlingk avec référence à Vyutp. 155 = M. Vy. 245, 284 où se trouve l'expression *prajñâpâramitâprativarṇakaḥ* ; Böhtlingk traduit : « de même couleur, pareil, correspondant ». Mais le tib. traduit par *bčos* « artificiel » *pha rol tu phyin pa ltar bčos pa* « artificiellement ressemblant à la Pâramitâ ». Le mot a donc le sens de « contrefaçon, contrefait ».

72. 1. *d*. A la fin, lire °*âvadhâraṇâ*, sans *t* final.

2. Comm. l. 1. Au lieu de *yâtvâ gatiṃ* lire *yâṃ yâṃ gatiṃ*.

3. L. 2. Reporter après *dânâdînâṃ* le trait de ponctuation.

74. La question, chez le Sage, se pose au point de vue de l'Alimentation, de l'Archi-Tendance, comme grande, à abandon, sans-abandon, de Maîtrise,

75. sans corps, à corps, à peu de corps, à corps plein, avec peu, avec beaucoup de Sentiment-personnel, sans aucun Sentiment-personnel ; telle est la recherche des Bodhisattvas.

Il y a treize espèces de Questions : au point de vue de l'Alimentation, en alimentant la Croyance aux leçons entendues. Au point de vue de l'Archi-Tendance, par le Courant de l'Embouchure d'Idéal. Grande, quand on a obtenu les Maîtrises[1]. A abandon, c'est la première. Sans abandon, c'est la seconde. De Maîtrise, c'est la troisième. Sans corps, faite d'Audition et de réflexion, puisqu'il lui manque le corps d'Idéal. A corps, faite de Pratique, dans la Terre de Conduite par Croyance. A peu de corps, dans sept des Terres. A corps plein, dans les autres Terres. Avec beaucoup de Sentiment-personnel dans la Terre de Conduite par Croyance. Avec peu, dans sept des Terres. Sans aucun, dans les autres.

Un vers sur la question de la Causalité des Idéaux.

76. Dans la Forme et dans le Sans-Forme, l'Idéal est cause d'Indice et de santé[1], et d'empire par les Super-savoirs, et de durée inépuisable, pour les Sages.

Dans la Forme, l'Idéal est cause d'Indice. Dans le Sans-Forme, il est cause de santé, parce qu'il supprime les souffrances des Souillures. Il est cause d'empire au moyen des Super-savoirs, et aussi cause, pour cet empire, d'une durée inépuisable, puisque, même dans le Nirvâṇa-Sans reste matériel, il ne se trouve pas interrompu. C'est pourquoi il est dit dans le Brahma-paripṛcchâ sûtra : « Pourvus de quatre Idéaux, les Bodhisattvas cherchent l'Idéal : 1° Connotation de joyau, en tant qu'il est difficile à obtenir ; 2° Connotation de remède, en tant qu'il supprime les souffrances des Souillures ; 3° Connotation de Sens, en tant qu'il est impérissable ; 4° Connotation de Nirvâṇa, en tant qu'il supprime

74-75 1. Comm. 1. 2. Au lieu de *cittatvalâbhinâm* lire *vibhutva°* ; tib. *dbaṅ byor*.
76. 1. *b*. Au lieu de *cârogyaṃ* lire *°gye*.

toutes les douleurs. » En effet, les Indices sont des joyaux, en tant qu'ils embellissent; l'Idéal fait de même ; d'où la Connotation de joyau. Il cause la santé, d'où la Connotation de remède; il cause l'empire par les Super-savoirs, d'où la Connotation de Sens ; il cause la durée inépuisable de cet (empire), d'où la Connotation de Nirvâṇa, en tant qu'il est inépuisable et hors-de-crainte.

Un vers sur la question de la différenciation.

77. Différenciations d'inexistence, d'excès et de défaut d'imputation, d'unité, de diversité, de propre, de particulier, d'opiniâtreté à rapprocher mot et Sens ; les fils des Vainqueurs doivent les éviter absolument.

Il y a dix sortes de différenciations que le Bodhisattva doit complètement éviter. Différenciation d'inexistence ; comme Auxiliaire contre elle, il est dit dans la Prajñâ-Pâramitâ : « Ici un Bodhisattva étant exactement un Bodhisattva... » Différenciation d'existence ; comme Auxiliaire contre elle, il est dit : « Il ne voit absolument pas de Bodhisattva... » Différenciation par excès d'imputation ; comme Auxiliaire contre elle, il est dit : « La Forme, ô Çâriputra, est vide de nature-propre. » Différenciation par défaut d'imputation ; comme Auxiliaire contre elle, il est dit : « Ce n'est pas par la Vacuité... » Différenciation d'unité ; comme Auxiliaire contre elle, il est dit : « La Vacuité de la Forme, ce n'est pas la Forme. » Différenciation de diversité ; comme Auxiliaire contre elle, il est dit : « En dehors de la Vacuité, il n'y a pas de Forme ; la Forme est la Vacuité, la Vacuité est la Forme. » Différenciation d'Indice propre ; comme Auxiliaire contre elle, il est dit : « La Forme n'est rien que le mot. » Différenciation de particularité ; comme Auxiliaire contre elle, il est dit : « De la Forme, il n'y a ni production, ni Barrage, ni Pleine-Souillure, ni nettoyage. » Différenciation par opiniâtreté à mettre en rapport le Sens avec le mot ; comme Auxiliaire contre elle, il est dit : « Le Mot est chose artificielle... » Différenciation par opiniâtreté à mettre en rapport le mot avec le Sens ; comme Auxiliaire contre elle, il est dit : « Le Bodhisattva ne voit absolument pas tous les mots ; ne les voyant absolument pas, il ne s'obstine pas », à les mettre en rapport avec le Sens ; telle est l'intention du texte.

78. C'est ainsi que l'esprit de bien, ayant fait un effort énorme à chercher l'Idéalité dans ses deux Positifs, devient en tout temps la Ressource des créatures, et il est plein, comme un Océan, de Vertus.

Dans ce vers de conclusion, il montre les trois grandeurs de la question. Grandeur de moyen, puisqu'avec une énergie énorme il cherche l'Idéalité de la Vérité Contingente et Transcendante. « Positif » ici signifie « Vérité ». Grandeur du Sens d'autrui, puisqu'il devient la Ressource des créatures. Grandeur du Sens de soi, puisqu'il est plein, comme un Océan, de Vertus.

CHAPITRE XII

LA PRÉDICATION

Touchant la Prédication de l'Idéal, un vers pour exclure l'Égoïsme.

1. Les Sages, d'un esprit tout joyeux, donnent constamment aux créatures souffrantes, en une foule de dons sublimes, leur vie et leur fortune qui s'acquièrent péniblement et qui n'ont pas de substance. Combien plus le feront-ils de l'Idéal sublime, qui fait tant de fois et de toutes façons le salut des créatures, qui ne s'obtient pas péniblement, qui ne fait que s'accroître d'autant plus qu'on le donne, et qui ne périt point.

Les Bodhisattvas donnent aux créatures souffrantes leur vie et leur fortune, acquises péniblement, et pourtant sans moelle, puisqu'elles s'épuisent[1]. Par pitié, ils les sacrifient constamment en de sublimes sacrifices. A plus forte raison l'Idéal qui n'est pas pénible à acquérir, et qui s'accroît, bien loin de décroître, à mesure qu'on le donne.

Deux vers sur l'inutilité et l'utilité de l'Idéal.

2. L'Idéal n'a pas été, à vrai dire, prêché par Bhagavat, puisqu'on doit le savoir Quant-à-soi ; et la multitude, attirée qu'elle est à son Idéalité propre par des Idéaux disposés à propos[1], est amenée par les Compatissants, à l'instar des serpents, comme par fascination, dans ce creux de la gueule qu'est leur État-de-Paix, si vaste en pureté, commun à tous, et inépuisable.

Les Bouddhas sont comparés à des serpents ; le creux de gueule de leur État-de-Paix[2], c'est le Corps d'Idéal. Vaste en pureté, par le nettoyage des obstructions de Souillure et de

1. 1. Comm. l. 2. Lire *kṣayitvât*, tib. *zad par 'gyur pas.*
2. 1. *b*. Lire avec le ms. *yuktivihitair*.
2. Comm. l. 1. Au lieu de *svaçântir*, lire *svaçânter*.

connaissable avec Imprégnation. Commun à tous, à tous les Bouddhas. Inépuisable, puisqu'il dure à jamais.

3. Donc, elle n'est pas dépourvue de Sens, la Pratique des Appliqués ; donc, elle n'est pas dépourvue de Sens, la prédication des Sugatas. Si, rien qu'à l'entendre, on voyait le Sens, la Pratique serait dénuée de Sens ; si, sans avoir entendu, on s'engageait dans la Pratique, la prédication serait dépourvue de Sens.

Donc la Pratique des Appliqués n'est pas dénuée de Sens, puisque c'est par elle qu'on se dirige vers l'Idéal qu'on doit savoir Quant-à-soi. La prédication n'est pas dépourvue de Sens, puisqu'elle attire la multitude à son Idéalité propre au moyen d'Idéaux disposés à propos. Comment la Pratique a un Sens, et aussi la prédication, c'est ce qu'il montre dans la moitié du vers. Le Sens du reste va de soi.

Un vers sur le classement de la prédication.

4. La prédication des êtres capitaux vient de la Tradition, de l'Acquis, de la Maîtrise, c'est aussi une émission de la Bouche, de toute Forme, de l'Espace [1].

De la Maîtrise, quand ils sont entrés dans les grandes Terres. De toute Forme, c'est celle qui se dégage même des arbres, des instruments de musique, etc. Le Sens du reste va de soi.

Deux vers sur la plénitude de la prédication.

5. Étendue [1], destructrice des doutes, agréable, montrant le Positif, de deux façons ; telle est à connaître [2] la pleine prédication des Bodhisattvas.

Ce vers explique le Sens des quatre. Comme il est dit dans la Brahma-paripṛcchâ : « Pourvus de quatre Idéaux, les Bodhi-

4. 1. *b*. Lire *rûpât sarvata âkâ°* (au lieu de *sarvâkâ°*).

5. 1. *a*. *Viṣada* (et *viçada*, XVII, 39) ; tib. *rgya čhe* « de grande étendue », sens qui s'accorde bien avec la glose du commentaire : *bâhuçrutyâd viṣadâ*. Au vers 7, en face de *viṣadâ*, le tib. écrit : *yaṅs pa* qui signifie aussi « étendu ».

2. *b*. Au lieu de *vijñeyam*, lire *vijñeyâ*.

sattvas donnent le grand don de l'Idéal : en prenant possession du Bon Idéal; en épurant leur Sapience personnelle; en accomplissant des actes vraiment virils; en prêchant la Pleine-Souillure et le nettoyage. » Par la première, comme ils ont beaucoup entendu, leur prédication devient étendue; par la seconde, comme ils ont une grande Sapience, elle est destructrice des doutes, car elle tranche les doutes d'autrui; par la troisième, comme l'Acte n'en laisse rien à redire, elle est agréable; par la quatrième, elle est en état de montrer le Positif, de deux façons, le Positif qui a pour Indice la Pleine-Souillure et le Positif qui a pour Indice le nettoyage, au moyen des Vérités deux par deux.

6. Harmonieuse, dégagée d'orgueil, sans fatigue est la prédication des êtres capitaux, claire, nuancée, bien appliquée, convaincante, sans amorce, universelle.

Dans ce vers, qui est le second, « harmonieuse » signifie que même insultés par autrui ils parlent sans rudesse. Dégagée d'orgueil, parce qu'ils ne se laissent pas aller à l'orgueil en cas d'éloge ou de succès. Sans fatigue, parce qu'ils n'ont pas d'indolence[1]. Claire, parce qu'ils prêchent complètement, sans tenir les poings fermés comme un professeur[2]. Nuancée, parce qu'il n'y a pas de répétition. Bien appliquée, parce qu'elle ne choque pas le raisonnement. Convaincante, parce que les mots et les lettres se comprennent bien. Sans Amorce, limpide, parce qu'il n'y a rien de plus que le sujet traité. Universelle, puisqu'elle va dans les trois Véhicules.

6. 1. L. 6. *akilâsika(tva)*. J'ai déjà donné l'équivalent chinois *hiai tai* « paresseux ». Le tib. traduit *dub pa* « fatigué ». Cf. Wogihara (1908), p. 23, qui cite Haribhadra : *kilâsîty âlasyopetaḥ vîryarahitaḥ kusîda iti yâvat*. C'est donc bien le sens de « indolent, nonchalant ». Cf. le pali *a-kilâsu* « diligent ».

2. Comm. l. 7 [*nir*]*âcâryamuṣṭi*. Cf. Wogihara (1908), p. 19, qui cite plusieurs exemples du pali correspondant (*âcariyamuṭṭhi*, D. II, 100; S., V, 153, etc.) et qui l'interprète par « détenir (un enseignement) »; cf. aussi Mad. v., 295, n. 6. La M. Vy., § 245, 123, l'enregistre entre *paligodha* et *dharmântarâya*. Le tib. traduit *slob dpon gyis dpe mkhyud pa* litt. « action du maître qui retient le livre »; *dpe mkhyud pa* est rendu par Csoma et S. C. Das « mauvaise volonté à prêter des livres ». Le chinois glose exactement : « Sans avarice (*k'ien*) en fait de dharma, il dit tout ». *Acâryamuṣṭi* est donc le poing du maître qui reste fermé pour retenir la science.

Un vers sur la plénitude de la voix.

7. Sans faiblesse, harmonieuse, bien dite, intelligible est la voix chez le fils des Vainqueurs, comme il faut, sans Amorce, mesurée, étendue[1].

Sans faiblesse, urbaine[2], puisqu'elle remplit les assemblées. Harmonieuse, élégante. Bien dite, bien claire, parce que les syllabes sont bien articulées. Intelligible, facile à comprendre, parce que l'élocution est nette. Comme il faut, faite pour être entendue, parce qu'elle se conforme aux Disciplinables. Sans amorce, parce qu'elle ne se base pas sur le profit, l'honneur, la réputation[3]. Mesurée[4], sans rien qui gêne[5], puisque la mesure exclut la fatigue. Étendue, sans épuisement.

Deux vers sur la plénitude de la lettre.

8. Énoncé, exposé, conformité aux Véhicules, douceur, netteté, comme il faut, Évasion, facilitation.

7. 1. La traduction tibétaine du vers mutilé est :
rgyal sras (jinâtmaja) *chig ni* (vâc) *mi źan pa* (adîna) | *sñan źiṅ* (madhura) *legs bçad* (sûkta) *grags pa* (pratîta) *daṅ* (ca) | *či rigs pa* (yathârha) *daṅ* (ca) *zaṅ ziṅ med* (nirâmiṣa) *daṅ* (ca) | *raṅ źiṅ* (pramita) *de bźin* (tathâ) *yaṅs pa* (viçâla) *yin* (asti) |

On peut donc rétablir ainsi le vers complet :

adînâ madhurâ sûktâ pratîtâ vâg jinâtmaje |
nirâmiṣâ yathârhâ ca pramitâ viçadâ tathâ || 7 |

2. Comm. l. 1. *paurî* ; c'est une des qualités essentielles de la voix du Bouddha. Elle a déjà été mentionnée sup. I, 1 comm. pour justifier le mot *amalâ* « sans tâche ». Il va sans dire que le mot *paurî* est mis en rapport ici par un simple jeu d'esprit avec la racine *pûr* « remplir » (*parṣatpûraṇât*). Buddhaghosa semble bien rappeler cette fantaisie d'école dans son comm. sur D. I, 1, 9 (et IV, 5) : *poriyâ vâcâ, guṇaparipuṇṇabhâvena purebhavâ ti porî* ; il ajoute du reste fort raisonnablement *pure saṃvaddhâ nârî viya sukumârâ ti pi porî ; purassa esâ ti pi porî, purassa esâ ti nagaravâsinaṃ kathâ ti attho. nagaravâsino hi yuttakathâ honti.* D'ailleurs l'étymologie réelle, qui rapportait le mot à *pura* « ville », laissait encore de la marge aux explications mystiques ; témoin la traduction chinoise que j'ai citée au texte, I, 1, n. 3 « capable d'atteindre à la cité du Nirvâṇa ».

3. L. 3. Au lieu de *anihçritalâbhasatkârâ loke*, lire °*çritâ lâbhasatkâraçloke*, lecture conforme au ms. et au tib.

4. Au lieu de *pratatâ*, lire *pramitâ* ; tib. *raṅ pa* « mesuré » (ms. *pratitâ*).

5. L. 4. Supprimer le trait de ponctuation après °*kâlâ* et, au lieu de *parimitâ âyâmakhedât*, lire avec le ms. *parimitâyâm akhedât*.

Énoncé, avec des mots et des lettres bien appliqués, sans choquer le raisonnement. Exposé, avec des mots et des syllabes cohérents[1], sans contredire l'énoncé. Conformité aux Véhicules, avec des mots et des lettres concordants, sans contredire les trois Véhicules. Douceur, avec des mots et des lettres bien lisses, sans aucun son blessant. Netteté, avec des mots et des lettres accessibles, parce que leur Sens, étant intelligible, conduit au Sens. Comme il faut, avec des mots et des lettres correspondants, parce qu'ils sont proportionnés aux Disciplinables. Évasion, avec des mots et des lettres adroits, puisque le sujet traité est le Nirvâṇa. Facilitation, avec des mots et des lettres qui approvisionnent de Membres le prudent[2], parce qu'ils facilitent le Chemin à Huit Membres pour celui qui a encore à apprendre.

9. La plénitude de la lettre chez les êtres capitaux est à connaître ainsi totalement ; elle a soixante Membres, et elle est hors-réflexion. Quant au son des Sugatas, il est infini.

A soixante Membres, et hors-réflexion ; c'est la voix du Bouddha telle qu'elle est exposée, avec ses soixante Membres[1], dans le

8. 1. Comm. l. 1. *yukta, sahita*. Les deux termes ont déjà paru dans le comm. sur **I**, 1 ; ils vont reparaître et seront expliqués dans la liste des soixante espèces de voix du Bouddha, inf. v. 9, nº 29 et 30 de l'énumération.

2. L. 5. *nipakasyâṅgasaṃbhâraiḥ*. La formule se retrouve citée M. Vy., § 245, 617, dans une série identique à celle du texte : 610-617, II, *yuktaiḥ padavyañjanaiḥ* | *sahitaiḥ* | *anulomikaiḥ* | *anucchavikaiḥ* | *aupayikaiḥ* | *pratirûpaiḥ* | *pradakṣiṇaiḥ* | *nipak°*. Le mot *nipaka* se retrouve à maintes reprises dans le pali ancien (Saṃyutta N., Sutta Nip.) où on le traduit généralement par « sage ». En sanscrit, le mot reparaît M. Vy., § 98, 7 où Minayeff lit à tort *niyaka*, inséré entre *sâtatyakârî* « qui travaille avec teneur » et *pratijñottârakaḥ* « qui tient jusqu'au bout sa promesse » ; — il se trouve aussi dans le Div. avad. 447 et 451 où les éditeurs proposent le sens de « chef, prince ». Le tib. rend ici le mot *'grus skyoṅ* « qui garde l'énergie », où *skyoṅ* = *pâ°* « garder » est sans doute destiné à rendre la syllabe *pa* de *nipaka*. Asaṅga lui-même semble le gloser par *çaikṣa* « celui qui a encore à apprendre » (opposé à *açaikṣa* « celui qui n'a plus à apprendre » = Bouddha, XIX, 3 comm. ; cf. aussi M. Vy., § 64, 12-16 *açaikṣamârga* : « C'est la troisième révolution des vérités saintes ; elle s'énonce ainsi : La douleur est per-connue ; l'origine est abandonnée ; le barrage est manifesté ; l'initiative qui va à la cessation de la douleur est pratiquée ».)

9. 1. La liste de ces soixante qualités a passé tout entière dans la M. Vy., § 20. Les Nikâyas palis connaissent une énumération analogue, plus courte, mais qui présente plusieurs termes en commun (D. I, 4 ; 114 ; S. II, 280).

Guhyakâdhipati-nirdeça : « Et de plus, ô Çântamati, la voix du Tathâgata sort, douée de soixante Membres. Elle est onctueuse, douce, ravissante, charmante, pure, etc. Onctueuse, parce qu'elle étaie les Racines de Bien des Plans des créatures. Douce, parce que, même dans le monde présent, on a plaisir à en être touché. Ravissante, parce que le Sens en est bon. Charmante, parce que la lettre en est bonne. Pure, parce qu'elle est obtenue derrière le Supra-mondain que rien ne surpasse. Immaculée, parce qu'elle est détachée de toutes les Souillures, les Résidus, les Imprégnations. Lumineuse, parce qu'elle a des mots et des lettres intelligibles. Souple, parce qu'elle a des vertus et des forces qui détruisent les Vues de tous les hérétiques et les mauvais esprits. Bonne à entendre, parce qu'elle est propre à l'Évasion par l'Initiative. Sans tare[2], parce que tous les contradicteurs sont impuissants à l'accabler. Mélodieuse, car elle séduit. Disciplinée, car elle est l'auxiliaire contre la passion, etc. Sans aspérité, car elle a d'heureux moyens pour publier les Prescriptions. Sans rudesse, car elle prêche les moyens de se dégager des infractions aux Prescriptions. Bien disciplinée, car elle prêche la méthode des trois Véhicules. Plaisante à l'oreille, car elle est l'auxiliaire contre la dispersion. Rafraîchissante au corps, car elle amène les Unions. Enthousiasmant[3] la Pensée,

2. Comm. l. 8 (nº 10), au lieu d'*anantâ* rétablir *anelâ* qui est la véritable lecture du ms., et aussi de la M. Vy.; en pali *nelâ*. Le tib. traduit *mi chugs* « sans rien de blessant »; le chin. *wou liue* « sans défectuosité ». Buddhaghosa, sur D. I, 4, explique le pali *nela* par *na*, la négation, et *elam* « défaut ». *elaṃ vuccati doso. n'assâ elan ti nelâ. niddosâ ti attho.* La liste parallèle de D. I, 114 porte *anelagala* que Buddhaghosa interprète ainsi : *elagalanavirahitâ. yassa kassaci hi kathentassa eḷâ lâlâ galati paggharati khelaphusitâni vâ nikkhamanti tassa vâcâ eḷagalâ nâma hoti.* Le mot °*ela*° représenterait ici *eḷâ* « la salive », et *anelagala* signifierait « qui n'a pas le défaut de lancer de la salive en parlant ». Si la première étymologie par *ena* = *enas* « défectuosité » est exacte, le mot présente une dissimilation, qui serait d'ailleurs régulière.

3. L. 11 (nº 18). *Audbilyakarî.* Le sens précis et l'étymologie de *audbilya* ont été fréquemment discutés. Je me contente de renvoyer à Burnouf, *Lotus*, p. 308, qui propose « satisfaction, ou curiosité, ou surprise, ou trouble ». Kern, Saddharmap. p. 7, traduit « extase ». Le correspondant pali, *ubbillâpana* (°*pita*, °*vita*) est considéré comme la forme originale par Childers qui le rend par « joie éclatante et qui tend à l'orgueil »; Rhys Davids (Dial., p. 3) traduit « transport de l'esprit ». Morris traite longuement du mot (J. P. T. S., 1887, p. 137) sans aboutir à une solution nette. *Audbilyakarî* reparaît dans la M. Vy., § 145, 11, inséré entre *paritoṣa* et *bahujanapriya*. Le tib. le rend ici par *sems cim par byed pa* « rendre l'esprit con-

car elle a pour fruit d'amener la joie intense de l'Inspection. Faisant le contentement complet du cœur, car elle tranche les doutes. Produisant le plaisir de l'affection, car elle arrache les solutions fausses. Sans brûlure, car il n'y a pas de repentir en fait d'Initiative. Reconnaissable, car elle a pour Fond la plénitude de la connaissance faite d'audition. Distinguable, car elle a pour Fond la plénitude de la connaissance faite de réflexion. Évidente, car elle traite de l'Idéal sans fermer le poing comme un professeur. Aimable, car elle se fait aimer de ceux qui ont atteint graduellement leur Sens propre. Digne de félicitations, car ceux qui n'ont pas atteint graduellement leur Sens propre doivent en avoir envie. Digne d'être obéie, car elle montre régulièrement les Idéaux hors-réflexion. Digne d'être notifiée, car elle prêche régulièrement les Idéaux hors-réflexion. Bien appliquée, car elle ne contredit pas le raisonnement. Cohérente, car elle prêche comme il faut les Disciplinables. Sans répétition fautive, car elle n'est pas stérile. Violente comme le bruit d'un lion, parce qu'elle fait frissonner tous les hérétiques. Sonore comme le bruit d'un éléphant, à cause de sa hauteur. Bruyante comme le bruit du nuage, à cause de sa profondeur. Retentissante comme un roi des éléphants, parce qu'elle est agréable. Sonore comme un concert de Kinnaras[4], parce qu'elle est harmonieuse. Chantante comme les accents du kalaviṅka, parce qu'elle fléchit à l'aigu[5]. Chantante comme les accents de Brahma, parce qu'elle va au loin. Chantante comme les accents du jîvaṃjîvaka, car elle porte bonheur et assure tous les succès. D'une sonorité harmonieuse comme l'Indra des dieux, parce qu'on ne saurait la surpasser. Bruyante comme un tambour, car elle annonce la victoire sur tous les Démons et les contradicteurs. Sans morgue, car elle n'a pas de Pleine-Souillure par l'éloge. Sans dépression, car elle n'a pas de Pleine-Souillure par la critique. Avancée dans tous les sons, car elle a pénétré les Indices de tout genre de

tent »; le chin. traduit *audbilya* par *sin leao* « clarté de l'esprit ». Les deux traductions rendent en partie le mot; il désigne sans aucun doute « un transport de joie qui n'enlève rien à l'esprit de sa clarté » comme l'atteste l'explication d'Asaṅga qui réunit la *vipaçyanâ* au *prâmodya*.

4. L. 21 (nº 36). Au lieu de *Kinnarasaṃgîti*º, la M. Vy. porte *Gandharvasaṃ*º, d'accord avec le tib. *dri za*. Cependant le chin. a lu et transcrit *Kinnara*º comme notre ms.

5. L. 22. (nº 37). Au lieu de '*bhîkṣṇabhaṅgura*º lire *tîkṣṇabh*º; tib. *rno ba*.

toutes les grammaires. Sans aucun mot dégradé, car elle n'a pas à en laisser échapper par défaillance de mémoire. Sans lacune, car elle est toujours prête en tout temps pour le service des Disciplinables. Sans affaissement, car elle ne se base pas sur le profit et l'honneur. Sans faiblesse, car elle est dégagée de tout ce qui laisse à redire. Toute joyeuse, car elle est sans lassitude. Prolongée, car elle possède l'adresse à toutes les sciences classiques. Sans manque[6], car elle procure aux créatures leur Sens total. A courant continu[7], car sa teneur n'est pas interceptée. Attrayante, car elle se présente sous des aspects nuancés. Emplissant tous les sons, car elle présente en un seul son la Notification de sons nombreux. Satisfaisant les organes de toutes les créatures, car elle présente en un seul Sens la Notification de plusieurs. Sans reproche, car elle tient sa promesse. Sans vacillement, car elle s'emploie au temps qu'elle a laissé venir. Sans inconstance, car elle dispose sans précipitation. Retentissant en écho dans toutes les assemblées, car les assemblées proches ou lointaines l'entendent également. Douée de grâces de toute sorte, car elle per-fléchit vers l'Idéal tous les Sens et les Exemples du monde.

Quatre vers sur la grandeur de la prédication.

10. Avec la voix, avec les mots bien appliqués, l'énoncé, la division, la solution des doutes, et accompagnée de reprises fréquentes, selon que les gens comprennent au premier mot ou veulent des détails[1].

Avec la voix elle s'énonce ; avec des mots bien appliqués, elle fait comprendre. Avec l'énoncé, la division, la solution des doutes respectivement, elle pose le sujet, le distribue, l'explique.

6. L. 29 (nº 51). La M. Vy. au lieu de *akhilā* porte *sakhilā*.

7. L. 30 (nº 52). *Saritā* ; le tib. traduit *rgyun čhags pa* « produit en continuité ».

10. 1. *udghaṭitajña*, *vipañcitajña*. Pour des ex. en sanscrit, v. Wogihara (1908), p. 21. Les termes correspondants en pali sont *ugghaṭitaññu* et *vipacitaññu* (°*pacci*°, °*pañci*°) ; p. ex. A. II, 135 ; Pug. 41. Le tib. traduit *udghaṭitajña* par *mo smos pas go ba* « comprendre à un léger mouvement de tête » et *vipañcitajña* par *rnam par spros na go ba* « comprendre par développement ».

La prédication accompagnée de reprises fréquentes aplanit[2], en vue d'intromettre la force de conviction. Elle prêche pour ceux qui comprennent au premier mot; elle éclaircit, pour ceux qui veulent des détails[3].

11. Étant pure en trois tours, la prédication des Bouddhas est salutaire; en outre elle est exempte des huit défauts.

Pure en trois tours[1] : avec quoi il prêche ; la voix, les mots ; — comment il prêche; l'énoncé, etc. ; — à qui il prêche, ceux qui comprennent du premier mot ou qui veulent des détails. Et cette prédication est exempte des huit défauts, savoir :

12. Paresse, manque de compréhension, manque d'occasion, manque de méthode; ne pas trancher les doutes; ne pas les expulser définitivement; —

[Analyse des mots des vers.]

13. — lassitude, égoïsme. Voilà les huit défauts en fait de parole; par suite de leur absence, la prédication des Bouddhas est insurpassable.

La lassitude, parce qu'elle empêche de répéter souvent la prédication. L'égoïsme, parce qu'il n'éclaircit pas tout.

Deux vers sur la plénitude du Sens.

14. Cet Idéal de Bien, qui cause la dévotion, le contentement, la compréhension, a deux sens, est facile à saisir, énonce la Conduite-brahmique aux quatre vertus.

2. Comm. l. 2. *uttâna* (*uttânîkar*); cf. Wogihara (1908), p. 20; Madh. v. 2, n. 3; tib. *gsal par byed pa* « rendre clair ».

3. La série de verbes employés ici *âkhyâti*, *prajñâpayati*, *prasthâpayati*, *vibhâjayati*, *vivṛṇoti*, *uttânîkaroti*, *deçayati*, *saṃprakâçayati* est empruntée au canon; le Vinaya pali la présente dans le commentaire ancien sur la formule d'introduction au Prâtimokṣa qu'il a incorporé au Mahâvagga, II, 3, 4 : *uddisissâmîti âcikhissâmi desessâmi paññâpessâmi paṭṭhapessâmi vivarissâmi vibhajissâmi uttânikarissâmi pakâsessâmi*.

11. 1. *trimaṇḍalena*; expression qui désigne les trois aspects de l'action, etc...; cf. XIII, 29 (*pratipattar*, *pratipattavya*, *pratipatti*); XV, 5 (*kartar*, *karma*, *kriyâ*); XVI, 52 (*dâtar*, *deya*, *pratigrâhaka*); XIX, 78 (*bodhya*, *bodhaka*, *bodhi*).

15. Unique en son application qui n'a rien de commun avec les autres, parachevant l'abandon des Souillures des trois Plans, pure par sa nature propre, et aussi par le nettoyage des taches, telle est la Conduite-brahmique aux quatre vertus.

L'Idéal met en lumière la Conduite-brahmique qui a quatre vertus ; cet Idéal est bon au commencement, au milieu, à la fin parce qu'il cause respectivement la dévotion, le contentement, la compréhension par l'audition, la réflexion, la pratique. La dévotion, c'est la Croyance, la confiance. Le contentement, c'est la pleine joie, à la suite de la considération d'appropriation, quand on a reconnu que le succès est possible. La compréhension, c'est la connaissance adéquate de la Pensée en état d'Union. A sens double, donc le Sens en est bon, par application à la Vérité Contingente et à la Vérité Transcendante. Facile à saisir ; donc la lettre en est bonne, parce que les mots et les lettres en sont intelligibles. La Conduite-brahmique a quatre vertus ; elle est unique, parce qu'elle n'a rien de commun avec les autres ; toute pleine, parce qu'elle parachève l'abandon des Souillures des trois Principes ; toute pure, parce qu'elle est nettoyée naturellement, en tant qu'elle est sans Écoulement ; toute nette, parce qu'elle est nettoyée des taches, car la Série-Personnelle est nettoyée chez ceux dont l'Écoulement est épuisé.

Deux vers sur la division de l'Arrière-pensée.

16. Arrière-pensée[1] d'Introduction, arrière-pensée d'Indice, arrière-pensée d'Auxiliaire, arrière-pensée de Per-flexion.

17. A propos des Auditeurs, des Natures-propres, de la Discipline des fautes, de la profondeur de l'expression ; ce sont les quatre Arrière-pensées.

Il y a quatre sortes d'arrière-pensée dans la prédication du Bouddha : arrière-pensée d'Introduction, arrière-pensée d'Indice, arrière-pensée d'Auxiliaire, arrière-pensée de Per-flexion. L'arrière-pensée d'Introduction se voit dans le cas des Auditeurs, car il est enseigné que la Forme etc. existe réellement, pour éviter

16. 1. *Abhisamdhi* ; tib. *ldem por dgoṅs pa* « idée énigmatique » ; chin. *tsie* « articulation ». Même liste M. Vy., § 89.

de faire peur, en vue d'introduire à la doctrine. L'arrière-pensée d'Indice se constate dans le cas de la Nature Imaginaire etc., car il est enseigné que tous les Idéaux sont sans nature-propre, sans production, etc. L'arrière-pensée d'Auxiliaire est à constater dans le cas de la Discipline des fautes, comme il va le dire dans les deux stances [v. 19 et 20] sur l'Avantage[2] de parler du Grand Véhicule comme Auxiliaire contre les Obstructions. L'arrière-pensée de Per-flexion est à constater dans le cas de la profondeur de l'expression. P. ex.

« Si on pense que la Moëlle (*sâra*) est sans Moëlle (*asâra*), si on est bien fixé à l'envers, si on est bien Souillé pleinement par la Souillure, on arrive à l'Illumination suprême. »

Voici l'arrière-pensée dans ce vers. Le composé *sâra-mati* est à interpréter par *sâra-buddhi* « l'entendement dans sa moëlle, dans son essentiel ». *A-sâra* signifie ici « n'avoir pas de dispersion » car la dispersion, c'est la diffusion (*vi-sâra*) de l'esprit. « A l'envers » veut dire : à l'envers des gens qui croient au moi comme permanent, heureux, pur ; l'envers, c'est l'impermanence etc. « Bien fixé » parce qu'il n'y a plus de perte. « Bien souillé pleinement par la souillure » veut dire : excessivement fatigué par la peine et l'effort des épreuves de longue durée. Le vers est donc à traduire ainsi :

[« Si on a pour idée essentielle de n'avoir pas de dispersion, si on est bien fixé à l'envers des opinions erronées, si on est bien fatigué de la bonne fatigue, on arrive à l'Illumination suprême. »]

Un vers sur la section de l'Intention.

18. L'Intention[1] est de quatre sortes : égalité, autre Sens, autre temps, Tendance de l'Individu.

Il y a quatre sortes d'Intention. D'égalité[2], par exemple quand il est dit : « C'est moi qui, dans ce temps-là, étais Vipaçvin, le Parfait Illuminé », puisque le Corps d'Idéal n'a pas de distinctions.

2. Comm. l. 6. Au lieu de °*sânuçaṃse*, lire °*çaṃsam*.

18. 1. *abhiprâya*; tib. *dgoṅs pa* ; chin. *yi*. Même liste M. Vy., § 88, mais *pudgalântara* (et aussi le chinois) au lieu de °*âçaya* de notre texte (= tib. *gaṅ zag gi bsam pa*).

2. Comm. l. 1. Au lieu de *salatâbhiprâyo*, lire *samatâ*°.

D'autre Sens ; par exemple quand il est dit : « Tous les Idéaux sont dénués de nature-propre, sans production, etc. » ; car il ne faut pas l'entendre au Sens littéral. D'autre temps ; par exemple quand il est dit : « Ceux qui feront un vœu en vue de Sukhâvatî, ceux-là iront y renaître ». De Tendance d'Individu, quand par exemple il loue la Racine de Bien d'un tel, et qu'il critique tel autre qui se contente de trop peu.

En posant que deux stances ont tout l'Avantage des Sûtras du Grand Véhicule parce qu'elles résument de longs développements, il dit :

19. Mépris à l'égard du Bouddha, de l'Idéal, paresse, contentement de trop peu, conduite par passion et par Sentiment-personnel, repentance, section du non-définitif,

20. sont l'Obstruction des créatures ; contre eux, l'Auxiliaire, c'est les propos sur le Véhicule capital ; de là vient le sujet de toutes les fautes qui font obstacle.

21. Celui qui s'emploie à retenir deux stances, dans leur texte ou dans leur Sens, gagne dix Avantages, ce Sage qui est le prince des créatures :

22. Alimentation intégrale des Plans, joie intense et suprême à l'heure de la mort, naissance à volonté, souvenir des existences passées en tout lieu,

23. Conjonction avec les Bouddhas, audition directe du Grand Véhicule, Croyance avec Compréhension, les deux Embouchures, et bientôt l'Illumination.

Ces cinq vers vont ensemble. Section de ce qui n'est pas définitif, car les Bodhisattvas qui ne le sont pas définitivement sont séparés du Grand Véhicule. La prédication du Grand Véhicule est désignée, dans le texte du vers, par « les propos sur le Véhicule capital ». Propos auxiliaires contre l'Obstruction qui est le mépris du Bouddha ; par exemple : « C'est moi qui, dans ce temps-là, étais Vipaçvin, le Parfait Illuminé ». Propos Auxiliaires contre l'Obstruction qui est le mépris de l'Idéal ; par exemple : « C'est quand on a servi respectueusement tant et tant de Bouddhas, égaux en nombre aux grains de sable du Gange, qu'on devien apte à comprendre le Grand Véhicule ». Propos Auxiliaires contre l'Obstruction qui est la paresse ; par exemple : « Ceux qui feront un vœu en vue de Sukhâvatî, ceux-là iront y renaître », — ou encore : « Rien qu'en mentionnant le nom du Tathâgata Vimalacandraprabha[1], on est certain d'aller vers la Toute parfaite Illumination qui est insurpassable ». Propos Auxiliaires contre l'Obstruction qui est le contentement de trop peu ; par exemple quand Bhagavat, dans une circonstance, rabaisse le don, etc. qu'il avait vanté ailleurs. Propos Auxiliaires contre l'Obstruction qui est la conduite par passion ; par exemple quand Bhagavat célèbre la splendeur des Champs des Bouddhas. Propos Auxiliaires contre l'Obstruction qui est la conduite par Sentiment-personnel ; par exémple quand Bhagavat célèbre le comble de plénitude d'un Bouddha quelconque. Propos Auxiliaires contre l'Obstruction qui est la repentance ; par exemple : « Tous ceux qui commettront un méfait contre les Bouddhas et les Bodhisattvas[2], tous prendront le chemin du ciel ». Propos Auxiliaires contre l'Obstruction qui est la section de ce qui n'est pas définitif ; quand la prédication prophétise aux grands Auditeurs qu'ils deviendront des Bouddhas, ou quand elle traite du Véhicule unique. L'Alimentation des Plans intégrale, c'est l'Alimentation des Plans pour dominer intégralement le Grand Véhicule, car, ces Obstructions une fois quittées, on arrive à la Croyance dans l'intégralité du Grand Véhicule. Les deux Embouchures, c'est l'Embouchure d'Union et l'Embouchure de Formule. Deux sortes d'Avantages s'appliquent au monde présent, huit sortes au monde à venir, parce qu'on gagne graduellement une distinction toujours ascendante.

Un vers sur l'Avantage de la prédication.

24. C'est ainsi que l'esprit bon[1], sans lassitude, compatissant, glorieux au loin, arrivé à connaître les bons arrangements, le

19-23. 1. J'ignore où le Bouddha parle du Tathâgata Vimalacandraprabha. Son nom est garanti par le chin. et le tib., mais je n'en ai pas rencontré de mention.

2.L. 12. Au lieu de *bodhisattveṣv akâram*, lire °*ṣv apakâram* : tib. *gnod-pa* « acte de m alfaisance ».

24. 1. *a.* Au lieu de *sugatir*, lire *sumatir* ; tib. *blo bzaṅ*.

Bodhisattva devient bon parleur, et qu'il resplendit par ses propos dans le monde comme un soleil.

Cinq raisons font qu'il est bon parleur. Quant à l'Avantage de briller comme un soleil, c'est qu'il est très estimé parce qu'il gagne à lui le monde. Les cinq raisons qui font qu'il parle bien, c'est qu'il prêche sans rien à rebours, et souvent, et la Pensée libre d'amorces, et avec un langage agréable, et en s'adaptant aux Disciplinables [2].

2. Comm. l. 3. Lire *ádeyavâkyaṃ vineyâ°*.

CHAPITRE XIII

L'INITIATIVE.

Six vers sur la division de l'Initiative.

1. Reconnaissant pleinement les deux Impersonnalités de l'Individu et de l'Idéal, le Sage évite, au moyen des trois, la dualité, sa fausseté, son exactitude.

Comment, ayant reconnu le Sens, ayant reconnu l'Idéal, il prend l'Initiative de l'Idéal et de l'Arrière-Idéal [1], il prend l'Initia-

1. 1. Asaṅga, selon son principe, se réfère ici aux Sûtras pour justifier sa doctrine. La formule *artham âjñâya dharmam âjñâya dharmânudharmapratipanno bhavati* se lit identiquement dans les textes palis, p. ex. A. II, 7 : *attham aññâya dhammaṃ aññâya dhammânudhammapaṭipanno hoti*. La seconde partie de la phrase représente une autre formule d'usage constant en pali, p. ex. S. V. 380 : *dhammânudhammapaṭipanno sâmîcipaṭipanno anudhammacârî*. Le terme *anudharma* appartient au plus ancien fond du bouddhisme (p. ex. Pâtimokkha 7, 69; Sutta Nipâta, 510, et tous les Nikâyas) ; mais il semble former une simple locution adverbiale : « d'accord avec le dharma ». Cependant la soudure est si complète que déjà le Sutta Nipâta, 963 présente une surformation *yathânudhammam*. Plus tard, le mot prend une valeur concrète mais mal définie encore. Childers déclare que ce mot semble signifier « dhamma mineur ou inférieur » ; mais le passage qu'il cite (Comm. du Dh. sur le vers 20) semble exprimer le contraire ; je le rapporte tout entier ici : *dhammassa hoti anudhammacârî ti attham aññâya* [cf. sup.] *navalokuttaradhammassa anurûpaṃ dhammaṃ pubbabhâgapaṭipadâsaṅkhâtaṃ catupâriçuddhisîladhûtaṅgaasubhakammaṭṭhânâdibhedaṃ caraṇato anudhammacârî hoti* « quand on a reconnu le sens, reconnu le dhamma, si on pratique le dhamma conforme à l'ensemble des neuf dhamma supra-mondains (les 4 magga + les 4 phala + le Nirvâṇa) compté dans l'initiative du premier ordre, et divisé en quatre pârisuddhisîla, dhûtaṅga, asubhakammaṭṭhâna, etc., on est anudhammacârî ». Or, pour les dhûtaṅga tout au moins nous avons le témoignage de Yi-tsing (Record, 56) qui déclare que « les 13 dhûtaṅga, les 4 refuges et les 4 actions, ont été ordonnés pour les hommes des facultés supérieures ». On ne peut donc les ranger dans les « dharma mineurs ». Dans la M. Vy. les dhûtaṅga, § 49, et les açubhakarmasthâna, § 52, sont rangés à la suite d'une énumération, § 48, qui s'achève sur les mots *sâmîcîpratipanna*, *anudharma* (*prati*)*cârî*, *dharmânudharmapratipanna* (suivis encore de *araṇâsamâdhi* et *praṇidhijñâna*). La M. Vy. énonce ailleurs, dans une rubrique confuse en rapport avec le Vinaya (§ 281), six anudharma (nº 120), qui suivent six dharma (nº 119) ; malheureusement l'énumération manque. — Anudharma est traduit en tib. par *mthun pa'i čhos* « dharma correspondant », en chin. par *soei fa* « suivant la loi ».

tive de la Concordance [2], il suit l'Arrière-Idéal, voilà ce qu'il montre. L'Impersonnalité de l'Individu et de l'Idéal est connue doublement, par suite de l'inexistence du Prenant et du Prenable. Il faut éviter ces trois qui sont : dualité, fausseté, exactitude. A propos de l'inexistence, celle de la Nature Imaginaire, l'Union de Vacuité [3] ; à propos de l'existence, celle de la Nature Relative et de la Nature Absolue, l'Union Sans-Vœu et l'Union Sans-Signe. Ces trois Unions, d'ordre mondain, ne sont pas fausseté, puisqu'elles amènent la connaissance Supra-mondaine ; elles ne sont pas exactitude, puisqu'elles ne sont pas du Supra-mondain.

2. Connaissant le Sens, il sait que tous les Idéaux sont pareils à une barque [1] pour quitter le contentement d'Audition ; c'est pourquoi on dit qu'il connaît les Idéaux.

Celui qui connaît ainsi le Sens sait que tous les Idéaux, Sûtras, etc. sont comparables à une barque pour abandonner le contentement de l'Audition pure et simple. C'est pourquoi il est alors en état de connaissance des Idéaux.

3. Quand, par la connaissance profane, il a pénétré ainsi la

2. *Sâmîcî* est comme *anudharma*, auquel il est associé dans les formules, un mot d'usage ancien, et aussi de sens flottant. Childers cite une définition tirée de l'Aṭṭhakathâ sur le Mahâparinibbâna sutta : « *Sâmîci* est un dhamma de conformité (*anucchavika dhamma*) ; laver les pieds (des prêtres, leur) donner des vêtements, etc. ; tout cela est *sâmîci.* » Le comm. du Mahâvagga ; III, 2, 2 (cité par Minayeff, Prâtimokṣa, p. xxix) dit : « ayant fait les actes de *sâmîci* : adoration (*vandanâ*) des caitya, etc. ». [Cf. *sâmîcî*=*vandanâ* Hârâvalî, 113 citée par P. W. s. v. et Bodhisattvabhûmi dans Wogihara Z. D. M. G., 1904, p. 454.] Minayeff cite (Prâtimokṣa, 75) une autre définition de *sâmîci* : *sâmîci* est le fait de l'*anudhamma* (*anudhammatâ*) ; conseil et leçon (*ovâdânusâsanî* ; cf. inf. XIV, 1) conformes au dhamma supra-mondain (v. sup.), c'est la qualité de *sâmîci* (*s° dhammatâ*). — Le tib. traduit par *mthun pa* « correspondance » ; le chin. par *tong* « ensemble ».

3. Les trois *samâdhi* de *çûnyatâ*, *animitta*, *apraṇihita* sont énumérés. M. Vy. § 73 comme les trois *vimokṣamukha* « embouchures de la libération ». — Cf. aussi A. I, 299 où ces trois *samâdhi* (*suññato*, *an°*, *appaṇi°*) sont enseignés comme le moyen pratique de reconnaître la passion, la haine, etc... et de les supprimer. — V. inf. XVIII, 77 (où le texte porte *ânimitta* ; cf. Wogihara (1908), 19 sq.). J'ai traduit *apraṇihita* par « sans-vœu » puisque le mot est identique d'origine à *praṇidhâna* ; mais il s'agit ici du vœu, du désir en général.

2. 1. *kola* ; tib. *gziṅs* « bateau ».

dualité, alors, pour parfaire cette connaissance, il prend l'Initiative dans l'Arrière-Idéal.

Par cette double connaissance profane du Sens et de l'Idéal, il pénètre les deux Impersonnalités [1] respectivement; ensuite, pour parfaire cette connaissance, il prend l'Initiative. C'est ainsi qu'il prend l'Initiative dans l'Arrière-Idéal.

4. Ensuite il obtient la connaissance Supra-mondaine, insurpassable, dans la première Terre, égale avec tous les Bodhisattvas qui en sont là.

Ensuite il obtient la connaissance Supra-mondaine, insurpassable. En effet, il n'y a pas de Véhicule plus excellent. Dans la première Terre, la Terre Joyeuse, égale avec tous les Bodhisattvas qui en sont là, qui sont de cette Terre. Il a pris alors l'Initiative de Concordance, puisqu'il est pareil aux Bodhisattvas de cette même Terre.

5. Ayant opéré la pleine-destruction des Souillures qui sont connaissables par la Vue, il s'emploie à la Pratique pour connaître l'Obstruction de connaissable.

Le Sens du vers va de soi.

6. Par la connaissance de la classification et l'indifférenciation, qui l'accompagne, il suit l'Arrière-Idéal ainsi dans les autres Terres.

Par le reste, il montre qu'il suit l'Arrière-Idéal. La connaissance des classes, c'est-à-dire de la classification des Terres, et aussi l'indifférenciation; qui l'accompagne, c'est-à-dire qui lui est liée continûment dans sa marche, puisqu'il n'y a rien qui les sépare l'une de l'autre. Il a montré dans ces deux vers qu'il suit l'Arrière-Idéal.

Quatre vers sur l'activité sans négligence dans l'Initiative.

7. Une place de bonne acquisition, de bonne habitation, de bon sol, de bonne compagnie, de bonne application, pourvue de vertus, c'est là que le Sage doit prendre l'Initiative.

3. 1. Comm. l. 1. Au lieu de *nairâtmyabhâvaṃ*, lire *°tmyadvayaṃ*; tib. *bdag med pa gñis*.

Il montre en quatre groupes l'activité sans négligence, par une installation appropriée [1], etc. Dans ce vers-ci, c'est l'installation appropriée qu'il fait voir. « De bonne acquisition » ; on y trouve sans peine les ressources nécessaires à la vie, haillons, aumône de nourriture, etc. « De bonne habitation » ; il n'y habite pas de mauvaises gens, brigands [2], etc. « De bon sol » ; le lieu est salubre. « De bonne compagnie » ; on y a une société de gens analogues en Morale et en Vue. « De bonne application » ; le jour, peu de poussière et de conversation [3] ; la nuit, peu de bruit, etc.

8. Quand il a beaucoup entendu, qu'il est un Voit-Vérité, qu'il est éloquent, compatissant, infatigable, le Bodhisattva est alors un grand Héros.

Le second vers montre le Héros, par application à la Tradition, l'Acquis, l'élocution, la Pensée libre d'Amorces, l'absence d'indolence.

9. Le Vœu parfait de son Moi a bon Phénomène, bon étai, bons moyens [1], bonne Évasion, bon emploi.

Le troisième vers montre que le Vœu parfait de son Moi tient tout entier dans l'Acte mental à fond, car il a pour Phénomène le Bon Idéal, il a des Provisions bien approvisionnées, il pratique en temps opportun les Signes de la Pacification, etc., il ne se contente pas de peu, il s'emploie en teneur et en honneur quand il lui reste à faire en surplus.

10. S'il a du plaisir, une Renaissance opportune [1], la santé,

7. 1. Le Maṅgala sutta (Khuddakapâṭha, V) mentionne parmi les « bénédictions » le *paṭirûpadesavâsa* (v. 2). Buddhaghoṣa (cité par Childers, J. R. A. S., n. s. IV, 328) commente longuement cette expression et en propose des explications diverses, entre autres « *yattha catasso parisâ vicaranti, dânâdîni puññakiriyavatthûni vattanti...* ».

2. *dasyu* ; tib. *rkun po* « brigand ».

3. Cf. analyse du Visuddhimagga dans J.P.T.S., 1891-93, p. 91 : « Un vihâra est anurûpa quand il est... 3. *divâ appokiṇṇa, rattiṃ appasadda.* — *alpâkîrṇa°* ; tib. *ñin par 'du 'ji ñuṅ ljan ljin ñuṅ ba* « le jour peu de société et peu de saleté ».

9. 1. *b*. Au lieu de *subhâvavanaiva*, lire *sûpâyâ caiva* ; tib. *thabs bzaṅ*.

10. 1. *kṣaṇopapatti* ; tib. *dal bar skye ba* « naissance confortable » ; chin. *wou nan* « pas de difficulté ». C'est naître en dehors des huit « naissances nopportunes » *akṣaṇa* (*upapatti*) dont la M. Vy. § 120 donne la liste : *narakâḥ*

l'Union, le discernement, la raison en est qu'il a accompli antérieurement des Mérites.

Le quatrième vers montre par cinq causalités qu'il a antérieurement accompli des mérites. Causalité de plaisir ; il se plaît à demeurer dans un lieu approprié. Causalité de Renaissance opportune ; il obtient un Fond qui fait le Héros. Causalité de santé , d'Union, de Sapience, puisqu'il exécute le Vœu parfait de son Moi.

C'est par les Souillures même qu'on se dégage des Souillures ; trois vers.

11. Puisqu'il n'y a pas d'Idéal qui soit émancipé du Plan des Idéaux, il s'ensuit que la passion, etc. est, au témoignage des Bouddhas, l'Évasion de la passion, etc.

Bhagavat a dit : « Je déclare qu'en dehors de la passion il n'y a pas d'Évasion pour la passion ; et ainsi pour la haine et pour l'égarement. » Il montre l'Arrière-pensée enfermée dans ces mots. Puisqu'il n'y a pas d'Idéal qui soit émancipé du Plan des Idéaux — en effet, pas d'Idéal sans Idéalité, — donc c'est l'Idéalité de passion, etc. qui prend l'apparence de passion, etc., et c'est elle aussi qui est l'Évasion de la passion, etc. Telle est l'Arrière-pensée de ce texte.

12. Puisqu'il n'y a pas d'Idéal qui soit émancipé du Plan des Idéaux, les Sages ont donc la même Arrière-pensée [1] quant à la désignation de la Pleine-Souillure.

Il est dit : « Inscience et Illumination ne font qu'un. » Ici encore, dans la désignation de la Pleine-Souillure, l'Arrière-pensée est la même. L'Inscience doit, par transport métaphorique, être ici l'Idéalité de l'Illumination.

13. Puisqu'il prend l'Initiative à fond pour la passion, etc.,

« enfers » ; *tiryañcaḥ* « animaux » ; *pretâḥ* « trépassés démoniaques » ; *dîrghâyuṣo devâḥ* « dieux à longue vie [sans espoir de salut] » ; *pratyantajanapadam* « hors des frontières [du pays orthodoxe] » ; *indriyavaikalyam* « infirmité corporelle » ; *mithyâdarçanam* « vue fausse » ; *tathâgatânâm anutpâdaḥ* « quand il n'y a pas de Tathâgata ».

12. 1. Au lieu de *saṃvid dhîmatâṃ* lire *saṃdhir dhî°* ; tib. *dgoṅs pa*.

et qu'il s'en délivre ensuite, c'est donc que l'Évasion de la passion, etc. vient d'elles-mêmes.

C'est en prenant l'Initiative à fond pour la passion, etc. qu'il s'en délivre, c'est donc que, une fois totalement connues, la passion, etc. sont leur propre Évasion. Telle est ici l'Arrière-pensée.

Il faut éviter l'Acte mental des Auditeurs et des Bouddhas-pour soi.

14. Non! en vérité, les fils des Vainqueurs, ils ne sont pas gênés par la douleur atroce, dussent-ils habiter les séjours infernaux, quand il s'agit des créatures. Mais les Sages du Petit Véhicule, ils sont gênés par les multiples différenciations du bien provoquées par la Paix et l'Existence, leurs vertus et leurs défauts!

15. Non! en vérité, pour les Sages, un séjour aux enfers ne fait jamais obstacle à l'Illumination immaculée et vaste. Mais, dans l'autre Véhicule, la différenciation, pleinement rafraîchie par le salut personnel, fait obstacle même dans l'état de bonheur suprême.

De ces deux vers, le second sert à démontrer le premier. Le Sens y va de soi.

Deux vers pour interdire de s'effrayer au sujet du manque de Nature-propre et de la pureté naturelle.

16. Inexistence et Susception des Idéaux, dégagement de Toute-Souillure et pureté, c'est comme un Trompe-l'œil, etc., c'est comme l'espace.

17. Sur un tableau peint d'après les règles, il n'y a ni creux, ni saillie, et pourtant on en voit; exactement ainsi, dans l'Imagination inexistante, il n'y a jamais dualité, et pourtant on la voit.

18. De l'eau agitée[1], et bien reposée ensuite, sa limpidité ne lui vient pas d'ailleurs; il n'y a là absolument que disparition des saletés; pour la purification de la Pensée propre, le cas est le même.

18. 1. et comm. Au lieu de *lutita°* lire *luṭita*; sic ms.

19. La Pensée est, de tout temps, lumineuse par nature ; les fautes incidentes la salissent. Il n'y a pas, en dehors de la Pensée d'Idéalité, un autre état d'esprit qui soit déclaré lumineux par nature.

Inexistence des Idéaux et Susception des Idéaux, voilà qui fait trembler les esprits puérils. Que le Plan des Idéaux soit en dehors de la Pleine-Souillure, et qu'ensuite il soit pur naturellement, voilà qui fait trembler les esprits puérils. Il défend de s'en effrayer, en donnant pour preuve la comparaison avec un trompe-l'œil ,etc., et la comparaison avec l'espace, et aussi la comparaison des creux et des reliefs sur un tableau, et la comparaison avec l'eau agitée et reposée, en suivant l'ordre. Au quatrième vers, il explique l'analogie de la Pensée avec l'eau. L'eau est limpide de naturé, mais les saletés incidentes la troublent ; de même la Pensée est lumineuse de nature, mais les fautes incidentes la salissent. Et, en dehors de la Pensée d'Idéalité, aucun autre état d'esprit — c'est-à-dire l'Indice Relatif — n'est naturellement lumineux. Donc ici, la Pensée est la Quiddité de la Pensée.

Quatre vers pour écarter les péchés nés de la passion.

20. Le Bodhisattva a au fond des moelles l'amour des créatures, comme on l'a d'un fils unique ; aussi son amour travaille constamment au salut.

21. Comme il travaille au salut des êtres, il n'encourt pas à leur propos le péché né de la passion ; mais la haine est [1] toujours détruite chez lui quant aux créatures.

22. Comme une colombe chérit ses petits et reste à les couver ; dans cet état la répulsion est détruite ; il en est de même chez le Compatissant à propos des créatures, qui sont ses enfants.

23. Où il y a bienveillance, la Pensée de répulsion est contradictoire ; où il y a Apaisement, la Pensée d'excitation est contradictoire ; où il y a Sens, la Pensée de duperie est contradictoire ; où il y a réconfort, il n'y a point danger ; ce serait contradictoire.

21. 1. *d*. Au lieu de *satpathâ*, lire *sarvathâ* ; tib. *rnam kun tu*.

L'amour du Bodhisattva pour les créatures, c'est ce qui est entendu ici par « la passion » ; il exclut l'idée du péché venu de cette origne, en montrant la relation causale avec le travail au salut des créatures. Il cite en exemple la colombe à cause de la force de sa passion, puisqu'elle a un amour extrême pour ses petits. Chez le Compatissant, c'est-à-dire le Bodhisattva, la malveillance à l'égard des créatures est détruite. Les Bodhisattvas ont à l'égard des créatures la bienveillance, l'Apaisement de l'excitation, le don du Sens, le réconfort, par suite de l'amour produit en eux. Où il y a bienveillance, il n'y a pas malveillance (ce serait contradictoire), ni Pensée d'excitation, etc. qui suivent.

Cinq vers sur les diverses Initiatives.

24. Il prend l'Initiative quant à la Transmigration comme fait un malade quant à un bon remède ; il prend l'Initiative quant aux créatures comme fait un médecin quant au malade.

25. Il prend l'Initiative quant à son Moi comme on fait quant à un serviteur qui n'est pas dressé ; il prend l'Initiative quant aux désirs comme fait un marchand quant aux marchandises.

26. Il prend l'Initiative pour l'action comme fait le teinturier pour l'étoffe ; il prend l'Initiative pour éviter le mal aux êtres comme fait un père pour son fils en bas âge.

27. Il prend l'Initiative quant à la teneur comme fait un homme qui cherche du feu quant à la planchette (de friction) inférieure ; il prend l'Initiative quant à l'ordre de la Pensée comme fait un garant quant à la dette non acquittée.

28. Il prend l'Initiative, par Sapience, quant au connaissable, comme un prestidigitateur. Voilà comment et quant à quoi se fait l'Initiative du Bodhisattva.

Comment et quant à quoi l'Initiative se fait, c'est ce qu'il éclaircit. Comment ? Comme le malade, etc. quant au remède, etc. Quant à quoi ? Quant à la Transmigration, etc., en cultivant de propos délibéré la Transmigration ; en n'abandonnant pas, par pitié, les créatures qui souffrent des Souillures ; en façonnant sa

Pensée[1] ; en accroissant ses moyens par les Perfections de don, etc. respectivement ; en nettoyant les actes du corps, etc. ; en ne s'irritant pas des méfaits des créatures ; en s'appliquant sans intervalle à la Pratique du Bien ; en ne dégustant pas les Unions ; en ne prenant pas à rebours le connaissable.

Un vers sur le nettoyage en trois tours de l'Initiative.

29. Ainsi appliquant sans cesse une Énergie sublime, bien appliqué à per-mûrir les deux, grâce à une compréhension immaculée et indifférenciée au plus haut point, il arrive par degrés à un succès insurpassable.

Ainsi par la connaissance indifférenciée de l'Impersonnalité des Idéaux, se produit le nettoyage indifférencié en trois tours de celui qui prend l'Initiative, de l'objet de l'Initiative, et de l'Initiative. « Appliqué à per-mûrir les deux » ; les deux, c'est les créatures et lui-même.

24-28. 1. Comm. l. 3. Le tib. n'a rien qui réponde à °*praṇihitatva*°; j'ai suivi sa lecture.

CHAPITRE XIV

LE CONSEIL ET LA LEÇON

Cinquante et un vers sur le Conseil et la Leçon [1].

1. Passé par l'Issue depuis des Éons innombrables, augmentant la Croyance, il est plein d'Idéaux de Bien, comme l'océan l'est d'eau.

Augmentant la Croyance, parce qu'il la mène jusqu'à un état outre-mesure. Le Sens du reste va de soi.

2. S'étant ainsi approvisionné de Provisions, le fils des Vainqueurs, qui est originellement pur, s'emploie à la Pratique avec une connaissance distincte et une Pensée saine [1].

Originellement pur, parce que l'Astreinte des Bodhisattvas l'a nettoyé, et aussi parce qu'il a rectifié [2] la Vue dans le Grand Véhicule en ne prenant pas le Sens à rebours. Une connaissance distincte, parce qu'il a beaucoup d'Audition. Une Pensée saine, parce qu'il n'a pas d'empêchements.

3. Dans le courant de l'Idéal, il reçoit le Conseil des Bouddhas, tout vaste, pour arriver à l'ampleur de la Pacification et de la connaissance.

1. 1. *Avavâda, anuçâsanî.* Le premier de ces termes est rendu en tib. par *gdams ṅag* « avis, conseil » ; le second par *rjes su bstan pa* = *anu-çâs°*. Le chinois réunit les deux expressions qu'il rend ensemble par *kiao cheou* « enseigner ». Les deux mots vont par paire en pali aussi ; Buddhaghosa les interprète ainsi (Samp. cité dans Minayeff, Prâtim. XXIII, n.) : « Quand un sujet est introduit, ou même introduit ou non, en parler pour la première fois, c'est l'*ovâda* (= *avavâda*) », et encore : « Quand un sujet n'a pas été introduit, dire : Fais ceci, ne fais pas cela —, c'est un *ovâda* ». « Reprendre plusieurs fois le sujet, c'est une *anusâsanî* » (cf. A. I, 171 « Le miracle de l'*anusâsanî*, c'est dire : Discutez [*vitakk°*] ainsi, ne discutez pas ainsi, agissez mentalement ainsi, n'agissez pas mentalement ainsi... »).

2. 1. c et comm. l. 2. Au lieu de *kalpacittaç ca*, lire *kalyac°* ; tib. *dge ba* « en bon état ».

2. Comm. l. 1. Au lieu de *rjju°*, corr. *rju°*.

Le Sens du vers va de soi.

4. Puis, touchant l'Idéal — Sûtras ,etc. — qui développe le Sens de la Non-dualité, l'Appliqué doit premièrement lier sa Pensée au nom du Sûtra, etc.

5. Puis il critique graduellement les catégories des mots, et il critique leur Sens, personnellement et à fond.

6. Puis, quand il en a établi les Sens, il les condense dans l'Idéal, et ensuite il forme un souhait pour l'Acquis du Sens afférent.

L'Idéal consiste en Sûtra, Geya [1], etc. Le nom du Sûtra, c'est par exemple le Daçabhûmika (les Dix Terres), etc. C'est à cela qu'il doit lier premièrement la Pensée. Dans ces trois vers, il enseigne six Pensées : Pensée fondamentale, Pensée consécutive, Pensée de Jugement, Pensée d'affermissement, Pensée de condensation, Pensée de souhait. La Pensée fondamentale, c'est celle qui a pour Phénomène le nom des Idéaux, c'est-à-dire des Sûtras, etc. [2]. La Pensée consécutive, c'est celle qui suit la division en mots des Sûtras, etc. pris en tant que noms comme Phénomènes. Pensée de Jugement ; par elle il critique le Sens et la lettre. Il y a quatre manières de critiquer le Sens : par le calcul, par la pesée, par la réflexion, par la perspicacité. Le calcul, c'est grouper ; par exemple la Forme, c'est les dix Lieux, et aussi une portion d'un seul ; la Sensation, c'est les six Corps de Sensation, etc. La pesée, c'est prendre les Indices communs [3] d'un Idéal numérique sans excès ni défaut d'imputation. La réflexion, c'est examiner les preuves. La perspicacité, c'est considérer le Sens qui a été calculé, pesé, réfléchi. Il y a deux manières de critiquer la lettre ; ou on prend les lettres en groupes, et alors elles ont un Sens ; ou on les prend isolément, et alors elles

4-6. 1. Rappel de la division du dharma en douze classes : *sûtra*, *geya*, *vyâkaraṇa*, *gâthâ*, *udâna*, *nidâna*, *avadâna*, *itivṛttaka*, *jâtaka*, *vaipulya*, *adbhutadharma*, *upadeça*. M. Vy. § 62.

2. L. 4. Le tib. (que j'ai suivi) laisse de côté le développement : *avavâdaṃ çrutvâ..... yoniço na cetyâdi* « ayant entendu un conseil ou l'ayant imaginé lui-même, p. ex. Impermanent, douloureux, vide, sans personnalité, absolument pas etc... ».

3. L. 10. Au lieu de *çamalakṣagraha°*, lire *samalakṣaṇagraha°* ; tib. *mchan ñid la 'cham par 'jin pa'o*.

n'ont pas de Sens. La Pensée d'affirmation ; par elle il affirme que tel Signe correspond à telle consécution ou tel Jugement. La Pensée de condensation ; c'est quand le Sens, tel que le Jugement l'a fait, est résumé dans la Pensée fondamentale, et roulé pour ainsi dire en boule. La Pensée de souhait ; dans quelque Sens qu'il s'emploie, soit dans le Sens des Unions[4], soit dans le Sens de leur parachèvement, soit dans le Sens du fruit de Cléricature, soit dans le Sens de l'entrée dans les Terres, soit dans le Sens du mouvement tout-particulier, la Pensée est associée au Zèle afférent. C'est la Pensée en effet qui apparaît comme le Phénomène, et il n'y a pas d'autre Phénomène que la Pensée ; donc, qu'on sache qu'il n'y a Rien-que-Pensée ou qu'on ne le sache pas, la Pensée est le Phénomène, et il n'y en a pas d'autre. Voilà les six classes de la Pensée en tant que Phénomène.

7. Qu'il cherche ; qu'il perspecte avec le Verbe mental en continuité ; qu'il juge avec des Actes mentaux sans aucun Verbe et de saveur unique.

8. Qu'il connaisse le Chemin de Pacification et le nom des Idéaux en bloc ; qu'il connaisse le Chemin d'Inspection qui est le Jugement des Sens afférents.

9. Qu'il connaisse le Chemin Couplé, qui consiste dans l'un et l'autre en bloc ; qu'il retienne l'affaissement de la Pensée, qu'il en supprime l'excitation.

10. La Pensée arrivée à l'égalité[1], qu'il lui soit Apathique ; ensuite qu'il l'applique à ce Phénomène tout entier, en teneur et en honneur.

Dans ces quatre vers, il enseigne onze Actes mentaux : à Discussion et à Jugement ; sans Discussion et à Jugement seul ; sans Discussion ni Jugement ; Acte mental de Pacification ; Acte mental d'Inspection ; Acte mental couplé[2] ; Acte mental de

4. L. 15. *samâ tatparipûry°* ; rétablir *samâdhyartham vâ tatpari°* ; tib. *tiṅ ṅe 'jin gyi don nam*.

10. 1. a. Au lieu de *çamaprâptam*, lire *sama°* ; tib. *mñam par*.

2. Comm l. 3. Après *yuganaddhamanaskâraḥ*, insérer *pragrahanimittamanaskâraḥ*, tib. *rab tu 'jin pa'i rgyu mchan*...

retenue ; Acte mental à Signe de Pacification ; Acte mental à Signe d'Apathie ; Acte mental de Teneur ; Acte mental d'Honneur.

11. Quand il a bien lié la Pensée au Phénomène, il ne laisse pas sa teneur se disperser ; il s'aperçoit vite de sa dispersion, et la repousse sur ce (Phénomène).

12. Que le Sage resserre sa Pensée dans son Quant-à-soi, de plus en plus ; ensuite qu'il la dompte [1], en voyant les Vertus qui sont dans l'Union.

13. Qu'il apaise en elle le désagrément, en voyant les fautes qui sont dans la dispersion ; aussi qu'il apaise la convoitise, la mauvaise humeur, etc. après les avoir redressées.

14. Ensuite il arrive dans sa Pensée à l'état où elle coule d'elle-même, avec Sur-opérants d'abord, puis, à force d'exercices, sans Sur-opérants [1].

Dans ces quatre vers, il enseigne le moyen d'arrêter les neuf sortes de Halte de la Pensée : il tient la pensée, la contient, la retient, la soutient, la dompte, l'apaise, la sous-apaise, la rend unilinéaire [2], la fait unie ; voilà les neuf espèces.

15. Puis, quand il a acquis une Rémission légère [1] du corps et

12. 1. c. Au lieu de *ramayec cittaṃ*, lire *damay°* ; tib. *gdul*.

14. 1. c. Au lieu de *labhetânabhisaṃskârân*, lire *°kârâṃ*.

2. Comm. l. 3. *ekotîkaroti*. Le terme *ekotî°* a été le sujet d'une brillante controverse, résumée en grande partie dans un article de Morris, reproduit J. P. T. S. 1885, p. 32 sqq. Le pali écrit *ekodi*, *ekodhi* [mss. birmans]. On a aussi la graphie *ekoṭi°*. Max Müller a supposé *eka-koṭi* « une seule pointe » (= ekâgra). Morris pense à *eka-avadhi* (jaina *ohi* « pouvoir magique ». Childers cite l'étymologie *eka-udi* (= *udeti*) et traduit « prédominance ». Burnouf traduisait : « unité d'esprit » ; Gogeṛly : « pureté » ; Rhys Davids : « exaltation ». Eggeling a appelé l'attention sur un passage du Çatapatha brâhmaṇa, XII, 2, 2, 4 où *ekoti* est rapproché de *tantra* et développé par *samânâm ûtim anusaṃcar°* « parcourir à la suite le même fil du tissu ». C'est l'interprétation qu'admettaient aussi les écoles bouddhiques, comme le prouve la version tib. *rgyud gčig tu byed* = *tantra* + *eka* + *kar*. Le mot s'explique donc par la racine *vâ* « tisser » ; *eka-ûta* « tissé d'une pièce » ; le sanscrit a préservé la forme originale.

15. 1. a. En face de *tanukâṃ*, le tib. porte *čhe* « grand » ; il a donc lu *so 'tanu-kâm* ; mais le chin. lit comme le ms.

de l'esprit, il est en état d'Acte mental[2] ; alors, augmentant cette (Rémission)[3],

16. par cet accroissement prolongé il acquiert la Halte fondamentale ; en la purifiant dans le Sens des Super-savoirs, il arrive à une extrême souplesse

17. dans l'Extase ; par la réalisation des Super-savoirs, il arrive aux Plans des mondes, pour adorer des Bouddhas hors-mesure et pour les entendre.

18. Quand il a adoré des Bouddhas hors-mesure pendant des Éons hors-mesure, il arrive à une extrême souplesse d'état d'esprit à force de les adorer.

Il faut réunir « l'extrême souplesse » [v. 16] et « dans l'extase » [v. 17] « Des Éons hors-mesure », c'est-à-dire : dont le nombre est hors-mesure. Le reste de ces vers a un Sens qui va de soi.

19. Puis il obtient les cinq Avantages, précurseurs de la pureté ; il devient le Réceptacle de la pureté ; il arrive à l'Insurpassable.

20. Tout le corps de la Turbulence[1], en effet, se dissout d'instant en instant pour lui ; corps et Pensée se remplissent totalement de Rémission.

21. Il connaît complètement l'apparence illimitée des Idéaux ; il voit au long les Signes non-imaginaires de la pureté totale.

22. Ainsi, pour la plénitude et pour la pureté du Corps d'Idéal, le Sage possède continuellement l'ensemble des causes.

Ensuite il obtient les cinq Avantages qui précèdent la pureté. « La pureté », c'est : la Terre de Tendance à la pureté. Les ayant obtenus, il devient le réceptacle de la pureté. « Insurpassable » puisqu'il n'y a pas d'autre Véhicule. « Pour la pléni-

2. *c.* Réunir *samanaskâraḥ*.
3. *d.* Au lieu de *punas tân*, lire °*tâṃ*.
20. 1. *a.* Au lieu de *kṛtsnâdau svalpakâyo*, lire *kṛtsnadauṣṭhulyakâyo* ; tib. *lus las gnas ṅan len ba kun* (qui semble indiquer une lecture *kṛtsnaṃ dauṣṭhulyaṃ kâyâd dhi*).

tude et la pureté du Corps d'Idéal » ; la plénitude, c'est à la dixième Terre ; la pureté, c'est à la Terre des Bouddhas. De ces cinq Avantages, trois sont de l'Aile de Pacification, deux de l'Aile d'Inspection. Jusqu'ici, c'est donc la Réussite d'ordre mondain.

23. Et alors le Bodhisattva, devenu tel, bien recueilli, ne voit plus du tout les Sens émancipés du Verbe mental.

24. Il se saisit d'une Énergie stable pour accroître la Clarté de l'Idéal[1] ; par cet accroissement de Clarté de l'Idéal, il s'installe dans le Rien-que-Pensée.

25. Et alors il voit dans la Pensée tous les Sens comme une image réfléchie ; dès lors il a abandonné la dispersion du Prenable[1].

26. Et alors il ne lui reste plus que la dispersion du Prenant ; dès lors il touche vite l'Union de Suite-immédiate.

Ensuite, c'est l'ordre de Fixité[1]. Le Bodhisattva devenu tel, la Pensée bien recueillie, ne voit plus du tout les Idéaux émancipés du Verbe mental ; sous l'apparence d'Indice propre et d'Indice commun, il n'apparaît Rien-que-Verbe Spirituel. C'est là l'État d'Échauffement. C'est cette Clarté à propos de laquelle il est dit dans la Kṣâranadî[2] : « Clarté, c'est le synonyme de : Patience de considérer les Idéaux[3] ». Pour accroître cette Clarté de l'Idéal,

24. 1. *a.* Au lieu de *dharmalokasya*, lire *dharmâlok°*. Cf. dans le Lal. Vist., chap. IV, l'énumération des *dharmâlokamukha*. V. aussi M. Vy. § 32 la série : *adhimukticaryâbhûmi*, *âlokalâbha* (sic, et non *°labdha*), *âlokavṛddhi*, *tattvârthaikadeçânupraveça*, *ânantaryasamâdhi*.

25. 1. *c.* Au lieu de *grâhyanikṣepa*, lire *°vikṣepa*.

26. 1. *nirvedhabhâgîya* ; tib. *ṅes par byed pa'i čha daṅ mthun pa* « concordant avec la classe qui rend sûr et certain » ; chin. *chen tch'ou wei che* « bien installé dans le vijñânamâtra ». Cf. la liste M. Vy. § 55 qui donne comme notre texte : *uṣmagata*, *mûrdhâna*, *kṣânti*, *laukikâgradharma*.

2. *Kṣâranadî* ; tib. *čhu bo čhwa sgo čan gyi mdo* « le sûtra du fleuve salin ». Ce sûtra se retrouve dans le Saṃyuktâgama, version chinoise, éd. Tôk. XIII, 4, 51 *b* ; le passage cité est à la col. 15.

3. *dharmanidhyânakṣânti*. Le Majjhima n. II, 175 (Caṅkîsutta) classe le progrès en partant de la foi. La *dhammanijjhânakkhanti* y est rangée à la suite de *dhammasavana* « entendre le dharma », *dhammadhâraṇâ* « retenir le dharma », *atthupaparikkhâ* « considérer secondairement le sens ». « C'est parce qu'il considère le sens, en vérité, que les dharmas supportent

par un travail persévérant il se saisit d'une Énergie stable. C'est là l'État En-tête. Par l'accroissement de la Clarté de l'Idéal, il s'installe dans le Rien-que-Pensée, car il pénètre cette (vérité) : Ceci, c'est la Pensée. Et alors c'est dans la Pensée même qu'il voit tous les Sens comme des reflets ; il ne voit pas de Sens autre que la Pensée. Dès lors il a rejeté la dispersion du Prenable ; il ne lui reste que la dispersion du Prenant. C'est là l'État de Patience. Et alors il touche rapidement à l'Union de Suite-immédiate. C'est là l'État d'Idéal capital d'ordre mondain.

Pour quelle raison cette Union s'appelle-t-elle « Suite-Immédiate » ?

27. Parce que la dispersion du Prenant est abandonnée immédiatement après. Il faut connaître l'État d'Échauffement, etc. dans leur ordre.

Tels sont l'État d'Échauffement, etc. qui sont de l'Ordre de Fixité.

28. Il obtient alors une connaissance qui est séparée de la Prise des deux, supra-mondaine, insurpassable, sans différenciation, sans tache.

Ensuite c'est l'État de Chemin de Vue[1]. « Séparée de la Prise des deux », puisqu'elle n'est plus associée à la Prise de Prenable et à la Prise de Prenant. « Insurpassable », puisqu'il n'y a pas de Véhicule supérieur[2]. « Sans différenciation », puisqu'elle n'est plus associée à la différenciation de Prenable et de Prenant. « Sans tache », puisque la Souillure du connaissable à la Vue est aban-

la considération » (*yasmâ ca kho attham upaparikkhati, tasmâ dhammâ nijjhânam khamanti*). Cette patience, à son tour, prépare et fortifie le *chanda* « zèle », d'où sort l'*ussâha* « activité ». — Pour *âloka* = *nidhyâna*, cf. Amarak. III, 3, 31 qui donne comme synonymes *nirvarṇana*, *nidhyâna*, *darçana*, *âlokana*, *îkṣaṇa*.

28. 1. *darçanamârga*. M. Vy. § 64, 1-6 : « c'est la première révolution des vérités saintes ; elle s'énonce ainsi : Voici la douleur ; voici l'origine ; voici le barrage ; voici l'initiative qui va au barrage de la douleur ». C'est donc la connaissance d'intelligence pure, sans application ni résultat pratique. Il se divise en seize cittakṣaṇa (M. Vy. § 56) « dont le dernier correspond à l'acquisition du fruit de srotaâpanna » Madh. v. 479, n. 4.

2. Au lieu de *yânânantaryeṇa*, lire *yânânuttaryeṇa*.

donnée. C'est pourquoi il est dit de cette connaissance : « Elle est sans poussière, toute nettoyée de taches ».

29. Cette Révolution du Fond est sa première Terre ; c'est après des Éons hors-mesure qu'elle arrive à être bien nettoyée.

Le Sens du vers va de soi.

30. Ensuite, quand il a pénétré l'égalité du Plan des Idéaux, il a pour tous les êtres la même Pensée que pour soi, toujours.

31. En fait d'Impersonnalité, de douleur, de travail à faire, de manque de paiement en retour, il a la même Pensée à l'égard des êtres, et il est comme les autres fils des Vainqueurs.

Quand il a, par l'Impersonnalité des Idéaux, pénétré l'égalité des Idéaux, il recouvre alors et toujours à l'égard de tous les êtres la même Pensée que pour soi. Elle est la même à cinq points de vue : la même d'Impersonnalité, la même de douleur, puisqu'il ne fait pas de différence d'Impersonnalité ni de douleur dans les Séries-personnelles de soi et d'autrui. La même, de travail à faire ; car il désire également l'abandon des douleurs pour soi et pour autrui. La même, de manque de paiement en retour ; car il ne se félicite pas plus d'un paiement en retour, qu'il vienne de soi ou d'autrui. La même, que les autres Bodhisattvas ; car il a l'Intuition exactement comme ils l'ont eue.

32. Il voit les Opérants constitués par les trois Plans comme une Imagination inexistante, grâce à sa connaissance bien nettoyée qui a le Sens de non-dualité.

Il voit que les Opérants constitués par les trois Plans ne sont Rien qu'Imagination inexistante. « Sa connaissance bien nettoyée », car elle est Supra-mondaine. « Qui a le Sens de non-dualité »; qui a le Sens de Prenable et Prenant.

33. Quand, de leur inexistence, il a recueilli l'existence, séparée de ce que la Vue rejette, c'est alors le Chemin de la Vue.

« De leur inexistence », celle de Prenable et de Prenant. « L'existence », c'est les Plans des Idéaux. Il la voit, délivrée des Souillures que la Vue peut rejeter.

34. Quand il a connu la vacuité de l'inexistence, la vacuité de l'existence telle ou telle, la vacuité naturelle, on dit alors qu'il connaît le vide.

Il est dit que le Bodhisattva connaît le vide, parce qu'il connaît les trois sortes de Vacuités. La vacuité d'inexistence, c'est la Nature Imaginaire, puisqu'elle est inexistante par son Indice propre. La Vacuité de l'existence telle ou telle, c'est celle de la Nature Relative ; car elle n'a pas telle ou telle existence, comme on l'imagine ; par son Indice propre elle existe. La Vacuité naturelle, c'est la Nature Absolue, puisqu'elle a pour nature propre la Vacuité.

35. C'est le point sans-Signe, et c'est la destruction complète des différenciations ; l'Imagination inexistante l'est du Sans-Vœu.

C'est le point sans-Signe, c'est la destruction complète des différenciations. L'Imagination inexistante, c'est le point, c'est-à-dire le Phénomène, du Sans-Vœu.

36. En même temps que ce Chemin de la Vue, le fils des Vainqueurs obtient toujours tous les Idéaux nuancés qui sont de l'Aile d'Illumination.

Tous les Idéaux, etc., c'est les Aide-mémoire, etc.

37. Étant arrivé à comprendre que le monde n'est Rien-qu'Opérants, sans personnalité, Rien-que poussée de la douleur, alors, rejetant la Vue du Moi qui n'a pas de Sens, il recourt à la grande Vue du Moi, qui a un grand Sens.

38. Lui qui, sans la Vue du Moi, a ici la Vue du Moi, lui qui, sans douleur, est bien affligé, lui qui fait le Sens de tous sans attendre de paiement, comme s'il faisait pour soi le salut de sa propre personne !

39. Lui qui, la Pensée délivrée par la suprême Libération, est aussi enchaîné par le lien serré des Lieux, lui qui sans regarder au terme de la douleur s'emploie et travaille !

40. Le monde ici n'est pas capable de supporter sa propre douleur ; combien moins encore la douleur des autres en bloc ! Dans son irréflexion, il n'a d'yeux que pour sa naissance seule. Le Bodhisattva est tout au rebours.

41. La tendresse des fils des Vainqueurs pour les créatures, leur amour, leur emploi, leur infatigabilité, c'est la merveille suprême dans les mondes ! ou plutôt, non ! puisqu'autrui et soi sont identiques pour eux.

Ces cinq vers développent la grandeur du Bodhisattva une fois qu'il a obtenu le Chemin de Vue. La Vue du Moi qui n'a pas de Sens, c'est la Vue du Corps Réel, qui est souillée. La grande Vue du Moi, celle qui a un grand Sens, c'est la Vue du Moi en tant qu'arrivée à cette Pensée que le Moi et tous les êtres sont égaux. Cette Vue a un grand Sens, puisqu'elle fait travailler au Sens de toutes les créatures. « Sans la Vue du Moi », celle qui n'a pas de Sens ; la Vue du Moi a un grand Sens quand, étant étrangère à la douleur née dans sa propre Série-personnelle, elle est très affligée par la douleur née dans la Série-personnelle de toutes les créatures. « La Pensée délivrée », délivrée de ce que la Vue doit rejeter ; « par la suprême Libération », par le Véhicule insurpassable. « Enchaîné par le lien serré des Lieux », lien qui est relatif à la Série-personnelle de toutes les créatures. « Sans regarder au terme de la douleur », parce que son propre Plan est infini, comme l'espace ; « il s'emploie » à faire cesser la douleur des créatures, « et il travaille », il y réussit pour des créatures hors-mesure. « Le Bodhisattva est tout au rebours », car il est capable, lui, de supporter la douleur de toutes les créatures en bloc, autant qu'il y en a dans le monde. L'amour du Bodhisattva pour les créatures, son désir de faire leur bien et leur salut, son emploi dans leur Sens, son infatigabilité à s'y employer [1], tout cela est la merveille suprême dans les mondes ; et en même temps ce n'est pas une merveille, puisque les créatures sont pour lui comme lui-même.

42. Ensuite, dans les autres Terres, sur le Chemin de la Pra-

41. 1. Au lieu de : *yaçcittaprayukta°*, lire *yaç ca tatpray°* ; tib. *der sbyor ba la mi skyo ba*.

tique[1], il s'emploie à la Pratique des deux sortes de connaissances ici-bas.

43. Une connaissance est indifférenciée ; elle nettoie les Idéaux des Bouddhas ; l'autre, en raison de sa situation, per-mûrit les créatures.

44. L'Évasion de la Pratique vient après l'achèvement de deux Incalculables[1] ; arrivé à la Pratique dernière, le Bodhisattva reçoit l'onction du sacre.

45. Il arrive à l'Union Pareille-au-diamant[1], que les différenciations ne peuvent entamer, et obtient la Révolution du Fond du But, dégagée des taches de toutes les Obstructions,

46. et aussi la Connaissance omnigénérique, le Point insurpassable, où il prend l'Initiative pour le salut de tous les êtres.

Ces vers illustrent le Chemin de la Pratique. Les deux sortes de connaissances, c'est la connaissance indifférenciée, par laquelle il nettoie les Idéaux des Bouddhas, et la connaissance en raison de la situation, la connaissance mondaine obtenue derrière la Supra-mondaine, et par laquelle il per-mûrit les créatures. A la fin de deux Incalculables, il arrive à la dernière Pratique, celle de conclusion ; il est sacré par onction, et obtient l'Union Pareille-au-diamant. Il est pareil au diamant dans ce Sens que les Résidus[1] des différenciations ne peuvent pas l'entamer. Ensuite il obtient la Révolution du Fond placée au But et qui est nettoyée

42. 1. *Bhâvanâmârga*. C'est la deuxième révolution des vérités saintes; elle s'énonce ainsi (M. Vy. § 64, 7-11) : La douleur est à per-connaître; l'origine de la douleur est à abandonner; le barrage de la douleur est à manifester; l'initiative qui mène au barrage de la douleur est à pratiquer.

44. 1. *Asaṃkhyeya*; période d'année exprimée par $10.000.000^{20}$ ou 1 suivi de 140 zéros.

45. 1. *Vajropama samâdhi*; cf. M. Vy. § 21, 55.

46. 1. *Anuçaya*; tib. *bag la ñal*, trad. littérale. Lavallée Madh. v. 478, n. 3, cite une autre traduction du mot en tib., *phra rgyas* « minuscule et étendu » parce que le trouble afférent « vient d'abord sous une forme insignifiante et prend ensuite une forme plus dangereuse et des dimensions plus importantes » S. C. Das, s. v. On en compte généralement un total de 98. « La conquête des fruits et la pratique du chemin consistent dans l'élimination des *anuçaya* » (Lavallée, loc. cit.; donne aussi la répartition des 98 anuçaya d'après leur nature, leur procédé d'élimination et leur dhâtu).

de toutes les Obstructions de Souillure et de connaissable. Et il obtient aussi la Connaissance omnigénérique, le Point insurpassable où il prend l'Initiative pour le salut des créatures en exhibant, aussi longtemps que dure la Transmigration, la Toute-Parfaite Illumination et le Nirvâṇa.

47. Quand il s'agit d'un Sage qu'on arrive si rarement à voir, comment n'y aurait-il pas un grand Sens à le voir perpétuellement, si l'esprit est fortement gonflé des torrents de Limpidité que produit une Audition sans égale?

48. Assidûment poussé en avant[1] par les Tathâgatas présents devant lui, c'est eux qui l'installent dans l'Embouchure de l'Idéal, et qui le prenant pour ainsi dire aux cheveux l'arrachent de la caverne des fautes et le campent de force dans l'Illumination.

49. Ayant entièrement subjugué le monde entier par des Vues bien nettoyées avec une compréhension indifférenciée, dissipant la grande obscurité, il éclaire le monde, comme un grand soleil, du faîte des hauteurs[1].

Dans ces trois vers, il montre la grandeur du Conseil. En effet, si on reçoit le Conseil dans le courant de l'Embouchure de l'Idéal, on voit perpétuellement les Bouddhas; on entend l'Idéal comme personne; comme on a une Limpidité extrême, l'esprit est grossi par les torrents de la Limpidité. Ainsi la vue perpétuelle des Bouddhas a un grand Sens. Le Sens du reste va de soi.

50. Les Bouddhas dispensent toujours justement l'éloge à qui s'emploie régulièrement dans son propre Sens, le blâme à qui s'emploie à l'envie; et, si on se voue à la Halte et au Tri, les Vainqueurs, en faveur de cet être capital, lui montrent régulièrement ici-bas les Idéaux de toutes sortes, favorables et défavorables, qu'il faut suivre ou rejeter pour devenir grand en application de cette Doctrine des Sugatas[1].

Dans ce vers, il montre quatre sortes de Leçons : de l'ordre

48. 1. a. Au lieu de *acodyamânaḥ*, lire *pracod°*; tib. *'doms mjad ciṅ* « l'ayant encouragé ».
49-50. 1. Le tib. renverse l'ordre de ces deux vers.

de Morale, s'il s'agit d'un Bodhisattva qui s'emploie honnêtement dans son propre Sens, puisque l'éloge lui est dispensé ; — de l'ordre de Pensée et de l'ordre de Sapience, s'il est voué à la Halte et au Tri, puisqu'il lui est prêché toutes sortes d'Idéaux, favorables ou défavorables qu'il doit respectivement suivre ou éviter. « En application », c'est-à-dire dans la Pratique de la Pacification et de l'Inspection.

51. Ainsi constamment rempli d'une accumulation de bien, arrivé à une immense Union de l'intellect, l'être capital, quand il a reçu assidûment le grand Conseil des Sages, passe à l'autre rive de l'Océan des vertus.

Vers de conclusion ; le Sens en va de soi.

CHAPITRE XV

L'ACTE ACCOMPAGNÉ DES MOYENS

Sommaire :

1. Abondance de la Croyance, question de l'Idéal, prédication, Initiative, Conseil et Leçon réguliers.

Quatre vers sur l'Acte accompagné des Moyens.

2. Comme la terre est le soubassement des bois, des êtres corporels, des montagnes, des rivières, partout, ainsi chez les Sages les trois sortes d'Actes servent de soubassement universel au Bien du Don, etc.

Dans ce vers il montre le Moyen d'origine, puisque toutes les sortes de Bien, Don, etc. à commencer par les Perfections et les Ailes d'Illumination, tirent leur origine des trois sortes d'Actes. Les Sages, c'est les Bodhisattvas. Il mentionne les bois, etc. pour indiquer les objets mobiles ou immobiles propres à être utilisés.

3. Grandis par les épreuves, si variées de forme, qui ont duré tant d'Éons, les fils des Vainqueurs ne fléchissent jamais à l'action, qu'il s'agisse du corps, de la parole ou de la Pensée.

4. Comme on défendrait son Fond, par esprit de salut personnel, contre le poison, l'épée, la foudre [1], l'ennemi, de même le fils des Vainqueurs défend les trois catégories de ses actes contre les deux sortes de Véhicules inférieurs.

Dans ces deux vers, il indique le moyen de redressement, qu'il s'agisse de lassitude dans le Grand Véhicule ou de chute dans d'autres Véhicules. « Fléchir », ici, veut dire « être las ». L'acte respectivement associé au Petit Véhicule est comparé au

4. 1. *a.* Au lieu de °*mahâçanâd*, lire avec le ms. *mahâçane*[*r*] devant *ripor* ; tib. *gnam lčags* « tonnerre ».

poison, etc. parce qu'il per-fléchit vers la Pensée du Petit Véhicule, parce qu'il tranche les Racines de Bien dans le Grand Véhicule pour empêcher la production des Racines de Bien qui ne sont pas encore produites, parce qu'il anéantit les Racines de Bien déjà produites, parce qu'il intercepte l'arrivée à la plénitude de la Bouddhaté.

5. Toujours sans différenciation, il ne regarde ni l'acte de l'acteur, ni l'action de l'acte, en trois manières. Par suite, son acte est tout nettoyé, sans fin, parce qu'il contient les moyens afférents.

Par ce vers, le quatrième, il montre le moyen de nettoyage de l'acte ; il est complètement nettoyé en trois tours, puisqu'il n'y a pas Susception d'agent, d'acte, d'action. « Sans fin » veut dire : inépuisable.

CHAPITRE XVI

LES PERFECTIONS

Sommaire, en un vers, pour résumer les sections des Perfections.

1. Nombre, Indice, ordre, étymologie, vertu de l'exercice répété, division, ensemble, Adversaire, vertu, détermination mutuelle.

Six vers sur le nombre.

2. Plénitude de forme et de personne, plénitude de relations et d'entreprise, l'une et l'autre au plus haut degré ; indépendance absolue vis-à-vis des Souillures ; jamais rien à rebours en fait de tâche à accomplir.

Premier vers. Quatre des Perfections donnent quatre succès au plus haut degré ; le Don fait la plénitude de la fortune ; la Morale, la plénitude de la personne ; la Patience, la plénitude des relations, car, en cultivant celle-ci, il se rend ultérieurement[1] cher à beaucoup de gens ; l'Énergie fait la plénitude de l'entreprise, puisqu'on réussit dans toutes les professions. La cinquième des Perfections donne l'indépendance absolue vis-à-vis des Souillures, puisque les Souillures sont écrasées par l'Extase. La sixième fait que rien n'est à rebours dans la tâche à accomplir, puisqu'il y a connaissance adéquate de tout ce qui est à faire. Tout cela au plus haut degré. Ainsi les Perfections sont distribuées en six au point de vue de l'absence de Pleine-Souillure, et de l'entreprise à la tâche sans rien à rebours.

3. Bien appliqué au Sens des créatures, il y travaille par la libéralité, la non-malfaisance et la tolérance ; par la Halte avec sa Donnée-causale et par la Délivrance, il accomplit totalement son propre Sens.

2. 1. Comm. l. 3. Au lieu de °*âyatyâd*, lire *âyatyâṃ* ; tib. *che phyi ma la* « dans la vie future » ; — et supprimer la note au texte.

Second vers. Le Bodhisattva qui s'emploie régulièrement au Sens des créatures travaille dans ce Sens au moyen de trois Perfections, de Don, de Morale, de Patience respectivement en faisant des libéralités, en ne faisant pas de mal, en tolérant. Il accomplit de toute manière son Sens propre au moyen de trois Perfections, par la Halte avec sa Donnée-causale[1] et par la Libération ; en se basant sur l'Énergie, il fait par l'Extase et la Sapience[2] respectivement la Conjonction de la Pensée quand elle n'est pas en Union ; quand la Pensée est en Union, il la délivre. Ainsi, au point de vue du Sens de soi et du Sens d'autrui, il y a six Perfections.

4. Point d'indigence ; point de tourments ; supporter les tourments ; ne pas se lasser d'agir ; attirer à soi ; dire de bonnes paroles ; par là se fait le Sens d'autrui ; de là vient le Sens de soi.

Troisième vers. Le Bodhisattva fait intégralement le Sens d'autrui par le Don, etc., en ne manquant pas de ce qui est nécessaire aux autres, en ne les tourmentant pas, en supportant d'être tourmenté, en ne se fatiguant pas de travailler à les aider, en les attirant par l'influence de la magie, etc., en tranchant leurs doutes par de bonnes paroles. De ce Sens d'autrui vient au Bodhisattva le Sens de soi, puisque travailler pour autrui, c'est travailler pour soi, et puisqu'il arrive à la Grande Illumination. Ainsi, au point de vue du Sens intégral d'autrui, il y a six Perfections.

5. Ne pas se plaire aux jouissances ; avoir un respect scrupuleux ; être infatigable au couple ; s'appliquer sans différenciation ; c'est là en résumé le Véhicule suprême.

Quatrième vers. Par le Don, le Bodhisattva ne se complaît pas[1] aux jouissances, puisqu'il n'a pas de regard pour elles. Par l'engagement dans la Morale, il a un respect scrupuleux pour les Prescriptions des Bodhisattvas. Par la Patience et par l'Éner-

3. 1. Comm. l. 3. Au lieu de *sanidânatayâ*, lire *sanidânayâ*.
2. L. 4. Au lieu de *dhyânaprajñâbhyâsasamâhitasya*, lire °*prajñâbhyâm asamâ*°; tib. *bsam gtan dan çes rab dag gis sems mñam par ma bžag pa*.
5. 1. Comm. l. 1. Au lieu de *bhogeṣv abhiratir*, lire *bhogeṣv anabhi*°.

gie[2], il est infatigable au couple : d'une part à la douleur, qu'elle soit produite par des êtres vivants ou non ; d'autre part à s'employer au Bien. Par l'Extase et la Sapience, il a l'Application indifférenciée qui se résume dans la Pacification et l'Inspection. Ainsi, au point de vue du Grand Véhicule en abrégé, il y a six Perfections.

6. Un chemin mène à ne pas s'attacher aux objets ; un autre mène à exercer une contrainte sur les dispersions en vue de les atteindre ; d'autres encore, à ne pas déserter les créatures, à augmenter, à nettoyer les Obstructions.

Cinquième vers. Le Don est le chemin qui mène à ne pas s'attacher aux objets, puisque les libéralités répétées éloignent cet attachement. La Morale est le chemin qui mène à exercer une contrainte sur les dispersions en vue d'atteindre les objets ; quand on a pris les Astreintes du Mendiant, les distractions de toutes les occupations qui tendent à atteindre les objets ne fonctionnent plus. La Patience est le chemin qui mène à ne pas laisser là les créatures, puisqu'on ne se bouleverse pas des douleurs à subir pour rendre service à autrui. L'Énergie est le chemin qui accroît le Bien, puisqu'on le fait grandir dès qu'on a entrepris l'Énergie. L'Extase et la Sapience sont le chemin qui mène à nettoyer les Obstructions, puisqu'elles nettoient, à elles deux, les Obstructions de Souillure et de connaissable. « Chemin » signifie : moyen. Ainsi, au point de vue des chemins de toute sorte, il y a six Perfections.

7. Au point de vue des trois Instructions, les Vainqueurs ont aussi énoncé six Perfections ; la première (Instruction) a trois (Perfections) ; les deux (Perfections) finales comptent dans deux (Instructions) ; une seule (Perfection), dans les trois (Instructions).

Sixième vers. La première Instruction est celle de l'ordre de Morale ; trois Perfections, puisqu'elle les comprend avec leurs Provisions et leur entourage. Étant, par l'effet du Don, sans regard pour la fortune, il s'engage dans la Morale ; l'engagement

2. L. 3. Au lieu de *dhyânaprajñâyâṃ*, lire *°jñâbhyâṃ*.

pris, il le garde par la Patience, en ne répondant pas par l'injure à l'injure, etc. « Comptent dans deux », dans l'Instruction de l'ordre de la Pensée et dans l'Instruction de l'ordre de la Sapience ; l'une et l'autre sont contenues dans les deux finales, respectivement l'Extase et la Sapience. La Perfection d'Énergie seule compte dans les trois Instructions, car l'Énergie est leur aide commune.

Six vers sur l'Indice.

8. Le Don est sans Adversaire ; il va avec la connaissance indifférenciée ; il remplit tous les désirs ; il mûrit pleinement les créatures en trois manières.

Le Don des Bodhisattvas a quatre Indices. Il est sans Adversaire, puisqu'il a rejeté l'égoïsme[1]. Il va avec la connaissance indifférenciée, puisqu'il est appliqué à pénétrer l'Impersonnalité des Idéaux. Il remplit tous les désirs, puisqu'il donne à chacun ce qu'il désire. Il mûrit totalement les créatures en trois manières, puisqu'en rapprochant les créatures par le Don, il les oriente selon leurs possibilités vers les trois Véhicules.

9. La Morale est sans Adversaire ; elle va avec la connaissance indifférenciée ; elle remplit tous les désirs ; elle mûrit pleinement les créatures en trois manières.

10. La Patience est sans Adversaire, etc. [comme au vers 8 et 9].

11. L'Énergie est sans Adversaire, etc. «

12. L'Extase est sans Adversaire, etc. «

13. La Sapience est sans Adversaire, etc. «

Comme le Don, la Morale et les autres ont quatre Indices. Leurs Adversaires sont respectivement l'Immoralité, la colère, la nonchalance, la dispersion, la fausse Sapience. La Morale et les autres remplissent tous les désirs, en remplissant tout désir de contraindre le corps et la parole, de supporter les offenses, de

8. 1. Comm. l. 1. Au lieu de *tâtparyasya*, lire *mâtsaryasya* ; tib. *ser sna* « égoïsme ».

prêter assistance, de trancher les désirs, de trancher les doutes. La Morale et les autres per-mûrissent les créatures, en les per-mûrissant dans les trois Véhicules après les avoir attirées.

Un vers sur l'ordre.

14. Elles sont énoncées dans cet ordre, parce que c'est dans cet ordre qu'elles se produisent l'une de l'autre, qu'elles sont de plus en plus hautes, et de plus en plus subtiles.

On les énonce, Don, etc. dans cet ordre pour trois raisons. C'est dans cet ordre qu'elles se produisent l'une de l'autre. Étant sans regard pour la fortune, il s'engage dans la Morale ; une fois dans la Morale, il devient patient ; une fois dans la Patience, il entreprend l'Énergie ; ayant entrepris l'Énergie, il fait naître l'Union ; l'esprit une fois en Union, il a la Sapience adéquate. C'est dans cet ordre aussi qu'elles sont de plus en plus hautes. La Morale est plus haute que le Don, etc. ; enfin, la Sapience est plus haute que l'Extase. C'est aussi dans cet ordre qu'elles sont de plus en plus subtiles. Le Don est, en effet, grossier, puisqu'on y entre aisément et qu'on le fait aisément : la Morale est relativement plus subtile, puisqu'on y entre malaisément et qu'on la fait malaisément, etc. ; enfin l'Extase est plus grossière, moins subtile que la Sapience.

Un vers sur l'étymologie.

15. La pauvreté [*dâ*ridrya] est écartée [apa*na*ya] par l'une ; la fraîcheur [*çai*tya] est gagnée [*la*mbhana] par une autre ; une autre détruit [*kṣ*aya] la colère [krud*dhi*] ; une autre fait la meilleure [*vara*] des applications [*yo*ga] ; une autre tient [*dh*ârana] l'esprit [ma*nas*] ; une autre donne la connaissance transcendante [*para*mârtha *jñâ*na].

La pauvreté est écartée par l'une ; c'est le Don. La fraîcheur est gagnée par une autre ; c'est la Morale, car, si on l'a, on n'est pas brûlé par les Souillures qui ont pour Signe les objets. Une autre détruit la colère ; c'est la Patience, puisqu'elle détruit la colère. Une autre applique au mieux ; c'est l'Énergie, puisqu'elle applique aux Idéaux de Bien. Une autre tient l'esprit dans l'ordre du Moi ; c'est l'Extase. Une autre donne la connaissance ; c'est la Sapience.

Un vers sur la Pratique.

16. Pour elles toutes, la Pratique se fonde sur le Matériel, l'Acte mental, la Tendance, le Moyen, la Maîtrise.

La Pratique des Perfections est de cinq sortes. Basée sur le Matériel, elle a quatre aspects : ou elle est basée sur une cause, s'il s'agit de l'exercice répété de l'Initiative aux Perfections par la force de la Famille ; — ou elle est basée sur la Concoction, si c'est par la force de la plénitude de la personne ; — ou elle est basée sur le Vœu, si c'est par la force du Vœu antérieur ; — ou elle est basée sur le Compte, si c'est par la force de la Sapience.

La Pratique des Perfections basée sur l'Acte mental a quatre aspects : Acte mental de Croyance, si on croit à un texte de Sûtra en rapport avec toutes les Perfections respectivement ; — Acte mental de Dégustation, si on déguste les Perfections déjà acquises en s'appliquant à en voir les vertus ; — Acte mental d'Approbation, si on approuve le Don, etc. de tous les êtres dans tous les Plans-de-mondes ; — Acte mental de Félicitation, si on se félicite pour soi et pour les êtres des Perfections spéciales qui sont encore à venir.

La Pratique des Perfections, basée sur la Tendance, a six aspects : Tendance insatiable ; Tendance énorme ; Tendance joyeuse ; Tendance officieuse ; Tendance sans-empois ; Tendance de Bien. Tendance insatiable au don : Le Bodhisattva, à chaque instant, pour chaque créature, voudrait fabriquer des Plans-de-Mondes aussi nombreux que les grains de sable du Gange, et tout remplis des sept joyaux, pour en faire don ; — et aussi des personnes aussi nombreuses que les grains de sable du Gange pour en faire don, — et ainsi, instant par instant, durant des Éons aussi nombreux que les grains de sable du Gange ; — et, tout comme pour une seule créature, ainsi pour tout ce qu'il y a de Plans-de-créatures à per-mûrir en vue de la Toute-parfaite et insurpassable Illumination ; avec la même Rubrique, il leur en ferait don. Car la Tendance du Bodhisattva au Don est insatiable. La Tendance qui a cette forme est la Tendance insatiable du Bodhisattva au don. Et le Bodhisattva ne délaisse pas un seul instant cette suite de dons ; il ne l'interrompt pas, tant qu'il n'est pas assis sur le Trône de l'Illumination. Cette Tendance du

Bodhisattva, c'est sa Tendance énorme au don. Et c'est le Bodhisattva qui est le plus joyeux en favorisant ainsi les créatures par le don ; ce n'est pas les créatures ainsi favorisées par le don. Cette Tendance du Bodhisattva, c'est sa Tendance joyeuse au don. Et le Bodhisattva considère les créatures à qui il rend ainsi service par le don comme plus bienfaisantes que lui-même, en se disant qu'elles sont la charpente de la Toute-Parfaite et insurpassable Illumination. Cette Tendance du Bodhisattva, c'est sa Tendance officieuse au don. Et le Bodhisattva, en sur-opérant un mérite si énorme, fait de don, n'a pas besoin d'un paiement en retour ou d'une Concoction. Cette Tendance du Bodhisattva, c'est la Tendance sans-empois à la Pratique de la Perfection de Don. Et le Bodhisattva se félicite pour les êtres, et non pas pour lui, de la Concoction pour eux de la Masse des dons, pourtant si énorme ; et l'ayant mise en commun entre tous les êtres, il la per-fléchit vers la Toute-parfaite et insurpassable Illumination. Cette Tendance du Bodhisattva, c'est sa Tendance de Bien à la Pratique de la Perfection de Don.

La Tendance insatiable du Bodhisattva à la Pratique de la Perfection de Morale, etc. à la Perfection de Sapience, est comme ceci : Le Bodhisattva voudrait, pour des personnes aussi nombreuses que les grains de sable du Gange, et d'une longévité mesurable en Éons aussi nombreux que les grains de sable du Gange, fût-il entièrement dépourvu tout le temps de tout le nécessaire, — dans les trois mille grands milliers de Plans-de-mondes, fussent-ils tout remplis de feu, — prendre les quatre Attitudes[1] pour pratiquer ne fût-ce qu'un seul instant de la Perfection de Morale, etc. de la Perfection de Sapience ; — et avec la même Rubrique, il voudrait pratiquer une Masse de Morale, etc. une Masse de Sapience assez grande pour avoir l'Illumination de la Toute-parfaite et insurpassable Illumination. Car la Tendance du Bodhisattva à la Pratique de la Perfection de Morale, etc. à la Pratique de la Perfection de Sapience est insatiable. La Tendance qui a cette forme, c'est la Tendance insatiable du Bodhisattva à la Pratique de la Perfection de Morale, etc. à la Pratique de la Perfection de Sapience. Et le Bodhisattva ne laisse

16. 1. *Īryāpatha.* Les quatre attitudes sont : en marche, debout, assis, couché.

pas tomber, n'interrompt pas la suite de cette Pratique de la Perfection de Morale, etc. de la Perfection de Sapience tant qu'il n'est pas assis sur le trône de l'Illumination. Cette Tendance du Bodhisattva, c'est sa Tendance énorme à la Pratique de la Perfection de Morale, etc. de la Perfection de Sapience. Et c'est le Bodhisattva qui est le plus joyeux en favorisant les êtres par cette Pratique de la Perfection de Morale, etc. de la Perfection de Sapience, et ce n'est pas les êtres favorisés ainsi. Cette Tendance du Bodhisattva, c'est sa Tendance joyeuse à la Pratique de la Perfection de Morale, etc. de la Perfection de Sapience. Et le Bodhisattva considère comme plus bienfaisants que lui-même les êtres à qui il rend ainsi service par la Pratique de la Perfection de Morale, etc. de la Perfection de Sapience, en se disant qu'ils sont la charpente de la Toute-parfaite et insurpassable Illumination. Cette Tendance du Bodhisattva, c'est sa Tendance officieuse à la Pratique de la Perfection de Morale, etc. de la Perfection de Sapience. Et le Bodhisattva, en sur-opérant un mérite si énorme, fait de la Pratique de la Perfection de Morale, etc. de la Perfection de Sapience, n'a pas besoin d'un paiement en retour, ni d'une Concoction. Cette Tendance du Bodhisattva, c'est sa Tendance sans-empois à la Pratique de la Perfection de Morale, etc. de la Perfection de Sapience. Et le Bodhisattva se félicite, pour les êtres et non pas pour lui, de la Concoction pour eux de la masse de mérites faite de la Pratique de la Perfection de Morale, etc. de la Perfection de Sapience ; et l'ayant mise en commun entre tous les êtres, il la per-fléchit vers la Toute-parfaite et insurpassable Illumination. Cette Tendance du Bodhisattva, c'est sa Tendance de Bien à la Pratique de la Perfection de Morale, etc. de la Perfection de Sapience.

La Pratique basée sur les moyens a trois aspects : elle suppose que par la connaissance indifférenciée on a pénétré le Nettoyage total à trois tours. En effet, c'est là le moyen pour atteindre à la plénitude de tous les Actes mentaux.

La Pratique des Perfections basée sur les Maîtrises a trois aspects : Maîtrise du corps ; Maîtrise de la Conduite ; Maîtrise de la Prédication. Maîtrise du corps ; il y a dans le Tathâgata deux corps à considérer : le Corps de Nature-propre et le Corps Passionnel. Maîtrise de la Conduite ; il y a à considérer le Corps Métamorphique, avec lequel il montre à toutes les créatures la Conduite orthodoxe sous tous ses aspects. Maîtrise de la Prédication ; rien n'empêche de prêcher les six Perfections sous tous les aspects.

Douze vers sur l'ensemble des divisions ; en effet, le Don, etc. sont divisés en six Sens. Les six Sens, c'est : Nature-propre, cause, fruit, acte, application, fonction.

Deux vers sur la division du Don.

17. Remise du Sens, réflexion ancrée sur sa racine, plénitude de fortune et de personne, obligeance aux deux, complément,

18. associée à l'absence d'égoïsme, sécurité contre les Amorces du monde présent. Ayant ainsi reconnu le Don, que le sage l'accomplisse.

La remise du Sens à ceux qui le reçoivent, c'est la nature propre du Don. La réflexion naturellement libre de convoitise, etc. en est la cause. La plénitude de fortune et la plénitude de personne, qui comprend la longévité, etc. en est le fruit, comme dit le Sûtra des Cinq Points [1]. L'obligeance à soi et à autrui et le parachèvement des Provisions de Grande Illumination en est l'acte. L'application sans égoïsme fonctionne chez ceux qui ne sont pas égoïstes. Enfin l'assurance de sécurité contre les Amorces du monde présent en est la fonction.

Deux vers sur la Morale.

19. A six membres[1], finissant par l'idée de Paix, donnant

17-18. 1. *Pañcasthâna sûtra.* Le chinois cite le passage visé : « Celui qui donne de la nourriture obtient cinq choses : 1° la vie ; 2° la couleur ; 3° la force ; 4° le bonheur ; 5° la présence d'esprit. » Cette énumération se retrouve en effet dans le Pañcaka-nipâta de l'Añguttara, n° XXXVIII (III, 42) : *bhojanam bhikkhave dadamâno dâyako paṭiggâhakânaṃ pañca ṭhânâni* [*cf. Pañcasthâna*] *deti. Katamâni pañca. Ayuṃ deti, vaṇṇaṃ deti, sukhaṃ deti, balaṃ deti, paṭibhânaṃ deti.* La même liste se retrouve dans le sûtra correspondant de la version chinoise de l'Ekottarâgama sanscrit (éd. Tôk. XII, 2, 22b ; chap. 24).

19-20. 1. *a.* Au lieu de *ṣaḍaṅga°*, lire *ṣaḍaṅgaṃ*.

bonnes Destinations et Halte, soubassement, en état de paix, sans crainte, associée aux Provisions de mérite,

20. acquise dans la Convention-Verbale ou dans l'Idéalité, elle est chez ceux qui sont en état d'Astreinte. Ayant ainsi reconnu la Morale, que le Sage l'accomplisse.

A six membres, c'est sa Nature-propre. Comme il est dit : « A six membres [2], il vit dans la Morale, etc. s'étant engagé, il s'instruit dans les Prescriptions ». Finissant par l'idée de Paix, c'est la cause ; puisqu'il prend l'engagement dans l'intention du Nirvâṇa. Donnant bonnes Destinations et Halte ; c'est le fruit. La Morale fait aller aux bonnes Destinations ; la Pensée, n'ayant pas de repentir, etc. arrive à la Halte. Soubassement, en état de Paix, sans crainte ; c'est l'acte. La Morale est le soubassement de toutes les vertus. Elle est en état de Paix par l'apaisement de la brûlure des Souillures. Elle est sans crainte, puisqu'elle n'enfante ni hostilité, ni crainte, ni aucun de ces états qui laisent à redire et qui sortent, par Rencontre, d'un crime contre la vie, etc. Associée aux Provisions de Mérite ; c'est l'Application, parce qu'elle protège en tout temps les actes de corps, de parole, et d'esprit. Acquise dans la Convention-Verbale et l'Idéalité, elle se rencontre chez ceux qui sont en état d'Astreinte ; c'est là sa fonction. Acquise dans la Convention-Verbale ; c'est celle qui est contenue dans les Astreintes du Prâtimokṣa. Récupérée dans l'Idéalité, c'est celle qui est contenue dans les Astreintes du Non-Écoulement et de l'Extase. C'est là les trois divisions de la fonction. Elle fonctionne chez ceux qui sont en état d'Astreinte ; c'est sa fonction de conduite.

Deux vers sur la Patience.

2. *ṣaḍaṅgin*. Le chin. et le tib. traduisent littéralement cette expression. La M. Vy. § 19, 74 donne parmi les « noms magnifiants des Tathâgatas » l'expression *ṣaḍaṅgasamanvâgata* = pali *chalaṅgasamannâgato* « qui implique la soumission des six sens, les six *aṅga* étant l'égalité d'âme quand un objet est vu, un son entendu, etc. » (Childers).

Le passage cité en abrégé correspond sans doute à un sûtra de l'Âgama sanscrit dont l'équivalent pali se retrouve A. III, 135 [le bhikkhu câtuddiso] : *idha bhikkhave bhikkhû sîlavâ hoti, pâtimokkhasaṃvarasaṃvuto viharati, âcâragocarasampanno, anumattesu vajjesu bhayadassâvî samâdâya sikkhati sikkhâpadesu*. La version chinoise de l'Ekottarâgama n'a pas de sûtra correspondant.

21. Savoir supporter et accepter, par l'effet d'une compassion fondée sur l'Idéal ; avec cinq Avantages ; faire le Sens des deux ;

22. associée à l'intensité d'ascétisme ; de trois classes, chez eux. Ayant ainsi reconnu la Patience, que le Sage l'accomplisse.

Savoir supporter et accepter, c'est la Nature-propre des trois classes de Patience : Patience à supporter les torts (le mot *marṣa*, dans le vers, équivaut à *marṣaṇa*) ; Patience à accepter la douleur ; Patience à considérer les Idéaux. Par l'effet d'une compassion fondée sur l'Idéal ; c'est la cause. Fondée sur l'Idéal se réfère à l'Engagement de Morale et à la quantité suffisante d'Audition. Avec cinq Avantages ; c'est le fruit. Comme il est dit dans le Sûtra [1] : « Il y a cinq Avantages dans la Patience ; on ne se multiplie pas en hostilité ; on ne se multiplie pas en rupture ; on se multiplie en bonheur et en belle humeur ; on finit son temps sans avoir de repentir ; une fois détaché du corps, on va renaître dans une bonne Destination, au monde céleste, chez les dieux. » Faire le Sens des deux ; ce qui le fait, c'est de savoir supporter et accepter ; c'est là l'acte. Comme il est dit [2] :

« Il fait le Sens des deux, de soi-même et d'autrui, celui qui, voyant autrui en colère, s'apaise lui-même sur le champ. »

Associée à l'intensité d'ascétisme ; c'est l'Application. Comme il est dit : « L'ascétisme par excellence, c'est la fonction du contenant ; elle fonctionne chez les patients. Elle est de trois classes; c'est sa fonction en division, comme il a été dit plus haut.

21-22. 1. Le texte cité est tiré sans doute de l'Ekottarágama, puisque l'Aṅguttara présente le texte correspondant en pali (III, 254) : *pañc'ime bhikkhave ânisaṃsâ khantiyâ. bahuno janassa piyo hoti manâpo, na verabahulo hoti, na vajjabahulo, asammûḷho kâlaṃ karoti, kâyassa bhedâ paraṃmaraṇâ sugatiṃ saggaṃ lokaṃ upapajjati.* La version chinoise de l'Ekottara n'a pas ce sûtra.

2. Le vers cité a son correspondant exact dans le Saṃyutta N., I, 162 et 163 : *ubhinnam atthaṃ carati attano ca parassa ca | paraṃ saṅkupitaṃ ñatvâ yo sato upasammati ||*

Les deux versions chinoises du Saṃyukta Âgama possèdent les deux sûtra (Asurinda et Akkosa, éd. Tôk. XIII, 4, 43[a] et 5, 25[a]) où le pali insère ce vers; mais ce vers lui-même ne se retrouve ni dans l'une ni dans l'autre ; les autres vers, du reste, y sont rendus d'une manière assez vague.

Deux vers sur l'Énergie.

23. L'audace au Bien régulière, reposant sur la Foi et le Zèle, pour augmenter les vertus de la Mémoire, etc., Auxiliaire contre la Pleine-Souillure,

24. douée de non-convoitise et autres vertus, elle est chez eux, de sept sortes. Ayant ainsi reconnu l'Énergie, que le Sage l'accomplisse.

L'audace au Bien régulière, c'est sa Nature-propre. Il dit : « au Bien », pour écarter toute audace à faire autre chose ; « régulière », pour écarter le Sens des autres délivrances hérétiques. Reposant sur la Foi et le Zèle comme assiette, c'est la cause. Quand il a la foi, en effet, il entreprend tout à fait l'Énergie. Pour augmenter les vertus de la Mémoire, etc. ; c'est le fruit. Quand on a, en effet, entrepris l'Énergie, les Vertus de la Mémoire, de l'Union, etc. se manifestent. Auxiliaire contre la Pleine-Souillure ; c'est l'acte. Comme il est dit [1] : « Quand on a entrepris l'Énergie, on vit heureux, sans aucun mélange d'Idéaux mauvais, qui ne sont pas du Bien. » Douée de non-convoitise et autres vertus ; c'est l'Application. Chez eux, chez ceux qui ont entrepris l'Énergie ; c'est la fonction de contenant. Elle est de sept sortes ; c'est la fonction de division, à savoir : dans les trois Instructions, de l'ordre de Morale, etc. ; corporelle ; intellectuelle ; en teneur ; en honneur.

Deux vers sur l'Extase.

25. Halte de l'Intellect dans l'ordre du Moi ; la Mémoire de l'Énergie comme assiette ; pour produire le bonheur ; autocrate des Super-savoirs et des Stations ;

26. en tête des Idéaux ; elle est, chez eux, de trois sortes. Ayant ainsi reconnu l'Extase, que le Sage l'accomplisse.

23-24. 1. Le passage cité se retrouve en pali dans le Saṃyutta N., II, 29 (dasabala) : *âraddhaviriyo ca kho bhikkhave sukhaṃ viharati pavivitto pâpakehi akusalehi dammehi.* Le paragraphe symétrique sur le *kusîta* présente, comme le texte sanscrit, le mot *vokiṇṇo* (= *vyavakîrṇa*) dans la formule : *vokiṇṇo pâpakehi ak° dh°.* La nouvelle version du Saṃyuktâgama en chinois possède ce sûtra (éd. Tôk. XIII, 2, 79) avec le passage correspondant (col. 9, inf.).

La Halte de l'Intellect dans l'ordre du Moi ; c'est sa Nature-propre. La Mémoire et l'Énergie comme base ; c'est la cause. En effet, s'il n'y a pas défaillance de la mémoire quant aux Phénomènes, en se basant sur l'Énergie, on arrive à la Communion[1]. Pour produire le bonheur ; c'est le fruit ; car l'Extase a pour fruit la production d'un état sans troubles. Autocrate des Super-savoirs et des Stations ; c'est l'acte. En effet, par l'Extase, on est l'autocrate des Super-savoirs, et aussi des Stations Saintes, Divines, Brahmiques. En tête des Idéaux ; l'état en tête est l'Application. Comme il est dit : « Le Recueillement est en tête de tous les Idéaux. » Elle est chez eux ; chez les Extatiques. C'est la fonction de contenant. De trois sortes : à Discussion et Jugement ; sans Discussion et rien qu'à Jugement ; sans Discussion ni Jugement. De plus elle est accompagnée d'affection, de joie[2], d'Apathie. C'est la fonction de division.

Deux vers sur la Sapience.

27. Tri à connaître exactement ; l'Union[1] comme assiette ; pour la bonne Libération hors de la Pleine-Souillure ; vivant de Sapience et prêchant bien ;

28. l'Insurpassable entre les Idéaux ; elle est chez eux, et de trois espèces. Ayant ainsi reconnu la Sapience, que le Sage l'accomplisse.

Tri à connaître exactement. C'est sa nature-propre. A connaître exactement, et non pas à faux ; c'est pour exclure le tri exact des devoirs mondains. L'Union comme base ; c'est la cause.

25-26. 1. *samâpatti* ; le tib. traduit ici *bsam gtan* « concentration de l'esprit » ; mais plus loin il le rend par *sñom par 'jug pa* « se mettre en égalité ». Le mot est souvent confondu, à tort, avec *samâdhi* ; mais la *samâpatti* n'est qu'un état préliminaire. Tandis que le *samâdhi* est défini, comme ici même, *sthitiç cetasaḥ* « l'arrêt de la pensée », la *samâpatti* est fort bien glosée par Bhoja (Yoga-sûtra II, 47) : *avadhânena tâdâtmyam âpadyate* « se confondre avec l'objet de son attention ». La M. Vy. § 68 donne une liste de dix *samâpatti* ; chacune d'elles consiste, le stage inférieur une fois franchi, à entrer pleinement en communion (*upasampad*) avec l'infini d'une conception supérieure. La pensée passe ainsi par l'infini de l'espace, l'infini de la sensation, l'infini du rien, l'infini de ni-connotation ni non-connotation, etc.

2. *sâta*° ; tib. *sim pa* « bonheur » ; chin. *lo* « joie ».

27. 1. *b*. Au lieu de *çamâdhâna*°, lire *samâdhâna*° ; tib. *tiṅ ṅe 'jin* (*samâdhi*).

Une fois l'esprit en Union, on a une Sapience adéquate. Puisqu'elle sert à libérer bien de la Pleine-Souillure ; c'est le fruit. En effet, par là on se libère bien de la Pleine-Souillure, au moyen du Tri mondain, petit Supra-mondain, grand Supra-mondain. Vivant de Sapience et prêchant bien ; c'est l'acte. En effet, par là on vit insurpassable entre ceux qui vivent de Sapience [1], et on prêche exactement l'Idéal. Insurpassable entre les Idéaux ; insurpassable, c'est l'Application. Comme il est dit : « La Sapience est au-dessus de tous les Idéaux. » Elle est chez eux, et de trois sortes ; c'est la fonction. Elle est chez les Sapients, et en trois espèces : mondaine ; petite Supra-mondaine ; grande Supra-mondaine.

La division du don, etc. d'après les six Sens a été énoncée pour chacune des Perfections à part. Un vers pour résumer.

29. Tous les Idéaux Blancs sont dispersés, ou en Union, ou les deux ensemble ; ils sont contenus dans les Perfections prises deux par deux.

Tous les Idéaux Blancs ; les Idéaux du Don, etc. Dispersés, en état de dispersion, ils sont contenus dans les deux premières Perfections ; car le Don et la Morale d'Engagement ne sont pas en état d'Union. En Union, en état d'Union, ils sont contenus dans les deux dernières, car l'Extase et la Sapience adéquate sont en état d'Union. Les deux ensemble, ils sont contenus dans les deux Perfections de Patience et d'Énergie ; car elles sont et ne sont pas en état d'Union.

Sept vers sur les Adversaires.

30. Ni attaché, ni attaché, ni attaché, ni attaché, ni attaché, ni attaché, ni attaché est le don des Bodhisattvas.

Les sept sortes d'attachement sont l'Adversaire du Don : attachement aux jouissances ; attachement à différer ; attachement à se contenter de rien que cela ; [attachement au parti-pris [1]] ;

27-28. 1. Au lieu de *anuttaraprajñā jīvakānāṃ*, lire *anuttaraḥ prajñājīv°* ; tib. *des ni çes rab kyis 'cho ba rnams kyi naṅ na bla ma med par 'cho ba.*

30. 1. *pakṣapātasaktiḥ* n'est pas traduit en tib. et est sans aucun doute à supprimer, car on aurait autrement huit *sakti* au lieu de sept.

attachement au paiement en retour; attachement à la Concoction; attachement aux Adversaires, — parce qu'on n'a pas détruit [2] à fond les Résidus [de l'acquisition] des Adversaires afférents; — attachement aux dispersions; — il y a deux sortes de dispersions : dispersion d'Acte mental, quand on a envie du Petit Véhicule; dispersion de différenciation, quand on différencie le donateur, le donataire, et le don. Comme le Don est libre de ces sept attachements, le vers dit sept fois : « ni attaché ».

31. Ni attachée................la Morale des Bodhisattvas.

32. Ni attachée.............. la Patience des Bodhisattvas.

33. Ni attachée. .... l'Énergie des Bodhisattvas.

34. Ni attachée................. l'Extase des Bodhisattvas.

35. Ni attachée .... la Sapience des Bodhisattvas.

La Morale, etc. n'est ni attachée, etc., comme le Don; il n'y a qu'à répéter, mais en substituant chaque fois l'attachement à des jouissances spéciales, Immoralité, etc. L'attachement aux Adversaires, c'est quand on n'a pas détruit à fond les Résidus des Adversaires afférents. L'attachement à la différenciation résulte d'une imagination en trois tours respectivement appropriée.

Vingt-trois vers sur les vertus.

36. Les fils des Bouddhas ont en tout temps sacrifié leur vie même pour le premier-venu des quémandeurs, par pure compassion, sans demander de paiement en retour, sans attendre de fruit. Et par ce don même ils ont planté tous les êtres dans les trois Illuminations; et, par la possession de la Connaissance, ils ont à jamais installé le Don dans le monde.

Le Sens est facile à comprendre.

37. Les fils des Bouddhas ont en tout temps assumé les trois Morales faites d'abstinence et d'effort; ils ne visaient pas le ciel, et s'ils y allaient, ils n'y mettaient pas leur attachement. Par

2. *samudghâta* est traduit en tib. *ñams* « supprimer ».

cette morale ils ont planté tous les êtres dans les trois Illuminations, et par la possession de la Connaissance ils ont à jamais installé la Morale dans le monde.

Lès trois Morales, c'est la Morale d'Astreinte, la Morale qui embrasse les Idéaux de Bien, et la Morale qui travaille au Sens des créatures. La première [1] consiste en abstinences ; les deux autres, en efforts.

38. Les fils des Bouddhas ont supporté avec patience les épreuves, et aussi tous les méfaits des hommes ; ce n'était pas dans le Sens du ciel, ni par enchantement, ni par crainte, ni parce qu'il attendaient des services. Par leur patience insurpassable, tous les êtres ont été plantés dans les trois Illuminations, et, par la possession de la science, ils ont à jamais installé la Patience dans le monde.

La Patience insurpassable, c'est la Patience à accepter la douleur et la Patience à supporter les méfaits des autres respectivement.

39. Les fils des Bouddhas ont fait de l'Énergie incomparable, en équipement et en application, pour chasser de soi et d'autrui la foule des Souillures et pour atteindre l'Illumination suprême. Et par cette Énergie ils ont planté tous les êtres dans les trois Illuminations, et par la possession de la Connaissance ils ont à jamais installé l'Énergie dans le monde.

Énergie d'équipement et Énergie d'Emploi.

40. Les fils des Bouddhas ont accompli totalement l'Extase riche en Unions ; ayant vécu dans les plaisirs exquis de l'Extase, ils ont, par compassion, pris des Renaissances basses. Et par cette Extase ils ont planté tous les êtres dans les trois Illuminations, et par la possession de la connaissance ils ont à jamais installé l'Extase dans le monde.

Riche en Unions, parce qu'elle est contenue dans les Unions de Bodhisattvas sans fin.

37. 1. Au lieu de *eṣâtmakaṃ*, lire *eṣâṃ ekaṃ*.

41. Les fils des Bouddhas ont connu tout ce qui a du Positif, et ce qu'il y a de connaissable en toute manière, et leur raison [1] n'a pas conçu d'attachement au Nirvâṇa ; combien moins encore au Contingent ! Et par cette connaissance ils ont planté tous les êtres dans les trois Illuminations, et, par la possession des êtres, ils ont à jamais installé la connaissance dans le monde.

Ce qui a du Positif, c'est l'Indice commun contenu dans le Sens Transcendant ; c'est l'Impersonnalité d'Individualité et d'Idéal. Ce qu'il y a de connaissable en toute manière, c'est le connaissable [2] divisé en infinies divisions d'Indice propre, Convention verbale, etc. A jamais, par la possession de la connaissance indifférenciée du Don, etc. ; en effet le (Don, etc.) dure à jamais même dans le Nirvâṇa sans-reste-Matériel ; et de plus la connaissance possède toutes les créatures, puisque par compassion elle ne les déserte pas. Le Sens global de ces six vers est exposé dans un septième vers.

42. Sublimité, absence d'amorces, grand Sens, durée à jamais sont en résumé les quatre vertus du don, etc.

Dans les six stances précédentes, le premier quart éclaire la sublimité ; le second quart, l'absence d'amorces ; le troisième quart, la grandeur du Sens, en tant que le grand Sens des créatures est accompli ; le quatrième quart, la durée à jamais. C'est ainsi qu'on doit connaître les quatre vertus par ces vers.

43. Le contentement du quémandeur à voir et à être exaucé, son mécontentement, son attente, — le Compatissant, qui donne, les surpasse par son Application à l'extrême.

Le quémandeur éprouve du contentement à voir le bienfaiteur, et ensuite, quand il a obtenu l'objet de ses désirs, à voir ses vœux exaucés. Il éprouve du mécontentement s'il ne voit pas de bienfaiteur et n'est pas exaucé. Il attend et appelle le moment de voir le bienfaiteur et d'être exaucé. Le Bodhisattva a plus de contentement encore à voir un quémandeur et à l'exaucer ; plus de mécontentement à n'en pas voir et à n'en pas exaucer. Ainsi, en

41. 1. *b*. Au lieu de *buddhaiḥ*, lire *buddheḥ* ; tib. *blo yis*.
2. Au lieu de *yadajñeyam*, lire *yaj jñeyam* ou *yad aparaṃ jñeyam* ; tib. *çes bya gžan yaṅ yin pa*.

donnant, le Compatissant l'emporte par son Application à l'extrême.

44. Il est toujours heureux de donner à profusion vie, fortune, épouse, en faveur des créatures, dans sa compassion pour autrui ! Comment ne serait-il pas rigoureux à s'en abstenir ?

S'en abstenir, c'est-à-dire s'abstenir de la vie, de la fortune, de la femme d'autrui ? Il montre ainsi les trois vertus morales de l'abstention correspondant aux trois catégories de la mauvaise conduite du corps.

45. Il n'a rien en vue ; il a la Pensée égale ; il est dégagé de la crainte ; il donne tout par compassion. Comment le Saint dirait-il un mensonge pour faire tort à autrui ?

Il montre par là la vertu d'abstention par rapport au mensonge. C'est à cause de soi qu'on dit un mensonge, parce qu'on a en vue son corps et sa vie ; ou encore à cause d'autrui, par affection pour une personne chère ; ou encore par crainte, crainte du roi, etc. ; ou encore pour un peu d'Amorce, en vue du profit. Or le Bodhisattva ne regarde pas à son corps ; il a la Pensée égale à l'égard de toutes les créatures, puisqu'elles lui sont égales dans sa Pensée ; il est affranchi de la crainte, puisqu'il n'a plus les Cinq craintes [1] ; et il donne tout aux quémandeurs, puisqu'il sacrifie tout ce qui est à lui. Pour quelle cause dirait-il donc un mensonge ?

46. Désireux du même salut pour tous, compatissant, il a très peur de causer une douleur à autrui, il est bien appliqué à discipliner les créatures ; il est bien loin des trois fautes de la parole.

Le Bodhisattva désire le même salut pour tous les êtres. Comment donc ferait-il une calomnie en vue de désunir des amis ? Et il est compatissant puisque son intention est d'écarter la douleur d'autrui ; et il a extrêmement peur de causer une douleur à autrui. Comment donc dirait-il un propos rude pour causer de la

45. 1. *Pañcabhaya.* Voir Madh. v. 46, n. 3. C'est craindre le manque de ressources (*ājīvikā°*), l'infamie (*açloka°*), la timidité dans les asssemblées (*parṣacchāradya°*), la mauvaise Destination (*durgati°*), la mort (*màraṇa*).

douleur à autrui ? Appliqué régulièrement à la Discipline des créatures, comment tiendrait-il des propos décousus ? Ainsi donc il est bien loin des trois fautes de la parole, qui sont médisance, grossièreté, propos décousus.

47. Donnant tout, compatissant, bien expert quant à la Production des Idéaux par Rencontre, comment approuverait-il la Souillure d'esprit de toute sorte ?

C'est à savoir, dans leur ordre, la convoitise, la violence, la fausse Vue. Voilà, chez les Bodhisattvas, la vertu de nettoyage de la Morale par l'application d'Idéaux spéciaux qui sont Auxiliaires contre l'Immoralité, etc.

48. Chez qui lui fait tort, il trouve un parfum de Connotation de bienfait ; la douleur, il l'appelle le salut d'autrui. Qu'est-ce que le Compatissant aurait à endurer par patience, et de qui [1] ?

Lui pour qui ni la Connotation de malfaisant, ni la Connotation de douleur n'entrent en fonction.

49. Puisqu'il a écarté d'autrui la Connotation d'autrui, et puisqu'il aime toujours autrui plus que lui-même, le Compatissant exerce avec peine et sans peine l'Énergie qui résulte des épreuves difficiles [1].

Le Compatissant, c'est le Bodhisattva. Le Compatissant exerce avec peine et sans peine l'Énergie qui résulte des épreuves difficiles dans le Sens d'autrui. Sans peine, puisqu'il a séparé d'autrui la Connotation d'autrui, et puisqu'il aime toujours plus autrui que soi-même. Avec peine, car une Énergie dépouillée de la Connotation d'autrui et qui aime autrui plus que soi n'est pas commode à faire.

50. Dans le cas des trois, l'Extase a peu de bonheur, a un bonheur personnel, elle se colle, elle perd, elle s'use ; l'égarement l'accompagne. Dans le cas des Bodhisattvas, c'est l'inverse.

48. 1. *d.* La fin du demi-vers que j'ai restitué d'après le chinois est à modifier d'après le tib. *de yis gaṅ la ji žig bzod par bya* « par celui-là qu'est-ce qui est à supporter de qui ? ». Donc : *kṣamitavyaṃ tasya kasmāt kim.*

49. 1. *b.* Le tib. confirme la correction que j'ai indiquée.

L'Extase a peu de bonheur chez les Mondains. Elle a un bonheur personnel chez les Auditeurs et les Bouddhas-pour-soi ; Elle se colle, chez les Mondains, à la doctrine du Corps Réel ; chez les Auditeurs et les Bouddhas-pour-soi, au Nirvâṇa. Elle perd, chez les Mondains ; elle s'use, chez les Auditeurs et les Bouddhas-pour-soi, puisqu'elle finit au Nirvâṇa sans-reste-Matériel. L'Égarement l'accompagne, chez tous, que leur Égarement soit respectivement souillé ou sans-Souillure. Chez les Bodhisattvas, au contraire, l'Extase a beaucoup de bonheur ; elle a un bonheur personnel et altruiste ; elle ne se colle pas ; elle ne perd pas ; elle ne s'use pas ; elle n'a pas d'Égarement.

51. Comme par le palper dans les ténèbres, comme par la lampe dans un lieu couvert[1], ainsi est la connaissance des trois. Mais la connaissance sans égale des Compatissants, c'est comme par les rayons de l'astre du jour.

Comme par le palper de la main dans les ténèbres on a une connaissance étroite, indirecte, sans évidence, telle est la connaissance des Profanes. Comme, dans un creux[2], on a par une lampe une connaissance immédiate qui est partielle, et qui n'est pas sans taches, telle est la connaissance des Auditeurs et des Bouddhas-pour-soi. Comme, par les rayons de l'astre du jour, on a une connaissance immédiate qui est totale, absolument sans tache, telle est la connaissance des Bodhisattvas. Donc, elle est sans égale.

52. Par le Fond, la Matière, le Signe, la Per-flexion, la Cause, la Connaissance, le Champ, la Base, — le Don est extrême.

Le Fond, c'est le Bodhisattva. En fait de Dons d'Amorces, c'est le Don de l'Ordre du Moi qui est le Don par excellence. En fait de Don de sécurité, c'est donner la sécurité contre les Enfers et la Transmigration à ceux qui en ont peur. En fait de Don de l'Idéal, c'est le Grand Véhicule. Le Signe, c'est la Compassion. La Per-flexion, c'est de demander par là la Grande Illumination comme

51. 1. *a.* Au lieu de *dipair nunnaṃ*, lire *dîpaiç channe*; tib. *khebs* « couvert ».

2. Au lieu de *yathâvacarake*, lire *yathâ gahvarake*; tib. *phug tu* « dans un creux ».

fruit. La Cause, c'est l'Imprégnation qui vient de l'exercice antérieurement répété de la Perfection du Don. La Connaissance indifférenciée, celle par laquelle il donne le Don en le nettoyant à trois tours, puisqu'il ne différencie ni donateur, ni donation, ni récepteur. Le Champ est de cinq sortes : quémandeur, malheureux, sans-ressources, de mauvaise conduite, vertueux. Les quatre premiers se suivent en ordre ascendant de valeur ; en leur absence, c'est le cinquième qui est le meilleur. La Base est de trois sortes, selon que le Don a pour Base la Croyance, l'Acte mental, l'Union. La Croyance, c'est l'Acte mental de Croyance comme il a été exposé à propos de la Pratique [sup. v. 16]. L'Acte mental, c'est l'Acte mental de Dégustation et de Félicitation comme il a été exposé dans le même endroit. L'Union, Trésor-du-Ciel, etc., comme la Maîtrise a été exposée au même endroit. Ainsi le Don est le Don par excellence, parce qu'il a un Fond, etc. par excellence.

Telle est la doctrine : Le Don, c'est la personne qui donne, la chose qu'on donne, pourquoi, à qui, d'où, quoi compris, où, en combien de façons ?

53. Par le Fond, etc....... la Morale est extrême.

53 *bis*. Par le Fond, etc....... la Patience est extrême[1].

54. Par le Fond, etc....... l'Énergie est extrême.

55. Par le Fond, etc....... l'Extase est extrême.

56. Par le Fond, etc....... la Sapience est extrême.

Dans la Morale, la matière par excellence est l'Astreinte des Bodhisattvas. Dans la Patience, c'est le meurtrier, faible ou fort. Dans l'Énergie, c'est la Pratique des Perfections et l'abandon des Adversaires afférents. Dans l'Extase, c'est les Unions des Bodhisattvas. Dans la Sapience, c'est la Quiddité. Dans toutes, Morale, etc., le Champ est le Grand Véhicule. Le reste comme ci-dessus.

53. Le vers sur la *kṣânti* a été omis. Il se restitue de lui-même :
âçrayâd vastutaḥ kṣântir nimittât pariṇâmanât |
hetuto jñânataḥ kṣetrân niçrayâc ca parâ matâ ||.

57. Si le Don devait faire le bonheur d'un seul être, et l'appauvrir lui-même pendant beaucoup d'Éons, le Bodhisattva aimerait encore le Don. Que sera-ce donc, dans le cas inverse ?

Si le Bodhisattva, en donnant, ne faisait le bonheur que d'un seul être, et s'appauvrissait lui-même pendant beaucoup d'Éons, il aimerait encore le Don, par l'effet de sa Compassion spéciale. A plus forte raison, quand il fait le bonheur d'innombrables créatures et qu'il lui rend service à lui-même pour beaucoup d'Éons !

58. Ce qui fait désirer la richesse aux êtres, c'est justement ce que les Nobles donnent pour les êtres. C'est à cause du corps qu'on souhaite la richesse, et c'est lui que les Nobles sacrifient des centaines de fois.

La seconde moitié du vers explique la première.

59. Quand il sacrifie son corps, son esprit ne souffre pas. Que sera-ce pour sa fortune, qui vaut moins ? C'est là le Supramondain du Bodhisattva. Mais qu'il en ait de la joie, c'est encore bien supérieur !

Qu'en donnant son corps il ne souffre pas dans son esprit, c'est là le Supra-mondain ; il le montre dans ce vers. Mais qu'il en soit joyeux, c'est encore supérieur ; c'est supérieur au Supramondain.

60. Un solliciteur est heureux de recevoir à planté tout ce qu'il désirait ; le Sage est plus heureux encore, quand il a donné tout son avoir, du contentement du solliciteur.

« Recevoir à planté tout ce qu'il désirait », recevoir en proportion de son désir. « Tout son avoir », y compris sa vie même.

61. Si le quémandeur, comblé de jouissances, croit posséder un avoir, le Sage, appauvri par le don de tout son avoir, croit davantage encore posséder un avoir.

62. Un solliciteur qui a reçu de l'argent en abondance estime sans doute qu'il a reçu un service du donateur qui l'a obligé. Mais le Sage, quand il a par de beaux dons rassasié les solliciteurs leur applique la Connotation de grands bienfaiteurs.

C'est l'effet de sa compassion particulière. Le Sens des deux vers va de soi.

63. Les êtres débarrassés de soucis, bien à l'aise, lui prennent et lui mangent sa fortune, toute grande qu'elle est, comme on fait d'un arbre riche en fruits comestibles sur la route. La libéralité, l'excès de fortune, le Bodhisattva les a, et nul autre !

Le composé *pravisṛtiratibhogî* est un adjectif qui s'analyse ainsi : *pravisṛtir atibhogaç câsya*. Le Sens du reste va de soi.

64. Principal, cause afférente, acte, variétés, Fond, Auxiliaires contre les quatre empêchements ; l'Énergie est à étudier sous tous ces aspects. Tel est l'enseignement.

Il faut étudier l'Énergie sous six aspects : principal, cause afférente, acte, variétés, Fond, Auxiliaires contre les quatre empêchements. Voilà l'énoncé ; les vers suivants donnent l'exposé.

65. L'Énergie est le principal du groupe Blanc, car le profit ultérieur est basé sur elle. Par l'Énergie on a sur-le-champ une Station très heureuse, et le succès mondain et Supra-mondain.

L'Énergie est le principal du groupe Blanc, c'est-à-dire parmi tous les Idéaux de Bien elle est le principal. « Car le profit ultérieur est basé sur elle » indique la cause afférente, celle qui fait que l'Énergie est le principal. En effet, si on la prend pour base, on acquiert tous les Idéaux de Bien. « Par l'Énergie, on a sur-le-champ, une station très heureuse, et le succès mondain et Supra-mondain » ; c'en est l'acte. Par l'Énergie, en effet, on a une Station très heureuse dans le monde présent, et on s'assure le succès intégral, mondain et Supra-mondain.

66. Par l'Énergie, ils ont les jouissances souhaitées de la vie ; par l'Énergie, ils ont la pureté intense ; par l'Énergie, ils dépassent le Corps-Réel et sont délivrés ; par l'Énergie, ils s'éveillent à l'Illumination par excellence.

Il indique ici par une autre Rubrique [1] l'acte de l'Énergie, en analysant ses succès Mondain et Supra-mondain. « Intense », c'est le succès mondain parce qu'il ne dure pas à perpétuité.

66. 1. Au lieu de *paryâyadvâreṇa*, lire *paryâyântareṇa* ; sic tib.

67. Énergie à perte, à croissance, Régente de délivrance, Adversaire du parti, entrée dans le Positif, à révolution, à grand Sens ; sous ces noms

68. les Bouddhas proclament toutes sortes d'Énergie : l'Énergie d'Équipement est la première ; puis l'Énergie d'Emploi bien mise en œuvre, et sans affaissement, et inébranlable, et de mécontentement.

Voilà les variétés. L'Énergie à perte et à croissance, dans les [quatre] Abandons Réguliers[1] : dans deux des quatre, pour perdre les Idéaux qui ne sont pas de Bien ; dans les deux autres, pour accroître les Idéaux de Bien. Énergie Régente de délivrance, à propos des Organes ; car les Organes le sont en ce Sens qu'ils exercent une Régence sur la délivrance. Énergie Adversaire du parti, dans le cas des Forces, puisque les Forces le sont dans ce Sens qu'elles ne peuvent pas être écrasées par les Adversaires. Énergie entrée dans le Positif ; dans le cas des Membres d'Illumination, puisque ceux-ci ont été classés dans le Chemin de la Vue. Énergie à Révolution, dans le cas des Membres du Chemin, puisque c'est elle qui cause la Révolution de Fond dans le Chemin de la Pratique[2]. Énergie à grand Sens, celle qui a pour nature les Perfections, parce qu'elle s'occupe du Sens de soi et d'autrui. Énergie d'Équipement, quand on s'équipe pour l'Emploi. Énergie d'Emploi, quand on l'emploie ainsi. Énergie sans affaissement, parce qu'il ne se produit pas d'affaissement, si sublime que soit ce qu'il faut comprendre. Énergie inébranlable, parce que ni froid, ni chaud, ni autres douleurs ne l'agitent. Énergie de mécontentement, parce qu'on n'est pas satisfait d'avoir compris un peu. C'est de ces Énergies d'Équipement, etc. qu'il est parlé dans le Sûtra[3] : « Vigoureux, énergique, audacieux, ferme dans sa démarche, ne rejetant pas le joug en fait d'Idéaux de Bien... »

69. Autrement encore, l'Énergie est inférieure, moyenne, supérieure d'après son Fond, qui est la personne appliquée à un

67-68. 1. Rétablir après °*prahâṇeṣu* les mots suivants qui ont été omis : *dvayor akuçaladharmahânaye api* [*ca dvayoḥ*...

2. L. 5. Au lieu de '*ntasya*, lire *tasya* ; sic ms.

3. C'est là une sorte de litanie qui paraît fréquemment dans les sûtras ; en pali aussi, p. ex. M. II, 95 ; 128 ; A. II, 250 : *thâmavâ daḷhaparakkamo anikkhittadhûro kusalesu dhammesu*.

des trois Véhicules. L'Énergie a peu de Sens ou grand Sens selon que la raison est appliquée à une Tendance affaissée ou très sublime.

L'Énergie est classée ici d'après la différence du Fond. Le Fond, c'est la personne qui est appliquée à un des trois Véhicules. Elle est respectivement inférieure, moyenne, supérieure. Et pourquoi? Parce que la raison est appliquée à une Tendance affaissée ou très sublime. La Tendance de raison est affaissée chez ceux qui s'emploient à deux des Véhicules, puisqu'ils s'occupent exclusivement du Sens de leur Moi. Elle est très sublime chez ceux qui s'emploient au grand Véhicule, puisqu'ils s'occupent du Sens d'autrui. Par suite l'Énergie a respectivement peu de Sens ou un grand Sens [1], selon qu'elle s'occupe du Sens de soi, ou qu'elle s'occupe du Sens de soi et d'autrui.

70. L'Énergique n'est pas vaincu par les jouissances; l'Énergique n'est pas vaincu par les Souillures; l'Énergique n'est pas vaincu par la fatigue; l'Énergique n'est pas vaincu par son résultat.

Voilà les divers Auxiliaires contre les quatre empêchements. Les quatre empêchements, c'est ce qui empêche le Don, etc. de progresser. Attachement aux jouissances, parce qu'on s'y prend; attachement aux Souillures, parce qu'on est résolu à en jouir pleinement; fatigue, parce qu'on est las de s'employer et de se suremployer au Don, etc.; résultat, parce qu'on se contente d'un peu de Don, etc. L'Énergie, en tant qu'Auxiliaire contre ces quatre, fait quatre espèces.

Un vers pour les définir mutuellement.

71. Implication, variétés, Idéal, Signe; ainsi se définissent mutuellement les six Perfections.

Elles se définissent en tant qu'elles s'impliquent mutuellement. Puisque la sécurité donnée implique la Patience et la Morale, c'est donc par elles deux qu'on donne la sécurité. L'Idéal donné

69. 1. Au lieu de *mahârtham iva*, lire *°tham iṣṭam*, et ajouter à la fin du comm. *svaparârthâdhikaraṇatvâc ca*; tib. *raṅ daṅ gžan gyi don gyi skabs yin pa'i phyir*.

implique l'Extase et la Sapience ; c'est donc par elles deux qu'on donne l'Idéal. L'un et l'autre don impliquent l'Énergie ; c'est donc par elle qu'on donne les deux. La Morale qui implique les Idéaux de Bien implique toutes les autres, Don, etc. Il en est de même pour la Patience, etc., *mutatis mutandis*. Elles se définissent par leurs variétés. Le don, p. ex., a six variétés : don du Don, don de la Morale, etc., don de la Sapience, puisque Morale, etc., sont introduites dans les Séries-personnelles d'autrui. Elles se définissent au point de vue des Idéaux : les Sûtras, etc. dans les Sens, Dons, etc., où on les voit, et d'autre part les Dons, etc., dans les Idéaux Sûtras, etc., où on les voit s'impliquent mutuellement. Elles se définissent au point de vue des Signes. Le Don, p. ex., est le Signe de la Morale, etc., car on progresse dans la Morale, etc... quand on ne regarde plus aux jouissances. Et la Morale est le Signe du Don, etc., car on s'engage aux Astreintes du Mendiant en abandonnant tout son avoir, et, une fois bien assis dans la Morale, on s'applique à la Patience, etc. Et de plus, l'engagement à la Morale embrassant tous les Idéaux de Bien est le Signe du Don et des autres. Il en est de même pour la Patience, etc., *mutatis mutandis* [1].

Sept vers sur les Matières de Rapprochement [2]. Il y a quatre Matières de Rapprochement : Don, Bonnes paroles, Conduite dans le Sens, Sens en commun.

72. Le Don, comme ci-dessus : les Bonnes paroles, la Conduite dans le Sens et le Sens en commun désignent la Prédication afférente, l'Engagement d'autrui et le fonctionnement personnel à la suite.

Le Don comme ci-dessus, tel qu'on l'a défini dans les Perfections. Les Bonnes paroles, c'est la Prédication afférente ; la Conduite dans le Sens est l'Engagement afférent d'autrui. « Afférent » se rapporte aux Perfections ; le Sens est qu'on prêche les Perfections, qu'on y engage les autres. Le Sens en commun, c'est, quand on y a engagé autrui, fonctionner personnellement à la suite.

71. 1. Au lieu de *yathâ yojyaḥ*, rétablir *yathâyogaṃ yojyaḥ* ; tib. *či rigs par sbyar bar bya'o.*

2. *saṃgrahavastu* ; tib. *bsdu ba'i dňos po* « chose de cohésion » ; chin. *che* « tirer à soi et tenir ».

Dans quel Sens ces quatre sont-ils des Matières de Rapprochement? C'est qu'ils sont, par rapport à autrui:

73. Un moyen d'obliger, de faire saisir, de pousser à fonctionner, de fonctionner à la suite, en tant que formant quatre Matières de Rapprochement.

Le Don est un moyen de faire des obligés; en donnant des Amorces, on crée une obligation de l'ordre du Corps. Les Bonnes paroles font saisir; elles font saisir un Sens qui était obscur ou douteux. La Conduite dans le Sens pousse à fonctionner; elle pousse à fonctionner dans le Bien. Le Sens en commun fait fonctionner à la suite; quand les autres voient celui qui les engageait agir comme il parle, ils sont poussés à fonctionner dans le Bien et y fonctionnent à sa suite.

74. Par la première on devient un Récipient; par la seconde, on a la Croyance; par la troisième, on a l'Initiative; par la quatrième, on est nettoyé.

Par le don des Amorces, on devient un Récipient, car on est bien disposé pour l'Idéal. Par les Bonnes paroles, on croit à l'Idéal, car le Sens en est éclairci et les doutes sont tranchés. Par la Conduite dans le Sens, on prend l'Initiative conformément à l'Idéal. Par le Sens en commun, on nettoie cette Initiative en l'exerçant pendant une longue durée. Voilà l'acte des Matières de Rapprochement.

75. Les quatre Matières de Rapprochement peuvent être rapprochées en deux ensembles : l'Amorce, et l'Idéal; dans l'Idéal, le Phénomène, etc.

Bhagavat a parlé aussi de deux Matières de Rapprochement[1] : le Rapprochement d'Amorce et le Rapprochement d'Idéal. En fait, ces deux Rapprochements contiennent les quatre; le Rapprochement d'Amorce contient les deux premiers ; le Rapprochement d'Idéal contient le reste. Le groupe de l'Idéal [fait trois

75. 1. La citation visée ici est sans doute un passage de l'Ekottarâgama qui manque à la version chinoise, mais qui a pour correspondant pali A. I, 92: *dve' me bhikkhave saṅgahā āmisasaṅgaho ca dhammasaṅgaho ca.*

divisions : l'Idéal de Phénomène, l'Idéal d'Initiative, et l'Idéal de nettoyage afférent, respectivement.

76. Le Rapprochement est inférieur, moyen, supérieur ; d'après son aspect il est généralement stérile, généralement sans stérilité, totalement sans stérilité.

Voilà les divers procédés du Rapprochement. Le Rapprochement des Bodhisattvas est inférieur, moyen, supérieur respectivement vis-à-vis de ceux qui s'emploient aux trois Véhicules. Généralement stérile, dans la Terre de Conduite par Croyance ; généralement sans stérilité, une fois entrés dans les Terres ; totalement sans stérilité dans la Huitième Terre et les suivantes puisqu'on y accomplit nécessairement le Sens des créatures.

77. Tous ceux qui s'emploient à attirer les Assemblées se basent sur ce procédé pour le succès de tout le Sens de tous ; et il est proclamé un heureux moyen.

Tous ceux qui s'emploient à attirer les assemblées se basent sur ce moyen, c'est-à-dire sur les quatre Matières de Rapprochement ; en effet, il sert à accomplir tout le Sens de tous, et les Bouddhas le proclament un heureux moyen.

78. Pour tous ceux qui ont été rapprochés, le seront, ou le sont, il en est ainsi ; c'est donc là la chaussée pour mûrir les créatures.

Ce vers montre que pour per-mûrir les créatures dans les trois mondes, les quatre Matières de Rapprochement sont le chemin au Passage-uniforme, car il n'existe pas d'autre chemin.

79. Ainsi sa raison est toujours sans attachement aux jouissances ; il est allé au bout de l'Apaisement, de l'abstinence, de l'effort ; il est bien arrêté ; il ne différencie plus devenir, Objets, Signes. Il est alors celui qui rapproche la multitude des êtres.

Ce vers montre comment le Bodhisattva, quand il s'est arrêté dans les six Perfections comme elles ont été énoncées, emploie les Matières de Rapprochement en accomplissant le Sens de soi et d'autrui par les Perfections et les Matières de Rapprochement respectivement.

CHAPITRE XVII

LE CULTE. LA FRÉQUENTATION. LES DÉMESURÉS.

Sept vers sur le culte des Bouddhas.

1. Présents ou absents, honorer les Bouddhas avec des Guenilles [1], etc..., la Pensée limpide dans ses profondeurs, pour remplir les deux Provisions;

2. ayant fait le vœu que la naissance d'un Bouddha ne soit pas stérile, être sans Susception des trois, c'est le meilleur culte des Bouddhas.

3. Un autre tend à per-mûrir des êtres hors-mesure ; un autre vient du Matériel [1], et de la Pensée, et de la Croyance, et du Vœu.

4. Un autre, de la Compassion et de la Patience, et aussi du bon accueil, et de la Passibilité à la Matière, et de la compréhension de Matière, et de la Libération, et de la Quiddité.

Dans ces quatre vers,

1. 1. *cîvara*, les guenilles théoriques dont l'ensemble forme la robe du bhikṣu.

3. 1. *upadhi*, tib. *dṅos* « chose matérielle »; chin. *ou*, même sens. Minayeff (*Recherches*, p. 171 et 184) rapporte un texte cité dans l'Abhidharma-koça-vyàkhyà (et extrait en réalité du Mûla-Sarvàstiváda-Vinaya, cf. Huber BEFEO, 1906, p. 18), qui divise les dons en deux classes : *aupadhika* et *niraupadhika*. Les sept dons *aupadhika* sont : donner au saṃgha un jardin (*ârâma*); y construire un vihâra; lui donner des couches, des sièges ; y établir table ouverte; donner aux voyageurs; donner aux malades et aux infirmiers; donner un abri contre les intempéries. La Vyâkhyâ elle-même dit : *upadhi*, c'est un *ârâma*, un *vihâra*, etc. La M. Vy. § 93, 5 classe l'*aupadhika puṇyakriyâvastu* à la suite des trois « actes méritoires » faits de don (*dânamayap°*), de morale (*çilam°*), de pratique (*bhâvanâ°*). Le Saṃyutta, n. 1, 233 mentionne dans un vers l'*opadhika puñña* que Morris J. P. T. S. 1885, p. 38, traduit à tort par « excessivement grand ». Cf. *upadhivâraka* Divyàv. 50, 27 et pass. « le surveillant temporel du couvent » et les cinq motifs d'*aupadhika sthiti* « refus de se rendre à une invitation, d'accepter un don matériel ».

5. le culte est montré en fonction de Fond, de Matière, de Signe, de Per-flexion, de Cause, de connaissance, de Champ, de Soubassement.

Le Fond, c'est les Bouddhas visibles ou invisibles. La Matière, c'est les Guenilles, etc... Le Signe, c'est la Pensée associée à la Limpidité profonde. La Per-flexion, c'est pour remplir les Provisions de mérite et de connaissance. La cause, c'est le Vœu antérieur en ces termes : « Que la naissance d'un Bouddha ne soit pas stérile pour moi ! » La connaissance, celle sans différenciation, quand il n'y a plus Susception d'adorateur, d'adoré, et d'adoration. Le Champ, c'est les êtres hors-mesure. « Pour les faire per-mûrir », quand en s'y appliquant on fait pousser en ceux-ci la maturité. Le soubassement, c'est le Matériel et la Pensée. Le culte qui a pour Soubassement le Matériel, c'est faire hommage de Guenilles, etc... Le culte qui a pour Soubassement la Pensée, c'est faire hommage par des Actes mentaux, Dégustation, Approbation, Félicitation et aussi Croyance, etc., tels[1] qu'ils ont été énoncés [XVI, 16], quand on a la Croyance aux Idéaux du Grand Véhicule et la Production de la Pensée d'Illumination. Le mot *nidhâna*, au vers 2, remplace *praṇidhâna* par raison métrique. « De la Compassion » pour les êtres, quand on supporte les douleurs des épreuves difficiles. « Du bon-accueil » des Perfections, parce qu'on opère mentalement à fond sur les Idéaux. Il n'y a rien à rebours, par rapport au Positif ; c'est alors la Passibilité à la matière, car on a la Vue exacte dans le Chemin de la Vue. Et la compréhension adéquate, c'est la Compréhension de la Matière. « De la Libération », chez les Auditeurs, quand ils sont libérés des Souillures. « De la Quiddité » quand on est arrivé à la Grande Illumination. Voilà les variétés du culte.

6. Cause et fruit, soi et autre, profit ou honneur et Initiative y font encore des groupes de deux.

7. Le culte est petit ou grand, avec ou sans Sentiment-personnel, ou encore en fonction d'emploi, de Destination, de Vœu.

C'est une autre manière de classer les variétés du culte. Le

5. 1. Comm. l. 6. Au lieu de *tathoktaiç câ°* lire *yathokt°* avec le ms. et le tib.

culte qui est du passé est cause; celui qui est du présent est fruit. Le culte qui est du présent est cause; celui qui est à venir est fruit. Ainsi cultes passé, présent et à venir sont en rapport de cause et d'effet. Culte par soi; c'est le culte de l'ordre du Moi; culte par autre chose; c'est le culte d'ordre externe. Par profit ou honneur, le culte est grossier; par Initiative, il est subtil. Petit, il est inférieur; grand, il est excellent. Avec Sentiment-personnel, il est inférieur; sans Sentiment-personnel, il est excellent puisqu'il a l'indifférenciation en trois tours. A employer dans un autre temps, le culte est éloigné; à employer sur le champ, il est prochain. Dans une Destination distante, le culte est éloigné; dans une Destination immédiate, il est prochain. Et encore; le culte qu'on fait Vœu d'employer dans l'avenir est éloigné; celui qu'on a fait Vœu de rendre est prochain.

Quel est le culte qu'il faut regarder comme le culte des Bouddhas par excellence?

8. Le culte par excellence envers les Bouddhas vient de la propre Pensée, au point de vue de la Croyance, de la Tendance, de la Maîtrise, de l'ensemble des moyens d'indifférenciation, de l'entrée dans l'unité de tâche.

C'est sous ces cinq aspects que le culte de propre Pensée est à connaître comme le culte par excellence des Bouddhas : Croyance, aux Idéaux du GrandVéhicule combinés avec le culte. Tendance; la Tendance est de neuf espèces : Tendance de Dégustation, d'Approbation, de Félicitation; Tendance insatiable, énorme, joyeuse, officieuse, sans-empois, de Bien, comme elles ont été exposées à propos de la Pratique des Perfections [XVI, 16]. Maîtrise, par les Unions de Trésor du Ciel, etc... Ensemble des moyens de connaissance sans différenciation. Entrée dans l'unité de tâche en commun avec tous les Bodhisattvas, puisque la tâche se mêle et se confond.

Sept vers sur la fréquentation d'un ami-de-Bien. Et d'abord cinq vers et demi où

9. le culte est montré en fonction de Fond, de Matière, de Signe, de Per-flexion, de cause, de connaissance, de Champ, de Soubassement.

10. Il faut prendre un ami qui se domine, en état de Paix, en état de Sous-Apaisement, supérieur en vertus, laborieux, riche de Tradition, éveillé au Positif, bien fourni de voix, compatissant, étranger à la fatigue.

Un ami qui a ces vertus est le Fond de la fréquentation. Qui se domine ; il domine ses organes par l'Application à la Morale. En état de Paix ; il a apaisé l'intellect, dans l'ordre du Moi, par l'application à l'Union. En état de Sous-Suppression ; il a apaisé secondairement les Souillures qui se présentent, par la possession de la Sapience[1]. Supérieur en vertus ; ni égal, ni inférieur. Laborieux, qui ne reste pas indifférent au Sens d'autrui. Riche de Tradition, qui n'a pas peu d'Audition. Éveillé au Positif, parce qu'il a compris le Positif. Bien fourni de voix ; doué d'un bon Organe vocal. Compatissant, qui a la Pensée libre d'Amorces. Étranger à la fatigue ; qui prêche l'Idéal en teneur et en honneur.

11 *a*. Qu'on fréquente son ami avec des honneurs et des profits et des menus soins, et aussi par Initiative.

Mais la fréquentation a trois Signes :

11 *b*. Le Sage qui a ainsi une Tendance à apprendre en fait d'Idéal va trouver son ami en temps, et en s'inclinant.

Les trois Signes, c'est le désir d'apprendre, la notion du temps opportun, l'absence de Sentiment-personnel.

12 *a*. Celui-ci, qui n'a point envie des profits ni des honneurs, le perfléchit vers l'Initiative.

Ainsi la Per-flexion vient d'une fréquentation qui a pour Sens l'Initiative, et non point le profit ou l'honneur.

12 *b*. Par l'Initiative telle qu'il l'a apprise, le Noble doit se concilier la Pensée de celui-ci.

L'Initiative telle qu'on l'a apprise est la cause de la fréquentation ; c'est par elle qu'on gagne la Pensée de l'ami.

9-10. 1. Comm. l. 2. Au lieu de *prayogād°*, le tib. a *çes rab daṅ ldan pa'i phyir* = *prājñatvāt*.

13 *a*. Arrivé à la compétence dans les trois Véhicules, il travaille dans sa raison pour le succès de son Véhicule propre.

La connaissance dérive de la compétence dans les trois Véhicules.

13 *b*. Pour per-mûrir des êtres hors-mesure, et pour aboutir au Champ pur.

La fréquentation a deux Champs : les êtres hors-mesure, et le Champ tout pur des Bouddhas. Dans les uns, il installe l'Idéal quand il l'a entendu ; et il reste dans l'autre.

14 *a*. C'est en qualité de participant aux Idéaux qu'il cherche un ami, et non pour l'Amorce.

Tel est le soubassement de la fréquentation. C'est pour participer à l'Idéal qu'il doit fréquenter un ami, non pour participer aux Amorces.

Ensuite un vers et demi sur les espèces de fréquentations.

14 *b* et 15 *a*. Cause et fruit, en suivant l'Embouchure d'Idéal, en dehors, audition de leçons, application à l'état d'esprit, application suivie de l'esprit avec ou sans Sentiment-personnel ; autant de variétés dans la fréquentation d'un ami par le sage.

Cause, fruit, en tant que passée, etc..., comme ci-dessus [v. 6]. En suivant l'Embouchure d'Idéal et en dehors; c'est la fréquentation dans l'ordre du moi et dans l'ordre externe. En suivant l'Embouchure d'Idéal signifie : le courant de l'Embouchure de l'Idéal. Le mot *bahitas* remplace *bahirdhâ* « en dehors ». L'audition des leçons et l'application à l'état d'esprit sont le genre grossier et le genre subtil. L'audition est d'ordre grossier; la réflexion et la Pratique sont d'ordre subtil ; et c'est là justement l'application à l'état d'esprit. L'application suivie de l'esprit avec ou sans Sentiment-personnel, c'est le genre inférieur et le genre excellent.

15 *b*. Destination, emploi, Vœu; autres espèces de fréquentation d'un ami-de-Bien par le Sage.

C'est le genre éloigné ou prochain, comme ci-dessus [v. 7].

Mais quelle est la fréquentation par excellence? Le septième vers répond :

16. La fréquentation d'un Bon-Ami par excellence vient de la propre Pensée, au point de vue de la Croyance à l'Idéal, de la Tendance, des Maîtrises, de l'ensemble des moyens d'indifférenciation, de l'entrée dans l'unité de tâche.

Comme ci-dessus [v. 8].

Douze vers sur les Démesurés.

17. Les Brahmiques, dépourvus d'Adversaires, associés à la connaissance indifférenciée, fonctionnent chez le Sage sur trois Phénomènes et mûrissent les créatures.

Les Stations Brahmiques sont les quatre Démesurés : Bonté, Compassion, Joie, Apathie. Elles ont chez le Bodhisattva quatre Indices : Rejet des Adversaires, par Application à des Auxiliaires tout-particuliers; fonctionnement tout-particulier; elles fonctionnent sur trois Phénomènes : les êtres, les Idéaux, et l'absence de Phénomènes ;— acte spécial; elles per-mûrissent les créatures.

Elles ont pour Phénomène les êtres et les Idéaux, mais sur quelle classe d'êtres ou d'Idéaux fonctionnent-elles? Elles n'ont pas de Phénomène ; mais par rapport à quel Phénomène?

18. Elles fonctionnent sur celui qui cherche le bonheur, sur celui qui est accablé de douleur, sur l'heureux, sur le Souillé, sur l'Idéal où elles sont prêchées, sur leur Quiddité.

Quand elles ont pour Phénomène les êtres, elles fonctionnent sur la catégorie d'êtres qui cherche le bonheur, qui, etc..... qui est souillée. En effet, l'aspect de la Bonté à l'égard des êtres, c'est de les réunir au bonheur ; de la Compassion, c'est de les séparer du malheur ; de la Joie, c'est de ne pas les séparer du bonheur ; de l'Apathie, c'est de faire en sorte que ces créatures ne trouvent pas de Souillure dans ces Impressions. Quand elles ont pour Phénomène les Idéaux, elles fonctionnent sur l''Idéal où ces Stations sont prêchées. Quand elles n'ont pas de Phénomène, elles fonctionnent sur leur Quiddité. En effet, étant alors dépourvues de différenciation, elles sont sans Phénomène.

Et de plus

19. quand elle a le Sens de la Quiddité, quand elle a obtenu la Patience, quand elle est nettoyée, quand elle a deux actes, quand elle en a fini des Souillures, la Bonté n'a pas de Phénomène.

Pour ces quatre raisons, la Bonté n'a pas de Phénomène : elle a pour Phénomène la Quiddité ; elle a obtenu la Patience des Idéaux sans Production, à la Huitième Terre ; elle alimente les Principes en les nettoyant ; elle a deux actes, en tant que comprise dans l'acte de corps et l'acte de parole [1] considérés comme la Coulée de la Bonté ; elle en a fini des Souillures, car la Souillure est déclarée un Phénomène, comme il est dit : « En rejetant les nœuds faits de l'esprit, le Phénomène est retranché. »

20 *a*. Elles sont [1] immobiles, mobiles, dégustées par les misérables ou non.

Ces Stations Brahmiques sont de quatre espèces : mobiles, si elles sont de l'ordre de la perte, si elles sont sujettes à se perdre ; — immobiles, de l'ordre de durée toute-particulière, quand elles ne sont pas sujettes à se perdre ; — dégustées, souillées ; — ou non, sans Souillure. Les misérables, ceux qui sont friands de plaisir, qui n'ont pas la Pensée sublime. Voilà comment les Stations Brahmiques se classent en perdables, etc.

20 *b*. Les Bodhisattvas sont assis dans les Stations immobiles, dégagées d'attaches.

Et non pas dans les Stations mobiles, ou dégustées.

21. Si elles n'ont pas une Nature en Union, si elles sont molles ou moyennes, si elles sont de Terre inférieure, si elles sont de Tendance inférieure, si elles sont accompagnées d'un Sentiment-personnel, alors elles sont inférieures ; autrement elles sont supérieures.

Elles sont réparties ici en faibles et fortes. Les faibles sont de

19. 1. Comm. l. 3 après *kâyakarmaṇâ* insérer *vâkkarmaṇâ ca*, garanti par le tib. et le chin.
20 a. 1. La restitution *jñeyâḥ* est garantie par le tib. *çes bya*.

six sortes : si elles n'ont pas une Nature en Union ; si, même en étant en Union, elles sont molles et moyennes ; si elles sont de Terre inférieure, par rapport à la Terre Supérieure de Bodhisattva ; si elles sont de Tendance inférieure, chez les Auditeurs, etc... ; si elles sont accompagnées d'un Sentiment-personnel, dépourvues de la Patience des Idéaux Sans-Production. Alors elles sont inférieures, c'est-à-dire faibles. Autrement, elles sont supérieures ; dans les cas contraires, elles sont fortes.

22. Quand il a vécu dans les Stations Brahmiques et qu'il naît dans le monde du Désir, alors il remplit les Provisions et il mûrit fortement les créatures.

23. Nulle part il ne se sépare des Brahmiques, partout il est séparé de leurs Adversaires. Les Rencontres fussent-elles nombreuses, fût-il inattentif, il ne subit pas d'altération.

C'est ici le classement par cause, fruit, Marque. « Quand il a vécu dans les Stations Brahmiques », c'est la cause. « Il naît dans le monde du Désir », c'est le fruit de Concoction. « Il remplit les Provisions », c'est le fruit de Régent. « Il mûrit fortement les créatures », c'est le fruit de Virilité. « Nulle part, il n'est séparé des Stations Brahmiques » dans ses naissances, c'est le fruit de Coulée. « Il est séparé de leurs Adversaires », c'est le fruit de Séparation. « Les Rencontres fussent-elles nombreuses, il ne s'altère pas », c'est la Marque. « Fût-il inattentif », quand l'Auxiliaire n'est pas immédiatement présent.

Les quatre autres vers classent les vertus et les défauts.

24. Le Bodhisattva qui s'applique à la malveillance, à la malfaisance, à la déplaisance, au désir passionné de la malveillance, subit bien des Dommages.

Voilà le défaut : En l'absence des Stations Brahmiques, on s'applique à leurs Adversaires. Malveillance, etc. sont respectivement les Adversaires de la bonté, etc. Le désir passionné de malveillance est l'Adversaire de l'Apathie.

Comment subit-il bien des Dommages ?

25. Par les Souillures il abat son moi, il abat les créatures, il abat la Morale. Dégradé, déchu du profit, sans défense,

26. en désaccord avec son maître, il est déshonoré ; et dans l'autre monde il a des naissances Inopportunes, privé de ce qu'il avait ou n'avait pas obtenu, il a une grande douleur dans l'esprit.

Les trois premiers termes montrent ce Dommage, qu'il s'ingénie à son propre dam, au dam d'autrui, au dam des deux. Les six termes : « Désiré, etc. » montrent ce qui laisse à redire dans le monde présent. Comment cela se fait-il ? Il est blâmé par lui-même, par les autres, par les divinités [1]. Son maître et ses compagnons d'étude qui sont des sages le critiquent au nom de l'Idéal. Sa mauvaise réputation se répand dans toutes les directions. C'est ce que montrent respectivement les mots : « Décrié, etc. déshonoré. » Les trois autres termes montrent respectivement ce qui laisse à redire et dans le monde futur, et dans le monde tant présent que futur. Il ressent une douleur intellectuelle, un mauvais état d'esprit qui vient de là [2]. Tel est le Dommage qu'il montre.

27. Tous ces défauts ne se produisent pas si on est bien installé dans la Bonté, etc. ; et, sans être souillé, on ne quitte pas la Transmigration, dans le Sens des créatures.

Il montre qu'il y a trois vertus à s'appliquer aux Stations Brahmiques : absence des défauts énoncés, absence de souillures, on ne déserte pas les Transmigrations à cause des créatures.

28. Les êtres n'ont pas pour un fils, même unique, même vertueux, les idées de Bonté, etc. que les fils des Vainqueurs ont pour les créatures.

Dans ce vers [1] il montre l'intensité de la Bonté, etc. des Bodhisattvas.

25-26. 1. Cf. Majjhima I, 440 : *satthâ pi upavadati, anuvicca viññû sabrahmacârî upavadanti, devatâ pi upavadanti, attâ pi attânaṃ upavadati.*
2. Comm. l. 7. Au lieu de *duḥkhadaurmana°* lire *duḥkhaṃ daur°*.
28. 1. Comm. l. 1. Au lieu de *ity ete ca* lire *ity etena.*

Il passe à la Compassion, et commence par deux vers sur son Phénomène.

29. Incendiées, au pouvoir des ennemis, envahies par la douleur, enveloppées de ténèbres, montées sur un chemin difficile, prises dans de grandes chaînes,

30. friandes d'une grande nourriture qu'a envahie le poison, égarées en route, parties hors du chemin, chétives sont les créatures, et il en a compassion.

Incendiées par le désir et la passion, dévotes aux plaisirs d'amour. Au pouvoir des ennemis, arrêtées par les obstacles du Démon, sans s'appliquer au Bien. Envahies par la douleur, vaincues par la douleur[1] dans les Enfers, etc. Enveloppées par les ténèbres ; les bouchers, etc. tout adonnés à la mauvaise conduite, parce qu'ils sont dans la confusion sur la Concoction de leurs actes. Montées sur un chemin difficile, manquant des Idéaux du Parinirvâṇa parce qu'elles n'ont pas tranché à jamais la carrière des Transmigrations. Prises dans de grandes chaînes, parties pour la Délivrance fausse des Hérétiques[2], et par suite enchaînées dans les liens épais des Fausses-Vues si nombreuses. Friandes d'une grande nourriture que le poison a envahie, attachées au plaisir de la Communion. Car pour elles le plaisir de la communion est souillé, comme un mets délicat envahi par le poison. Et par suite de leur déchéance, égarées en chemin, rapportant tout à soi, parce qu'elles se sont trompées sur le chemin de la Délivrance. Parties hors du chemin, s'employant au Petit Véhicule, incertaines. Chétives, ayant des Provisions incomplètes pour l'Illumination[3]. Ces dix sortes d'êtres sont le Phénomène de la Compassion du Bodhisattva.

Un vers sur les cinq fruits de la Compassion.

31. L'Idéal qui écarte la violence, qui est la semence de l'Illu-

29-30. 1. Comm. l. 2. Au lieu de *duḥkhâbhûtâḥ* (ms.) lire *duḥkhâbhibhûtâḥ* (tib.).

2. L. 4. Au lieu de *anyatîrthyâḥ* | *mokṣa°* lire *anyatîrthyamokṣa°*.

3. L. 9. Au lieu de *aparipûrṇasaṃbhârâ bodhisattvâḥ* (ms.) lire avec le tib. *aparipûrṇabodhisaṃbhârâḥ sattvâḥ*.

mination suprême, qui apporte le bonheur, qui éclaire[1], qui produit ce qu'on désire, qui donne par Nature-propre, quand le fils des Vainqueurs le prend pour Fond, l'Illumination n'est pas loin.

Qui écarte la violence ; c'est là le fruit de Séparation, car on abandonne la malfaisance qui en est l'Adversaire. Qui est la semence de l'Illumination suprême ; c'est le fruit de Régent. Qui apporte le bonheur à autrui, et qui éclaire le Moi ; c'est le fruit de Virilité. Qui produit ce qu'on désire ; c'est le fruit de Concoction. Qui donne par Nature-propre ; c'est le fruit de Coulée, car il donne comme fruit dans l'avenir une Compassion remarquable. Quand on a pour Fond ces cinq Compassions, la Bouddhaté n'est pas loin.

Il ne s'arrête ni dans la Transmigration, ni dans le Nirvâṇa ; un vers.

32. Quand il a bien reconnu que tout, dans la Transmigration, consiste en douleur et n'a pas de personnalité, le Compatissant qui a une compréhension capitale ne se laisse pas aller à l'emportement et n'est pas gêné par les fautes.

Quand il a une connaissance parfaitement adéquate de la Transmigration, il ne se laisse pas aller à l'emportement, parce qu'il est Compatissant ; et il n'est pas gêné par les fautes, parce qu'il a une compréhension capitale. Ainsi il ne s'arrête ni dans le Nirvâṇa, ni dans la Transmigration respectivement.

Un vers sur la per-connaissance de la Transmigration.

33. En considérant que le monde est douleur, il souffre, et il sait bien ce qui en est, et aussi comment on y échappe, et il ne se lasse pas, le compatissant.

Il souffre ; il a pitié. Il sait bien ce qui en est ; il sait exactement ce qu'est la douleur, et par quel moyen on échappe à la douleur ; il sait comment on en fait cesser la douleur. Ainsi, quoiqu'il ait une connaissance adéquate de la douleur et des

31 b. 1. Au lieu de *tâyakam* lire *tâpakaṃ* ; tib. *gduṅ byed* « qui fait *tapas* » ; *gduṅ* traduit tous les sens du sanscrit *tap°*. Effacer la note afférente au texte. — Même correction au comm. l. 2.

moyens de s'en débarrasser, le Bodhisattva ne se laisse pas aller à la fatigue, grâce à sa Compassion spéciale.

Deux vers sur le classement de la Compassion.

34. Les Compatissants ont deux sortes de Compassion : par nature, par compte, par application à en répéter l'exercice dans les naissances antérieures, et par arrivée à la pureté, quand elle est dépourvue d'Adversaires.

Elle procède alors respectivement : de la Famille toute-particulière, de l'examen des vertus et des défauts, de l'exercice dans d'autres naissances, de l'arrivée au détachement. Quand elle a abandonné la Malfaisance, qui en est l'adversaire, elle arrive à la pureté, et par là au détachement.

35. Ce n'est pas de la Compassion si elle n'est pas égale, ni perpétuelle, ni d'Archi-Tendance, ni d'Initiative, ni de détachement, ni de non-Susception ; qui est ainsi sans pitié n'est pas un Bodhisattva.

Égale, en état de bonheur, etc. quand on sait que toute Impression ici-bas est de la douleur. Perpétuelle, quand elle ne cesse pas au Nirvâṇa-Sans-reste-matériel. D'Archi-Tendance, quand on est entré dans les Terres, et qu'on a alors la Tendance à l'égalité de soi-même et d'autrui. D'Initiative, quand on travaille à protéger contre la douleur. De détachement quand on a rejeté la Malfaisance qui en est l'Adversaire. De non-Susception, quand on est arrivé à la Patience des Idéaux Sans-production.

Cinq vers sur la Compassion figurée comme un arbre.

36. Compassion, Patience, préoccupation, Vœu, naissance, maturation totale des êtres ; c'est le grand arbre de la Compassion à commencer par la racine et à finir par le fruit[1].

Tel est l'arbre de la Compassion, dans sa racine, son tronc, ses branches, ses feuilles, ses fleurs, ses fruits. La Compassion en est la racine ; la Patience, la terre ; la préoccupation de tous les Sens, les branches ; le Vœu pour des naissances honorables, les

36 b. 1. Au lieu de *puṣpapattraphalaḥ* lire *paçcimântaphalaḥ ;* tib. *tha ma 'bras mčhog dañ.*

feuilles ; la naissance honorable, la fleur ; la per-maturation des êtres, le fruit.

37. Si la Compassion n'était pas la racine, la force de résistance aux épreuves [1] ferait défaut, et, incapable de supporter la douleur, le Sage ne se préoccuperait pas du Sens des créatures.

38. La compréhension dépourvue de cette préoccupation, il ne ferait pas de Vœu pour des naissances Blanches ; s'il ne passait pas par des naissances bonnes, il ne per-mûrirait pas les créatures.

Dans ces deux vers, il établit que la Compassion, etc. sont bien analogues à la racine, etc., puisque la première produit la seconde et ainsi de suite.

39. L'eau qui arrose la Compassion, c'est la Bonté ; le bonheur qui vient de sa souffrance même, c'est l'aliment du principal ; l'Acte mental à fond, c'est la vaste croissance des branches.

40. La chute et la poussée des feuilles, ce sont les Vœux qui se continuent sans interruption ; par le succès des deux Rencontres naît la fleur qui n'est pas stérile, et ensuite le fruit.

Dans ces deux vers, il montre l'analogie de l'arbre de Compassion avec un arbre qu'on arrose, etc. Il a dit que la Compassion est la racine [1] ; l'eau qui l'arrose, c'est la Bonté, puisque c'est elle qui la gonfle. En effet, qui a une Pensée de Bonté souffre de la douleur d'autrui. Et de là, de cette Compassion, naît une douleur pour le Bodhisattva qui s'emploie au Sens d'autrui [2] ; et dans cette douleur se produit un état de bonheur qui est l'aliment du principal, c'est-à-dire l'aliment de la Patience ; car la Patience est, comme il a été dit, le tronc ; et le tronc, c'est le principal. De l'Acte mental à fond poussent toutes sortes de branches dans le Grand Véhicule. Car la préoccupation est, comme on l'a dit, la branche. La chute et la poussée des feuilles sont analogues

37 a. 1. Réunir °*caryâsahiṣṇutâ*.

39-40. 1. Comm. l. 2. Au lieu de *mûlavṛkṣâ* lire *mûlam ity uktâ ;* tib. *rce ba yin par bçad do.*

2. L. 3. Au lieu de *karuṇodbhavaduḥkham* lire *karuṇâto yad duḥkham* ; tib. *sñiṅ rje sgo nas sdug bsṅal skye ba gaṅ yin pa.* — Au lieu de *bodhisattvasya svârtha°* lire *°sya sattvârtha°*.

aux Vœux, puisque la continuité des Vœux est ininterrompue ; dès que l'un cesse, un autre commence. Par le succès des Rencontres de l'ordre du Moi, c'est-à-dire par la per-maturation de sa propre Série-personnelle, se produit, comme une fleur, une naissance qui n'est pas stérile. Par le succès des Rencontres d'ordre externe, par la per-maturation de la Série-personnelle d'autrui, se produit un fruit qui est la permaturation des créatures.

Un vers sur l'Avantage de la Compassion.

41. Qui ne serait pas compatissant pour les Créatures, elles qui produisent cette grande vertu de la Compassion, puisque dans la douleur même naît de la Compassion un état de bonheur incomparable ?

La seconde moitié du vers montre la grande vertu de la Compassion. Le Sens du reste va de soi.

Un vers sur la Compassion, en tant qu'elle ne tient à rien.

42. Les Compatissants, tout pénétrés de Compassion, n'arrêtent pas leur esprit dans la Suppression. Comment donc se prendraient-ils d'affection pour le bonheur mondain ou pour leur vie ?

Le monde entier, il est vrai, aime le bonheur mondain et tient à sa vie. Les Auditeurs et les Bouddhas-pour-soi, qui ne tiennent ni à l'un ni à l'autre, arrêtent du moins leur esprit dans le Nirvâṇa, qui est le sous-Apaisement de toute douleur. Mais les Bodhisattvas, pénétrés qu'ils sont de Compassion, n'arrêtent pas leur esprit même dans le Nirvâṇa. Comment donc tiendraient-ils à l'un et à l'autre ?

Trois vers sur le caractère tout-particulier d'affection de la Compassion.

43. On ne trouve pas d'affection qui ne laisse rien à redire et qui ne soit pas mondaine ; chez les Sages, l'affection de Compassion ne laisse rien à redire et surpasse le monde.

L'affection du père, de la mère, etc. est faite de Soif ; elle laisse à redire. Chez ceux qui vivent dans la compassion mondaine, l'affection ne laisse pas à redire, mais elle est mondaine.

L'affection des Bodhisattvas, elle, est faite de compassion ; elle ne laisse rien à redire et elle surpasse la mondaine.

Comment se fait-il qu'elle ne laisse rien à redire ?

44. Le monde est fondé sur le grand torrent de la douleur, sur les grandes ténèbres de l'ignorance. Le moyen qui permet de le sauver, comment ne serait-il pas sans laisser rien à redire ?

Il faut, dans le texte du vers, rapporter le torrent à la douleur, et les ténèbres à l'ignorance. Le Sens du reste va de soi.

Et comment dépasse-t-elle le monde ?

45. Cette affection-là, ni les Tueurs-d'ennemis [1] ne l'ont dans le monde, ni les Bouddhas-pour-soi ; à plus forte raison les autres. Comment ne serait-elle pas Supra-mondaine ?

Pratyekabodhibuddha est l'équivalent de Pratyekabuddha. Le Sens du reste va de soi.

Un vers sur le Signe de Terreur et de Félicitation.

46. Quand la douleur n'existe pas, la douleur produite par la Compassion chez les Bodhisattvas les effraie d'abord ; une fois touchée à fond, elle fait qu'ils s'en félicitent.

Quand la douleur n'existe pas. L'inexistence de la douleur est le Signe. La douleur qui se produit, par Compassion pour les créatures, chez les Bodhisattvas, elle les épouvante d'abord, dans la Terre de Conduite par Croyance ; parce qu'ils n'ont pas encore eu un contact adéquat de la douleur avec l'idée de l'égalité de soi et d'autrui. Mais une fois touchée, dans la Terre d'Archi-Tendance, elle fait qu'ils se félicitent. Tel est le Sens.

La douleur de la Compassion l'emporte sur le plaisir ; un vers.

45. 1. *Arihat*. Cette fantaisie étymologique sur le titre de l'*arhat* « le méritant » remonte sans doute à une tradition lointaine ; elle paraît déjà à plusieurs reprises dans le Prajnâ-pâramitâ-çâstra de Nâgârjuna, traduit en chinois dès le ve siècle par Kumârajîva. Le tibétain l'a consacrée comme la forme authentique du mot; *arhat* y est rendu normalement par *dgra bčom* « soumettre les ennemis » ; les commentateurs chinois la rappellent souvent aussi.

47. Quel prodige plus grand que ceci : La douleur l'emporte sur tout état de bonheur, si c'est la Compassion qui l'a faite, et si c'est le monde qui l'a fait ? Et poutant le Libéré même a son Sens accompli par lui !

Rien n'est plus merveilleux que ceci : La douleur enfantée par la Compassion chez les Bodhisattvas devient ainsi un bonheur ! Et un bonheur qui surpasse tout bonheur mondain ! Et c'est ce bonheur mondain par lequel les Libérés, les Arhats ont leur Sens accompli ! et à plus forte raison les autres !

Un vers sur l'Avantage du Don fait par Compassion.

48. Le plaisir de donner que les Nobles trouvent à donner par Compassion, le bonheur des Trois Plans avec ses sous-jouissances ne l'atteint pas, n'en atteint pas une parcelle !

Le bonheur qui est dans les Trois Plans, et qui est produit par des sous-jouissances, n'atteint pas ce bonheur-là, n'atteint pas une parcelle de ce bonheur-là. Voilà le Sens de la seconde moitié du vers. Le Sens du reste va de soi.

Il s'engage à souffrir par Compassion ; un vers.

49. Puisque, par Compassion, dans le Sens des créatures, il ne quitte pas la Transmigration qui est faite de douleur, quelle est donc la douleur que le Compatissant n'accepterait pas pour le salut d'autrui ?

Toute douleur est, en effet, contenue dans la douleur de la Transmigration. En acceptant celle-ci, il s'engage à accepter toute douleur.

Un vers sur la poussée des fruits afférents.

50. Compassion, Don, fortune vont toujours en croissant pour le Compatissant ; de là vient un bonheur enfanté par l'affection, par l'obligeance, et par la force afférente.

Pour les Bodhisattvas, trois choses vont en croissant de naissance en naissance, par application à la Compassion : la Compassion, par son exercice même ; le Don, par l'effet de la Compassion ; la fortune, par l'effet du Don. Et de ces trois viennent trois sortes de fruits : le bonheur qu'enfante l'Affection ; il vient de la Compassion ; — le bonheur qu'enfante l'obligeance pour les êtres ; il vient du Don ; — le bonheur produit par la possibilité d'agir en vue de les obliger : il vient de la fortune.

Un vers pour encourager au Don.

51. Je grandis ; je fais grandir ; je fais mûrir ; je rends heureux ; j'attire ; je conduis, — ainsi parle la Compassion à ceux qui faiblissent dans le Don.

Il faut réunir, dans le vers, *dâne* et *sannân*. Si les Bodhisattvas faiblissent en fait de Don, la Compassion les encourage par six vertus, à savoir : elle grandit en Nature-propre ; quand elle grandit, sa fortune grandit ; elle fait mûrir les êtres par le Don ; elle produit le bonheur du donateur ; elle attire les provisions de la Grande Illumination [1] ; elle conduit tout près de la Grande Illumination.

Il éprouve du bonheur [2] par le bien-être d'autrui ; un vers.

52. Souffrant par Compassion en présence de la douleur, comment serait-il heureux, le Compatissant, s'il ne déplaçait pas le bonheur ? Aussi il se rend heureux en déplaçant le bonheur en autrui.

Par Compassion, le Bodhisattva souffre des douleurs d'autrui. Comment donc serait-il heureux, s'il ne mettait pas son bonheur dans les créatures ? C'est pourquoi le Bodhisattva fait son propre bonheur en mettant le bonheur dans autrui.

Six vers sur les recommandations de la Compassion au Don.

53. Le Compatissant, toujours dégagé du désir de son propre bonheur, semble adresser à son Don ces recommandations : « Rends heureux en jouissances autrui ou bien moi ; je n'ai pas de bonheur à part. »

En effet, le Compatissant n'a pas de bonheur sans le bonheur

51. 1. Comm. l. 3. Ni le chin. ni le tib. ne traduisent *anyasya* ; ils lisent : °*saṃbhârâkarṣaṇât*.

2. L. 4. Au lieu de *sukhâbhave*, lire *sukhânubhave* ; tib. *ñams su myoṅ ba*.

d'autrui. Comme il n'a pas de bonheur à part, le Bodhisattva ne veut pas, comme fruit du don, d'un bonheur personnel[1] sans le bonheur d'autrui.

54. « J'ai donné ce Don avec son fruit aux créatures, car leur bonheur est mon bonheur. Donc, fructifie pour elles autant que tu peux, si tu as un devoir envers moi ! »

En donnant le Don, j'ai donné aux créatures le fruit de Don avec le don, puisque leur bonheur est mon bonheur. Donc, autant tu peux porter de fruits, autant portes-en pour elles ! *Phala* est à l'impératif; c'est la recommandation que le Bodhisattva adresse par Compassion au Don.

55. « A qui donne par haine des jouissances viennent s'offrir des jouissances plus nombreuses et plus belles ; mais je ne fais point cas de ce bonheur, puisque je ne fais que passer d'un Don à l'autre ! »

Si on donne en se détournant des jouissances, les jouissances s'offrent plus nombreuses et plus belles. C'est là l'Idéalité, la Pensée étant de plus en plus sublime. Mais, que les jouissances s'offrent ainsi, je ne le tiens pas pour le bonheur, puisque je passe d'un Don à l'autre ; c'est là que je mets mon opiniâtreté, et non pas au bonheur !

56. « Tu me vois constamment occupé par Compassion à prodiguer tout ce que j'ai. Ne dois-tu donc pas, instruit par ce trait, te dire : En voilà un qui n'a pas besoin de mes fruits ? »

Puisque je renonce perpétuellement, par Compassion, à tous les fruits de mes dons, est-ce que tu ne dois pas reconnaître que je n'ai pas envie du fruit de mes dons ? — C'est en ces termes que le Bodhisattva s'adresse au Don pour l'instruire.

57 *a*. « Je ne me complairais pas au Don, si je n'en repoussais pas le fruit quand il vient. »

Car

53. 1. Comm. l. 2. Au lieu de *vinā no*, lire *vinātmano*; tib. *bdag ñid sbyin pa*.

57 *b*. « rester un seul instant sans donner, ce n'est pas se complaire au Don ».

Le Sens du vers va de soi.

58 *a*. « Si on ne s'occupe pas de toi, tu ne donnes pas de fruit ; tu tiens à rendre la pareille ; tu ne me ressembles pas ! »

Tu ne donnes de fruits qu'à celui qui s'occupe de toi. Donc tu tiens à rendre la pareille ; ce n'est pas comme moi, car

58 *b*. « je ne me soucie pas de dette et de paiement ; je donne volontiers à autrui le fruit qui vient de toi ! »

Le Sens va de soi.

Deux vers sur le Don de Compassion.

59. Le Don de Compassion, chez les fils des Vainqueurs, ne laisse rien à redire ; c'est un Point pur ; il apporte le salut ; il a son arrière-garde ; il est sans piste et sans empois.

Il ne laisse rien à redire ; on donne sans faire tort[1] à un autre. Point pur ; on donne des objets[2] appropriés, en laissant soigneusement de côté poison, glaive, alcool, etc. Il apporte le salut ; en rapprochant par le Don, on dirige vers le Bien. Il a son arrière-garde ; on donne à un tiers sans appauvrir les siens. Sans piste ; avant toute sollicitation, dès qu'on s'est aperçu du besoin ou de l'indigence, on donne spontanément, sans chercher à la piste une personne à gratifier. Sans empois ; on a pas envie d'un paiement en retour ni d'une Concoction.

Autre procédé.

60. Le Don de Compassion, chez les fils des Vainqueurs, est total, vaste, excellent, continu, joyeux, sans Amorce, pur, incliné vers l'Illumination, incliné vers le Bien.

Total ; on donne des objets de l'ordre du Moi et de l'ordre externe. Vaste ; on donne en abondance. Excellent ; on donne la meilleure qualité. Continu ; on donne fréquemment. Joyeux ;

59. 1. Comm. l. 1. Au lieu de *anupahṛtya* lire *anupakṛtya* ; tib. *mi gnod*.
2. Au lieu de °*rasudânât*, corr. °*vastudânât*.

on donne sans compter, avec enthousiasme. Sans Amorce ; c'est comme « sans empois » [v. 59]. Pur ; c'est comme « le Point pur » [v. 59]. Incliné vers l'Illumination, parce qu'il est per-fléchi vers la Grande Illumination. Incliné vers le Bien ; c'est comme « apportant le salut » [v. 59].

Un vers sur les sous-jouissances spéciales.

61. Le jouisseur éprouve moins de satisfaction à jouir que le Compatissant n'en éprouve à prodiguer, l'esprit tout gonflé de trois bonheurs.

Les trois bonheurs, c'est le plaisir de donner ; le plaisir d'obliger autrui ; le plaisir d'approvisionner les Provisions de l'Illumination. Le Sens du reste va de soi.

Un vers sur la Compassion de réalisation des Perfections.

62. Pitié des misérables, pitié des furieux, pitié des emportés, pitié des négligents, pitié des serviteurs des Objets ; pitié de l'opiniâtreté dans l'erreur.

Les misérables ; les égoïstes. Les furieux ; les immoraux, qui torturent autrui. Les emportés ; les irascibles. Les négligents ; les nonchalants. Les serviteurs des Objets ; ceux qui dispersent leur Pensée dans les désirs. L'opiniâtreté dans l'erreur ; les faux Sapients, les Hérétiques, etc. La pitié des misérables, etc., c'est la Compassion pour les êtres installés dans ces Idéaux qui sont les Adversaires des Perfections. En affaiblissant ces Adversaires, elle aboutit à la réalisation des Perfections.

Un vers pour montrer les Rencontres de la Compassion.

63. La Compassion chez les Bodhisattvas vient du bonheur, de la douleur, de leur prolongement. La Compassion chez les Bodhisattvas vient d'une cause, d'un ami, de leur Nature-propre.

Le premier hémistiche montre la Rencontre du Phénomène de la Compassion. La Compassion se produit par trois états de douleur en prenant comme Phénomène trois espèces d'Impression. L'Impression sans douleur et sans bonheur est le prolongement du bonheur et de la douleur, puisqu'elle les ramène. Le second hémistiche montre les Rencontres de cause, de Régent, d'Immédiat pour la Compassion, qui sont respectivement la cause, l'ami, la Nature-propre.

Un vers sur la grandeur de leur Compassion.

64. La Compassion des Bodhisattvas est égale, en vertu de la Tendance, de l'Initiative, du Détachement, de la Non-Susception, du nettoyage.

Égale ; quel que soit l'état d'Impression où ils se trouvent, ils savent que tout ce qui est de l'Impression est de la douleur. En vertu de la Tendance ; c'est par la Pensée qu'on s'apitoie. De l'Initiative ; on la préserve. Du Détachement ; on rejette la malfaisance qui en est l'Adversaire. De la Non-Susception ; on ne suscepte pas de Compassion de soi ni d'autrui. De nettoyage ; à la Huitième Terre, on arrive à la Patience des Idéaux Sans-production.

65. La Pratique capitale de la Bonté, etc. vient de la propre Pensée, au point de vue de l'Idéal, de la Croyance, de la Tendance, de la Maîtrise, de l'Indifférenciation, de l'unité.

L'explication du Sens est analogue à celle donnée ci-dessus [v. 8].

66. Ainsi, possédant une grande Limpidité dans Bhagavat, adorant avec un grand Matériel et des honneurs fermes, fréquentant sans cesse un ami que ses nombreuses vertus font salutaire, celui qui a Compassion du monde arrive au succès total.

Dans ce vers, il résume l'ordre de classement et la vertu du culte, de la fréquentation, des Démesurés comme il les a énoncés. Le composé *mahad-upadhi-dhruva-satkriyâbhipûjî* s'analyse ainsi : il adore énormément par de grands Matériels et par des honneurs[1] rendus fermement. Les honneurs, c'est l'Initiative régulière. C'est ainsi qu'il adore en Initiative de profit et d'honneur[2]. Un ami qui a de nombreuses vertus, des vertus autres que les siennes. Salutaire, parce qu'il est Compatissant. Il arrive au succès total, au succès du Sens de soi et d'autrui.

66. 1. Comm. l. 2. Au lieu de *satkriyâ*, lire *satkriyayâ*.
2. L. 3. insérer *lâbha°* devant *satkârapratî°* ; tib. *rñed pa daṅ bkur ste*.

CHAPITRE XVIII

L'AILE D'ILLUMINATION

Seize vers sur la honte.

1. La honte, chez le sage, est dépourvue d'Adversaires, associée à la connaissance indifférenciée ; elle a un domaine inférieur, mais sans rien à redire ; elle mûrit les créatures.

Ce vers montre les quatre Indices de la honte du Bodhisattva par la plénitude de Nature-propre, de compagnie, de Phénomène, d'acte. Elle a un domaine inférieur, mais sans rien à redire ; c'est le Véhicule des Auditeurs et des Bouddhas-pour-soi[1] ; car ce Véhicule est inférieur par rapport au Grand Véhicule, et d'autre part il ne laisse rien à redire. Et c'est ce Véhicule qui fait la honte du Bodhisattva. Et comment mûrit-elle les créatures ? Parce qu'elle dispose les créatures à cette même honte[2].

1 *bis*. La honte de ce qui n'est pas le Bien se produit, chez les Bodhisattvas, quand les Adversaires des six Perfections grandissent et que leurs Auxiliaires s'affaiblissent.

La honte des Bodhisattvas vient de la croissance et de la diminution. La croissance des Adversaires des Perfections et la

1. 1. Comm. l. 2. Au lieu de *°pratyekabuddhânâm | tad vihînaṃ ca*, lire *°pratyekabuddhânâṃ yânam | tad dhi hînaṃ ca*. Tib. *saṅs rgyas kyi theg pa ste | de ni kha na ma tho ba med pa yaṅ yin.*.

2. Comm. l. 4. Le tib. révèle une lacune, correspondant à deux lignes du ms., entre les mots *lajjâ* (final de ligne) et *pâramitâ* (initial de ligne). Le tib. porte : *ṅo che ba de ñid la gźan dag rab tu 'god pa'i phyir || pha rol tu phyin pa drug po yi | mi mthun phyogs ni 'phel ba daṅ | gñen po'grib pas byaṅ čhub sems | mi bzaṅ ṅo che skye bar 'gyur || 'di ni byaṅ čhub sems dpa' rnams kyi 'phel ba daṅ 'grib pas ṅo che ba yin te | pha rol tu phyin pa'i mi mthun pa'i phyogs 'phel ba daṅ.....* Ce passage se restitue approximativement en sanscrit ainsi : *tasyâm eva lajjâ]yâṃ paraprasthâpanât |*

ṣaṇṇâṃ pâramitânâṃ vipakṣavṛddhyâ bodhisattvânâm |

pratipakṣahânitaç câpy atîva saṃpadyate lajjâ || 1 bis ||.

atra bodhisattvânâṃ vṛddhyâ parihâṇitaç ca lajjotpâdaḥ | [pâramitâvipakṣa°....

décroissance de leurs Auxiliaires provoquent chez eux une honte excessive.

2. L'indolence à cultiver les six Perfections fait la honte des Nobles, et aussi l'emploi des Idéaux favorables aux Souillures.

C'est la honte par manque d'emploi ; on ne s'emploie pas à la Pratique des Perfections ; on s'emploie à des Idéaux qui favorisent les Souillures, à ne pas garder les portes des Organes, etc., et on en est honteux.

3. Si, de nature-propre, elle n'est pas en Union, si elle est molle ou moyenne, si elle est de Terre inférieure, de Tendance inférieure, accompagnée d'un Sentiment-personnel, la honte est inférieure ; autrement, elle est supérieure.

C'est la honte faible ou forte. Le sens du vers est à expliquer comme ci-dessus [XVII, 21].

Dans les vers suivants, il montre le classement en vertus et en défauts appliqué, dans quatre vers, aux Adversaires de la honte, et ensuite, dans trois vers, à la honte.

4. S'il manque de honte, le Sage laisse passer sans protester les Souillures ; n'étant pas à fond, il mine les créatures et la Morale par la Répulsion, l'Apathie, le Sentiment-personnel.

Ainsi « il s'ingénie à se faire tort, à faire tort à autrui, à faire tort aux deux [1] ». « N'étant pas à fond », parce qu'il n'opère pas mentalement à fond. Comment est-ce qu'il mine les créatures par l'Apathie? En négligeant le Sens des créatures.

5. Le remords le dégrade ; il perd en estime ; la Communauté des gens pieux [1] et des Surhumains, et aussi le maître le suspectent.

6 *a*. Les orthodoxes, les fils des Vainqueurs, le réprouvent ; il est déshonoré dans le monde, pour la vie présente...

4. 1. La phrase est empruntée aux Âgamas ; elle est identique dans les Nikâyas palis. Cf. S. IV, 339 : *attavyâbâdhâya pi ceteti paravyâbâdhâya pi ceteti ubhayavyâbâdhâya pi ceteti.*

5. 1. c. Au lieu de *çrâddhâtmâ°*, lire *çrâddhâmâ°* ; tib. *dad ldan mi min.*

Il montre ici le mal qui se rattache à la vie présente. Il est respectivement blâmé par lui-même, par les autres, par les divinités, par le Maître. Ses compagnons d'étude qui sont sages le critiquent au nom de l'Idéal. Sa mauvaise réputation se répand dans toutes les directions,

6 *b*. et dans l'autre monde il a des naissances-Inopportunes.

Ceci montre le mal qu'il se prépare pour la vie future, puisqu'il doit avoir des naissances Inopportunes.

7 *a*. Il perd en Idéaux Blancs, tant obtenus qu'à obtenir...

Il se prépare du mal pour la vie présente et la vie future, en perdant sur les Idéaux Blancs qu'il a obtenus, et en perdant aussi sur ceux qu'il n'a pas obtenus, respectivement.

7 *b*. Il vit dans la douleur; ainsi son esprit n'est jamais d'aplomb.

Il éprouve une impression de douleur intellectuelle qui naît de là, un mauvais état d'esprit.

8 *a*. Toutes ces fautes ne se produisent pas chez les fils des Vainqueurs qui ont de la pudeur.

A partir d'ici, il s'agit des vertus de la honte. Et comme ces fautes ne se produisent pas,

8 *b*. le Sage naît perpétuellement chez les dieux et chez les hommes.

Voilà le fruit de Concoction.

9 *a*. Par la honte, le Sage complète vite les Provisions de l'Illumination.

Voilà le fruit de Régent.

9 *b*. Et le fils des Vainqueurs peine à mûrir les créatures.

Voilà le fruit de Virilité.

10 *a*. Et il naît toujours dépourvu d'Adversaires, pourvu d'Auxiliaires.

Voilà le fruit de Séparation et de Coulée.

10 *b*. Voilà l'Avantage que le fils des Vainqueurs obtient, s'il a de la pudeur.

Il n'a pas les défauts énoncés et il a les vertus.

11. Le puéril, même bien caché sous de beaux vêtements, est maculé de fautes, s'il manque de pudeur. Le fils des Vainqueurs, sans rien qui le couvre, n'a pas de fautes qui le maculent, s'il est vêtu de pudeur.

Telle est la valeur particulière de la pudeur comme vêtement. Fût-on enveloppé d'autres vêtements, si on manque de pudeur, on est maculé de fautes; fût-on nu, si on a de la pudeur, on est immaculé.

12 *a*. Le fils des Vainqueurs, appliqué à la pudeur, est comme l'espace ; les Idéaux ne le salissent pas.

Les Idéaux, c'est les Idéaux Mondains.

12 *b*. Paré de pudeur, il brille dans la compagnie des fils des Vainqueurs.

Ce vers montre que la pudeur ressemble à l'espace et à une parure.

13 *a*. Par la pudeur, les Bodhisattvas ont pour les Disciplinables la tendresse d'une mère.

Parce qu'ils sont honteux de regarder avec Apathie les êtres qu'ils doivent sauver.

13 *b*. Et la pudeur est un rempart contre les fautes dans les transmigrations.

Elle remplace des bataillons d'éléphants, de chevaux, etc. Les comparaisons du vêtement, etc., montrent la pudeur comme l'Auxiliaire contre les Souillures dans la vie en station, comme l'Auxiliaire contre les Idéaux mondains dans la vie de circulation, comme favorable à la société avec les Orthodoxes, comme favorable à la per-maturation des créatures, comme favorable à la Transmigration sans-Souillure.

14. Réprouver tout, approuver tout, ne fonctionner à rien, fonctionner à tout ; c'est la Marque posée par la pudeur sur celui qui possède la pudeur.

Voilà les quatre Marques que fait la pudeur sur celui qui l'a. Réprouver toutes les fautes, et se refuser à y fonctionner. Approuver toutes les vertus et y fonctionner.

15. La Pratique principale de la pudeur vient de la propre Pensée, du point de vue de l'Idéal, de la Croyance, de la Tendance, de la Maîtrise, de l'indifférenciation, de l'unité.

Même explication que ci-dessus [XVII, v. 7].

Sept vers sur la fermeté.

16. La fermeté des Bodhisattvas l'emporte sur toutes les autres par l'Indice, le classement, la solidité.

17. Énergie, Union, Sapience, Essence, Noblesse, c'est la fermeté ; c'est par là que le Bodhisattva fonctionne sans avoir peur des trois.

C'est l'Indice de la fermeté avec ses Rubriques et ses Instruments. Énergie, etc., c'est l'Indice ; Essence, etc., c'est les Rubriques ; le reste est l'instrument. Quels sont les trois dont il n'a pas peur ?

18. Dépression, inconstance, confusion produisent la peur quand il faut agir ; aussi la Connotation de fermeté se trouve dans ses trois Propres.

En toute affaire, la peur se produit soit par dépression de la Pensée, parce qu'elle manque d audace ; soit par inconstance de la Pensée, parce qu'elle manque d'assiette ; soit par confusion, parce qu'on ne connaît pas les moyens afférents. Les Auxiliaires correspondants sont l'Énergie, etc. Donc, la Connotation de fermeté se trouve dans ses trois Propres, l'Énergie, etc... Le Propre signifie : ce qui doit se faire sans Compter.

19. De nature, pour le Vœu, pour l'indifférence, pour l'Initiative à rebours des créatures, pour l'Audition en sublimité et en profondeur,

20. pour la difficulté de discipliner les Disciplinables, pour le hors-réflexion du corps du Vainqueur, pour les épreuves variées, et pour ne pas déserter les Transmigrations,

21. et pour le hors-Souillure, alors naît chez le Noble une fermeté sans égale, par rapport à toutes les autres, puisqu'il est en tête de ceux qui sont fermes.

Il indique dans ces trois vers le classement de la fermeté, respectivement selon la Famille, la Production de Pensée, le Sens de soi, le Sens du Positif, le Sens du Transcendant [1], le Pouvoir, la per-maturation des êtres, et l'Illumination par excellence. L'indifférence vient de l'indifférence au corps et à la vie chez celui qui s'emploie à son Sens. L'accomplissement des épreuves, les Renaissances et l'existence préméditées, et l'absence de Pleine-Souillure afférente sont encore des procédés de classement de la fermeté.

22. Mauvais ami, douleur, Audition de profondeur n'ébranlent pas plus le héros, qu'un papillon, un battement d'ailes, ou l'Océan n'ébranlent le mont Sumeru.

Il montre par ce vers combien est solide la fermeté du Bodhisattva. Les trois comparaisons [1] répondent aux trois premiers termes.

Deux vers sur l'inlassabilité.

23. L'inlassabilité des Bodhisattvas est sans égale en trois Matières : être insatiable d'audition ; grande Énergie ; douleur. Elle est basée sur la pudeur et la fermeté.

24. Elle a un zèle intense vers la Grande Illumination. Telle est l'inlassabilité des Sages ; elle est inachevée, achevée, parachevée dans les Terres.

Ces deux vers montrent l'inlassabilité au point de vue de la

19-21. 1. Comm. l. 2. Au lieu de *svârthataḥ | sattvârthataḥ |*, lire *svârthataḥ | parârthataḥ | tattvârthataḥ |*. Tib. *gžan gyi don daṅ de kho na ñid kyi don*.

22. 1. Comm. l. 1. Au lieu de *upamâtrayaṃ trayeṇâkampane*, lire *upamâtrayeṇâkampanaṃ* ; tib. *dpe gsum gyis mi gyos pa*.

Matière, du soubassement, de la nature-propre, de la classification. Les trois Matières, c'est d'être insatiable d'Audition ; d'entreprendre l'Énergie un long temps ; et enfin la douleur des Transmigrations. Elle est basée sur la pudeur et sur la fermeté ; par elles il a honte si la lassitude se produit et il ne la laisse pas se produire. Un zèle intense vers la Grande Illumination ; c'est sa Nature-propre. Car, si son zèle est en régression, il se sent fatigué. Elle est inachevée, dans la Terre de Conduite par Croyance ; achevée, dans sept Terres ; parachevée, au delà. Tel est le classement.

Deux vers sur la connaissance des Traités-didactiques.

25. Par la Matière, par la compétence, par l'Acte, par l'Indice, par la durée inépuisable, par le lever du fruit,

26. la connaissance des Traités-didactiques chez les Sages tient dans deux Embouchures : Union et Formule ; elle leur sert à mûrir les créatures et à retenir le Bon Idéal.

La connaissance des Traités-didactiques a pour Matière les cinq Sciences-classiques : science de l'ordre du moi, science des causes, science des sons, science des cures, science des arts-et-métiers. La compétence, c'est de travailler au Sens de soi et d'autrui. L'Acte, c'est : quant à la première Matière, l'Initiative personnellement et l'énonciation aux autres ; quant à la seconde, perconnaître les défauts afférents et tenir en échec les controverses ; quant à la troisième, s'exprimer en termes bien éclaircis personnellement, et faire comprendre aux autres ; quant à la quatrième, supprimer les souffrances des autres ; quant à la cinquième, c'est d'y faire participer les autres. L'Indice de la connaissance des Traités-didactiques, c'est que ces cinq mêmes Matières ont été entendues, retenues, maîtrisées par la voix, examinées par l'esprit, bien pénétrées par la vue ; une fois écoutées, on les a successivement retenues, récitées, on a réfléchi sur leur Sens avec un esprit limpide ; on a compris leurs vertus et leurs défauts respectifs ; on a précisé le bon et le mauvais de l'énonciation. La durée inépuisable, c'est qu'elle ne s'épuise pas même au Nirvâṇa-Sans-reste-matériel. Le lever du fruit, c'est la connaissance omnigénérique de tous les Idéaux. Cette connaissance des Traités-didactiques, chez les Bodhisattvas, est contenue dans les Embouchures d'Union et dans les Embouchures de Formule. Elle sert à per-mûrir les créatures, car, par les Embouchures d'Union on exécute ce qu'il faut faire pour elles. Elle sert à parachever le Bon Idéal, car par les Formules on la retient.

Quatre vers sur la connaissance d'ordre mondain.

27. Par le corps, par la parole, par la connaissance des vérités, les Sages ont une connaissance d'ordre mondain sans égale, et qui l'emporte sur toutes les autres.

Par le corps. Comment cela?

28 *a*. Ils ont toujours le visage souriant.

Par la parole. Comment cela?

28 *b*. Les Sages saluent les premiers.

Et cette connaissance, quel Sens a-t-elle?

28 *c*. Pour que les créatures deviennent des Récipients.

Et dans quel Sens en faire des Récipients?

28 *d*. Pour l'Initiative dans le Bon Idéal.

Par la connaissance des vérités. Comment cela?

29. Puisque le lever répété du monde vient de deux Vérités, et que le coucher du monde vient de deux Vérités, qui les connaît connaît le monde, comme il est dit.

Le lever du monde, la Transmigration recommencée tant de fois, vient de deux Vérités, correspondant au Quoi et au Pourquoi du Lever. Le coucher du monde vient de deux Vérités, la Vérité du Barrage et la Vérité du Chemin, correspondant au Quoi et au Pourquoi du coucher. Donc, qui les connaît connaît le monde, comme il est dit, car il possède la Sapience qui fait lever et coucher le monde.

30. Pour les apaiser et pour les atteindre, le Sage s'applique aux Vérités; c'est pourquoi le Sage doit à la connaissance des Vérités d'être appelé : celui qui connaît le monde.

Ce vers indique l'acte de la connaissance du monde. Les apaiser ; c'est la Vérité de la Douleur et la Vérité de l'Origine ; les atteindre, c'est la Vérité du Barrage et la Vérité du Chemin.

Trois vers sur les Ressources-respectives [1].

31. Idéal de prédication consacré[2], Sens intentionnel de cette Loi, et aussi Sens déduit et d'autorité, arrivée à ce [Sens] sans le Verbe.

C'est l'Indice des Ressources-respectives. Le Sens d'autorité, c'est le Sens déduit par une personne autorisée, imparti par le Maître ou par une autorité qu'il a établie. Arrivée sans le Verbe, c'est la connaissance d'Acquis supra-mondaine, car elle est impossible à exprimer dans des mots. Le Sens du reste va de soi.

32. A ce propos, la prédication interdit de comprendre dans cette catégorie le détracteur, le [Sens] littéral, celui qui est tiré [1] à faux, et celui qui s'exprime en mots [2].

A propos de la première des Ressources, la prédication exclut l'Individu qui est détracteur de l'Idéal consacré ; à propos de la seconde, elle exclut le Sens littéral, la Lettre, au lieu du Sens intentionnel ; de la troisième, le Sens faussement conçu par réflexion, mené à rebours ; de la quatrième, la connaissance exprimée en mots, qui n'est pas celle que chacun doit savoir Quant-à-soi [3].

31. 1. *Pratiçaraṇa*. On en compte quatre, énumérés M. Vy., § 74 : « Il faut prendre pour *pr°* le sens (*artha*), et non la lettre (*vyañjana*); le *dharma*, et non le *pudgala* ; la connaissance (*jñâna*), et non la sensation (*vijñâna*) ; le sens déduit (*nîtârtha*), non le sens à déduire (*neyârtha*). » Même liste Abhidh. k. vyâkhyâ citée par Lavallée, J. A., 1902, II, 269. Pour les *sûtra nîtârtha* et *neyârtha*, v. Madh. v. 43. Le tib. traduit : *rton pa* « confiance », souvent altéré en *rten pa* « appui », ou *ston pa* « enseignement ». Le chin. traduit : *leang* « mesure, unité de mesure ».

2. *Ârṣa* ; tib. *gcug lag* « sacro-saint » ; le chin. dit : « un interprète compétent » et glose ainsi : « les douze catégories de textes saints énoncés par le Tathâgata ».

32. 1. *b*. *Saṃtîrita*. Le tib. traduit *yaṅ dag çes pa* « bien connu ». Le mot *saṃtîraṇa* paraît déjà dans les inscriptions d'Açoka (VIe édit. sur roc *athasaṃtîranâ* « juger bien les affaires, bien administrer la justice »). Mme Rhys Davids, Dh. S., § 469 n. le rend par « décision ».

2. Au lieu de *sâbhilâṣasya*, lire *sâbhilâpasya* ; tib. *brjod daṅ bčas pa*.

3. Comm. l. 3. Au lieu de *sâbhilâṣasya jñânasya* | *pratyâtmaved°*, lire *lâpasya jñânasyâpraty°* ; tib. *so sor rig par bya ba ma yin pa'o*.

33. A cause de la Croyance, du Jugement, de l'Audition exacte venant d'autrui, et de la connaissance sans-Verbe, les Sages ne perdent pas.

C'est l'Avantage des Ressources. Par la première Ressource, il ne perd pas, puisqu'il croit à l'Idéal antique ; par la seconde aussi, puisqu'il critique personnellement le Sens intentionnel ; par la troisième aussi, puisqu'il n'écoute pas d'autrui un Sens mené à rebours ; par la quatrième enfin, puisque sa connaissance est supra-mondaine.

Quatre vers sur les Pleins-Savoirs-Respectifs.

34. Les Bodhisattvas ont quatre Pleins-Savoirs-Respectifs[1] sans égal, par leur connaissance en fait de Rubrique, d'Indice, de langage, de savoir.

Le premier, la connaissance en fait de Rubrique : combien de Rubriques de mots vont au même Sens. Le second, en fait d'Indice : pour tel Sens, tel mot. Le troisième, en fait de langage : les parlers de tous les pays un à un. Le quatrième, en fait de connaissance : la Présence d'esprit spontanée. Tel est l'Indice des Pleins-Savoirs-Respectifs.

35. Si on s'emploie à la prédication, de quoi que ce soit, par quoi que ce soit, la prédication est celle de l'Idéal, du Sens, de l'une et l'autre, par la parole et la connaissance.

36. L'énoncé et l'exposé de l'Idéal, l'arrivée intégrale aux deux, la réfutation[1] des objections font les quatre Pleins-Savoirs-Respectifs.

Voilà pourquoi ils font un groupe de quatre. Si on s'emploie à la prédication, de quoi que ce soit, par quoi que ce soit, il y faut la connaissance. Mais qu'est-ce qu'on prêche ? L'Idéal, le Sens. Et par quoi prêche-t-on ? Par la parole, et par la connaissance.

34. 1. *Pratisaṃvid*. On en compte quatre, énumérés M. Vy., § 13 : de *dharma*, de sens (*artha*), d'analyse verbale (*nirukti*), de présence d'esprit (*pratibhâna*). Le pali les nomme *paṭisaṃbhidâ*. Burnouf les a étudiés dans une note du Lotus (839 sqq.). Le tib. traduit le mot élément par élément : *so sor* (= *prati*) *yaṅ dag par* (= *sam*) *rig pa* (= *vid*). La trad. chin. donne *ngai hiai* « intelligence sans obstacle ».

36. 1. *c*. Au lieu de *pârijñânâc ca*, lire *parihârâc ca* avec le ms. et le tib.

La prédication de l'Idéal et du Sens, quand on énonce et qu'on expose l'Idéal. La prédication par la parole, quand on fait arriver totalement à ces deux-là même. La prédication par la connaissance, quand on réfute les objections. Ainsi les Pleins-Savoirs-Respectifs se classent en quatre, correspondant à cette connaissance : qu'est-ce qui est prêché, et par quoi ?

37. Le nom des Pleins-Savoirs-Respectifs s'explique ainsi : arrivé à l'égalité dans le Quant-à-soi, on publie ensuite pour détruire tous les doutes.

Ce vers montre l'étymologie et l'acte des Pleins-Savoirs-Respectifs. Par la connaissance supra-mondaine dans le Quant-à-soi (*praty*âtmam), ayant compris l'égalité (*sama*tâ) de tous les Idéaux qui est la Quiddité, ultérieurement, avec la connaissance acquise derrière celle-ci, il publie (pra*ved*anâ) les Rubriques, etc. Ainsi s'explique le mot *Pratisaṃvid*. Pour détruire tous les doutes des autres ; tel est leur acte.

Quatre vers sur les Provisions.

38. La Provision incomparable des Bodhisattvas est faite de Mérite et de connaissance. L'une sert à réussir dans la Transmigration, l'autre à transmigrer sans la Pleine-Souillure.

Il montre ce qu'est la Provision et à quoi elle sert. Il y a deux sortes de Provisions. La Provision de Mérite aboutit à la réussite dans la Transmigration ; la Provision de connaissance, à transmigrer sans la Pleine-Souillure.

39. Le Don et la Morale sont la Provision du Mérite ; la Sapience l'est de la Connaissance ; les trois autres le sont de toutes deux ; cinq, d'autre part, sont la Provision de la connaissance.

Il montre par là que l'ensemble des Provisions est contenu dans les Perfections. Toutes les deux sont faites par la force de la Patience. de l'Énergie, et de l'Extase. Ainsi trois des Perfections font les deux Provisions. D'autre part, comme elles perfléchissent vers la Sapience, les cinq autres Perfections font la Provision de connaissance.

40. Par continuité (*saṃtatyâ*) arrivé à la Pratique (*bhâvanâ*) du Bien souvent répété, ce qui en est l'entretien (âhâ*ra*), c'est là la Provision qui mène au Sens total, chez le Sage [1].

C'est l'étymologie et l'acte des Provisions. Dans le mot *saṃbhâra*, *saṃ* représente *saṃtatyâ*; *bhâ*, *bhâvanâ*; *ra*, *âhâra*. Elle mène au Sens total; c'est là son acte; elle mène au Sens de soi et d'autrui.

41 Les Sages entassent les Provisions pour entrer, pour le Sans-Signe, pour être Impassibles, pour recevoir l'onction, pour le But.

Voilà la classification des Provisions. Dans la Terre de Conduite par Croyance, elles servent à entrer dans les Terres. Dans les six premières Terres, elles mènent au Sans-Signe, qui est compris dans la septième Terre, où on n'accueille plus les Signes [1]. Dans la septième Terre, elles mènent à l'Impassibilité, qui est comprise dans les deux autres Terres. Dans ces deux Terres, elles mènent à l'onction du sacre, qui est comprise dans la dixième Terre. Dans cette Terre elles font arriver au But, qui est compris dans la Terre des Bouddhas.

Trois vers sur les Aide-Mémoire.

42. La Pratique des Aide-Mémoire a quatorze aspects; elle est incomparable chez les Sages, et elle l'emporte sur toutes les autres.

Quels sont les quatorze aspects ?

43. Soubassement, Auxiliaire, Introduction, Phénomène, Acte mental, atteinte,

44. faveur, complaisance, per-connaissance, production, mesure, excellence, réussite.

Sous ces quatorze aspects, la Pratique des Aide-Mémoire est toute-particulière chez les Bodhisattvas. Comment cela ? Fond; en se fondant sur la Sapience faite d'audition, de réflexion et de Pra-

40. 1. *d.* Au lieu de *vîre*, lire *dhîre*; tib. *brtan pa*.
41. 1. Comm. l. 2. Au lieu de *nimittasamudâ°*, lire *nimittâsam°*.

tique dans le Grand Véhicule. Auxiliaire ; elle conduit à l'Impersonnalité des Idéaux du corps, etc., en étant l'Auxiliaire contre les Connotations d'Impur, de Douleur, d'Impermanent, d'Impersonnel, qui sont pourtant elles-mêmes des Auxiliaires contre les quatre Idées-à-rebours[1]. Introduction ; les quatre Aide-Mémoire introduisent respectivement aux Vérités de la Douleur, de l'Origine-totale, du Barrage, et du Chemin ; ainsi on y introduit et soi et autrui ; comme il est dit dans le Madhyânta-vibhâga. Phénomène ; le corps, etc. de tous les êtres en est le Phénomène. Acte mental ; le corps, etc. n'y est pas suscepté. Atteinte ; elle ne sert ni à se séparer, ni à empêcher de se séparer du corps, etc. Faveur ; elle favorise les Perfections en étant l'Auxiliaire contre leurs Adversaires. Complaisance ; par complaisance pour les Mondains, les Auditeurs, les Bouddhas-pour-soi, elle pratique des Aide-Mémoire affectés de conditionnements afférents, en vue de faire leur instruction. Per-connaissance ; en per-connaissant que le corps est pareil à un Trompe-l'œil ; elle fait voir que, tel qu'il est, c'est une Forme inexistante ; — en per-connaissant que l'Impression est pareille à un rêve ; elle fait voir que telle qu'elle est, l'Impression est faussement éprouvée ; — en per-connaissant que la Pensée est lumineuse de nature, comme l'espace ; — en per-connaissant que les Idéaux sont Incidents, comme les sous-Souillures de poussière, fumée, nuage, grêle, sont Incidentes à l'Espace. Production ; dans les Renaissances par préméditation, quand on est devenu monarque à la Roue, etc., il n'y a pas de Pleine-Souillure à posséder pleinement un corps tout-particulier, des Impressions toutes-particulières, etc. Mesure ; la Pratique des Aide-Mémoire, si faible qu'elle soit, est encore archi-grande par rapport aux autres, car les Organes y sont naturellement affinés. Excellence ; quand ils sont absolument complets, leur Pratique mixte et sous-mixte est Impassible. Pratique ; leur Pratique dépasse toute fin, puisqu'elle ne cesse pas au Nirvâṇa-Sans-reste-matériel. Réussite, puisqu'elle réussit dans les dix Terres et dans la Bouddhaté.

43-44. 1. *Viparyâsa.* Les quatre sont : prendre l'impermanent pour permanent (*anitye nitya°*), l'impersonnel pour la personne (*anâtmany âtma°*), l'impur pour pur (*açucau çuci°*), la douleur pour le plaisir (*duḥkhe sukha°*). Ç. s. 198, 11 ; cf. Añguttara, II, 52.

Cinq vers sur l'Abandon Régulier.

45. L'Abandon Régulier chez les Nobles n'a pas de pareil chez tous les êtres ; on le pratique comme l'Adversaire des défauts des Aide-Mémoire.

Autant il y a de Pratiques des Aide-Mémoire qui ont été énoncées, autant la Pratique de l'Abandon Régulier sert d'Auxiliaire contre les défauts qui sont les Adversaires afférents.

Puis, en les classant :

46. Sous-passivité de la Transmigration, rejet de l'Obstacle [1], rejet de l'Acte mental, entrée dans les Terres,

47. Station au sans-Signe, obtention d'une Prophétie, permaturation des créatures, onction du sacre,

48. nettoyage du Champ, arrivée au But : voilà pourquoi les Bodhisattvas pratiquent ; voilà les Auxiliaires contre les Adversaires.

C'est ici la classification des Pratiques de l'Abandon Régulier : pour jouir pleinement, sans aucune Pleine-Souillure, de la Transmigration dans la pleine prospérité ; — pour rejeter les cinq Obstacles ; — pour rejeter l'Acte mental d'Auditeur et de Bouddha-pour-soi ; — pour entrer dans les Terres ; — pour avoir la Station au sans-Signe, dans la septième Terre ; — pour obtenir une Prophétie, dans la huitième ; — pour per-mûrir les êtres, dans la neuvième ; — pour avoir l'onction du sacre, dans la dixième ; — pour nettoyer totalement le Champ, dans toutes ces trois Terres ; — pour arriver au But, dans la Terre de Bouddha. Contre les Adversaires afférents, la Pratique de l'Abandon Régulier sert d'Auxiliaire.

Voilà la classification de cette Pratique.

46. 1. *Nivâraṇa* ; tib. *sgrib pa* « obscurcissement » ; chin. *tchou* « attachement ». La liste des cinq *nivâraṇa* (le pali écrit : *nîvaraṇa*) est en pali : *kâmacchanda* « zèle au désir », *vyâpâda* « malfaisance », *thînamiddha* « mollesse », *uddhacca kukkucca* « impolitesse hautaine », *vicikicchâ* « scepticisme ». V. Dîgha N. II, 300 sq. (Mahâsatipaṭṭhâna).

49. Avec le Zèle pour base, la Pratique de l'Application, associée aux Signes, est déclarée l'Auxiliaire en fait d'Abandons Réguliers.

« Il fait naître le Zèle ; il se tend tout au long, il entreprend l'Énergie ; il tient ferme la Pensée ; il la fixe régulièrement » ; tels[1] sont les termes dont ce vers expose le Sens. Avec le Zèle pour base, il pratique l'Application qui s'appelle Pacification-et-Inspection ; c'est ce que signifie : « il se tend tout au long ». Cette Pratique est pratiquée avec les Signes de la Pacification, de l'Inspection, de l'Apathie ; donc elle est « associée aux Signes ». Et comment est-elle pratiquée ? C'est quand « il entreprend l'Énergie » comme une Auxiliaire contre la dépression et l'exaltation qui sont les sous-Souillures de la Pacification et de la tenue ferme. Comment est-ce qu'il entreprend ? « Il tient ferme la Pensée et la fixe[2]. » C'est par la Sapience qu'il la tient ferme ; c'est par la Pacification qu'il la fixe. Arrivé à l'égalité, il la fixe dans l'Apathie. Cette Pratique d'Application est, ainsi qu'il est dit, l'Auxiliaire pour tous les genres d'Abandons Réguliers qui ont été énoncés.

Cinq vers sur les Pieds-de-Magie.

50. Les quatre Pieds-de-Magie des Nobles ont un Indice capital ; ils naissent pour le succès en tout Sens de soi et d'autrui.

Le succès en tout Sens, c'est le succès mondain et supra-mondain. Le Sens du reste va de soi.

51. Base, division, moyen, réalisation ; voilà la distribution totale des Pieds-de-Magie des Sages.

Ce vers est l'énoncé ; l'exposé suit.

52. Avec la Perfection d'Extase comme Fond, il y a quatre divisions, quatre moyens, six réalisations.

49. 1. Comm. l. 2. Au lieu de *pradadhâti | ity eṣaṃ*, lire *pradadhâtîti | eṣâṃ*.

2. L. 6. Au lieu de *çamathe samaprâpte*, lire *tatra pragṛhṇâtîti prajñayâ | pradadhâtîti çamathena | samaprâptaç [copekṣayâ...* Le tib. révèle la lacune et permet de la combler : *de la rab tu 'jin pa ni çes rab kyis so | yaṅ dag par rab tu 'jog pa ni gnas kyis so | mñam pa thob nas...*

La Perfection d'Union est la base ; les quatre divisions correspondent aux Unions de Zèle, d'Énergie, de Pensée, de Réflexion. Les moyens sont quatre ; les réalisations, six.

Quels sont les quatre moyens?

53. Le premier est de décision ; le second, d'obligeance ; le troisième, d'obligation ; le quatrième, d'auxiliaire.

Parmi les huit Facteurs de l'Abandon, le Zèle, la Tension et la Foi sont le moyen de décision ; quand on a la Foi, on a un Sens, on y tend. La Rémission est le moyen d'obligeance. La mémoire et la Pleine Conscience sont le moyen d'obligation ; la première empêche la Pensée de se disperser dans les Phénomènes ; la seconde connaît bien toute dispersion. L'idée et l'Apathie sont le moyen d'Auxiliaire ; ils sont les auxiliaires contre les deux sous-Souillures de la dépression et de l'exaltation et contre les Souillures.

Quelles sont les six Réalisations?

54. Réalisation de Vue, de Conseil, de Jeux-de-Halte, de Vœu, de Souveraineté, d'arrivée aux Idéaux.

La Vue, c'est les cinq sortes d'yeux : l'œil de chair, l'œil divin, l'œil saint, l'œil de Sapience, l'œil d'Idéal, l'œil de Bouddha. Le Conseil, c'est les six Super-savoirs. En les employant dans leur ordre, il se déplace, il connaît le parler, la Pensée, ce qui vient et ce qui va, et il conseille pour l'Évasion. Les Jeux-de-Halte, c'est quand les Bodhisattvas s'amusent à toutes sortes d'Unions par des métamorphoses, etc. Le Vœu, c'est la connaissance du vœu grâce à laquelle les Bodhisattvas, possédant la force du Vœu, s'amusent, étant donné le caractère tout-particulier du Vœu. « On ne saurait aisément dénombrer leur corps, leur état, leur accent, etc... », comme il est dit dans le Daçabhûmika sûtra. La souveraineté, c'est les dix Souverainetés énoncées dans le même texte. L'arrivée aux Idéaux, c'est arriver aux Forces, aux Assurances, aux Idéaux Exclusifs des Bouddhas. Telles sont les six sortes de Réalisation de Vue, etc.

Un vers sur les Organes.

55. **Illumination, conduite, Audition capitale [1], Pacification et Inspection sont le Point de la Foi, etc..., au point de vue de la compétence pour atteindre le Sens.**

L'Illumination est le Point, c'est-à-dire le Phénomène de l'Organe de Foi. La conduite de Bodhisattva l'est de l'Organe d'Énergie. L'Audition comprise dans le Grand Véhicule l'est de l'Organe de Souvenir. La Pacification l'est de l'Organe d'Union. L'Inspection l'est de l'Organe de Sapience. Et à cause de leur compétence dans ce Sens, la Foi, etc. sont appelés des Organes, au Sens de Régence.

Un vers sur les Forces.

56. **La Foi, etc. ont de la Pleine-Souillure en entrant dans les Terres; mais, comme leurs Adversaires ont peu de force, on les appelle, elles, des Forces.**

Le Sens du vers va de soi.

Sept vers sur les Membres de l'Illumination.

57. **Une fois qu'on est entré dans les Terres, l'ordre de classement des Membres de l'Illumination dépend de l'intelligence qu'on a de l'égalité des Idéaux et de tous les êtres.**

Il montre ainsi que les Membres de l'Illumination sont rangés dans l'ordre où se produit l'intelligence, étape par étape; car, une fois qu'on est entré dans les Terres, on comprend l'égalité de tous les Idéaux et de tous les êtres respectivement par l'Impersonnalité des Idéaux et par l'égalité de soi et d'autrui.

Ensuite il montre l'analogie des Membres d'Illumination avec les Sept Joyaux, Roue, etc.

58 *a*. **La Mémoire circule partout pour soumettre le connaissable encore insoumis.**

Pour soumettre le connaissable encore insoumis, comme le joyau de la Roue du Monarque à la Roue pour soumettre les pays insoumis.

55. 1. a. Au lieu de *çrutaṃ çâtra*, lire *çrutaṃ câgraṃ*; tib. *mčhog*.

58 *b*. Le tri lui sert à briser les Signes de toutes les Imaginations.

Comme le joyau d'éléphant sert à briser les ennemis.

59 *a*. Son Énergie fonctionne pour comprendre tout rapidement.

Parce qu'elle produit rapidement les Super-savoirs ; comme le joyau de cheval sert à parcourir vite la grande terre jusqu'à l'océan.

59 *b*. Comme la Clarté-de-l'Idéal s'accroît, il est solidement rempli de plaisir.

Quand le Bodhisattva a entrepris l'Énergie, les Clartés-de-l'Idéal s'accroissent ; et par suite le plaisir satisfait complètement le corps [1]. Comme le joyau de pierrerie, par sa clarté toute-particulière, satisfait le Monarque à la Roue.

60 *a*. Délivré de toute Obstruction, il va au bonheur par la Rémission.

En faisant exploser [1] toute Turbulence ; comme, par le joyau de femme, le Monarque à la Roue éprouve du bonheur.

60 *b*. Et le succès total du Sens réfléchi naît de l'Union.

Comme il naît du joyau de maître de maison pour le Monarque à la Roue.

61. Par l'Apathie il vit partout comme il veut, toujours excellent par la Station [1] acquise par derrière et indifférenciée.

L'Apathie, c'est la connaissance indifférenciée ; par elle, le Bodhisattva vit partout comme il veut, — et aussi par la Station acquise derrière celle-ci, l'une survenant quand une autre s'en va — ; et aussi par la Station indifférenciée où il se prépare un campement d'inactivité. Comme le joyau de maréchal du Monarque à la Roue lui amène [2] les quatre corps d'armée quand

59. 1. *b*. Comm. l. 1. Au lieu de *kâryaṃ*, lire *kâyaṃ*.
60. 1. *a*. Au lieu de *utpâdanât*, lire *utpâṭanât* ; tib. *yaṅ dag bčom pa*.
61. 1. *d*. Au lieu de *vikalpena*, lire *vihâreṇa* ; tib. *gnas pas*.
2. Comm. l. 5. Au lieu de *upapraṇayati* (ms. *upagaṇayati*), le tib. *yaṅ'bul* « adresser respectueusement » indique presque certainement la correction *upagamayati*.

il faut les amener, et les emmène quand il faut les emmener, et va lui préparer un campement où les quatre corps d'armée passent ensuite sans fatigue.

62. Avec ces vertus, le Bodhisattva se comporte comme un Monarque à la Roue, toujours entouré des Membres de l'Illumination comme des Sept Joyaux.

Il conclut ici la comparaison des Membres de l'Illumination avec les Sept Joyaux.

63. Membre de soubassement, Membre de nature-propre, Membre d'Évasion, Membre d'Avantage, Membre de Sans-Souillure fait de trois.

Par ce vers, il éclaircit ce qu'est chaque Membre de l'Illumination en tant que Membre. La Mémoire est le Membre de soubassement, car tous se basent sur elle pour fonctionner. Le tri des Idéaux est le Membre de Nature-propre, puisqu'il est la Nature-propre de l'Illumination. L'Énergie est le Membre d'Évasion, car c'est par elle qu'il empêche toute solution de Continuité tant que le But n'est pas atteint[1]. L'affection est le Membre d'Avantage, car elle est le bonheur de la Pensée. Rémission, Union, Apathie sont le Membre de Sans-Pleine-Souillure ; le Membre de Sans-Pleine-Souillure est fait de trois : de quoi est fait le Sans-Pleine-souillure ; sur quoi il se base ; ce qu'il est.

Deux vers sur le Membre de Chemin.

64. Ensuite se produit la conformité avec la compréhension, la distribution d'après la compréhension, l'entrée dans la distribution,

65. le nettoyage des trois actes, la pratique de l'Auxiliaire contre l'Obstruction de connaissable, de Chemin, et de vertu d'ordre tout-particulier.

Après la période des Membres de l'Illumination vient la conformité avec la compréhension adéquate ; c'est la Vue Régulière ; — là

63. 1. Comm. l. 3. Au lieu de *tenâprâpyaniṣṭhâyâm adhiṣṭhânât* (ms. *niṣṭhâmaviṣṭhânât*), lire *tenâprâpya niṣṭhâm avicchedât* ; tib. *des mthar thug pa ma thob pa'i bar du rgyun mi gčod pa'i phyir*.

distribution, la délimitation de cette compréhension, c'est la Combinaison Régulière ; — elle est aussi l'entrée dans cette distribution en Sûtras, etc., qui a été faite par Bhagavat, puisque c'est par elle qu'on en comprend le Sens ; — le nettoyage des trois actes, c'est la parole, la profession, le régime Réguliers, puisqu'ils contiennent les actes de parole, de corps et des deux ; la Pratique de l'Auxiliaire, c'est la Tension Régulière, etc., respectivement contre l'Obstruction de connaissable, l'Obstruction de Chemin, l'Obstruction de Réalisation de Vertus d'ordre tout-particulier. En effet, par la Tension Régulière, on pratique longtemps, sans se fatiguer, l'Auxiliaire contre l'Obstruction de connaissable ; par la Mémoire Régulière, on pratique l'Auxiliaire contre l'Obstruction de façon à être en face du Chemin, puisqu'il n'existe pas de dépression ni d'exaltation à propos des Signes de la Pacification, de la tenue ferme, de l'Apathie ; — par l'Union Régulière, on pratique l'Auxiliaire de l'Obstruction qui sert à réaliser les Vertus d'ordre tout-particulier. Ainsi sont rangés les huit Membres du Chemin.

Trois vers sur la Pacification et l'Inspection.

66. Par la Halte de la Pensée dans la Pensée, par le tri des Idéaux avec la Halte régulière comme Fond, on a la Pacification et l'Inspection.

En se basant sur l'Union Régulière, si on arrête la Pensée dans la Pensée, et si on fait le tri des Idéaux, on a respectivement la Pacification et l'Inspection ; mais non point sans l'Union Régulière ; tel est l'Indice de la Pacification et de l'Inspection.

67 *a*. Elles sont universelles ; en partie ou en totalité ; elles sont une Base causale,

Pacification et Inspection sont universelles ; quelque vertu qu'on désire, il faut les pratiquer pour l'avoir. Comme il est dit dans le Sûtra : « Le Mendiant doit appeler de ses vœux : Ah ! que je puisse, à l'écart des désirs... ! etc. ; ce Mendiant là doit pratiquer ces deux Idéaux-ci, la Pacification et l'Inspection, etc. » En partie, s'il ne pratique que la Pacification, ou que l'Inspection. En deux parties, quand il les pratique toutes les deux. Elles sont une Base causale, pour les Bodhisattvas, dans la Terre de Conduite par Croyance.

67 *b*. quant à la Pénétration, l'Évasion, le Sans-Signe, l'Inopéré,

68. le nettoyage total, le nettoyage intense. La Pacification et l'Inspection se trouvent chez le Sage dans toutes les Terres ; c'est l'Application qui mène à tout.

« Elles sont une Base causale, etc... » ; ce développement expose la classification de la Pacification et de l'Inspection et aussi leur Acte. L'Application, c'est-à-dire le Moyen. La Pénétration, c'est l'entrée dans la première Terre. L'Évasion va jusqu'à la sixième Terre ; car, par ces Terres, il sort de l'emploi à Signes. Le Sans-Signe, c'est la septième Terre. L'Inopéré, c'est les trois autres Terres, car elles vont leur cours sans Sur-opérants. L'Opérant, c'est l'Opéré ; où il n'y en a pas, c'est l'Inopéré. En se basant sur ces trois mêmes Terres, il faut aussi nettoyer totalement le Champ des Bouddhas, et il faut aussi obtenir la Bouddhaté. C'est ce que désigne respectivement le nettoyage total et le nettoyage intense.

Deux vers sur l'adresse aux Moyens.

69. Pour remplir les Idéaux de Bouddha, pour per-mûrir les créatures, pour arriver vite, pour nettoyer les actions, pour empêcher la piste d'être coupée,

70. l'Adresse aux Moyens est, chez les Bodhisattvas, sans égale dans toutes les Terres ; en se fondant sur cette Adresse, il font réussir tous les Sens.

Il montre la division et l'Acte de l'Adresse aux Moyens. Pour parachever les Idéaux de Bouddha, la connaissance indifférenciée est le Moyen. Pour per-mûrir les créatures, les quatre Matières de Rapprochement. Pour arriver vite à être tout-parfaitement illuminé, la Confession, l'Approbation joyeuse, la Requête, la Per-flexion sont les Moyens, quand il dit : « Je confesse tout péché......... puissé-je avoir la connaissance pour être tout illuminé ! » Pour nettoyer les actions, c'est les Embouchures d'Union et de Formule ; car il fait par elles réussir les actions dans tous les Sens. Pour empêcher la piste d'être coupée, au Nirvâṇa-qui-n'est-pas-l'arrêt. A ces cinq moyens, les Bodhisattvas ont une adresse incomparable dans toutes les Terres. Telle en est la division. Ils font réussir tout le Sens de soi et d'autrui; c'en est l'Acte.

Trois vers sur les Formules.

71. Par la Concoction, l'exercice de l'Audition, et aussi l'Union, la Formule [1] est petite ou grande. Grande, elle fait trois espèces.

72. Si les Sages ne sont pas entrés, ou, étant entrés, ont une Terre qui n'est pas nettoyée, elle est faible ou moyenne ; elle est grande, si elle a une Terre nettoyée.

73. En se fondant sur la Formule, les Bodhisattvas publient maintes fois le Bon Idéal, et ils le retiennent.

Il montre ici la division et l'Acte de la Formule. La Formule est de trois sortes : soit par Concoction d'actes antérieurs ; soit par exercice d'Audition, quand on a beaucoup entendu dans la vie présente, grâce à une capacité toute-particulière de saisir et de retenir ; soit par soubassement d'Union. Par Concoction ou par exercice d'Audition, elle est petite ; par Union, elle est grande. Et si elle est grande, elle fait encore trois espèces : quand on n'est pas encore entré dans les Terres, elle est faible ; quand on est entré dans les Terres, et que les Terres ne sont pas nettoyées, dans sept Terres, elle est moyenne. Quand la Terre est per-nettoyée, dans les autres Terres, elle est archi-grande. Telle est la division de la Formule. Publier et retenir le Bon Idéal, c'est son action.

74. Idée associée au Zèle et poussée par la connaissance, c'est là le Vœu incomparable des Sages dans toutes les Terres.

75. Il est cause, et aussi il a un fruit immédiat de la Pensée ; il a pour Sens le succès du Sens dans l'avenir, parce qu'il s'accomplit grâce au Rien-que-Pensée.

76. Nuancé, grand, pur dans les Terres l'une après l'autre, jusqu'à l'Illumination ; il mène au Sens de soi et d'autrui.

71. 1. *Dhâraṇî* ; tib. *gzuṅs* « emprise » ; le chin. transcrit simplement le mot : *to-lo-ni*. Ce sont des syllabes magiques qui ont (d'après un texte du Kandjour cité par S. C. Das, s. v. *gzuṅs sṅags*) l'avantage de procurer « une mémoire sans obstacle, une réflexion ininterrompue, une intelligence sans souillure, et une sur-opération de sapience ».

Le Vœu est expliqué ici au point de vue de la Nature-propre, de la Donnée-causale, de la Terre, de la division, de l'Acte. L'Idée associée au Zèle, c'est sa Nature-propre. La connaissance, c'est sa Donnée-causale. Dans toutes les Terres; c'est sa Terre. Et le Vœu est cause, puisqu'il a un fruit immédiat de la Pensée, et que dans l'avenir [1] aussi il a pour Sens d'accomplir le Sens comme on en avait l'intention [2]. Il a un fruit immédiat de la Pensée, puisque le Sens, tel qu'on en avait l'intention, s'accomplit par le fait du Rien-que-Pensée. Comme il est dit [v. sup. v. 54] : « Ce Vœu où s'amusent les Bodhisattvas qui ont les Forces, et dont on ne peut dénombrer ni le corps ni... etc. » Nuancé, dans la Terre de Conduite par Croyance, quand il dit : « Puissé-je être ainsi et ainsi! » Grand; c'est les dix Grands Vœux du Bodhisattva entré dans les Terres. Nettoyé dans les Terres l'une après l'autre, puisque le nettoyage est toujours de plus en plus tout-particulier jusqu'à l'Illumination. Voilà la division. Accomplir le Sens de soi et d'autrui, c'est l'Acte.

Trois vers sur les trois Unions.

77. Les deux sortes d'Impersonnalité, le Fond de la Prise du Moi, et son sous-Apaisement sont perpétuellement le domaine des trois Unions.

Les trois Unions ont trois Domaines. L'Impersonnalité de l'Individu et des Idéaux est celui de l'Union de Vacuité ; le Fond de la Prise de ces deux pour le Moi, c'est-à-dire les cinq Masses d'Auto-Subsumption, est celui de l'Union sans-Vœu ; le sous-Apaisement à tout jamais de ce Fond est celui de l'Union sans-Signe.

78 *a*. L'Union est de trois espèces, en raison du Prenable et du Prenant.

Le domaine du Prenable est de trois espèces; les Unions qui en sont les Prenants, c'est l'Union de Vacuité, etc. Ainsi, en raison du Prenable et du Prenant, on compte trois Unions, qui sont respectivement :

74-76. Comm. l. 3. Au lieu de *âyatyâṃ vâbhi°*, lire *°tyâṃ câbhi°*.
2. L. 4. Au lieu de *°samṛddhitâ veditavyâ*, lire *samṛddhito veditavyam*; tib. *'grub pa'i sgo nas*.

78 *b*. Indifférenciée, détournée, associée à la volupté en tout temps.

L'Union de Vacuité est indifférenciée ; on n'y distingue pas de personnalité de l'Individu ni des Idéaux. L'Union sans-Vœu est détournée de ce Fond de la Prise du Moi. L'Union sans-Signe est en tout temps associée à la volupté, parce que ce Fond y est sous-apaisé.

79. Pour per-connaître, pour abandonner, pour manifester, les Unions de Vacuité, etc. ont trois Sens.

Pour per-connaître l'Impersonnalité de l'Individu et de l'Idéal, c'est la Vacuité. Pour abandonner le Fond de la Prise du Moi, c'est le sans-Vœu. Pour en manifester le sous-Apaisement, c'est le sans-Signe.

Deux vers sur les Sommaires de la Loi.

80. Quatre Sommaires de la Loi ont été prêchés aux Bodhisattvas, comme Base-causale du Recueillement, par désir du salut des êtres.

« Tous les Opérants sont impermanents ! Tous les Opérants sont Douleur ! » Voilà ce qui a été prêché pour être la Base-causale de l'Union sans-Vœu. « Tous les Idéaux sont impersonnels ! », ... de l'Union de Vacuité. « En paix, le Nirvâṇa ! »..., de l'Union sans-Signe. Quel est donc le Sens de « impermanent, etc. ... en paix » ?

81. Sens de Non-être, Sens d'indifférenciation, Sens d'Imagination, Sens de sous-Apaisement de la différenciation ; voilà les quatre pour les Sages.

Pour les Bodhisattvas, le Sens d' « impermanent », c'est le Sens de « Non-être ». Ce qui n'est pas permanent, l'impermanent pour eux, c'est l'Indice Imaginaire. Le Sens de « douleur » est le Sens de « différenciation inexistante » ; c'est l'Indice Relatif. Le Sens d'« impersonnel », c'est le Sens de Rien-qu'Imagination. Le mot *eva* dans le vers est emphatique. Le Moi imaginaire n'est pas ; ce qui est, c'est Rien-qu'Imagination ; c'est ainsi que le Sens d' « impersonnel » est le Sens de « inexistence de l'Indice Imagmaire ». Le Sens de « en paix », c'est le Sens de « Sous-Apaisement de la différenciation » ; c'est l'Indice Absolu, le Nirvâṇa. Le Sens d' « impermanent, c'est aussi le Sens de « destruction instantanée » qui est celui de l'Indice Relatif.

Pour le démontrer, voici dix vers sur l'instantanéité.

82. Inapplication, Production par une cause, contradiction, manque de durée par soi, inexistence, Indice exclusif, entraînement, barrage,

83. Susception de Per-flexion, qualité de cause et de fruit, subordination et Régence, complaisance au pur et aux êtres.

La thèse en jeu, et qui sera énoncée plus tard [v. 88], c'est : « Tout ce qui est opéré est instantané ». Comment le prouver? Sans l'instantanéité, le fonctionnement des Opérants est inapplicable. « Fonctionnement » désigne une activité en liaison continue ; or celle-ci est inapplicable sans Production et Barrage à chaque instant. Si on veut que la Production et le Barrage alternatifs, après l'intervalle d'un temps d'arrêt, soient une activité en liaison continue, il n'y a pas dans ce cas fonctionnement sans intervalle, puisqu'il n'y a pas de liaison continue. Et une chose une fois produite ne peut pas exister pendant un intervalle de temps sans liaison continue. Pourquoi? Parce qu'il y a Production par une cause. En effet, tout ce qui est Opéré est produit, c'est-à-dire existe par suite d'une cause. Si une chose, ayant existé, existe encore dans la suite du temps, il faut inéluctablement qu'elle ait une cause. Sans une cause, elle n'existerait pas dès le commencement même [1] ; et elle ne peut pas exister par la même cause, puisqu'elle a déjà utilisé [2] sa cause. Et on ne suscepte pas une autre cause. Donc, inéluctablement, il existe à chaque instant une autre chose qui a pour cause la précédente. Ainsi, sans une liaison continue, une chose déjà produite ne peut pas exister un intervalle de temps. Ou bien encore, on dira : Non, ce n'est pas ce qui est déjà produit qui a produit à nouveau, puisqu'il y faudrait nécessairement une cause. Ce qui est déjà produit se trouve ensuite barré après un intervalle de temps, et

82-83. 1. Comm. l. 8. Au lieu de *âdita ivâ°*, lire *âdita evâ°* ; tib. *dan po kho nas*.

2. L. 9. Au lieu de *tasyopayukta*, lire *tasyopabhukta°* ; tib. *spyad*.

non point aussitôt que produit. — Mais alors qu'est-ce qui le barre ensuite? Ne dites pas que c'est justement sa cause de production (qui le barre) ; ce serait absurde. — Pourquoi? — Parce qu'il y a contradiction entre production et barrage. Car on ne perçoit pas de cause identique à deux contradictoires, comme ombre et lumière, froid et chaud. Et de plus le barrage après un intervalle de temps est en contradiction. En contradiction avec quoi? Avec la Tradition, d'abord. Bhagavat a dit : « Les Opérants, ô Mendiants, sont pareils à un Trompe-l'œil, ils sont périssables, ils durent juste ceci, ils ne se présentent qu'en passant, etc. » Aussi avec l'Acte mental des Appliqués. En effet, quand ceux-ci opèrent mentalement sur la naissance et la destruction des Opérants, ils en voient le barrage à chaque instant. Autrement ils n'auraient pas, eux aussi, ce dégoût, ce détachement, cette Libération que les autres ont quand à l'heure de la mort, etc... ils voient le barrage. Et si, une fois produit, l'Opérant pouvait durer un intervalle de temps, c'est qu'il durerait alors par lui-même, et alors il serait capable de durer par lui-même ; ou c'est qu'il durerait par l'effet d'une raison quelconque de durée. Mais alors il est absurde qu'il dure tant ou tant de temps par lui-même. — Pour quelle raison? — Parce que, ensuite, il ne subsiste pas par lui-même. Ou bien alors, pourquoi ne serait-il pas capable de durer encore à la fin? Est-ce par une raison de durer? C'est absurde, puisqu'il n'en existe pas. On n'en suscepte, en effet, absolument aucune.

On dira peut-être encore : Sans aucune raison de durée, il subsiste, par inexistence d'une raison de destruction. Mais, s'il trouve une raison de destruction, il est ensuite détruit, comme la noirceur l'est par le feu. — Cela est absurde, car il n'en existe pas ; en effet, il n'existe pas, même dans la suite, une raison quelconque de destruction. Et il est inexact de dire que la noirceur est détruite par le feu[3] ; il faut dire que le feu est apte à produire une dissemblance. En effet, par liaison avec le feu, la Série de la noirceur se trouve perçue dissemblable ; mais il ne s'agit pas d'une absence complète de fonctionnement. L'eau qu'on fait bouillir, par liaison avec le feu, se produit de plus en plus réduite, tant qu'à la fin, à force d'être appauvrie, on constate

3. P. 150, l. 12. Au lieu de *vinaçyatîti suprasiddham*, lire °*ti apra*° avec le ms. et le tib. (*ma sgrub pa*).

qu'elle ne se produit plus. Mais ce n'est pas en une fois que par liaison avec le feu elle cesse d'exister. Et de plus il est inadmissible qu'une chose produite puisse subsister, parce que l'Indice est formellement exclusif. Bhagavat a formellement déclaré que l'Indice de l'Opéré, c'est l'Impermanence de l'Opéré. S'il ne se détruisait pas aussitôt né, il n'aurait pas d'Impermanence pour un temps quelconque, et il faudrait alors nécessairement que l'Indice d'Impermanence ne fût pas formellement exclusif.

On dira peut-être encore : S'il y avait production nouvelle à chaque instant, on ne reconnaîtrait pas chaque fois que ceci est cela. Le fait est dû à l'entraînement de la ressemblance, comme dans le cas de la planchette du prestidigitateur[4] ; on s'est fait l'idée par ressemblance, et non par suite de son existence. Comment arrive-t-on à le savoir? Par le barrage. Si la chose subsistait telle quelle, elle n'aurait pas de barrage à la fin, puisqu'il n'y aurait pas de différence avec l'instant initial. C'est pourquoi on n'affirme pas que ceci est exactement ceci. Et aussi par la Susception de Per-flexion. La Per-flexion, c'est devenir autrement. Si elle ne commençait pas dès le début, on ne suscepterait pas de Per-flexion à la fin des choses soit de l'ordre du Moi, soit de l'ordre extérieur ; donc le changement commence dès le début même, et comme il va en augmentant, à la fin il devient manifeste, comme c'est le cas du lait à l'état de crème. Mais, tant que le changement est trop subtil pour être délimité, on se laisse entraîner à la ressemblance et on reconnaît que ceci est encore exactement ceci. Voilà qui est établi. Et par suite du fait de changer à chaque instant, l'instantanéité est bien établie. Comment est-elle établie? Par la qualité de la cause et du fruit, c'est-à-dire parce que la cause est instantanée et que le fruit est instantané. Car il est établi que la Pensée est instantanée ; or les autres Opérants, Œil, Forme, etc. en sont la cause ; donc il faut aussi qu'ils soient instantanés. L'instantané ne peut pas sortir du non-instantané, non plus que l'Impermanent du Permanent. D'autre part, tous les Opérants sont aussi le fruit de la Pensée. Comment arrive-t-on à le savoir? Par la Subordination, par la Régence, par la complaisance au pur et aux êtres. En effet tous les Opérants, Œil, etc., sont pré-

4. L. 20. *Mâyâkârapalakavat*. En face du douteux *palaka*, le tib. a *sgaṅ sgoṅ*, altération graphique (?) de *spaṅ sgo* « planchette ». Donc lire °*phalaka*°.

sidés par la Pensée, lui sont subordonnés[5] ; ils foisonnent avec elle, par complaisance à ses faveurs ; donc ils sont le fruit de la Pensée et la Pensée a la Régence sur les Opérants. Comme Bhagavat l'a dit[6] : « Par la Pensée le monde est mené ; par la Pensée il est tiraillé ; il est à la merci de chaque Pensée qui naît. » Et il est dit de même : « Nom-et-Forme[7] ont pour Rencontre la Sensation ». Donc ils sont le fruit de la Pensée. Et aussi par complaisance aux faveurs du pur et des êtres. Le pur, c'est la Pensée des Appliqués ; les Opérants la suivent docilement. Comme il est dit : « Le Mendiant en possession de l'Extase, en possession de la Magie, arrivé à l'empire de la Pensée, s'il a la Croyance que cette masse de bois est de l'or, elle sera telle pour lui[8]. » Donc les Opérants, pour cette raison encore, sont le fruit de la Pensée. Et par complaisance aux êtres. En effet, chez les êtres malfaisants, les choses de l'ordre extérieur sont défectueuses ; chez ceux qui font des actes de Mérite, elles sont excellentes. Donc, puisque les Opérants suivent docilement la Pensée, les Opérants sont bien le fruit de la Pensée. Donc ils sont instantanés. Car l'instantané ne peut pas avoir un fruit qui ne serait pas instantané, puisque celui-ci le reproduit. Ainsi il a démontré en deux vers que les Opérants sont, sans distinction, instantanés.

5. P. 151, l. 5. Le tib. laisse de côté les mots *sâdhiṣṭhânâ upâttâḥ*.

6. L. 6. Le passage cité est tout au moins analogue, et probablement identique, avec le vers du Saṃyutta I, 39 : *cittena nîyati loko cittena parikissati | cittassa ekadhammassa sabbeva vasam anvagu* ||. Les deux versions chinoises du Saṃyuktâgama sanscrit présentent en regard un vers identique de sens au vers pali, mais traduit différemment dans chacun des deux textes ; le second hémistiche équivaut à : « La pensée est l'unique dharma qui gouverne le monde » (éd. Tôk., XIII, 4, 6a, col. 7 ; 5, 78b, col. 7). La première partie de la citation chez Asaṅga semble bien se rapporter à un vers soit hypermètre, si on respecte le texte donné, soit régulier si on lit : *cittena loko nîyate* en supprimant *ayam*. Mais la seconde partie semble irréductible au mètre du çloka.

7. L. 8. Réunir *nâmarûpam*. Le texte cité se retrouve en pali dans le Saṃyutta II, 6 (§ 11 : *viññâṇapaccayâ nâmarûpan ti*).

8. L. 9 sq. Le passage cité rappelle Saṃyutta I, 116 : *âkaṅkhamâno ca pana bhante Bhagavâ Himavantam pabbatarâjaṃ suvaṇṇaṃ tveva adhimucceyya, suvaṇṇañ ca pan' assâti* (je ne sais pourquoi l'éditeur a corrigé les derniers mots en *pabbatassâti*). Le Saṃyuktâgama (seconde version chin., éd. Tôk., XIII, 4, 28a, col. 1) a un texte identique à celui du Saṃyutta.

Cinq vers maintenant pour établir que les choses de l'ordre du Moi le sont aussi.

84. Commencement, croissance, accumulation, existence de Fond, altération, per-maturation, infériorité, supériorité,

85. à lumière, sans lumière, déplacement, existence à germe ou sans germe, reflet. Par là se fait l'origine.

86. Donc quatorze espèces de Production. Comme elles ont cause et mesure toute-particulière, contre-Sens d'accumulation, inapplication, impossibilité en fait de Fond,

87. impossibilité de durée, manque d'altération à la fin sans destruction d'abord, — et de même en cas d'infériorité, de supériorité, d'existence à lumière ou sans lumière,

88. et comme il y a inexistence de mouvement, inapplication de durée, impossibilité de fin dernière, docilité à la Pensée, — tout Opéré est instantané.

Comment cette série de vers, depuis le mot : « Commencement » [v. 84] prouve-t-elle qu'ils sont instantanés? C'est que les Opérants de l'ordre du Moi ont quatorze espèces de Production. La première, du commencement, va jusqu'à la première manifestation de l'existence personnelle. Par croissance, à partir du premier instant de la naissance. Par accumulation, par l'accumulation des aliments, du sommeil, de la Conduite Brahmique, de la Communion, etc. Par existence du Fond, c'est celle de la Sensation oculaire, etc... par le Fond respectif, Œil, etc. Par altération, c'est celle qui se produit par la Passion, etc., altération du teint, etc. Par per-maturation, c'est dans la condition d'embryon, d'enfant, d'adolescent, de jeune homme, d'homme mûr, de vieillard. Par infériorité et supériorité, c'est d'être produit dans une Mauvaise Destination ou dans une Bonne Destination[1] respectivement. A lumière, c'est quand on va renaître chez les dieux qui se plaisent aux Métamorphoses, qui se plaisent aux

84-88. 1. Comm. p. 152, l. 1. Après *durgatau*, insérer *sugatau* [*cotpadya*°..., tib. *dań bde' gror*.

Métamorphoses des autres [2], dans la Forme, dans le sans-Forme, puisque (cette Production) dépend de Rien-que-la Pensée. Sans-lumière, c'est quand on va renaître ailleurs que là. Par déplacement, quand la Production étant barrée dans un endroit, elle se fait dans un autre. A germe, jusqu'aux dernières Masses de l'Arhat exclusivement. Sans germe, celle de ces Masses mêmes. A reflet, quand la vigueur de l'Union, dans l'Extase des Huit Libérations, produit des Opérants désignés comme des reflets.

La cause, la mesure toute-particulière, etc., sont les raisons qui font connaître que, dans ces quatorze espèces de Productions, les Opérants de l'Ordre du Moi sont instantanés. La cause toute-particulière répond à la Production du Commencement. Si cette Production n'avait pas une cause toute-particulière, on ne susceptерait pas de plus en plus de particularités dans le fonctionnement ultérieur de l'Opérant puisqu'il n'y aurait pas de particularité de cause. Du moment que cette particularité est, il faut qu'elle soit instantanée, puisqu'elle est autre que les suivantes. La particularité de mesure répond à la Production par croissance. Le mot *mâna*, ici, a le Sens de *pramâṇa*. Il n'y aurait pas, en effet, à chaque instant, particularité de mesure s'il n'y avait pas de changement. Le Contre-Sens d'accumulation répond à la Production par accumulation. Car l'accumulation est le soutien ; elle serait hors-de-Sens sans l'instantanéité, puisque les choses resteraient telles quelles. L'inapplication répond aussi à l'accumulation ; car l'accumulation serait inapplicable [inadmissible] sans la Production d'une chose de plus en plus alimentée. L'impossibilité en fait de Fond répond à la Production par existence du Fond ; car, si le Fond reste en place, il est absurde que ce qui s'y fonde ne reste pas en place ; comme, dans le cas d'un véhicule qui reste en place, si les gens montés sur ce véhicule ne restaient pas en place ; autrement il y aurait

2. *Nirmitakâma*, *paranirmitakâma* ; tib. *'dod pa sprul pa*, *'dod pa gžan gyis sprul pa* ; le trad. chinois dit : « les deux derniers deva de la limite du désir et tous les dieux de la limite de la forme et de la limite sans forme ». Il s'agit en effet des habitants des deux étages les plus élevés du *kâmaloka*. Le nom de ces deux classes de divinités est difficile à interpréter. Au lieu de *nirmitakâma*, on trouve plus souvent *nirmânarati*, lit. *'phrul dga'* « qui se plaisent aux transformations ». Cf. les interprétations palies citées par Childers s. v. *nimmânarati* et *paranimmito*.

L. 6. Au lieu de *pratibimbânâṃ*, lire *pratibimbâkhyânâṃ* ; avec le ms. et le tib. *žes bya ba'i*.

impossibilité en fait de Fond. L'impossibilité de durée répond à la Production par altération et à la Production par per-maturation, — en raison du manque d'altération sans destruction d'abord ; car, si une chose reste telle quelle, il est impossible qu'elle soit altérée par la Passion, etc., ni qu'elle mûrisse pour passer à d'autres états ; s'il n'y avait pas destruction d'abord, il n'y aurait pas d'altération à la fin. Pour la Production en infériorité et en supériorité, l'instantanéité se reconnaît comme pour la production par altération et par maturation. Car, si les Opérants restaient tels quels, l'Imprégnation de l'Acte ne trouverait pas à fonctionner, et par conséquent il n'y aurait pas Production en vue d'une Mauvaise Destination ou d'une Bonne Destination. C'est graduellement qu'elle peut trouver à fonctionner, grâce à une Per-flexion toute-particulière de la Série. Dans le cas de la Production à lumière ou sans-lumière, l'instantanéité s'applique de même ; dans le cas à lumière d'abord, si la chose restait telle quelle, il serait impossible qu'elle eût une activité subordonnée à la Pensée ; dans le cas sans lumière aussi, il serait impossible qu'elle s'altérât à la fin sans destruction d'abord. L'inexistence de mouvement répond à la Production par déplacement. Car le mouvement des Opérants est nécessairement une certaine action ayant pour Indice le déplacement. Admettons que cette action fait passer l'Opérant d'un point à un autre quand elle est déjà produite, ou quand elle n'est pas encore produite. Si elle est déjà produite, alors, au moment du mouvement l'Opérant ne s'est pas déplacé ; or une chose qui est en place n'a pas de mouvement. Ou bien elle n'est pas encore produite, et alors l'Opérant s'est déplacé quand il n'y avait pas de mouvement, ce qui est une absurdité. Si on dit que l'action exerce son effet sur l'Opérant quand il est en place, c'est absurde ; car une chose en place ne passe pas à un autre point ; si c'est sur l'Opérant quand il est à un autre point, c'est encore une absurdité, car sans une action exercée il ne passerait pas à un autre point. Et de plus on ne suscepte pas l'action située ici ou là, autre que l'Opérant. Donc les Opérants n'ont pas d'autre mouvement que la Production d'une Série à des points divers, et comme il n'y en a pas d'autre, l'instantanéité est logiquement nécessaire. Le mouvement qui a pour Indice la Production en suite ininterrompue d'un point à un autre peut avoir des raisons fort diverses : soit la Pensée, comme dans l'état de Marche-intense, etc.. ; soit la Projection des Actes antérieurs, comme c'est le cas de la Vie-intermédiaire ; soit le choc, comme c'est le cas de la flèche lancée ; soit la liaison, comme c'est le cas des gens montés en voiture, en bateau sur un fleuve, etc.. ; soit la force d'impulsion, comme c'est le cas des herbes, etc... poussées par le vent ; soit la nature-propre, comme le vent va horizontalement, le feu verticalement, l'eau de haut en bas ; soit l'Efficacité, comme l'Efficacité des enchantements, des herbes, etc. dans certains cas, l'Efficacité de l'aimant dans le cas du fer, l'Efficacité de la Magie dans le cas des magiciens, etc... Dans le cas de la Production à germe et sans germe, l'instantanéité s'établit par l'inapplication de durée et par l'impossibililé de fin dernière ; car il n'est pas possible, sans qu'il y ait une cause à chaque instant, qu'une chose restant telle quelle puisse à un autre moment devenir un germe, ni cesser d'être un germe au dernier instant ; et ce qui est à germe tout d'abord ne peut pas au dernier instant devenir sans germe ; et si elle ne devient pas sans germe, il est impossible qu'elle ait une fin dernière ; dans ces conditions, en effet, une fin dernière est impossible. Dans le cas de la Production en reflet, l'instantanéité s'établit par la docilité à la Pensée, car cette Production se fait par la Pensée à chaque instant.

Il a prouvé formellement que, dans l'ordre du Moi, tout l'Opéré est instantané. Maintenant il le prouve pour l'ordre du dehors, en trois vers.

89. Les Éléments et les six Sens sont aussi instantanés, à preuve le dessèchement et la croissance, la mobilité de nature, la croissance et la diminution ;

90. quant à la terre, le fait même de son origine, et aussi ses quatre Per-flexions ; et quant à la couleur, à l'odeur, à la saveur, au toucher, l'identité du cas ;

91. et aussi l'activité en fonction du combustible, la susception de plus et moins, la docilité à la Pensée, les questions. Donc l'ordre du dehors est aussi instantané.

Qu'est-ce que l'ordre du dehors ? Les quatre grands Éléments, et aussi les six Sens : couleur, odeur, saveur, toucher et la

Forme du Lieu d'Idéal. Donc les Éléments et les six Sens sont déclarés être instantanés. Et comment cela? Quant à l'eau, la preuve en est son dessèchement et sa croissance. On suscepte que l'eau des sources, des étangs, des réservoirs, etc. croît et se dessèche graduellement. L'un et l'autre ne pourraient pas arriver sans une Per-flexion à chaque instant, en l'absence de toute raison de particularité ultérieurement. Quant au vent, sa mobilité de nature, et aussi son augmentation et sa diminution. S'il restait tel quel, il n'aurait pas de mobilité; donc il faut qu'il en ait par sa nature-propre. Il n'aurait pas non plus d'augmentation et de diminution, puisqu'il resterait tel quel. Quant à la terre, le fait même de son origine et ses quatre Per-flexions. Son origine, c'est l'eau et le vent ; le mot *tat* indique cela. En effet, la terre se forme de l'eau associée au vent au commencement d'un Éon. Donc, puisqu'elle en est le fruit, elle est aussi instantanée. Et on suscepte quatre espèces de Per-flexions de la terre : faite par l'Acte, résultant de l'Acte tout-particulier des créatures ; — faite par la violence, à coups de bêche[1], etc. ; — faite par les Éléments, le feu, etc. ; — faite par le temps, amenée par une longue durée[2]. Cette Per-flexion serait inadmissible, s'il n'y avait pas à chaque instant une autre production, en l'absence de toute raison de destruction. Quant à la couleur, l'odeur, la saveur, le toucher, les raisons d'instantanéité sont les mêmes que pour la terre, etc. Quant au feu, la preuve qu'il est instantané, c'est que son activité est en fonction du combustible. En effet, une fois le feu produit, le combustible produit simultanément avec le feu ne reste pas tel quel, et le feu quand il a brûlé le combustible ne peut pas non plus subsister. Qu'on n'aille donc pas dire : Tout à la fin, même sans combustible, le feu reste tel quel. C'est par raison de commodité métrique qu'il a d'abord mentionné la couleur, etc. et ensuite le feu. Quant au son, celui des cloches, etc. qu'on suscepte, on reconnaît qu'il est instantané aux variations en plus ou moins de la Susception. Car, s'il n'était pas instantané, la Susception n'en serait pas à chaque instant de plus en plus faible. La Forme du Lieu d'Idéal est instantanée ; à preuve la docilité à

89-91. 1. Comm. l. 10. *Prahă* ; le tib. traduit : *bsnun pa* que les lexiques tibétains sanscrits cités par S. C. Das rendent par *ghâta*, *tâḍana* « coup », *vivyâdha* « percée », *sûci* « aiguille ».

2. L. 11. Rétablir avec le ms. *parivâsataḥ* ; tib. *yoṅs su gnas pas*.

la Pensée, comme ci-dessus [v. 88]. Donc ce qui est de l'ordre du dehors est aussi instantané.

Si on demande : Comment donc s'y prend-on pour prouver que tous les Opérants sont instantanés? — il faut alors demander à cet adversaire de la doctrine de l'instantané : Comment se fait-il que vous admettez l'impermanence et que vous n'admettez pas l'instantanéité des Opérants? — S'il répond : C'est parce qu'on ne constate pas qu'ils changent à chaque instant, — il faut lui répliquer : Dans le cas de choses qui sont, de l'aveu unanime, instantanées, p. ex. la flamme, etc., pourquoi n'admettez-vous pas, vous, qu'elles ne sont pas instantanées, car à l'état d'immobilité on n'y constate pas ce changement? — S'il répond : C'est qu'on ne les constate pas telles après qu'avant, — il faut répliquer : Alors, pourquoi ne l'admettez-vous pas aussi pour les Opérants? — S'il répond : C'est que l'Indice n'est pas le même dans le cas d'une flamme, etc. et dans le cas des Opérants qui sont bien différents, — il faut lui répondre : La différence d'Indice est de deux sortes ; elle porte sur la nature-propre ou sur l'activité ; si la différence d'Indice dont vous parlez porte sur la nature-propre, l'exemple donné vaut logiquement, car la nature-propre d'une chose ne peut pas lui servir d'exemple logique, comme par exemple, la flamme à la flamme, une vache à une vache ; ou la différence d'Indice porte sur l'activité, et alors l'exemple de la flamme, etc. vaut logiquement, car étant connu de tout le monde, il entraîne comme conséquence l'instantané. — Et il faut encore lui poser cette question : Admettez-vous que, le char étant en place, la personne montée sur le char est en mouvement? — S'il répond : Certainement non, — il faut lui dire : Si l'œil, etc. reste en place, la sensation qui s'y fonde serait perpétuellement en mouvement! Voilà qui serait absurde! — S'il répond : Mais ne voit-on pas, dans le cas de la flamme qui est fondée sur la mèche, que la mèche reste telle quelle tandis que la flamme est perpétuellement en mouvement? — il faut lui répondre : Non, on ne le voit pas perpétuellement, parce que la mèche a une Production en altération à chaque instant. — S'il répond : Eh bien! si les Opérants sont instantanés, pourquoi ne le reconnaît-on pas unanimement comme on reconnaît que la flamme, etc. sont instantanés? — il faut lui répondre : C'est qu'ils sont la Matière d'une Idée-à-rebours. Comme leur activité se continue en série identique, on ne reconnaît pas qu'ils sont instantanés. Comme ils sont l'un après l'autre, on se fait cette Idée-à-rebours que c'est toujours la même chose. Autrement il n'y aurait pas d'Idée-à-rebours sur le Permanent qu'on prend pour impermanent ; en l'absence de cette Idée-à-rebours, il n'y aurait pas de Pleine Souillure, à plus forte raison pas de nettoyage. Ainsi cette discussion établit, elle aussi, que les Opérants sont instantanés.

Pour établir l'Impersonnalité de l'Individu, douze vers sur l'Impersonnalité.

92. On doit dire de l'Individu [1] qu'il est comme Notation, mais non pas comme substance, en raison de l'absence de Susception, de l'Idée-à-rebours, de la Pleine-Souillure, de la cause souillée.

93. On ne doit pas [1] dire de lui, qu'il fait un ou qu'il est autre en raison de ces deux défauts ; l'un implique la Personnalité des Masses, l'autre implique sa substantialité.

94. S'il est en substance et qu'on n'en peut rien dire, il faut en dire la raison d'être ; si on ne peut pas dire de lui qu'il fait un ou qu'il est autre, il n'a pas d'application, il est sans raison d'être.

95. En raison de l'Indice, de l'Observation courante, des Traités didactiques, il n'y a pas à alléguer qu'on ne peut rien dire du feu et du combustible, puisqu'il y a Susception en dualité.

96. Si la Sensation n'est possible qu'en cas de deux termes, alors il n'est pas la Rencontre, car cela n'aurait pas de Sens ; il est illogique de dire qu'il voit, etc., qu'il délivre.

97. S'il était le maître, il ne ferait pas fonctionner l'imperma-

92. *Pudgala* ; chin. *jen* « homme » ; tib. *gaṅ zag* « rempli-épuisé ». Cette traduction correspond à l'étymologie scolastique de *pudgala : pûryati galati ca*. Les créatures sont des *pudgala*, parce qu'elles sont « remplies » de péchés tandis que leurs mérites vont en « s'épuisant » ; mais inversement il y a des *pudgala* d'ordre supérieur, les Bouddhas, qui sont « remplis » de tous les mérites, tandis que leurs péchés sont « épuisés ». La classification des *pudgala* a préoccupé les *çrâvaka* ; cf. la liste M. Vy., § 46, et, d'autre part, la Puggala-paññatti.

93. 1. a. Au lieu de *vâcyas*, lire *avâcyas* ; tib. *brjod bya min.* (et aussi p. 156, l. 3).

nent qui lui est désagréable ; il faudrait établir l'Indice de son Acte, et la Parfaite Illumination est gênée de trois manières.

98. Son travail en fait de vision, etc., n'est pas spontané, en raison des trois ; il n'est pas la Rencontre de ce travail ; il y aurait vision, etc. sans travail.

99. N'étant ni agent, ni permanent, ni en fonction une fois pour toutes, on ne peut pas dire que son travail, dans la vision etc., est spontané.

100. Qu'il reste tel quel ou qu'il se perde, il ne peut pas être la Rencontre, à cause de l'inexistence auparavant, de l'Impermanence et de l'inexistence d'un tiers parti.

101. Tous les Idéaux sont sans Personnalité ; au Sens transcendant, la Vacuité. A suscepter la Personnalité, il y a faute, comme la Prédication en fait foi.

102. A propos de la Pleine-Souillure et du nettoyage, séparés en persistance et en rupture, la séparation en activité et en série est montrée par l'Individu.

103. Il ne s'agit pas de produire la Vue de la Personnalité; l'exercice en date de temps immémorial ; délivrance sans travail pour tous; pas de délivrance, ou pas d'Individualité.

Faut-il dire que l'Individualité est ou n'est pas? Il dit : « On doit dire de l'Individu qu'il est comme Notation, non pas comme Substance ». Puisqu'on doit dire qu'il est comme Notation, et qu'il n'est pas comme Substance, ainsi en adoptant une thèse à plusieurs parties, on ne risque pas de faute à affirmer ou à nier qu'il soit. Mais comment sait-on qu'il n'est pas en Substance? En raison de l'absence de Susception. En effet, on ne le suscepte pas en tant que Substance, comme la Forme, etc. Car la Susception, c'est l'Initiative par la Compréhension. On ne peut pas dire que les partisans de l'Individu n'ont pas l'Initiative par la Compréhension quant à l'Individu. Et d'autre part Bhagavat a dit : « Dans le monde-présent, il suscepte la Personnalité, il en parle ». Comment pourrait-on donc dire qu'il n'est pas suscepté[1]. Mais, en étant ainsi suscepté, il n'est pas suscepté en Substance. Pourquoi? Parce que c'est une Idée-à-rebours; car Bhagavat a dit : « La Personnalité dans la non-Personnalité, c'est une Idée-à-rebours ». Donc prendre pour tel l'Individu, c'est une Idée-à-rebours. Comment l'établir? Par la Pleine-Souillure. La Pleine-Souillure qui consiste à dire : Moi, de moi, a pour Indice la Souillure de la Vue du Corps Réel ; or une Idée-à-rebours ne peut pas[2] ne pas être Pleine-Souillure ; donc celle-ci est Pleine-Souillure[3]. Comment le savoir ? Parce que la cause est souillée. En effet, la passion, etc. qui l'ont pour cause se produisent à l'état de Souillure.

Mais la Matière, sous Connotation de Forme, etc., à propos de laquelle on parle de l'Individu, par rapport à elle faut-il parler de l'Individu comme faisant un ou comme étant autre ? Il répond : « On ne doit pas dire de lui qu'il fait un ou qu'il est autre ». Pour quelle raison ? A cause de deux défauts. Quels sont ces deux défauts? « L'un implique la Personnalité des Masses, l'autre implique sa Substantialité ». S'il ne fait qu'un avec celle-ci, il en sort logiquement que les Masses ont une Personnalité et que l'Individu est une Substance. S'il en est différent, alors l'Individu est une Substance. Ainsi donc, il faut reconnaître qu'on ne peut rien dire de l'Individu en tant qu'il est comme Notation ; par suite, il entre dans la catégorie des matières en dehors du Dogme. Quant à ceux qui, transgressant la doctrine du Maître, veulent que l'Individu existe comme Substance, il faut leur dire : « Si elle est en Substance et qu'on ne peut rien en dire, il faut en dire la raison d'être ». Pourquoi ? « Si on ne peut pas dire de lui qu'il fait un ou qu'il est différent, il n'a pas d'application, il est sans raison d'être ». Mais on voudra peut-être prouver au moyen d'un exemple que l'Individu est tel qu'on n'en peut rien dire. C'est, dira-t-on, comme le feu, qu'on ne peut pas dire autre que le combustible ni identique à lui. Il faut répondre : « En raison de l'Indice, de l'observation courante, et aussi des Traités-didactiques, il n'y a pas à alléguer qu'on ne peut rien dire du feu et du combustible, puisqu'il y a Susception en dualité ». En tant que faisant un et étant autre. Le feu, c'est le

92-103. 1. Comm. l. 5. Au lieu de *nopalabdhā*, lire *nopalabdho*.
2. L. 9. Entre *saṃkleço* et *bhavitum*, insérer *na*, d'après le tib.
3. L. 10. Au lieu de *na caiṣa*, lire *sa caiṣa* avec le ms. et le tib.

Plan du feu; le combustible, c'est le reste des Éléments. Or ceux-ci ont un Indice différent; donc le feu est autre que le combustible. Et, dans la vie courante, on voit du combustible, bois, etc., sans feu, et aussi du feu sans combustible; donc il est autre. Et, dans les Traités didactiques, Bhagavat n'a dit nulle part qu'on ne peut rien dire du feu et du combustible; donc, point d'argument. Mais on répliquera : « Comment savez-vous que le feu est sans le combustible? » — Par la Susception, car c'est ainsi que l'incendie propagé par le vent passe et s'étend. — Mais, dira-t-on alors, le vent est dans ce cas le combustible. — Eh bien, alors, le feu et le combustible sont différents l'un de l'autre. — Pourquoi? — « Parce qu'il y a Susception en dualité ». Voilà le fait. Dans ce cas, il y a deux Susceptions : le feu et le vent comme combustible. — Mais enfin l'Individu est, puisque c'est lui qui voit, etc., qui sent, qui agit, qui jouit, qui connaît, qui délivre ! — Non, il ne faut pas dire que c'est lui qui voit....., qui délivre. Car, dans ce cas, il serait l'Agent, en tant que Rencontre ou en tant que maître, des Sensations sous Connotation de vision, etc. Or « si la Sensation n'est possible que par Rencontre de deux termes, il n'est pas la Rencontre ». Pourquoi? C'est que cela n'aurait pas de Sens ; car on ne voit pas qu'il y ait la moindre capacité. « S'il était le maître, il ne ferait pas fonctionner l'impermanent qui lui est désagréable. » En effet, s'il était le maître du fonctionnement des Sensations, il ne ferait pas fonctionner de sensation impermanente, ni agréable, ni désagréable[4]. Par suite de cette double impossibilité, il ne peut pas être celui qui voit....., ni qui libère. Et au surplus, si l'Individu était en Substance, « il faudrait établir l'Indice de son Acte ». S'il est en Substance, alors son Acte est suscepté, comme celui de l'œil par exemple qui a pour Indice la vision, etc. et aussi la Limpidité de la Forme, etc. Or il n'en est pas ainsi de l'Individu; donc il n'est pas en Substance. Et si on veut qu'il soit en Substance, alors « la Parfaite Illumination du Bouddha Bhagavat est gênée de trois manières ». La Toute-parfaite Illumination est profonde; elle n'est point en commun; elle est supra-mondaine. Or, dans la Toute-parfaite Illumination de l'Individu, il n'y a

4 *a*. Comm. (p. 157, l. 6). Au lieu de *bhvannaniṣṭaṃ*, lire *bhavann iṣṭam* avec le ms. et le tib. et modifier ainsi la ponctuation de la ligne suivante : *aniṣṭaṃ ca naiva | tasmâd ubhayathâpy asambhavât asau*....

rien de profond qui ait la Toute-parfaite Illumination; ni rien qui ne soit ordinaire dans le monde. Car cette façon de prendre [l'Individu] est accessible à tout le monde; les Hérétiques s'y tiennent opiniâtrément; elle est courante dans la longue durée des Transmigrations. Et de plus, si c'était l'Individu qui voit..... qui a des Sensations, alors, dans la vision, etc. il aurait du travail ou n'en aurait pas. S'il y avait du travail, ce travail serait ou spontané, par hasard, ou bien[5] par Rencontre avec lui. « Son travail, en fait de vision, etc. n'est pas spontané, en raison des trois », des trois défauts qui vont être énoncés [v. 99], « il n'est pas la Rencontre de ce travail ». Il faut reprendre la négation de l'hémistiche précédent. Ou, s'il n'y avait pas de travail, alors « il y aurait vision, etc. sans travail ». Et alors, s'il n'a pas à s'occuper dans la vision, etc., comment est-ce l'Individu qui voit, qui... qui a des Sensations?

Il a parlé de trois défauts [v. 98]. Quels sont-ils? « N'étant ni Agent, ni permanent, ni en fonction une fois pour toutes, on ne peut pas dire que son travail dans la vision, etc. est spontané » [v. 99]. Si, dans la vision, etc., c'est un travail de hasard d'où vient la vision, etc., alors l'Individu n'est pas l'Agent de la vision, etc. Comment donc serait-ce lui qui voit... qui a des Sensations? Ou bien, si on admet que c'est un travail de hasard, alors, comme on n'a pas à y faire attention, le travail ne serait jamais sans exister, il ne serait pas impermanent. Et si le travail était permanent, le fonctionnement de la vision, etc. se ferait tout à la fois et en permanence. Par suite de ces trois défauts, on ne peut pas dire que le travail dans la vision, etc. est spontané.

« Qu'il reste tel quel ou qu'il se perde, il ne peut pas être la Rencontre, à cause de l'inexistence auparavant, de l'Impermanence, et de l'inexistence d'un tiers parti » [v. 100]. On dira peut-être que l'Individu est la Rencontre du travail. Mais si l'Individu reste tel quel, on ne peut pas dire qu'il est la Rencontre, à cause de l'inexistence auparavant. Car s'il était la Rencontre, l'Individu ne serait jamais sans exister. Pourquoi? Parce qu'il n'y aurait pas de travail antérieur, avant qu'il ait été produit. Et s'il se perd, on ne peut pas non plus dire qu'il est la Rencontre, car la thèse entraîne l'Impermanence de l'Individu. Et il n'y a pas de tiers parti, en dehors de ces deux : l'Individu restant tel quel ou

5. (p. 157, l. 19). Après *tatpratyayo*, insérer *vā* d'après le tib.

se perdant. Donc on ne peut pas dire que l'Individu est la Rencontre du travail. En raisonnant ainsi, on ne suscepte pas l'Individu en substance.

« Tous les Idéaux sont sans Personnalité ; au Sens transcendant, la Vacuité. A suscepter la Personnalité, il y a faute, comme la Prédication en fait foi » [v. 101]. Dans les Sommaires de la Loi, Bhagavat prêche ainsi : « Tous les Idéaux sont Sans-Personnalité ». Et il est prêché, dans la Vacuité au Sens transcendant[6] : L'Acte est, la Concoction est ; mais l'auteur, celui qui dépose ces Masses-ci et qui en prend d'autres à la naissance, on ne le suscepte pas en dehors de la Contingence d'Idéal. Et dans les Cinquaines[7], sont prêchés : « Les cinq Désavantages quant à la Susception de Personnalité ». « Il a alors la Vue du Moi, il a la Vue du Vivant, il ne se distingue plus des Hérétiques, il a pris l'Initiative hors du Chemin ; sa Pensée ne progresse pas dans la Vacuité, n'y a pas de Limpidité, n'y fait pas halte, n'y croit pas. Les Idéaux Saints ne sont pas nettoyés pour lui. » Ainsi la Tradition elle aussi va à l'encontre. Et Bhagavat a en bien des endroits prêché l'Individu comme « le Per-Connaisseur », « le Porte-faix », en le classant comme « le Suivant de la Foi[8] », etc. Or, s'il n'existe pas en Substance, pourquoi a-t-il été prêché ?

« A propos de la Pleine-Souillure et du nettoyage, séparés en persistance et en rupture, la séparation en activité et en série a été montrée par l'Individu » [v. 102]. Pleine-Souillure et nettoyage sont séparés en persistance, et séparés en rupture. Et il n'est pas possible, sans parler de l'Individu, de prêcher la séparation de leur activité et la séparation des Séries. Dans le Sûtra de la Per-Connaissance[9], les Idéaux à reconnaître, c'est la Pleine-Souillure ; la connaissance totale, c'est le nettoyage. Dans le Sûtra du Porte-faix[9], le faix et le chargement du faix, c'est la Pleine-

6. *Paramârtha-çûnyatâ* ; tib. *don dam pa stoṅ ñid las ni* ; et le chin. plus net encore « Dans le sûtra (*king*) de la Vacuité transcendante, le Bouddha dit : ... ». Il s'agit donc bien d'un titre.

7. *Pañcakeṣu* ; tib. *lṅa pa las ni* ; chin. *tseng wou king* = pañcottara sûtra. Le Pañcaka nipâta de l'Aṅguttara pali a plusieurs listes de *pañca âdînavâḥ*, mais n'en a aucune qui concorde avec le texte cité ; de même la section correspondante de l'Ekottarâgama en chinois.

8. *Çraddhânusârin*. C'est une des catégories du *pudgala* dans les deux classifications sanscrite et palie, la 13e dans la M. Vy., la 36e dans la Puggala-paññatti.

9. Le *Parijñâ sûtra* et le *Bhârahâra sûtra* font tous deux partie du Saṃyuktâgama, où ils se suivent dans l'ordre même où Asaṅga les mentionne

Souillure ; le dépôt du faix, c'est le nettoyage. La séparation d'activité et la séparation de Série de l'un et l'autre ne sauraient être prêchés sans parler de l'Individu qui connaît et qui porte le faix. Et les Idéaux de l'Aile d'Illumination se disposent en bien des manières quand on les sépare d'après la différence d'application, de Vue, de Pratique, de Chemin du But. Leur séparation d'activité et leur séparation de Série ne sauraient être prêchés sans parler de l'Individu qui est le Suivant de la Foi, etc. Puisque Bhagavat a prêché l'Individu, alors qu'il n'existe pas en Substance, il faut l'expliquer ainsi. Autrement la prédication de l'Individu se trouverait être sans raison d'être. Car on ne saurait dire qu'elle est faite pour produire la Vue du Moi, puisque « il ne s'agit pas de produire la Vue du Moi » car elle existe déjà, ni de la répéter, car « l'exercice en date de temps immémorial ». Et si elle était prêchée parce que la Vue du Moi donne la Délivrance, alors « tous auraient la Délivrance sans travail », car tous ont la Vue du Moi sans avoir vu les Vérités. « Ou bien il n'y a pas de Délivrance », c'est exact. Car si on a pris antérieurement du Non-moi l'idée du Moi, on n'arrive pas ensuite à la prendre du Moi, au moment de l'Intuition des Vérités ; de même, si on n'a pas pris antérieurement de la douleur l'idée de la douleur, on ne la prend pas ensuite ; on est après comme avant, et alors il n'y aurait pas de délivrance. Et, là où est la Personnalité, il y a nécessairement le Moi, le Mien, la Soif de Personnalité, et les autres Souillures dont elle est la Donnée-causale. Et alors encore il n'y aurait pas de Délivrance. « Ou bien il n'y a pas d'Individu », c'est ce qu'il faut avouer. Car, si l'Individu est, il entraîne tous ces défauts.

104. Ainsi, perpétuellement doués de ces vertus, les Bodhisattvas ne désertent pas le Sens de soi, et ils accomplissent le Sens d'autrui.

Il indique en résumé l'acte des vertus : honte, fermeté, etc.

(éd. Tôk., XIII, 2, 15 *b*) ; plus haut (p. 159, l. 1) Asaṅga y a déjà fait allusion dans le même ordre : *parijñâtâvî bhârahârah̤*. Le Saṃyutta pali, où ces deux sûtras se retrouvent, les classe dans l'ordre inverse, le Bhârabâra° d'abord, le Parijñâ° ensuite.

CHAPITRE XIX

LES VERTUS.

Trois vers sur les prodiges.

1. Sacrifice de son corps et de sa plénitude dans l'Astreinte, Patience envers les faibles, point de regard à son corps et à sa vie,

2. entreprise de l'Énergie, ne pas déguster le bonheur dans l'Extase, être hors de différenciation dans la Sapience, c'est là le Prodige des Sages[1].

3. Naissance dans la famille d'un Tathâgata, obtenir une Prophétie, sacre par l'onction, Illumination sont le Prodige.

Dans les deux premiers vers il énonce le prodige d'Initiative au point de vue des six Perfections. Le sacrifice du corps est le prodige du Don ; le sacrifice d'une sublime plénitude est le Signe de l'Astreinte à la Morale. Le Sens du reste va de soi. Le troisième vers énonce le prodige de fruit au point de vue des quatre fruits du Bodhisattva ; dans la première Terre, la huitième, la dixième, trois fruits de l'ordre de l'Instruction. Dans la Terre de Bouddha, le quatrième fruit qui n'est plus de l'ordre de l'Instruction.

Non, pas de prodige ! un vers là-dessus :

4. Arrivé au détachement, à la Compassion, à la Pratique par excellence, et à l'égalité de la Pensée, s'il s'y applique, ce n'est pas un prodige.

« Y », c'est à dire : aux Perfections. Arrivé au détachement, qu'il s'emploie au Don, ce n'est pas un prodige ; ni que, arrivé à la Compassion, il s'emploie à la Morale et à la Patience ; ni que, arrivé à la Pratique par excellence, dans la huitième Terre, dégagé des Sur-opérants et de la différenciation, il s'emploie à

2. 1 *d*. Au lieu de *gatam*, lire *matam* ; tib *'dod*.

l'Énergie, etc. ; ni que, arrivé à l'égalité de la Pensée quant à soi et à autrui, il s'emploie à toutes les Perfections, puisqu'il n'a pas de lassitude dans le Sens d'autrui comme dans le Sens de soi.

Trois vers sur l'égalité de la Pensée.

5. L'affection des êtres ne va pas à soi, à l'épouse, au fils, à l'ami[1], au parent, comme l'affection des Sages va aux êtres.

6. Point de partialité en fait de solliciteur, respect intégral de l'Idéal toujours, Patience partout, grande entreprise d'Énergie dans le Sens des créatures,

7. extase perpétuellement bonne, et Sapience sans différenciation, voilà en quoi consiste l'égalité de Pensée des Bodhisattvas.

Un vers sur l'égalité de la Pensée quant aux créatures ; deux, quant aux Perfections. Car l'affection des créatures pour soi, etc. ne s'accompagne pas d'égalité et ne dure pas à jamais ; en effet, il y en a même qui se tuent. Mais l'affection des Bodhisattvas pour les créatures est accompagnée d'égalité et dure à jamais. Quant aux Perfections, l'égalité de Pensée en fait de Don, c'est l'impartialité envers les solliciteurs ; en fait de Morale, n'en point violer jamais le moindre atome ; « Patience partout », en tout temps, en tout lieu, pour tous les êtres sans distinction ; en fait d'Énergie, c'est l'entreprise d'Énergie dans le Sens des créatures, en s'employant également au Sens de soi et d'autrui, et dans le Sens du Bien total. Le Sens du reste va de soi.

Ils sont des bienfaiteurs : seize vers.

8. Les installer comme Récipients, les hisser à la Morale, supporter leurs offenses, s'occuper de leur Sens,

9. les gagner à la Doctrine, trancher leurs doutes : voilà comme les Sages sont les bienfaiteurs des créatures.

Ces deux vers expliquent comment les Bodhisattvas sont des bienfaiteurs par les six Perfections. Par le Don, ils installent

5. 1. *b*. Le tib. *gñen* confirme la restitution de *bandhuṣu*.

les créatures comme Récipients de leur action de Bien; par l'Extase, ils les gagnent, par l'application de leur Pouvoir tout-particulier. Le Sens du reste va de soi.

Les autres vers les comparent, comme bienfaiteurs, à une mère, etc.

10. Eux qui portent les créatures avec une Tendance égale, qui les font naître dans la Terre Sainte, qui les font grandir en Bien,

11. qui les défendent contre les mauvaises actions, qui leur expliquent l'Audition, par cinq actes, les fils des Vainqueurs sont comme des mères pour les êtres.

Ils sont de vraies mères, comme des mères, pour les créatures. La mère, en effet, rend cinq sortes de services à son fils : elle le porte dans son sein; elle le met au monde; elle lui donne le sein, le nourrit, le fait grandir; elle le préserve des accidents; elle lui apprend à parler. Cinq actes des Bodhisattvas sont analogues. La Terre Sainte désigne les Idéaux Saints.

12. Ils sèment toujours la Foi dans tous les êtres; ils les instruisent dans la Morale, etc., ils les unissent à la Libération;

13. ils prient pour eux les Bouddhas, et ils écartent d'eux l'Obstruction; par cinq actes, les fils des Vainqueurs sont comme des pères pour les êtres.

Le père rend cinq sortes de services à ses fils; il sème la semence; il leur apprend un métier; il les unit à une épouse assortie; il les remet à de bons amis; il règle ses comptes de sorte qu'ils n'ont pas à payer la dette paternelle. Cinq actes des Bodhisattvas sont analogues. La Foi, en effet, est pour les créatures la semence du recouvrement d'une existence personnelle anoblie; l'ordre de l'Instruction, c'est le métier; la Libération, c'est l'épouse, car[1] elle fait éprouver le bonheur et la joie de la Libération. L'Obstruction correspond à la dette.

12-13. 1. Comm. l. 5. Au lieu de *saṃvedanâ*, lire °*nât*; tib. *myoṅ pa'i phyir ro*.

14. Eux qui gardent pour les créatures le secret de la Prédication, caché aux indignes, qui blâment la défectuosité de l'Instruction et qui en louent la plénitude,

15. qui donnent le Conseil et qui signalent les Démons, par cinq actes les fils des Vainqueurs sont comme des parents pour les êtres.

En effet les parents rendent à leurs parents cinq sortes de services : ils gardent les secrets à garder ; ils critiquent les mauvais procédés ; ils applaudissent aux bons procédés ; ils viennent au secours quand il faut agir ; ils détournent des difficultés. Cinq actes des Bodhisattvas sont analogues. Ils cachent aux indignes le secret de la Prédication de l'Idéal profond ; ils critiquent et ils louent respectivement la défectuosité de la plénitude de l'Instruction ; ils donnent le Conseil pour qu'on arrive à l'Intelligence ; ils signalent les actes des Démons.

16. Sans avoir jamais de fatigue d'esprit à propos de la Pleine Souillure et du nettoyage, ils donnent spontanément toute la plénitude de l'ordre mondain et de l'ordre supra-mondain ;

17. étant inlassables [1], ils n'ont jamais de brouille, et toujours ils cherchent le bonheur et le salut ; par cinq actes, les fils des Vainqueurs sont comme des amis pour les créatures.

La véritable amitié, c'est de n'être point à rebours quant au salut et au bonheur d'un ami ; de lui procurer le bonheur et le salut ; d'être inséparable de lui ; de lui chercher toujours le bonheur et le salut. De même, par cinq actes, les Bodhisattvas sont comme des amis pour les créatures. Car la plénitude d'ordre mondain est leur bonheur, puisqu'elle leur fait éprouver le bonheur ; d'ordre supra-mondain, elle est le salut, puisqu'elle est l'Auxiliaire contre la maladie des Souillures.

18. Eux qui travaillent toujours à per-mûrir les êtres, qui énoncent l'Évasion régulière, qui sont patients aux contrariétés,

19. qui donnent les deux plénitudes et qui en connaissent les moyens, par cinq actes les fils des Vainqueurs sont comme des esclaves pour les créatures.

17. 1 a. Au lieu de *sukhe hite câbhinnâ*, lire *akheditvâd abhinnâ* ; tib. *skyo ba med pa mi phyed čiṅ* (et ms. *akheditvâbhinnâ*).

Par cinq actes, en effet, l'esclave se comporte bien : il est plein d'entrain au travail, il tient parole; il supporte les injures, les coups, etc. ; il est adroit à tous les travaux ; il est entendu, connaît les moyens. Cinq actes des Bodhisattvas sont analogues. La double plénitude, c'est celle d'ordre mondain et celle d'ordre supra-mondain.

20. Arrivés à la Patience quant aux Idéaux Sans-Production, ils indiquent toute la Voie, unissent à l'Application achevée,

21. l'air aimable, sans regarder au paiement en retour ni à la Concoction, les fils des Vainqueurs sont, par cinq actes, comme des Instructeurs pour les créatures.

L'Instructeur[1] rend cinq sortes de services à ses élèves ; personnellement il est bien instruit ; il fait tout apprendre ; il fait vite apprendre ; il a l'air aimable, il est sympathique de nature ; il a la Pensée étrangère aux Amorces. Cinq actes des Bodhisattvas sont analogues.

22. Eux qui s'évertuent dans le Sens des créatures, qui remplissent les Provisions, qui une fois approvisionnées, les font vite délivrées, qui leur font abandonner l'Adversaire,

23. qui les unissent aux plénitudes nuancées dans le monde et hors du monde, par cinq actes les fils des Vainqueurs sont comme des Précepteurs pour les créatures.

Le Précepteur rend cinq sortes de services à ses compagnons de couvent : il les consacre ; il les ordonne ; il leur enseigne à éviter les fautes ; il les rapproche par l'Amorce et aussi par l'Idéal. Cinq actes des Bodhisattvas sont analogues.

Deux vers sur le paiement en retour.

24. En ne s'attachant pas aux jouissances, en ne violant pas la Morale, en s'appliquant avec suite à la reconnaissance, en s'appliquant à l'Initiative,

25. les êtres qui vivent dans les six Perfections paient ainsi de retour les bienfaits des Bodhisattvas.

20-21. 1. Comm. l. 1. Au lieu de *karmāṇā çiṣyā*, rétablir *karmaṇācāryaḥ çiṣyā°* avec le ms.

« Paient ainsi », paient comme ils les ont reçus. En ne s'attachant pas aux jouissances, ils vivent dans le Don ; en ne violant pas la Morale, dans la Morale ; en s'appliquant avec suite à la reconnaissance, dans la Patience ; en effet, par reconnaissance pour les Bodhisattvas qui leur ont rendu service, ils aiment la Patience ; en s'appliquant à l'Initiative, dans l'Énergie, l'Extase et la Sapience, c'est-à-dire qu'ils prennent l'Initiative par elles et en elles.

Un vers sur le souhait.

26. Ils désirent toujours l'augmentation, la diminution, la maturation des créatures, le mouvement tout particulier en fait de Terre et l'Illumination insurpassable.

Les Bodhisattvas ont toujours cinq souhaits : augmentation des Perfections, diminution des Adversaires afférents, per-maturation des créatures, mouvement tout-particulier en fait de Terre, et Parfaite Illumination insurpassable.

Un vers sur l'emploi sans stérilité.

27. Rejet de la terreur, Production, solution des doutes, Conseil pour l'Initiative ; en cela, les fils des Vainqueurs sont toujours sans stérilité.

Les Bodhisattvas s'emploient sans stérilité de quatre manières dans le Sens des créatures : quand il s'agit de repousser la frayeur [1] à propos de l'Idéal profond et sublime, de produire la Pensée d'Illumination, de trancher subsidiairement les doutes après avoir produit la Pensée d'Illumination, de donner le Conseil pour l'Initiative dans les Perfections.

Deux vers sur l'emploi régulier.

28. Le Don sans souhait de retour, sans envie pour une autre existence, la Morale, la Patience partout, l'Énergie à produire tout le Bien,

29. l'Extase sans Formel, la Sapience unie aux moyens ; voilà comme les Bodhisattvas s'emploient régulièrement dans les six Perfections.

27. 1. Comm. l. 2. Au lieu de *trâsayoge*, lire *trâsâyoge*. Le tib. traduit *skrag pa spaṅ ba* qui supposerait plutôt une lecture *trâsahânau*.

Comme il est dit dans le Ratnakûṭa : « En donnant sans désirer de Concoction, etc. »

Deux vers sur les Idéaux de l'ordre d'Abandon et de l'ordre du tout-particulier.

30. S'attacher aux jouissances, avoir des trous, Sentiment-personnel, goût du plaisir, déguster, différencier, sont les causes de perte des Sages.

31. Chez les Bodhisattvas qui restent dans les Auxiliaires opposés, les Idéaux sont, au contraire, de l'ordre du tout-particulier.

Les Adversaires des six Perfections sont de l'ordre de la perte. Les Auxiliaires contre eux sont de l'ordre du tout-particulier.

Deux vers sur les vertus de contrefaçon ; l'un des vers a six pieds.

32. Tromperie[1], charlatanisme, montre d'amabilité par convoitise, de même agir, de même pacifier la parole et le corps,

33. être un beau parleur, mais sans l'Initiative, voilà ce qui empêche d'être un Bodhisattva. Ceux qui s'emploient à l'inverse le deviennent, comme il est prêché.

Il y a six vertus de Bodhisattva qui sont des contrefaçons des six Perfections. Le Sens du reste va de soi.

Un vers sur la Discipline.

34. En fournissant aux créatures le Don, etc., les Sages dans toutes les Terres disciplinent les six sortes d'Adversaires.

Les six sortes d'Adversaires, contre les six Perfections, c'est respectivement l'égoïsme, l'immoralité, la colère, la nonchalance, la dispersion, la fausse Sapience. Le Sens du reste va de soi.

Trois vers sur la Prophétie.

32. 1. *a.* Au lieu de *pravâraṇâ*, lire *pratâraṇâ* ; tib. *sprul pa* « duperie ». De même au comm. et supprimer la note afférente du texte. — Sur *kuhanâ*, tib. *chul 'čhod*, voir la note de Wogihara (1908), p. 25.

35. La Prophétie des Sages est de deux sortes : elle porte sur le temps ou sur l'Individu ; ou bien encore sur l'Illumination ou la Prophétie ; une autre encore est appelée grande,

36. parce qu'on est arrivé à la Patience des Idéaux Sans-Production, qu'on a rejeté le Sentiment-personnel et la Passibilité, et qu'on est arrivé à faire un avec tous les Bouddhas et les fils des Vainqueurs.

37. La Prophétie comporte le Champ, le nom, le temps, le nom de l'Éon, l'entourage, la durée du Bon Idéal.

La Prophétie varie avec l'Individu ; elle porte sur un Individu de la Famille, en état de Production de Pensée, présent ou absent. Elle varie avec le temps ; elle porte sur un temps défini ou indéfini. Ou bien elle porte sur l'Illumination ; ou encore, sur la Prophétie, quand il est dit : « Un Tathâgata de tel et tel nom, dans tel et tel temps, prophétisera ainsi. » Une autre encore, la grande Prophétie, est à la huitième Terre, quand on a obtenu la Patience des Idéaux Sans-Production, quand on a rejeté le Sentiment personnel qui s'exprime ainsi : « Je serai un Bouddha ! » ; quand on a rejeté tout Signe et toute Passibilité [1] ; quand on est parvenu à faire un avec tous les Bouddhas et les Bodhisattvas ; quand on ne voit plus de séparation de Série-personnelle entre eux et soi. La Prophétie porte encore sur le Champ, etc. « En tel Champ de Bouddha, sous tel nom, après tel temps, il y aura un Bouddha, dans un Éon de tel nom, et son entourage sera tel ; et la durée de son Bon Idéal durera tel espace de temps. »

Un vers de six pieds, sur les cas définitifs.

38. C'est pour les Sages un cas définitif que la plénitude, la production, l'infatigabilité, la continuité de Pratique, l'Union sans chute, l'exécution de la tâche, l'Impassibilité, l'acquisition de la Patience.

Les six cas définitifs indiqués correspondent aux six Perfections. Plénitude ; on acquiert perpétuellement la plénitude de jouissances sublimes. Production, c'est-à-dire naissance ; on adopte perpétuellement les Renaissances qu'on veut. Infatigabilité ; on n'est jamais fatigué par les douleurs de la Transmigration.

35-37. 1. Comm. l. 5. Au lieu de °*nimittabhoga*°, lire °*nimittâbhoga*°.

Continuité de la Pratique ; la Pratique est continuellement continue. Union sans chute et exécution de la tâche ; l'Union ne décroît pas et la tâche à faire pour les créatures est exécutée. Impassibilité et acquisition de la Patience des Idéaux Sans-Production ; on vit perpétuellement dans un état de connaissance indifférenciée et Impassible.

Un vers de six pieds sur la besogne inéluctable.

39. Culte, engagement d'Instruction, Compassion, Pratique du Bien, pas de négligence dans la Forêt, pas de satiété à entendre le Sens, c'est la besogne inéluctable des Sages dans toutes les Terres.

Cette besogne inéluctable a six espèces, correspondant aux six Perfections. Le Sens du vers va de soi.

Deux vers sur la besogne en Teneur.

40. Connaître les Désavantages qu'il y a aux désirs, avoir l'œil ouvert sur les faux-pas, accepter la douleur, pratiquer le bien,

41. ne pas déguster le bonheur, ne pas imaginer de Signes, c'est pour les Sages la besogne en Teneur dans toutes les Terres.

Les six besognes en Teneur ont pour Sens d'accomplir absolument les six Perfections. Le Sens des deux vers va de soi.

Un vers, de six pieds, sur la Matière principale.

42. Donner l'Idéal, nettoyer la Morale, avoir la Patience du Sans-Production, entreprendre l'Énergie dans le Grand Véhicule, la dernière Halte avec la Compassion, la Sapience ; c'est le Principal des Perfections pour les Sages.

Les six sortes de Principal répondent aux six Perfections. Nettoyer la Morale, ici, désigne la Morale chère aux Saints. La dernière Halte avec la Compassion, c'est la quatrième Extase associée au Démesuré de Compassion. Le Sens du reste va de soi.

Quatre vers sur le classement des Notations [1].

43. Introd. 1. *Prajñapti*. Le tib. traduit ce mot XVIII, 92 par *brtags* (=

43. La classification des Sciences-Classiques, pour les Sages, dans toutes les Terres, c'est la classification de l'Idéal sous les aspects séparés de Sûtra, etc.

44. La classification des Vérités se fait en sept espèces, d'après le Fond de Quiddité ; la classification d'Application et de Véhicule se fait en quatre et en trois.

45. L'Acte mental à fond, la Vue régulière escortée du fruit, le tri par preuves, le hors-réflexion sont les quatre Applications.

46. Tendance, prédication, emploi, approvisionnement, réussite font par leurs variétés les trois Véhicules.

Les Notations se classent en quatre, selon qu'on parle d'Idéal, de Vérité, d'Application, de Véhicule. La classification des cinq Sciences-Classiques, c'est la classification de l'Idéal sous les aspects séparés de Sûtra, Geya, etc. ; en effet, toutes les autres Sciences-Classiques, étant comprises à l'intérieur de celles-ci, sont prêchées aux Bodhisattvas dans le Grand Véhicule. La classification des Vérités en sept espèces se fonde sur la Quiddité : Quiddité de fonctionnement, Quiddité d'Indice, Quiddité de Notification, Quiddité de persistance, Quiddité de Fausse Initiative, Quiddité de nettoyage [1], Quiddité d'Initiative Régulière. Il y a quatre Notations du Raisonnement : Raisonnement d'Attente ; Raisonnement de Cause à effet ; Raisonnement de Syllogisme ; Raisonnement d'Idéalité. Il y a trois Notations du Véhicule : Véhicule des Auditeurs, Véhicule des Bouddhas-pour soi, Grand Véhicule. Le Raisonnement d'Attente, c'est l'Acte mental à fond dans les trois Véhicules ; la Vue régulière Supra-mondaine attend cet (Acte mental) pour se produire, elle se produit par Rencontre avec lui. Le Raisonnement de Cause à effet, c'est la Vue régulière avec son fruit. Le Raisonnement de syllogisme, c'est éprouver par l'évidence et les autres preuves. Le Raisonnement d'Idéalité, c'est le Lieu hors-réflexion ; car l'Idéalité, une fois

rtags) « signe, symbole », et ici par *gdags* ou plutôt *gtags*, même sens. Le chin. le rend par *kia* « faux, simulé ». Le mot désigne la notion comme purement verbale, comme moyen de se faire entendre.

43-46. 1. Comm. l. 5. La septième *tathatâ*, omise en sanscrit, est d'après le tib. la *viçuddhitathatâ* ; c'est la sixième, immédiatement avant la *samyakpratipattitathatâ*.

atteinte, échappe à la réflexion qui n'a plus à se demander : « De quel[2] Acte mental à fond vient la Vue régulière ? ou le rejet des Souillures ensuite comme fruit ? etc. » La classification des trois Véhicules se fait sous cinq aspects : Tendance, prédication, emploi, Provision, réussite. Si Tendance, prédication, emploi, Provision, réussite sont inférieurs, c'est le Véhicule des Auditeurs ; moyens, c'est le Véhicule des Bouddhas-pour soi ; supérieurs, c'est le Grand Véhicule. Selon la Tendance, selon l'Intention, la Prédication se produit ; selon la Prédication, l'emploi ; selon l'emploi, la Provision ; selon la Provision, la réussite de l'Illumination.

Un vers sur la Question.

47. La Question porte sur le nom et sur la matière comme Incidents l'un à l'autre, ou sur deux comme Notation, ou sur celle-ci et Rien qu'elle.

La Question des Idéaux forme quatre espèces : question du nom ; question de la Matière ; question de la Nature-propre comme Notation ; question des différences comme Notation. La question du nom en tant qu'Incident sur la Matière, c'est la question du nom. La question de la Matière en tant qu'Incidente sur le nom, c'est la question de la Matière. Étant donné qu'elles sont inhérentes l'une à l'autre, la question de la Nature-propre et la question de la différence en tant que Notation consiste dans la question de la Nature propre et de la différence considérées en tant que Notation, comme étant Rien-que-Notation.

Dix vers sur la per-connaissance[1] adéquate.

48. Quand il n'y a plus Susception de ce tout, quatre connaissances adéquates se produisent dans toutes les Terres, chez les Sages, pour accomplir tout le Sens.

Les quatres per-connaissances adéquates des Idéaux portent sur la question du nom, la question de la Matière, la question de la

2. L. 12. Supprimer le trait de ponctuation et lire *kasmâd yoniço*°.
48. Introd. 1. Comm. l. 5. Au lieu de *yathâbhûtaparihâra*°, lire °*parijñâna* avec le ms. et le tib.

Nature-propre comme Notation, la question de la différence comme Notation. Elles se produisent quand il n'y a plus de Susception du nom ni de tout le reste. La seconde moitié du vers indique la grandeur de l'Acte de la per-connaissance adéquate.

49. L'Assiette, la jouissance, la semence sont Signes de captivité ; la Pensée, les Idéaux de l'ordre de l'Intellect, avec leur Fond et avec leur semence y sont emprisonnés.

Le Signe d'Assiette, c'est le Monde des Récipients. Le Signe de jouissance, c'est les cinq Objets : Forme, etc. Le Signe de semence, c'est la Sensation du Tréfonds qui est leur semence. Dans ces[1] trois Signes, la Pensée et les Idéaux de l'ordre de l'Intellect sont emprisonnés, et aussi leur semence, qui est la Sensation du Tréfonds. Quant au Fond, c'est l'Œil, etc.

50. Le Signe qui a été arrêté d'abord, et celui qui s'arrête de lui-même, le Sage les détruit entièrement et arrive ainsi à l'Illumination.

Le Signe qui a été arrêté d'abord, c'est celui dont on a fait un Phénomène, un Imaginaire par emploi de l'Audition, de la Réflexion, de la Pratique. Le Signe qui s'arrête de lui-même, c'est celui qui est naturellement un Phénomène, qui n'est pas un Imaginaire par travail. Il est détruit[1], quand il a disparu et qu'il ne devient plus un Phénomène. Le moyen afférent, qui est l'Auxiliaire contre le Signe, c'est l'absence d'Imagination. L'un et l'autre se produit graduellement : d'abord pour le Signe qui a été arrêté, ensuite pour le Signe qui s'arrête de lui-même. En détruisant le Signe de l'Individu escorté des quatre Idées à rebours, l'Appliqué obtient l'Illumination d'Auditeur ou l'Illumination de Bouddha-pour-soi. En détruisant le Signe de tout Idéal, il obtient la Grande Illumination. Ce vers explique comment[2] la per-connaissance adéquate, ayant per-connu le Positif, aboutit à la délivrance.

49. 1. Comm. l. 2. Au lieu de *yatra*, lire *atra* avec le ms. et le tib.

50. 1. Comm. l. 3. Au lieu de *vibhâvanâdhigamo nâlamb°*, lire *vibhâvanâ vigamo' nâlamb°* ; tib. *de rnam par 'jig pa ni 'bral ba*, traduisant ici *vibhâv°* par *'jig pa* « détruire ».

2. L. 6. Séparer *yathâ tattvaṃ*.

51. La connaissance qui a la Quiddité pour Phénomène, qui est isolée de la Prise de dualité, qui est manifestée comme le Corps de la Turbulence, sert aux Sages à détruire celui-ci.

Ce vers explique comment, si on per-connaît les trois Natures-propres, on aboutit à détruire la Nature Relative. Si on per-connaît la Nature Absolue, en tant que Phénomène de Quiddité, la Nature Imaginaire, en tant que dépourvue de la Prise de dualité, la Nature Relative, en tant que manifestée comme le Corps de la Turbulence, on aboutit à détruire celui-ci, ce Corps de la Turbulence qui est la Sensation du Tréfonds.

52. La connaissance qui a la Quiddité pour Phénomène n'est pas pratiquée en séparation ; elle est manifestée dans le Sens d'Être et de Non-être ; on dit qu'elle est maîtresse de différenciation.

Elle n'est pas pratiquée en séparation, car elle ne regarde pas en les séparant le Signe et la Quiddité. Par là est expliquée la différence entre le Sans-Signe des Auditeurs et le Sans-Signe des Bodhisattvas. Les Auditeurs ont beau voir la séparation du Signe et du Sans-Signe ; c'est en n'opérant pas mentalement sur tous les Signes, et en opérant mentalement sur le Plan Sans-Signe qu'ils communient avec le Sans-Signe. Mais les Bodhisattvas, en ne voyant pas de Signe excepté la Quiddité, voient le Signe lui-même sans-Signe ; par suite, leur connaissance n'est pas pratiquée en séparation. Elle est donc manifestée dans le Sens de l'Être, dans la Quiddité ; et dans le Sens du Non-être, dans le Signe. Et on dit qu'elle est maîtresse de différenciation ; car, arrivée à avoir la Maîtrise des différenciations, elle fait réussir tout le Sens

53. Recouvrant le Positif, ce qui n'est pas le Positif apparaît de toutes parts aux esprits enfantins ; mais le Positif, rejetant l'autre, apparaît de toutes parts aux Bodhisattvas.

Aux esprits enfantins c'est le Non-Positif, le Signe, qui apparaît par sa saveur propre, et non pas le Positif qui est la Quiddité. De même, aux Bodhisattvas, c'est le Positif qui apparaît par sa saveur propre, et ce n'est pas le Non-Positif. Voilà ce que montre le vers.

54. Sens de Non-être, Sens d'Être; l'un n'apparaît pas, l'autre apparaît; c'est la Révolution du Fond, et c'est la Délivrance, car on s'y conduit librement.

Quand le Sens de Non-Être, qui est le Signe, n'apparaît pas, quand le Sens d'Être, qui est la Quiddité, paraît, c'est la Révolution du Fond ; car c'est par elle que l'un cesse d'apparaître et l'autre paraît. Et c'est là la Délivrance. Pour quelle raison? Parce qu'on s'y conduit librement. En effet on devient alors libre, autocrate de sa Pensée, puisque naturellement on n'a plus de relations avec le Signe.

55. Un grand Sens apparaît de partout, identique dans ses changements; c'est lui qui fait obstacle ; donc, l'ayant per-connu, qu'on le rejette.

C'est là la per-connaissance adéquate des moyens de per-nettoyage du Champ[1]. Le grand Sens, c'est le Monde des Récipients[2]; en se déroulant toujours changeant, il apparaît identique, et on se dit: C'est lui! Et comme il apparaît ainsi, il fait obstacle au per-nettoyage du Champ de Bouddha. Donc, ayant per-connu qu'il fait obstacle, il faut le rejeter tel qu'il apparaissait.

Un vers sur le Hors-mesure.

56. Ce qu'il faut per-mûrir, nettoyer pleinement, atteindre, appliquer à la maturation, et aussi la Matière de la prédication en régularité : c'est là le Hors-mesure des Sages.

Il y a cinq Matières qui sont le Hors-mesure des Bodhisattvas. La Matière à per-mûrir, c'est le Plan des créatures, sans distinction. La Matière à nettoyer pleinement ; elle consiste dans le Plan des Mondes, qui est compris dans le Monde des Récipients. La Matière à atteindre; c'est le Plan des Idéaux. La Matière qu'il faut appliquer à la per-maturation, c'est le Plan des Disciplinables. La Matière de prédication régulière, c'est le Plan des Moyens de Discipline.

Deux vers sur le fruit de la prédication.

55. 1. Comm. l. 1. Au lieu de °*çodhanopâye*, lire °*çodhanopâya*°.
2. Au lieu de *bhâjanalokârtho*, lire °*loko'rtho* ; tib. *don čhen po ni*.

57. Production de la Pensée d'Illumination[1], Patience du Sans-Production, Œil sans tache, inférieur, épuisement de l'Écoulement,

58. longue durée du Bon Idéal, éclaircissement, solution, jouissance ; c'est le fruit de la prédication pour le Sage qui s'y applique.

Quand le Bodhisattva s'applique à la prédication, il en a huit fruits : chez ses auditeurs, quelques-uns produisent la Pensée d'Illumination ; quelques-uns recouvrent la Patience des Idéaux Sans-production ; quelques-uns produisent, à propos des Idéaux, l'œil de l'Idéal, débarrassé de poussière, débarrassé de taches, et qui est inclus dans le Petit Véhicule ; quelques-uns arrivent à l'épuisement de l'Écoulement ; et le Bon Idéal, conservé par une transmission continue, dure longtemps ; ceux qui ne sont pas au clair ont l'éclaircissement ; ceux qui doutaient ont la solution de leurs doutes ; ceux qui ont la certitude jouissent du Bon Idéal, avec une saveur de contentement qui ne laisse rien à redire.

Deux vers sur la grandeur du Grand Véhicule.

59. Grandeur du Phénomène, de l'Initiative aux deux, de la connaissance, de l'entreprise d'Énergie, d'adresse aux Moyens,

60. de réussite, d'acte de Bouddha ; par application à ces grandeurs, le Grand Véhicule est ainsi appelé.

Le Grand Véhicule est ainsi appelé par application à sept grandeurs : grandeur du Phénomène, par application à l'Idéal, Sûtras, etc., d'une étendue démesurée ; grandeur de l'Initiative aux deux, par Initiative au Sens de soi et au Sens d'autrui ; grandeur de la connaissance, par connaissance des deux, Impersonnalité de l'Individu et Impersonnalité des Idéaux, au moment de la Pénétration ; grandeur de l'entreprise d'Énergie, par emploi en teneur et en honneur pendant trois Incalculables d'Éons ; grandeur d'adresse aux moyens, par absence de Pleine-Souillure sans déserter la Transmigration ; grandeur de réussite, par réussite des Forces, des Assurances, des Idéaux Exclusifs des

57. 1. *a*. Au lieu de *bodhisattvasya*, lire *bodhicittasya* ; tib. *byaṅ čhub sems*.

Bouddhas ; grandeur des actes de Bouddha, par exhibition répétée de la Toute-parfaite Illumination et du Grand Parinirvâṇa.

Deux vers sur l'ensemble du Grand Véhicule.

61. Famille, Croyance à la Loi, Production de la Pensée, Initiative au Don, etc., Entrée dans la règle[1].

62. per-maturation des créatures, plein nettoyage du Champ, Nirvâṇa-qui-n'est-pas-l'arrêt, Illumination, exhibition excellente[1].

Le Grand Véhicule est intégralement compris dans ces dix Matières. La per-maturation des créatures va de l'entrée[2] dans les Terres jusqu'à la septième Terre. Le plein nettoyage du Champ, et le Nirvâṇa-qui-n'est-pas-l'arrêt sont aux trois Terres Sans-régression. L'Illumination excellente est à la Terre de Bouddha ; c'est là aussi qu'est l'exhibition de la Toute-parfaite Illumination et du Grand Parinirvâṇa. Le Sens du reste va de soi.

Dix vers sur les Bodhisattvas.

63. Un est de Croyance ; un autre d'Archi-Tendance pure ; un se conduit dans le Signe, un dans le Sans-Signe, un dans le Non-suropéré : voilà les cinq Bodhisattvas dans toutes les Terres.

Celui qui se conduit dans le Signe va de la seconde Terre inclusivement à la sixième ; dans le Sans-Signe, c'est à la septième Terre ; dans le Sans-suropérant, c'est au delà. Le Sens du reste va de soi.

64. Sans attachement aux désirs, les trois actes bien nettoyés, au-dessus de la colère[1], tout aux vertus, immuable dans l'Idéal,

61. 1. *d.* Au lieu de *nyâyâvakrântir*, rétablir avec le ms. *nyâmâvak°*. Sur cette expression, cf. la note importante de Wogihara (1908), p. 30 sqq. ; et Lavallée-Poussin, J. A., 1909, I, 114. Le tib. traduit comme toujours *skyon med pa* « sans faute » = *ni-âma*. Le chin. traduit dans le vers par *jou* « entrer », et glose : « C'est entrer dans la Voie (*tao*), comme le chapitre de l'Avavâdânuçâsanî [XIV] l'enseigne ».

62. 1. *d.* Au lieu de *darçanât*, lire *darçanâ* ; tib. *daṅ ston pa'o*.

2. Comm. l. 2. Au lieu de *pratiṣṭhasya*, lire *praviṣṭasya* ; tib. *sa la żugs pa'i*.

64. 1. *b.* *Krodhâbhibhûmyaṃ* ; tib. *zil gnon* = *abhibhû* ; je ne vois pas comment rectifier la dernière syllabe.

avec la Vue profonde du Positif, aspirant à l'Illumination est le Bodhisattva.

Ce vers illustre l'Indice du Bodhisattva au point de vue de l'Initiative aux six Perfections et du Vœu de Grande Illumination.

65. Désireux de rendre service, sans regarder les offenses, acceptant les offenses d'autrui, noble, sans négligence, riche d'Audition, appliqué au Sens d'autrui est le Bodhisattva.

Noble, qui a entrepris l'Énergie, parce que les douleurs ne l'abattent pas. Sans négligence, sans attachement aux plaisirs de l'Extase. Le Sens du reste va de soi.

66. Connaissant les Dommages, sans attachement aux jouissances qu'il possède, sans haine cachée, appliqué, expert au Signe, sans fausse Vue, bien assis dans l'ordre du Moi est le Bodhisattva.

Sans attachement aux jouissances, puisqu'il les a quittées pour entrer en religion. Expert au Signe ; il connaît bien les trois Signes de Pacification, etc. Bien assis dans l'ordre du Moi ; il ne bouge pas du Grand Véhicule. Le Grand Véhicule est l'ordre du Moi pour les Bodhisattvas. Le Sens du reste va de soi.

67. Doué de compassion, enfoncé dans la vertu de la honte, acceptant les douleurs sans s'attacher à ses plaisirs, la Mémoire avant tout, le Moi bien en Union, inaltérable en fait de Véhicule est le Bodhisattva.

La Mémoire avant tout ; il a l'Extase ; car c'est par la force de la Mémoire que la Pensée entre en Union. Le Moi bien en Union ; il a la connaissance sans différenciation. Le Sens du reste va de soi.

68. Il chasse la douleur et il ne fait pas de douleur ; il accepte la douleur et il n'a pas peur de la douleur ; il est libéré de la douleur et il n'a pas d'imagination de douleur ; il va au-devant de la douleur, le Bodhisattva.

Libéré de la douleur, il a l'Extase ; par détachement du Plan du désir, il est libéré du douloureux de la douleur. Il va au devant de la douleur, puisqu'il va au-devant des Transmigrations. Le Sens du reste va de soi.

69. Il n'a pas de plaisir à l'Idéal[1], et il se plaît naturellement à l'Idéal; il a horreur de l'Idéal, et il s'applique tout à l'Idéal; il est maître absolu de l'Idéal, sans obscurité en fait d'Idéal; il met l'Idéal avant tout, le Bodhisattva.

Il a l'horreur de l'Idéal; il a l'horreur de l'Impatience. Maître absolu de l'Idéal, dans la Communion. L'Idéal avant tout; la Grande Illumination par-dessus tout. Le *dharma* est appelé dans ce vers *dharama* par raison métrique. Le Sens du reste va de soi.

70. En fait de jouissances, de règles, de surveillance, de Bien, de bonheur, d'Idéal, de Véhicule, il n'a pas de négligence, le Bodhisattva.

En fait de surveillance; il a la Patience, car il surveille la Pensée de soi et d'autrui. En fait d'Idéal; sa Sapience a une connaissance adéquate des Idéaux. Le Sens du reste va de soi.

71. Il a honte d'humilier, honte des menues fautes, honte de l'impatience, honte de perdre, honte des distractions[1], honte des Vues menues, honte des autres Véhicules, le Bodhisattva.

Honte d'humilier; il n'humilie pas les solliciteurs. Honte des menues fautes; il voit du danger dans ce qui laisse à redire, si mince que ce soit. Honte des Vues menues; il a pénétré l'Impersonnalité des Idéaux. Le Sens du reste va de soi. Dans tous ces vers, il a illustré l'Indice du Bodhisattva, sous des Rubriques diverses, au point de vue de l'Initiative aux six Perfections et du Vœu de Grande Illumination.

72. Ici-bas et dans l'autre monde, par l'Apathie, par l'Application à l'Opérant, par les Maîtrises qu'il possède, par la Pacification qu'il enseigne, par le grand fruit, il agit pour être utile, le Bodhisattva.

69. 1. *a*. Au lieu de *dharme rato 'dharmaratah*, lire *dharme' rato dharmaratah*; tib. *čhos la mi dga' rañ bžin čhos la dga'*.

71. 1. c. Au lieu de *viçâla°*, lire *visâra°*; tib. *rnam 'phro*, et chin. *loen* « distraction ».

Ici-bas, il agit pour être utile aux êtres par le Don. Dans l'autre monde, par la Morale, quand il a obtenu une Renaissance toute-particulière. L'Application à l'Opérant, c'est l'Application à l'Énergie. Le grand fruit, c'est la Bouddhaté. Le Sens du reste va de soi. Ce vers explique comment le Bodhisattva se comporte, pour être utile aux êtres, par les six Perfections et par le Vœu de Grande Illumination.

Huit vers sur le Bodhisattva en général.

73. Bodhisattva, Grand Être, Sage, Très lumineux, Fils des Vainqueurs, Contenant des Vainqueurs, Victorieux, Rameau des Vainqueurs,

74. Valeureux, Très merveilleux [1], Chef de caravane, Très glorieux, Compatissant, de grand Mérite, Seigneur, d'Idéal.

Ce sont les seize désignations des Bodhisattvas en général, en conformité avec le Sens.

75. Il comprend bien le Positif, il comprend bien le grand Sens, il comprend tout, il comprend perpétuellement, il comprend les moyens, tout particulièrement ; c'est pour cette cause qu'on l'appelle Bodhisattva.

On l'appelle Bodhisattva à cause de cinq compréhensions toutes-particulières. Il comprend l'Impersonnalité de l'Individu et des Idéaux ; il comprend tous les Sens et de toutes les espèces ; il comprend à tout jamais, même à l'exhibition du Parinirvâṇa ; il comprend les moyens de discipliner selon les êtres à discipliner.

76. Il comprend le moi, il comprend les Vues menues, il comprend les Notifications nuancées, il comprend les différenciations inexistantes de tout ; c'est pour cette cause qu'on l'appelle Bodhisattva.

Ce vers montre quatre compréhensions toutes-particulières : il comprend la Sensation de la Pensée et de l'esprit ; il comprend qu'elles sont inexistantes et imaginaires. Ici la Pensée est la Sensation du Tréfonds ; l'esprit est le Phénomène afférent, uni

74. 1. *a.* Au lieu de *paramâçcaryaḥ*, le tib. a *'phags mčhog* et le chin. *chang cheng* qui répondent l'un et l'autre à *paramaç câryaḥ* « très saint ».

à la Vue du Moi, etc. La Sensation, c'est les six Corps de Sensations.

77. Il comprend l'incompréhension, il comprend la compréhension, il comprend l'inexistence, il comprend l'origine, il comprend la compréhension par incompréhension ; c'est pour cette cause qu'on l'appelle Bodhisattva.

Ce vers montre cinq compréhensions toutes-particulières : compréhension de l'Inscience, compréhension de la Science, compréhension des trois Natures, Imaginaire, etc. La compréhension en tant qu'incompréhension, c'est la Nature Absolue.

78. Il comprend le Non-Sens, il comprend le Sens Transcendant, il comprend tout, il comprend le Sens de tout, il comprend le compréhensible, et le Fond de la Compréhension, et la compréhension ; c'est pour cette cause qu'on l'appelle Bodhisattva.

Ce vers montre cinq compréhensions toutes-particulières : compréhension de l'Indice Relatif, compréhension de l'Indice Absolu, compréhension omnigénérique de tout le connaissable, compréhension du nettoyage en trois tours ; du compréhensible, du comprenant, et de la compréhension[1].

79. Il comprend l'Absolu, il comprend le Point, il comprend le sein, il comprend la vue des étapes, il comprend la puissante destruction des doutes ; c'est pour cette cause qu'on l'appelle Bodhisattva.

La compréhension de l'Absolu, c'est la Bouddhaté. La compréhension du Point, c'est celle qui le fait demeurer dans le ciel Tuṣita. La compréhension du sein, c'est celle qui le fait descendre dans le sein d'une mère. La compréhension de la vue des étapes, c'est celle qui lui fait exhiber la sortie du sein, la per-Passivité des plaisirs, l'entrée en religion, les épreuves, et la Toute-parfaite Illumination. La compréhension de la puissante destruction des doutes, c'est celle qui lui fait mettre en branle la Roue de la Loi pour trancher tous les doutes des êtres.

80. Possédant, ne possédant pas, arrêté en esprit, comprenant, comprenant en suite, confessant, comprenant sans Verbe, avec

78. 1. Comm. l. 2. Au lieu de °*bodhi*, lire °*bodha*°.

ou sans Sentiment-personnel, l'esprit sans maturité et tout mûr est le Sage.

Ce vers explique le Bodhisattva par onze espèces de compréhensions, passée, etc. Possédant, ne possédant pas, arrêté en esprit, se rapportent respectivement à la compréhension passée, future, ou présente. Comprenant, par compréhension spontanée. Comprenant en suite, la compréhension qui vient d'ailleurs ; il s'agit de la compréhension d'ordre du Moi ou externe. Confessant, comprenant sans Verbe ; il s'agit de la compréhension grossière ou subtile. Avec ou sans Sentiment-personnel ; il s'agit de la compréhension inférieure ou excellente. L'esprit sans maturité ou tout mûr ; il s'agit de la compréhension lointaine ou prochaine.

CHAPITRE XX-XXI

LA CONDUITE ET L'ARRÊT.

Deux vers sur la Marque.

1. Compassion, parole aimable, noblesse, main ouverte. Dénouement des articulations[1] profondes ; voilà les Marques des Sages.

2. Adopter, amener à la Croyance, être infatigable, Rapprochement des deux, sont les cinq Marques en Tendance et en Emploi.

Le premier vers montre les cinq Marques des Bodhisattvas ; le second montre leur Acte et leur ensemble en abrégé. La compassion, dans le Sens d'adopter les êtres par la Pensée d'Illumination ; la parole aimable, pour que les êtres obtiennent la Croyance dans la doctrine du Bouddha ; la noblesse pour être infatigable aux épreuves ; la main ouverte et le Dénouement des articulations profondes, pour rapprocher les êtres par l'Amorce et par l'Idéal respectivement. Entre ces cinq Marques, la Compassion est en Tendance ; les autres sont en emploi.

Trois vers sur le Bodhisattva maître de maison et Religieux-ordonné.

3. C'est en étant constamment Monarques à la Roue que les Bodhisattvas arrangent le Sens des êtres dans toutes leurs naissances, comme maîtres de maison.

4. L'Ordination des Sages est de trois sortes dans toutes les

1. 1 c. *Saṃdhinirmokṣa* ; tib. *dgoṅs pa zab mo ṅes 'grel ba* « explication des intentions profondes » ; chin. *yi yi* « expliquer le sens ». C'est là aussi le titre d'un des sûtras fondamentaux du Mahâyâna, qui sert avec le Laṅkâvatâra de base à la doctrine des Yogâcâras. Ce sûtra a été plusieurs fois traduit en chinois, et le Kandjour en a aussi une version tibétaine. Cf. Csoma, *Analyse du Kandjour* (Mdo V, 1), et Wassilieff, *Buddhismus*, 152 sq.

Terres : obtenue par Engagement, encourue par Idéalité, enfin à exhibition.

5. Le rôle du Religieux-ordonné est associé à des vertus hors-mesure ; donc l'Ascète l'emporte sur le Bodhisattva maître de maison.

Le premier vers explique dans quel rôle de maître de maison le Bodhisattva fait le Sens des êtres ; le second vers, dans quel rôle de Religieux-ordonné. L'Ordination est de trois sortes : obtenue par Engagement, obtenue par Idéalité, et à exhibition, par des Métamorphoses. Le troisième vers explique la supériorité du rôle de Religieux-ordonné sur le rôle de maître de maison.

Un vers, de trois hémistiches, sur l'Archi-Tendance.

6. Désir des fruits souhaités dans l'autre monde, et d'activité au Bien ici-bas, et désir du Nirvâṇa : voilà la Tendance des Nobles à l'égard des êtres. Elle est impure, pure, bien pure dans toutes les Terres.

Ce vers illustre en abrégé les cinq Archi-Tendances : l'Archi-Tendance au bonheur, c'est le désir des fruits souhaités dans l'autre monde ; l'Archi-Tendance au salut, c'est le désir du fonctionnement au Bien ici-bas ; le désir du Nirvâṇa est à la fois des deux Archi-Tendances, il n'en diffère pas. Les trois Archi-Tendances, impure, etc. se trouvent respectivement chez ceux qui ne sont pas entrés dans les Terres, chez ceux qui y sont entrés, chez ceux qui sont arrivés aux Terres Sans-régression.

Un vers sur l'Adoption.

7. L'Adoption, pour les Sages, dans toutes les Terres, vient du Vœu, de l'égalité de la Pensée, de la Régence, de l'attraction sur les foules.

Les Bodhisattvas ont quatre manières d'adopter les créatures : par le Vœu, quand ils adoptent tous les êtres par la Pensée d'Illumination ; par l'égalité de la Pensée, quand ils arrivent à l'égalité de soi et d'autrui, au moment de l'Intuition ; par la Régence, quand ils sont les maîtres, sur ceux dont ils sont les maîtres; par attraction sur les foules, quand ils amènent à soi des foules d'élèves.

Un vers sur la Renaissance.

8. Pour les Sages, la Renaissance se fait par Régence de l'Acte, du Vœu, de l'Union, de la Maîtrise.

Les Bodhisattvas ont quatre espèces de Renaissance : par Régence de l'Acte, quand ils sont dans la Terre de Conduite par Croyance et qu'ils vont naître où ils en ont l'intention, par l'effet de l'Acte ; — par Régence du Vœu, quand ils sont entrés dans les Terres, et qu'ils vont naître dans des situations inférieures, comme animaux, etc. pour per-mûrir tous les êtres ; — par Régence de l'Union, quand ils écartent les Extases et vont naître dans le Plan du Désir ; — par Régence de la Maîtrise, quand ils exhibent par des Métamorphoses la Renaissance au ciel Tuṣita, etc.

Un vers de Sommaire[1] sur les stations et les Terres.

9. Indice, Individu, Éducation, Masse, achèvement, Marque, étymologie, atteinte ; ainsi se divise la Station et la Terre.

Cinq vers sur l'Indice.

10. Vacuité du Moi par excellence ; classement des Ailes au point de vue de la perdition ; naissance dans le désir après avoir passé le temps à des Extases de bonheur ;

11. Per-flexion des Ailes d'Illumination vers la Transmigration ; per-maturation des créatures sans Pleine-Souillure de la Pensée ;

12. dans la Renaissance par Préméditation surveiller la Pleine-Souillure ; Sentier exclusivement Sans-Signe inhérent au Sentier-à-Passage-uniforme ;

9. Introd. 1. Au lieu de *triṃçat çlokâḥ*, lire *uddânaçlokaḥ* ; tib. *sdom pa'i chigs su bčad pa*. La confusion de *triṃçat* et *uddâna* est facile dans la graphie népalaise.

13. dans le Sans-Signe même, Impassibilité ; nettoyage du Champ ; puis achèvement de la maturation des créatures ;

14. nettoyage des Unions, des Formules, et de l'Illumination. Voilà comment se classe l'Indice des Terres.

Il y a onze Stations, onze Terres. En voici l'Indice. Dans la première Terre, l'Indice est l'Intuition de la Vacuité par excellence ; on a l'Intuition de l'Impersonnalité de l'Individu et des Idéaux. Dans la seconde, on classe les Actes au point de vue de la non-perdition ; on connaît toutes les nuances des Sentiers d'Actes bons ou mauvais et des fruits afférents. Dans la troisième, après avoir passé le temps à des Extases de Bodhisattva avec un bonheur excessif, on va, sans rien en perdre, naître dans le Plan du Désir. Dans la quatrième, quoiqu'on passe la plus grande partie du temps dans les Ailes d'Illumination, on perfléchit les Ailes d'Illumination vers la Transmigration. Dans la cinquième, stationnant presque tout le temps dans les Quatre Vérités Saintes, on produit toutes sortes de Traités didactiques et de travaux manuels pour per-mûrir les créatures, sans que la Pensée personnelle en ait la Pleine-Souillure. Dans la sixième, stationnant presque tout le temps dans la Production par Rencontre, on a des Renaissances par Préméditation et on y surveille la Pleine-Souillure. Dans la septième, à cause du caractère mixte et sous-mixte du Sentier-à-Passage-uniforme qui est la huitième Station, le Chemin exclusivement Sans-Signe y est inhérent ; dans la huitième, il y a Impassibilité même en fait de Sans-Signe, puisqu'on y stationne en dehors des Sur-opérants et dans le Sans-Signe, et le Champ des Bouddhas est totalement nettoyé ; dans la neuvième, on achève la per-maturation des créatures par la souveraineté sur les Pleins-savoirs-Respectifs, puisqu'on est capable de produire toutes les sortes de per-maturations ; dans la dixième, les Embouchures d'Union et les Embouchures de Formule sont pleinement nettoyées ; dans la onzième, qui est la Terre des Bouddhas, l'Indice [1] est le plein nettoyage de l'Illumination, puisque toute Obstruction de connaissable est rejetée.

10-14. Comm. antépén. l. Au lieu de *lakṣaṇām*, lire *lakṣaṇam*.

Deux vers sur l'Individu dans les Terres[1].

15. Vue nettoyée, morale bien nettoyée, en état d'Union, le Sentiment-personnel en fait d'Idéaux détruit, dégagé du Sentiment-personnel quant à la séparation des Séries-personnelles et aussi des nettoyages de la Pleine-Souillure, la compréhension acquise en un instant,

16. apathique, nettoyant le Champ, adroit à mûrir les créatures, grand Magicien, le corps complet, capable d'exhibition, sacré par onction est le Bodhisattva.

Dix classes de Bodhisattvas correspondent aux dix Terres. Dans la première, il a la Vue nettoyée ; il a acquis la connaissance qui est l'Auxiliaire contre la Vue de l'Individu et de l'Idéal ; dans la seconde, il a la Morale bien nettoyée ; il n'a même plus aucun rapport criminel avec les moindres péchés ; dans la troisième, il est en état d'Union, il obtient l'Union et l'Extase sans chute ; dans la quatrième, il a détruit le Sentiment-personnel d'Idéal, il a détruit le Sentiment-personnel de la multiplicité des Idéaux, Sûtras, etc. ; dans la cinquième, il est dégagé du Sentiment-personnel quant à la séparation des Séries-personnelles, il entre dans l'égalité de toutes les Séries-personnelles, par les dix égalités de purification des Tendances de la Pensée ; daus la sixième, il est dégagé du Sentiment-personnel quant à la séparation des nettoyages de Pleine-Souillure, parce qu'il stationne presque tout le temps dans la Production par Rencontre et dans la Quiddité ; il ne voit plus la Pleine-Souillure ni le nettoyage de la Quiddité dans son Aile blanche et son Aile noire, puisqu'il part du plein nettoyage naturel ; dans la septième, il a la compréhension acquise en un seul instant de Pensée ; stationnant en dehors des Signes, il pratique à chaque instant les trente-sept Ailes de l'Illumination ; dans la huitième, il est Apathique, nettoyeur du Champ ; il passe son temps dans l'Impassibilité, en dehors des Signes, il s'emploie en mélange et en sous-mélange avec les Bodhisattvas entrés dans les Terres sans-Régression ; dans la neuvième, il est expert à per-mûrir les êtres, comme ci-dessus ; dans la dixième Terre de Bodhisattva, le Bodhisattva est

15. Introd. 1. Au lieu de *bhûmiṣṭhe ca*, lire *bhûmiṣv eva* ; tib. *sa rnam kho na la*.

classé comme Magicien, parce qu'il a acquis les grands Super-savoirs, et aussi comme corps-complet, parce qu'il est bourré d'Embouchures d'Unions et de Formules, et aussi comme capable de l'exhibition du Fond, puisqu'il montre les métamorphoses du séjour au ciel Tuṣita, etc., et aussi comme sacré par onction, puisqu'il reçoit alors de tous les Bouddhas l'onction qui le sacre pour la Bouddhaté.

Cinq vers sur le classement de l'Instruction.

17. Quand il a pénétré ici l'Idéalité, il continue son Instruction [1] dans l'ordre de la Morale, dans l'ordre de la Pensée, et dans l'ordre de la Sapience : mais la Sapience a un double domaine.

18. Le Positif de l'Idéal et l'activité qui commence par la connaissance et l'ignorance afférente, c'est le domaine de la Sapience ; aussi on la classe dans deux Terres.

19. Il y a encore quatre autres fruits des Instructions et de la Pratique : le premier fruit, c'est la Station Sans-Signe et à Opérant.

20. La même Station, sans Sur-opérants, est le second fruit, et aussi le nettoyage du Champ et l'achèvement de la maturation des êtres.

21. L'achèvement des Unions et des Formules, c'est le fruit par excellence. Et voilà les quatre fruits fondés sur les quatre Terres.

Quand il a, dans la première Terre, pénétré l'Idéalité, il s'instruit, à la seconde Terre, dans l'ordre de la Morale ; à la troisième, dans l'ordre de la Pensée ; à la quatrième, la cinquième, et la sixième, dans l'ordre de la Sapience. En effet, la Sapience est, dans la quatrième Terre, incluse dans les Ailes d'Illumination; en outre elle a deux domaines dans deux des Terres : d'abord, le Positif de l'Idéal, la Vérité de la Douleur, etc., et de plus l'activité qui commence par l'ignorance et la connaissance afférentes, c'est-à-dire la Production par Rencontre dans son

17. 1 *b*. Au lieu de °*çikṣaṇe*, lire °*çikṣaṇā*.

ordre de développement. L'activité qui commence par l'ignorance afférente, c'est l'Inscience, etc. ; l'activité qui commence par la connaissance afférente, c'est la science, etc. Ainsi donc l'Instruction dans l'ordre de la Sapience se répartit en deux Terres. Ensuite viennent les quatre fruits de l'Instruction fondés sur quatre Terres respectivement. Le second des quatre fruits, c'est la Station Sans-Signe, sans Sur-opérants, et de plus le nettoyage total du Champ. Le Sens du reste va de soi.

Deux vers sur le classement des Masses.

22. Quand il a pénétré ici l'Idéalité, il nettoie la Masse de Morale ; ensuite il nettoie la Masse d'Union et de Sapience.

23. Dans les autres Terres, il nettoie la Libération et la connaissance de la Libération en les dégageant des quatre Obstructions et de l'Obstruction de Répulsion aussi.

Dans les autres Terres, de la septième inclusivement à la Terre de Bouddha, il nettoie la Libération et la connaissance de la Libération. La Libération s'entend des quatre Obstructions de fruit, et aussi de l'Obstruction de Répulsion dans la Terre de Bouddha ; c'est cette Obstruction par laquelle la connaissance des autres s'exerçant sur le connaissable est repoussée ; mais les Bouddhas, libérés qu'ils en sont, ont partout une connaissance que rien ne repousse. Le Sens du reste va de soi.

Trois vers sur le classement de l'Achèvement.

24. Toutes les Terres, en étant inachevées, sont aussi achevées ; quoique achevées, elles sont inachevées et aussi achevées.

25. L'Achèvement consiste dans l'Acte mental de la classe correspondante, dans la connaissance du classement comme imaginaire, et dans l'indifférenciation afférente.

26. La Pratique et l'achèvement sont hors-réflexion dans toutes les Terres, car chacun doit les avoir Quant-à-soi, et elles sont l'objet des Bouddhas.

La Terre de Conduite par Croyance est inachevée ; les autres sont achevées. Voilà pour toutes les Terres. Mais, tout en étant achevées, sept sont pourtant inachevées ; les autres sont achevées, car elles vont leur cours en dehors des Sur-opérants. On vient de dire que la Terre Joyeuse, etc. sont achevées ; l'Achèvement, c'est que par l'Acte mental de la classe correspondante on connaît que ce classement des Terres n'est rien qu'Imagination, et alors on ne le différencie plus. Quand on sait que ce classement des Terres n'est rien qu'Imagination, comme il n'est rien qu'Imagination, on ne les différencie plus, et alors, comme on est arrivé à connaître l'indifférenciation du Prenable et du Prenant, on dit que la Terre est achevée. Et de plus, Pratique et Achèvement des Terres sont chose hors-réflexion dans toutes les Terres ; car c'est une chose que les Bodhisattvas doivent savoir Quant-à-soi, et c'est l'objet des Bouddhas, et de personne autre.

Deux vers sur les Marques du Bodhisattva entré dans les Terres[1].

27. La Croyance avec la Clarté est partout la Marque ; aussi pas de dépression, pas d'attachement, pas de Rencontre étrangère ;

28. et partout la Pénétration, partout l'égalité de Pensée ; pas de menée, pas de complaisance, la connaissance des moyens, la naissance dans le cercle.

Voilà, dans toutes les Terres, la Marque du Bodhisattva entré dans les Terres. Il a la Clarté quant à la Terre où il est entré ; il a la Croyance quant à la Terre où il n'est pas entré. Il n'a pas de dépression quant aux Idéaux sublimes et profonds par excellence. Il n'a pas d'abattement dans les épreuves. Il n'a pas de Rencontre étrangère, dans sa propre Terre. Il a la Pénétration de toutes les Terres, parce qu'il s'entend à les réaliser. Il a l'égalité de Pensée quant à soi et à tous les êtres. Il ne se laisse pas mener par des bruits élogieux ou déshonorants. Il n'a pas de complaisance pour la plénitude de Monarque à la Roue, etc. Il s'entend aux moyens, car, étant sans Susception[1], il connaît les moyens de la Bouddhaté. Il naît en tout temps dans le cercle des

27. Introd. Comm. ult. l. Au lieu de *bhûmipratiṣṭhasya*, lire °*praviṣṭasya*.
27-28. 1. Comm. l. 6. Au lieu de °*nupalambhas tasya*, lire °*lambhasya* avec le ms. et le tib.

assemblées des Bouddhas. Ce sont là des Marques du Bodhisattva ; il y en a d'autres.

Deux vers sur les Marques de l'obtention des Perfections dans les Terres.

29. Pas de manque de Zèle, pas de convoitise ni de mesquinerie au cœur, pas de colère, pas de nonchalance, pas de Tendance sans Bonté ni Compassion, pas de mauvais esprit, pas d'imagination ni de différenciation, pas de dispersion d'esprit, pas de bonheur ou de malheur qui l'entame ; il se cherche un véritable ami, il est tout à l'audition, tout au culte du Maître.

30. Tout le tas énorme de ses Mérites, il le met en commun avec autrui, et il le per-fléchit tous les jours vers la Parfaite Illumination, lui qui sait les moyens ; il naît à sa place, toujours fait le [1] Bien, se joue avec les vertus des Super-savoirs ; il est au-dessus de tous, trésor de vertus, fils des Bouddhas.

Voilà les seize Marques du Bodhisattva quand il a obtenu les dix Perfections. Jamais il ne manque de Zèle pour l'Initiative aux Perfections ; toujours il manque des Adversaires, un à un, des six Perfections : il ne se disperse pas dans l'Acte mental des autres Véhicules ; il ne s'attache pas aux bonheurs de la plénitude ; les ennuis, les épreuves, les malheurs ne l'écartent pas de son emploi ; il se fonde sur un ami du Bien ; il est tout à l'Audition, il est tout à adorer le Maître ; il per-fléchit régulièrement, par la Perfection de son entente aux moyens ; il va naître à sa place propre, par la Perfection du Vœu, car il naît dans des lieux où ne manquent ni Bouddhas, ni Bodhisattvas ; toujours il fait le Bien [1] par la Perfection des Forces, car il n'est pas contaminé par les Idéaux qui en sont les Adversaires ; il se joue aux vertus des Super-Savoirs, par la Perfection de la connaissance. La Bonté, c'est l'Auxiliaire contre la méchanceté, la Tendance à procurer le bonheur. La Compassion, c'est l'Auxiliaire contre la violence, la Tendance à écarter la douleur. L'imagination, c'est imaginer une Nature-propre. La différenciation, c'est imaginer des différences.

29-30. 1. Comm. l. 7. Au lieu de *sadâçubhakaratve*, lire °*karatvam*.

Un vers sur l'Avantage à cela.

31. Dans la Pacification et dans l'Inspection, l'Avantage des Sages consiste en deux et en cinq dans toutes les Terres.

A cela, c'est-à-dire à obtenir les Perfections, le Bodhisattva a des Avantages de toutes sortes dans toutes les Terres : à chaque instant il fait fondre le Fond de toute la Turbulence ; il recouvre la disparition de la Connotation de multiplicité, n'ayant de plaisir qu'au plaisir de l'Idéal ; il a la Connotation de l'éclairement de l'Idéal complètement démesuré, et sous des aspects illimités ; les Signes de l'ordre du nettoyage passent pour lui sans êtres différenciés ; pour parachever au complet le Corps de l'Idéal il prend un ensemble de causes qui va toujours croissant. Parmi ces Avantages, les deux premiers sont du côté de la Pacification ; les deux autres, du côté de l'Inspection.

Neuf vers sur l'étymologie des Terres.

32. En voyant l'Illumination prochaine et l'accomplissement du Sens des créatures, il se produit une réjouissance aiguë ; d'où le nom de Joyeuse.

Rien à expliquer ici.

33 *a*. Ni Immoralité, ni Passibilité n'y font de taches ; d'où le nom d'Immaculée.

Cette Terre s'appelle Immaculée parce qu'on a alors échappé à la tache de l'Immoralité et à la tache de l'Acte mental en d'autres Véhicules. Comme il est dit[1] : « Alors donc il nous faut mettre notre Application à réaliser également, à réaliser le parfait nettoyage sous tous ses aspects. »

33 *b*. La Terre Clarifiante fait le grand éclairement de l'Idéal.

En effet, dans cette Terre, en maintenant la recherche de l'Idéal démesuré par la force de l'Union, il fait pour les autres un grand éclairement de l'Idéal.

33 *a*. 1. La citation, au témoignage de la version chinoise, est empruntée au Daçabhûmika sûtra.

34. Comme les Idéaux des Ailes d'Illumination y deviennent des rayons qui brûlent, c'est la Terre Radieuse, car elle brûle la dualité par cette application.

En effet, la Sapience qui consiste dans les Ailes d'Illumination, étant en abondance dans cette Terre, se présente pour brûler la dualité. La dualité ici désigne l'Obstruction de Souillure et l'Obstruction de connaissable.

35. La Terre où les Sages conquièrent avec peine la per-maturation des êtres et la surveillance de leur propre Pensée est appelée Dure-à-gagner.

Là, quoiqu'il s'applique à per-mûrir les créatures, il n'est pas affecté de Pleine-Souillure par la contrariété des créatures ; et l'un et l'autre étant difficile à faire est dur-à-gagner.

36. La Terre Droit-en-face regarde droit en face le couple Transmigration et Nirvâṇa, en se fondant sur la Perfection de Sapience.

Fondée sur la Perfection de Sapience, elle regarde droit en face la Transmigration et le Nirvâṇa sans s'arrêter à la Transmigration ni au Nirvâṇa.

37 *a*. La Terre Va-loin est inhérente au Sentier-à-Passage-uniforme.

Le Sentier-au-Passage-uniforme a été indiqué ci-dessus [v. 14] ; comme elle lui est inhérente, cette Terre donc va loin puisqu'elle va jusqu'au bout de l'emploi.

37 *b*. La Terre Immobile n'est pas ébranlée par la Connotation des deux.

Les deux Connotations, celle de Signe et celle d'Impassibilité au Sans-Signe, ne la font pas bouger.

38 *a*. La Terre de Bon-esprit est bonne par l'esprit de Pleins-Savoirs Respectifs.

L'esprit de Pleins-Savoirs Respectifs y est bon, c'est-à-dire essentiel.

38 *b*. La Terre Nuage-d'Idéal est occupée par deux, comme l'espace par le nuage.

Occupée par deux, par l'Embouchure d'Union et l'Embouchure de Formule ; l'Idéal, une fois entendu, y devient le Fond occupé par elles, comme l'espace l'est par le nuage.

39. On les appelle Terres à Station, parce que les Bodhisattvas se plaisent à y stationner toujours pour réaliser toutes sortes de Biens.

Les Terres s'appellent des Stations parce que les Bodhisattvas, voulant que toutes sortes (*vi*vidha) de Biens soient réalisés (abhinir*hâra*), toujours et partout se plaisent à y stationner.

40. On les appelle Terres parce que, en s'appliquant à monter de plus en plus (*bhû*yaḥ) haut dans ces Terres qui sont sans mesure (a*mit*a), on sert à rendre sans crainte des êtres (*bhû*ta) innombrables (a*mit*a).

Ces Stations s'appellent des Terres parce qu'on s'applique à monter toujours de plus en plus haut dans leur suite innombrable pour assurer la sécurité à des êtres innombrables. Les dix Terres sont déclarées innombrables, parce que chacune d'elles est démesurée. En s'appliquant à monter, en s'appliquant à arriver jusqu'à la Terre supérieure. On sert à rendre sans crainte des êtres innombrables, on fait que des êtres innombrables rejettent la crainte.

Un vers sur la Station d'atteinte.

41. On obtient les Terres [1] par la Croyance, par l'activité dans les conduites, par la Pénétration et par l'achèvement.

Il y a quatre façons d'obtenir les Terres. Par la Croyance, la Croyance comme elle a été énoncée, dans la Terre de Conduite par Croyance. Par Conduite, dans cette même Terre, quand on s'y occupe aux dix Conduites d'Idéal [2]. Par Sens Transcendant, à

41. 1. Au lieu de *bhûmilâbhe*, lire °*lâbho*.

2. Le chin. donne la liste des dix *dharmacarita* : copier les sûtra, — les honorer, — les faire circuler, — les écouter, — les réciter, — les enseigner à d'autres, — les expliquer, — les méditer, — les pratiquer. C'est la liste même de la M. Vy., § 33, *daça dharmacaryâḥ*.

l'entrée des Terres, quand on a pénétré le Sens Transcendant. Par achèvement, à l'entrée des Terres Sans-régression.

Un vers, de trois hémistiches, sur la conduite.

42. Pour les êtres qui ont la Croyance dans le Grand Véhicule, et aussi dans le Petit Véhicule, afin de gagner et de discipliner les deux, il a été prêché quatre Conduites à l'usage des Sages, en conformité avec les Sûtras.

La Conduite des Perfections a été prêchée pour ceux qui croient au Grand Véhicule ; la Conduite des Ailes d'Illumination, pour ceux qui croient au Véhicule des Auditeurs et des Bouddhas-pour-soi ; la Conduite de Super-savoir, pour ceux qui croient au Grand Véhicule et au Petit Véhicule, en vue de les gagner par le Pouvoir ; la Conduite de Per-maturation des êtres pour les deux aussi, en vue de les per-mûrir. Discipliner ici signifie per-mûrir.

Des vers sur les vertus des Bouddhas. Et, pour commencer cet hymne aux Bouddhas, un vers sur les Démesurés.

43. Tu as compassion des êtres ; tu as Tendance à réunir et à séparer ; tu as Tendance à ne pas désunir ; tu as Tendance au bonheur et au salut ! Hommage à toi !

La Tendance au bonheur et au salut montre la Compassion pour les êtres. La Tendance au bonheur, en tant que Tendance à unir avec le bonheur, vient de la Bonté, en tant que Tendance à désunir de la douleur, vient de la Compassion, en tant que Tendance à ne pas désunir du bonheur, vient de la Joie. La Tendance au salut vient de l'Apathie. L'Apathie elle-même a pour Indice la Tendance à se dégager de la Pleine-Souillure.

Un vers sur la Libération, le Lieu-de-Suprématie, le Lieu-de-Totalité.

44. Tu es dégagé de toute Obstruction, tu as la Suprématie sur tout le monde, ô Muni ! tu occupes tout le connaissable par ta connaissance ! tu as la Pensée délivrée ! Hommage à toi !

Puisque Bhagavat est dégagé de toutes les Obstructions de

Souillure et de connaissable, il en sort que sa Libération est toute particulière ; puisqu'il a la Suprématie sur le monde entier, il a un Lieu-de-Suprématie tout particulier ; puisqu'il a la Souveraineté sur sa Pensée, et qu'ainsi il préside aux Phénomènes, aux Métamorphoses, aux Per-flexions comme il les veut, il a un Lieu-de-Totalité tout-particulier, car rien n'arrête sa connaissance de tout le connaissable. Et comme il est délivré des Adversaires contre les vertus de la Libération, etc., il a la Pensée délivrée.

Un vers sur l'absence de Salissure[1].

45. Tu détruis entièrement, sans aucun reste, les Souillures de toutes les créatures ; tu abats la Souillure, et tu as pitié du souillé ! Hommage à toi !

Il montre ici l'absence de Salissure toute-particulière de Bhagavat par sa compassion pour les gens souillés, puisque Bhagavat discipline les Souillures de toutes les créatures, et que même, dans le cas des Souillures déjà produites, il dispose des Auxiliaires contre ces Souillures même. Les autres, en effet, qui stationnent dans l'absence de Salissure n'abattent rien que la Rencontre de production d'une Souillure quelconque chez un être quelconque qui a pour Phénomène cette Souillure ; mais ils n'éloignent pas de la Série-personnelle des Souillures.

Un vers sur la connaissance toute particulière du Vœu.

46. Tu as l'Impassibilité, tu n'as pas d'attache, tu n'as pas de heurt, tu es en Union, toujours tu résous toutes les questions ! Hommage à toi !

Il montre ici sous cinq aspects la connaissance toute-particulière du Vœu chez Bhagavat : il est face à face avec l'Impassibilité ; il est face à face avec l'absence d'attachement ; il n'a pas de heurt à tout le connaissable ; il est toujours en Union ; il tranche tous les doutes des créatures. Les autres, quand ils obtiennent la connaissance du Vœu, mettent en face d'eux la connaissance du

45. Introd. 1. *Araṇâ*. Le tib. rend ce mot par *ñon moṅs pa med pa* = *a* + ***kleça***.

Vœu, puisqu'ils n'ont pas fait le Vœu avec Impassibilité[1] ; ils ne l'ont pas sans attachement, puisqu'ils espèrent entrer en Communion ; ils ne l'ont pas sans heurt, que leur connaissance est partielle ; de plus ils ne sont pas toujours en Union et ils ne tranchent pas tous les doutes.

Un vers sur les Pleins-Savoirs-Respectifs.

47. En fait de Fond, de fondé, de chose à prêcher, de langage et de connaissance de prédication, rien ne heurte jamais ton esprit ! tu es bon prédicateur ! Hommage à toi !

Il montre ici les quatre Pleins-Savoirs-Respectifs de Bhagavat en résumé par ceci que son esprit est perpétuellement sans obstacle, quoi que ce soit qu'il faille prêcher et par quoi que ce soit. Ce qui est à prêcher, c'est l'Idéal, qui est le Fond, et le Sens qui est fondé sur lui. On prêche par la voix et par la connaissance. « Tu es bon prédicateur » indique l'Acte des Pleins-Savoirs-Respectifs.

Un vers sur les Super-savoirs.

48. Tu t'approches des êtres, et, par leurs paroles, tu connais leur conduite à venir et passée ; en vue de l'Évasion tu donnes aux êtres le bon Conseil ! Hommage à toi !

Il montre ici par les six Super-savoirs que Bhagavat donne le bon Conseil. Il s'approche des Disciplinables, par le Super-savoir de Magie ; il connaît la conduite de leur Pensée par leur langage, par le Super-savoir d'Ouïe divine ; par le Super-savoir des Rubriques d'État d'esprit, il sait comment ils sont venus du bout du passé à la Destination présente, quelle est leur Destination au bout de l'avenir, et comment ils sortiront de la Transmigration. Il donne alors le Conseil au moyen des trois autres Super-savoirs respectivement.

Un vers sur les Indices et les Arrière-traits[1].

49. Tous les êtres, quand ils t'ont vu, reconnaissent que tu es vraiment l'Homme ! tu fais la Limpidité, rien qu'à te voir ! Hommage à toi !

46. 1. Comm. l. 4. Au lieu de *nânâbhogân praṇidhâya*, rétablir *nânâbhogenâpraṇi°* avec le ms. et le tib.

49. Introd. 1. Les trente-deux *lakṣaṇa* et les quatre-vingts *anuvyañjana* dont la liste est bien connue ; p. ex. M. Vy., § 17 et 18.

Si les autres sont convaincus que Bhagavat est le Grand Homme, si la Limpidité naît en eux rien qu'à le voir, c'est l'Acte des Indices et des Arrière-traits.

Un vers sur le per-nettoyage.

50. Qu'il s'agisse de prendre à toi, de maintenir, d'abandonner, ou de Métamorphose, de Per-flexion, d'Union, de connaissance, tu en possèdes la souveraineté ! Hommage à toi !

Il explique ici les quatre per-nettoyages omnigénériques par quatre Souverainetés de Bhagavat : Le per-nettoyage du Fond, par la Souveraineté de la personne, qu'il s'agisse de la prendre, de la garder ou de l'abandonner ; le per-nettoyage du Phénomène, par la souveraineté sur la Métamorphose et la Per-flexion ; le per-nettoyage de la Pensée, par la Souveraineté sur l'Union omnigénérique ; le per-nettoyage de la Sapience, par la Souveraineté sur la connaissance omnigénérique.

Un vers sur les Forces [1].

51. Que le Démon tente les créatures en fait de moyen, de Refuge, de nettoyage, d'Évasion dans le Grand Véhicule, tu le brises ! Hommage à toi !

Le Démon tente les créatures en quatre Sens ; Bhagavat le brise ; c'est l'Acte de ses forces. Il les tente en fait de moyens d'aller à une bonne Destination, à une mauvaise, etc. ; il les tente en fait de Refuge, en fait de faux Refuge, dieux, etc. ; il les tente en fait de nettoyage, avec un nettoyage qui ne porte que sur les choses à Écoulement : il les tente en fait d'Évasion dans le Grand Véhicule. Bhagavat, dans le premier Sens, brise le Démon par la Force de la connaissance des situations et des fausses situations ; dans le second, par la Force de la connaissance de la Concoction des Actes ; dans le troisième, par la Force de la connaissance des Extases, des Libérations, des Unions, des Communions ; dans la quatrième, par la Force de la connaissance du fort et du faible des Organes, en appliquant aux meilleurs Organes par abandon de ceux qui sont inférieurs.

51. Introd. 1d. *Balā*. Les dix forces du Bouddha ; M. Vy., § 7.

Un vers sur les Assurances[1].

52. Tu fais connaître et rejeter, tu prêches les obstacles à l'Évasion, dans le Sens de soi et d'autrui ! les autres, les hérétiques, n'osent t'affronter ! Hommage à toi !

Bhagavat fait connaître et rejeter, dans le Sens de soi ; il prêche les obstacles à l'Évasion, dans le Sens d'autrui, sans que les autres, les hérétiques, osent l'attaquer ; ainsi se manifestent ses quatre Assurances respectivement.

Un vers sur les Sans-gardes[1] et les Aide-Mémoire[2].

53. Tu parles en censeur dans les assemblées, tu es exempt de la double Pleine-Souillure ; tu n'es jamais au dépourvu, tu n'as pas de défaillance de mémoire, tu attires les multitudes ! Hommage à toi !

Ce vers illustre les trois Sans-gardes et les trois Aide-Mémoire de Bhagavat, et aussi leur Acte qui est d'attirer les multitudes. Par là en effet, respectivement, il parle en censeur dans les Assemblées, car il n'est jamais sans être sur ses gardes ; il est exempt de la double Pleine-Souillure, n'ayant ni indulgence ni répugnance, la mémoire toujours présente, puisqu'elle n'a pas de défaillance.

Un vers sur la destruction totale des Imprégnations[1].

54. En marche ou stationnaire, partout et toujours, tu n'as pas un geste qui ne soit d'un omniscient ; tu es omniscient, tu en as le Sens réel ! Hommage à toi !

52. Introd. 1. *Vaiçâradya*. Les quatre assurances du Bouddha ; M. Vy., § 8.

53. Introd. 1. *Ârakṣa* ou *arakṣa* avec une alternance de la longue et de la brève initiale, comme dans *Ânimitta*, *Âlaya* etc. ; tib. *bsuṅ ba med pa* « sans garde » ; chin. *wou so hou*, même sens. M. Vy., § 12. L'alternance ă° et â° s'explique sans doute par le fait que la liste comprend trois affirmatives et trois négatives : Le Tathâgata a la pureté de traitement. Le Tathâgata n'a pas d'impureté de traitement, etc. (*pariçuddha samâcâra*) du corps, de la voix, de l'esprit (la M. Vy. ajoute un quatrième terme : « la vie » (*jîva*).

2. Les trois *smṛtyupasthâna* exclusifs des Bouddhas ; M. Vy., § 11 : égalité de pensée à l'égard de ceux qui veulent entendre, de ceux qui ne veulent pas entendre, de ceux qui veulent et ne veulent pas entendre.

54. Introd. 1. *Vâsanâ* ; tib. *bag čhags* « inclination » ; chin. *tsa* « pratique ». On désigne ainsi les appétits en tant que résultant d'actes antérieurs.

En marche ou stationnaire, toujours, partout, Bhagavat n'a pas un geste qui ne soit d'un omniscient ; il en sort que l'Imprégnation de toute Souillure est entièrement détruite pour lui. Qui n'est pas omniscient, en effet, fût-il en état d'Épuisement de l'Écoulement, n'ayant pas l'Imprégnation toute détruite, se rencontre parfois avec un éléphant emporté, un char emporté, etc. et agit ainsi en homme qui n'est pas omniscient. Comme il est dit dans le Mâṇḍavya Sûtra [2]. Et ce n'est pas là l'omniscient au Sens réel de Bhagavat.

Un vers sur l'absence de défaillance de mémoire.

55. Pour accomplir le Sens de toute créature, tu ne laisses pas passer le temps ; ton œuvre n'est pas stérile ; toujours ta mémoire est sans défaillance ! Hommage à toi !

Quelle que soit la créature dont il faille accomplir le Sens quel qu'il soit en quelque temps que ce soit, Bhagavat n'en laisse pas passer le temps ; son œuvre n'est jamais stérile ; il en sort que Bhagavat a comme Idéal l'absence de défaillance de mémoire ; elle est montrée ici en Nature-propre et en acte.

Un vers sur la grande Compassion.

56. Jour et nuit, tu considères six fois le monde entier ; tu es appliqué à la grande Compassion ; tu as la Tendance au salut ! Hommage à toi !

La grande Compassion du Bouddha est illustrée ici en Nature-propre et en Acte. Par la grande Compassion, en effet, Bhagavat considère six fois, jour et nuit, le monde, en se demandant qui diminue, s'accroît, etc. Par cette application, Bhagavat a constamment à l'égard des créatures une Tendance au salut.

Un vers sur les vertus Exclusives [1].

57. En marche, en Acquis, en connaissance, en acte, tu surpasses tous les Auditeurs et les Bouddhas-pour-soi ! Hommage à toi !

2. J'ignore encore de quel texte il s'agit. Le tib. traduit *bžags pa'i bu'i mdo las* « le sûtra du fils du déposé ? ».

57. Introd. 1. *Âveṇika guṇa*. Cf. la liste de M. Vy., § 9.

Bhagavat surpasse toutes les créatures, puisqu'il surpasse même les Auditeurs et les Bouddhas-pour-soi qui surpassent pourtant les autres créatures ; et cela, par six Idéaux Exclusifs des Bouddhas contenus dans la marche, par six contenus dans l'Acquis, par trois contenus dans la connaissance, par trois compris dans l'Acte. Le Tathâgata n'a ni faux-pas, ni criaillerie, ni mémoire défaillante, ni Pensée sans Union, ni Connotation de multiplicité, ni Apathie sans Calcul-respectif ; — voilà les six Idéaux Exclusifs des Bouddhas contenus dans la marche ; — ils se trouvent chez le Bouddha, et chez nul autre ; — il n'a perte ni de Zèle, ni d'Énergie, ni de mémoire, ni d'Union, ni de Sapience, ni de Libération ; — voilà les six contenus dans l'Acquis ; — le Tathâgata a une connaissance que rien ne heurte, qui est sans attache, quant à la route du Passé, la route de l'avenir et la route du Présent ; — voilà les trois contenus dans la connaissance ; — tout acte de corps du Tathâgata est précédé de connaissance, se déroule à la suite de la connaissance ; de même tout acte de parole, tout acte d'esprit ; — voilà les trois contenus dans l'Acte.

Un vers sur la connaissance omnigénérique.

58. Avec les trois corps tu es arrivé à la Grande Illumination omnigénérique ; partout tu tranches les doutes de toutes les créatures ! Hommage à toi !

L'arrivée de Bhagavat à l'Illumination omnigénérique par les trois corps et sa connaissance omnigénérique de tout le connaissable illustrent sa connaissance omnigénérique. Les trois corps sont de Nature-propre, de Passivité, de Métamorphose. La connaissance omnigénérique de tout le connaissable est encore montrée ici par son acte même, qui consiste à trancher tous les doutes de toutes les créatures, dieux, hommes, etc.

Un vers sur le parachèvement des Perfections.

59. Tu es sans prise, sans défaut, sans trouble ; tu ne restes pas, tu ne bouges pas [1] ; tu ne te multiplies pas dans tous les Idéaux ! Hommage à toi !

59. 1. *Âniṅkṣya* (*âniñjya*) ; tib. *mi gyo* « sans bouger ». Cf. Wogihara (1908), p. 19.

Bhagavat étant délivré de tous les Adversaires opposés aux six Perfections, il a donc parachevé les six Perfections. Sans prise ; il ne se prend pas aux jouissances. Sans défaut ; ses actes de corps, etc. sont immaculés. Sans trouble ; ni Idéal Mondain, ni douleur ne troublent sa Pensée. Il ne reste pas ; il ne s'en tient pas à comprendre rien qu'un peu et peu[2] ; il ne bouge pas, il n'a pas de dispersion. Il ne se multiplie pas, il n'accueille pas toutes les multiplications de la différenciation.

Deux vers sur les Indices du Bouddha.

60. Tu as parachevé le Sens transcendant ; tu es sorti de toutes les Terres ; tu es devenu le chef de tous les êtres ; tu es le libérateur de tous les êtres !

61. Appliqué à des vertus inépuisables et sans égales, tu te montres dans les mondes et dans les cercles, et pourtant tu es entièrement invisible aux dieux et aux hommes !

L'Indice du Bouddha est ici éclairé dans six Sens : Nature-propre, cause, fruit, acte, application, fonction. Le Sens Transcendant parachevé, c'est la Quiddité bien nettoyée, et c'est la Nature-propre des Bouddhas. Sorti de toutes les Terres des Bodhisattvas, c'est la cause. Devenu le chef de tous les êtres, c'est le fruit. La Libération de tous les êtres, c'est l'Acte. L'Application aux vertus inépuisables et sans égales, c'est l'Application. Se montrer dans tous les divers Plans-des-Mondes avec le corps Métamorphique, dans les cercles des Assemblées avec le corps Passionnel, et être entièrement invisible avec le corps d'Idéal, c'est là les trois espèces de fonctions.

59. 2. Comm. 1.4. Au lieu de *alpâvaraṇamâtra°*, lire *alpâvaramâtrâ°* ; tib. *rtogs pa čhuṅ ṅu daṅ ṅan ṅon.*

Fin
du Mahâyâna-Sûtrâlaṃkâra
énoncé par le grand Bodhisattva Vyavadâta-Samaya[1].

1. Le colophon est intégralement traduit en tib. *theg pa čhen po'i mdo sde'i rgyan byaṅ čhub sems dpa' čhen po rtogs pa rnam par byaṅ bas bçad pa las.* — Et de même le chinois : « Fin de l'ornement des sûtras (*siu-to-lo*) du Grand Véhicule énoncé par Temps-très-pur (*ki ts'ing tsing che*) ».

AVERTISSEMENT

Je n'ai pas besoin de justifier l'index français ni l'index sanscrit; ils étaient nécessaires. Sans se reporter au texte, le spécialiste et même le lecteur averti pourront contrôler les expressions, toujours discutables, de la traduction par les termes originaux, forcément plus précis et mieux définis. Sans affecter un luxe encombrant de références superflues, je me suis appliqué à signaler pour chaque mot les passages essentiels.

L'index chinois et l'index tibétain pourront aussi, je l'espère, rendre quelques services. En attendant le répertoire trilingue que l'étude du bouddhisme réclame, il n'est pas inutile de trouver réunies un certain nombre d'expressions spécialement en usage dans les traités philosophiques, et empruntées toutes au même traducteur. J'ai limité mon choix aussi étroitement que possible; je n'ai retenu que les mots importants, rares ou difficiles.

L'index numérique ne peut sembler oiseux que si on ignore le rôle capital du nombre dans les spéculations des écoles hindoues, et particulièrement dans le bouddhisme. Il n'est pas un indianiste qui n'ait regretté l'absence d'un répertoire analogue aux Dictionnaires numériques dont disposent les sinologues. C'est, je crois, le devoir de chaque éditeur de préparer désormais les matériaux destinés à entrer dans la compilation future.

L'index des comparaisons ne vise pas à intéresser la critique littéraire; Asaṅga n'y aurait pas de droits. Il ne se sert guère que de comparaisons consacrées, et c'est là leur intérêt; elles pourront aider à retrouver les passages dont il s'inspire dans l'ensemble de la littérature antérieure.

L'index variorum renvoie à peu près exclusivement aux noms propres cités en dehors du texte, soit dans l'introduction, soit dans les notes.

INDEX FRANÇAIS-SANSCRIT

Les **chiffres gras** signalent les passages les plus importants pour l'explication des termes techniques.

A

B

P

Q

R

II

INDEX SANSCRIT-FRANÇAIS

---

akṣaṇa, naissance-inopportune.
akṣayamati-sûtra, *6, IV, 20.
akṣarâçi-sûtra, III, 2.
agra, capital.
aṅga, membre (de la parfaite illumination, etc.).
acalâ, immobile (terre).
adhigama, acquis.
adhipati (°*phala*), régent (fruit de).
adhipatya, régence.
adhipâcanâ, archi-maturation.
adhimukti, croyance.
adhimukticaryâ (-*bhûmi*), conduite-par-croyance (terre de).
adhyâçaya, archi-tendance.
adhyeṣaṇâ, requête.
anâgatabhaya, danger-de-l'avenir.
anâgâmin, sans-retour.
anâbhoga, impassibilité.
anâsrava, sans-écoulement.
anitya, impermanent.
animitta, sans-signe.
anutpattidharmakṣânti (*anutpâda*° *anutpanna*°), patience des idéaux sans production.
anudharma, arrière-idéal.
anupadhiçeṣa-nirvâṇa, nirvâṇa sans reste matériel.
anubhâva, efficacité.
anumodanâ, approbation.
anuvyañjana, arrière-trait.
anuçaya, résidu.
anuçaṃsa, avantage.
anuçâsanî, leçon.
anela, XII, **9** n. 1.
anta, extrême.
antarâbhava, vie intermédiaire.
apavâda, imputation (défaut d').
apraṇihita, sans-vœu (union).
apratiprasrabdha, IX, **17** n. **1**.
apratiṣṭhita-nirvâṇa, nirvâṇa-qui-n'est-pas-l'arrêt.
apramâṇa, démesuré.
abhijñâ, super-savoir.
abhidharma, XI, **1**, **2**, **3**.
abhibhvâyatana, lieu-de-suprématie.
abhibhava (°*bhû*), suprématie (sens de).
abhinandana, félicitation.
abhinirhâra, réalisation.
abhiniṣkramaṇa, super-sortie.
abhiprâya, intention.
abhilâṣa, appétence.
abhisamaya, intuition.
abhisaṃdhi, arrière-pensée (*cf.* intention).
abhisaṃskar°, sur-opérer.
abhyupagama, adhésion.
amânuṣa, surhumain.
arakṣa, sans-garde.
araṇâ, XX-XXI-**45**, absence de salissure.
araṇya, forêt.
arihat, tueur d'ennemis.
arûpin, informel; hors-du-formel.
artha, sens.
avatâraṇâ, introduction.
avadâna, XI, 8-12, n. 5.
avavâda, conseil.
avidyâ, inscience.
avîci, IV, 26.
avṛtti, non-fonction.
avetya°, IV, **25** n. 1.
asaṃkhyeya, incalculable.
asaṃskṛta, inopéré.

âgantuka, incident.
âgama, tradition.

III

INDEX CHINOIS-SANSCRIT

a-li-ye, 阿梨耶, âlaya.
chan tchou wei che, 善住唯識, nirvedhabhâgîya.
che ti, 世諦, saṃvṛtisatya.
che chen, 食身, saṃbhogakâya.
che, 識, vijñapti; vijñâna.
che, 實, dravya.
chang kouo, 上果, adhipatiphala.
che yi, 釋義, saṃdhinirmokṣa.
chen kien, 身見, satkâyadṛṣṭi.
chen tsou, 神足, ṛddhipâda.
cheng wen 聲聞, çrâvaka.
cheou che sou fa sin, 受世俗發心, samâdânasâṃketika.
chö, 攝, saṃgrahavastu; parigraha.
chö, 捨, upekṣâ.
chö li, 闍梨, âcârya.
chou, 數, pratisaṃkhyâ.

fa, 法, dharma.
fa siang, 法相, dharmalakṣaṇa.
fa yun, 法雲, dharmameghâ.
fan hing, 梵行, brahmacarya.
fan nao, 煩惱, kleça.
fan tchou, 梵住, brâhmyavihâra.
fen pie, 分別, parikalpita; vikalpa.
fo chen, 佛身, buddhatâ.

hio, 學, çikṣâ.
hien ts'ien, 現前, abhimukhî.
hing, 行, saṃskâra.
hiu k'ong tsang, 虛空藏, gagana garbha.
hiun k'i, 熏氣, dauṣṭhulya.
hong fa, 弘法, deçanâ.
houa chen, 化身, nirmâṇakâya.
houan hi, 歡喜, muditâ.
houo chang, 和上, upâdhyâya.

jen, 人, pudgala.
jou, 如, tathatâ.
jou, 入, nyâmâvakrânti; âyatana.

k'ai hiu, 開許, samavaghâta.
ken, 根, indriya.
ki, 記, vyâkaraṇa.
ki ts'ing tsing che, 極清淨時, vyavadâtasamaya.
kia, 假, prajñapti.
kiai, 界, dhâtu.
kiao cheou, 教授, avavâdânuçâsanî.
kio fen, 覺分, saṃbodhyaṅga.
kong tö, 功德, anuçaṃsa.
kong yong, 功用, abhisaṃskar (et cf. *wou-kong-yong*).
kouan, 觀, vipaçyanâ.

leang, 量, pratiçaraṇa.
leou, 漏, âsrava.
li, 力, bala.
li keou, 離垢, vimalâ.
lo, 樂, sâta.

IV

INDEX TIBÉTAIN-SANSCRIT

---

kun gźi, âlaya (vijñâna).
keṅ rus, saṃkalikâ.
bkod ma, gandharva (source).
rkun po, dasyu.
rkyen daṅ phrad pa, samavadhâna.
skye mčhed, âyatana.
skyes bu byed pa'i 'bras bu, puruṣakâraphala.
skyon med pa, nyâmâvakrânti.
khams, dhâtu.
khoṅ khro, pratigha (°ghâta).
mkhan po, upâdhyâya.
gaṅ zag, pudgala.
gus par byas te, satkṛtya.
glod pa, samavaghâta.
dgoṅs pa, abhiprâya.
dgoṅs pa zab mo ṅes 'grel ba, saṃdhinirmokṣa.
dgon pa, araṇya.
rgya čhe, viṣada (viçada).
rgyu, upaniṣad.
rgyu mthun, niṣyanda(phala).
rgyum chan, nimitta.
rgyud, saṃtâna.
rgyun čhags pa, saritâ.
dgra bčom, arihat, arhat.
'grus skyoṅ, nipaka.
sgra, ruta.
sgrib pa, âvaraṇa.
sgrub pa, pratipatti, abhinirhâra.
ṅes par byed pa'i čha daṅ mthun pa, nirvedhabhâgîya.
dṅos, upadhi.
mṅon du gyur pa, abhimukhî.
mṅon 'du byed, abhisaṃskâra.
bčos, prativarṇaka.
čhed du ma dgoṅs (nas), anâbhoga.
čhos, dharma.
čhos kyi sprin, dharmameghâ.
'jig chogs la lta ba, satkâyadṛṣṭi.
rjes su bstan pa, anuçâsanî.
ñon moṅs pa med pa, araṇâ.
gñen po, pratipakṣa.
sñigs ma, kaṣâya.
sñom par 'jug pa, samâpatti.
bsñuṅs pa, saṃlikhita.
btaṅ sñoms, upekṣâ.
rtag tu bya ba, sâtatya.
rtags (brtags, gtags), prajñapti.
rten pa, pratiçaraṇa.
rtogs pa rnam par byaṅ ba, vyavadâtasamaya.
rton pa, pratiçaraṇa.
stobs, bala.
thogs (pa) med pa, Asaṅga.
mthun pa, sâmîcî.
mthun pa'i čhos, anudharma.
dal bar skye ba, kṣaṇopapatti.
de kho na ñid, tattva.
de bźin ñid, tathatâ.
don dam pa stoṅ ñid, paramârthaçûnyatâ.
dran pa ñe bar bźag pa, smṛtyupasthâna.
dri med pa, vimalâ.
gdags (v. *gtags*).
bdag gi bar 'jin pa, mamâyati.
bdag po'i bras bu, adhipatiphala.
'dod pa sprul pa, nirmitakâma.
'dod pa gźan gyis sprul pa, paranirmitakâma.
'du byed, saṃskâra.
'du çes, saṃjñâ.
ldaṅ-ba, vyutthâna.
ldem por dgoṅs pa, abhisaṃdhi.
bsdu ba'i dṅos po, saṃgrahavastu.

V

INDEX NUMÉRIQUE

VI

INDEX DES COMPARAISONS

VII

INDEX VARIORUM

TABLE DES MATIÈRES

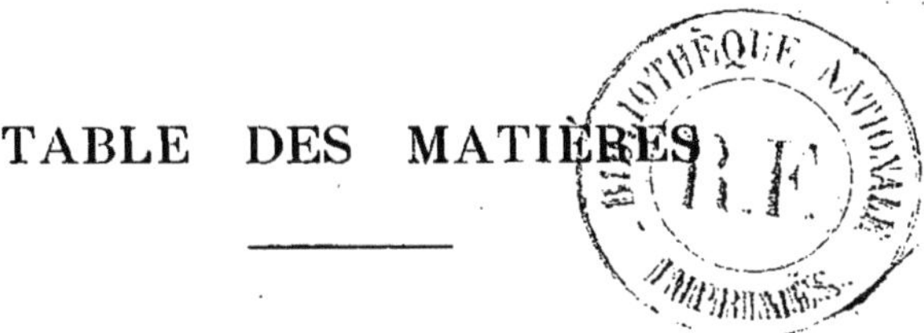

MACON, PROTAT FRÈRES, IMPRIMEURS.

www.ingramcontent.com/pod-product-compliance
Ingram Content Group UK Ltd.
Pitfield, Milton Keynes, MK11 3LW, UK
UKHW020425200726
13857UKWH00002B/283